高等学校财务管理系列教材
编委会

高 等 学 校 财 务 管 理 系 列 教 材

资产评估

Asset Appraisal

（第二版）

唐建新　周　娟　主编

WUHAN UNIVERSITY PRESS
武汉大学出版社

图书在版编目(CIP)数据

资产评估/唐建新,周娟主编.—2 版.—武汉:武汉大学出版社,2011.7
(2017.7 重印)
高等学校财务管理系列教材
ISBN 978-7-307-08754-5

Ⅰ.资… Ⅱ.①唐… ②周… Ⅲ.资产评估—高等学校—教材
Ⅳ.F20

中国版本图书馆 CIP 数据核字(2011)第 084327 号

责任编辑:陈 红　　责任校对:刘 欣　　版式设计:支 笛

出版发行:**武汉大学出版社**　(430072 武昌 珞珈山)
(电子邮件:cbs22@ whu.edu.cn 网址:www.wdp.com.cn)
印刷:湖北省京山德兴印务有限公司
开本:787×1092 1/16　印张:25.25　字数:591 千字
版次:2002 年 9 月第 1 版　2011 年 7 月第 2 版
2017 年 7 月第 2 版第 4 次印刷
ISBN 978-7-307-08754-5/F·1527　定价:36.00 元

总 序

会计是人类文明思想的结晶。中世纪的商品交换孕育了复式簿记，迄今已有五百多年的历史。在这五百多年的历史中，人们的生活观念和生活方式发生了重大转变，社会经济制度发生了重大变革，人类认识世界、改造世界的技术和工具都有了重大进步，人类对于自身和自然环境的认识也发生了深刻的变化，而复式簿记所反映的会计基本思想一直没有改变，这是人类文明思想史上的一大奇迹。财富积累是人类文明的基础，也是人类文明发展的基本动力，从这个意义上说，一部人类文明发展史就是一部财富积累的历史。人类获取财富的方式可能会随着社会经济制度、技术进步和人口资源环境因素的变化而变化，但是，人类追求公平占有财富和保护财产权益的信念始终是不会改变的，这也许就是复式簿记思想不会改变的根本原因。

改革开放三十多年来，我国会计体系从满足计划经济的需要向满足社会主义市场经济的需要转变，中国会计正在经历一场深刻的变革，出现了前所未有的繁荣景象。在中国会计改革的宏伟画卷中，企业会计准则和会计制度改革无疑是最光彩夺目的篇章。1993 年 7 月 1 日开始实施的《企业会计准则》标志着我国会计核算模式为适应社会主义市场经济的需要发生了根本性的变革，会计核算不再按照所有制、行业和部门区分，而是采用国际通行的借贷记账法、会计要素分类、会计等式和会计报表体系，实行国际惯例中的谨慎性原则、制造成本法、资本保全原则等。《企业会计准则》的颁布实施揭开了我国会计工作的新篇章。2007 年 1 月 1 日开始实施的三十九项企业会计准则和四十八项注册会计师审计准则，标志着适应我国市场经济需要、与国际惯例趋同的企业会计准则体系和注册会计师审计准则体系的正式建立。两大准则体系立足国情，借鉴国际惯例，内容体系完整，既充分考虑了我国经济发展进程和会计实务发展的需要，又保证了我国会计准则与国际财务报告准则在理念、原则、方法等方面的一致性。两大准则体系的颁布实施有利于保护投资者的利益，维护我国市场经济制度；有利于提高社会经济资源的配置效率，进一步满足会计决策有用性的需求；有利于我国会计的国际互动趋同，使我国会计真正成为国际上可以理解的“商业语言”。

会计改革与发展需要科学的会计理论做指导，同时也为会计理论创新提供了无穷无尽的源泉。我们正处在这样一个会计变革的伟大时代，会计理论既应该反映我们这个时代会计变革的基本特征，又应当成为指导会计变革的基本依据，这应该是现阶段会计理论创新的时代精神。正是在这种时代精神的激励下，我国会计理论创新百花齐放，显示出一派欣欣向荣的景象。

教材是知识的载体和传播媒介，高等学校会计和财务管理本科专业教材自然要反映出我国会计理论创新的最新成果，反映出我国会计理论创新的时代精神。2002 年，我们组织编写了《高等学校会计学系列教材》和《高等学校财务管理系列教材》，这两套系列教材在我校会计和财务管理专业本科教学中发挥了重要作用，取得了较好的使用效果。随着新会计准则体系和注册会计师审计准则体系的颁布实施，特别是近年来我国会计理论研究的新发展，我们感到有必要修订这两套系列教材，以反映我国会计理论创新的最新成果，这是我们组织修订我校会计和财务管理系列教材的初衷。

《高等学校会计学系列教材》和《高等学校财务管理系列教材》集中反映了我校会计学科在教学科研上的研究成果。这两套系列教材在内容上力求反映出新会计准则和审计准则体系的基本理念、原则、方法等，力求反映出我国会计理论创新的最新成果。在编写方式上继续保持原有的体例安排，并附有大量的思考题和练习题，以方便教师组织教学和学生学习。

我们在编写过程中力求使教材在内容上更加全面、完善，在体例安排上力求更加合理，但由于水平和时间的限制，修订后的教材在内容体系、结构安排和体例上仍然可能有不完善的地方，缺点和错误也在所难免，衷心地期待专家学者和广大读者提出宝贵的批评意见！

高等学校财务管理系列教材编委会

2010 年 6 月于武昌珞珈山

第二版前言

我国的资产评估业诞生于20世纪80年代后期，现在它已成为社会主义市场经济中不可缺少的社会中介服务和公正机制的组成部分，肩负着维护社会主义市场经济秩序、保障各类产权主体合法权益的历史重任，在社会主义市场经济中发挥着越来越重要的作用。不仅中外合资，企业改组和改制、国内联营等涉及资产产权变动的经济行为需要进行资产评估，而且法律纠纷、抵押担保、财产保险、企业纳税、承包、租赁、企业资产的后续计量等相关领域均呼唤着资产评估。

为了适应资产评估行业发展的需要，同时强化资产评估学科建设和理论建设，2002年，我们组织编写了本书，期望为大专院校资产评估、财务管理及相关专业的教学和广大在职人员的培训提供一本较好的资产评估教科书。本书第一版自2002年出版以来，已被许多高等院校老师选做教材。

本书第二版是在第一版的基础上修订而成的。相对于第一版，第二版增加了“资产评估准则”和“以财务报告为目的的评估”这2章内容。“资产评估准则”这一章全面介绍和比较了国际评估准则、欧美主要国家的评估准则以及我国评估准则的发展和变化，而随着公允价值计量模式被越来越多地使用，利用估值手段判断公允价值正在或即将成为公允价值计量的重要途径之一，为适应这种需要，“以财务报告为目的的评估”这一章介绍了这类评估活动的意义、特点和发展现状，阐释了其评估范围、评估对象、价值类型及评估方法；单列了资产评估报告一章，详细讨论了资产评估报告的含义、类型、作用以及内容和编写要求等；对长期投资评估等相关章节的内容进行了补充完善。本书第二版充分体现了截至2010年10月底我国已颁布的资产评估准则、评估指南及评估指导意见的要求，内容新颖。同时，书中插有与教学内容相关的案例，并附有大量的思考题与练习题，有利于读者学习。

本书遵循科学性、规范性、实用性、可操作性的标准，参考国际资产评估领域最新的理论和实践成果，系统地阐述了资产评估的基本原理和方法，详细地介绍了机器设备、土地使用权和房屋建筑物、无形资产、长期投资与金融不良资产、流动资产、企业价值、资源资产评估、以财务报告为目的的评估理论与方法，并对资产评估准则、资产评估报告进行了深入探讨。

本书是集体劳动和智慧的结晶。各章执笔人分别如下：第一、二、十一章由唐建新编写；第三、八、九、十二、十三章由周娟编写；第四、十章由陈荟伊编写；第五、六章由肖映天编写；第七章由陈琛编写；第十四章由卢剑龙编写。最后由武汉大学经济与管理学院会计系教授、博士生导师唐建新和周娟博士总纂、定稿。

感谢武汉大学经济与管理学院会计系的研究生们在本书出版中所作的贡献，感谢武汉大学出版社的编辑们所给予的支持和帮助！

由于编者学力粗浅，书中肯定存在疏漏、错误和表述不当之处，恳请读者不吝赐教，以便改进。

编　者

2011年1月于武昌珞珈山

前　言

我国的资产评估业诞生于20世纪80年代后期。时至今日，它已成为建立社会主义市场经济、建立现代企业制度不可缺少的社会中介服务和公正机制的组成部分，肩负着维护社会主义市场经济秩序、保障各类产权主体合法权益的历史重任，在社会主义市场经济中发挥着越来越重要的作用。不仅中外合资，企业改组和改制、国内联营等涉及资产产权变动的经济行为需要进行资产评估，而且法律纠纷、抵押担保、财产保险、企业纳税、承包、租赁等相关领域均呼唤着资产评估。为使资产评估业能真正成为独立、客观、公正的中介行业，以适应社会主义市场经济发展的客观要求，就必须建设一个法制体系健全，监管体制完善，队伍机制合理，执业行为规范和操作技术科学的资产评估行业体系。要实现此目标，建设一支高素质的资产评估人员队伍是关键。本书的编写正是为了适应这种需要，期望为大专院校财务管理及相关专业的教学和广大在职人员的培训提供一本较好的资产评估教科书。

本书遵循科学性、规范性、实用性、可操作性的标准，参考资产评估领域最新的理论和实践成果，系统地阐述了资产评估的基本原理和方法，详细地介绍了机器设备、房地产、无形资产、流动资产、长期投资、企业价值和资源资产评估的理论与方法，并对资产评估的组织和管理进行了深入探讨。同时，附录中还提供了有关评估的政策、法规和参数，便于读者学习和参考。

本书是集体劳动和智慧的结晶。编写具体分工如下：第一、二、十章由唐建新同志编写；第三章由张宏华同志编写；第四、五章由刘伟同志编写；第六章由方靓同志编写；第七、八章由许碧同志编写；第九章由袁琨同志编写；第十一章由周娟、李青原同志编写；第十二章由周娟同志编写。最后由唐建新同志总纂、定稿。

本书在编写过程中得到了武汉大学出版社的大力支持；本书还借鉴了有关专家学者的最新成果，在此一并感谢。由于作者水平有限，再加上时间紧迫，缺漏在所难免，恳请读者不吝赐教。

编　者

2002年7月

目　录

第一章　资产评估概述

第一节　资产评估的产生和发展

资产评估是商品经济发展到一定阶段的必然产物。随着人类社会商品交易的产生和发展，生产商品的资产交易也随之产生并得到发展。这就产生了资产评估的需要。特别是随着市场经济制度的产生，资产交易不断得到发展和扩大，为保证交易的科学性和合理性，对资产评估的需要和要求也随之大大提高。总体来看，资产评估大体经历了三个发展阶段，即原始评估阶段、经验评估阶段和科学评估阶段。

一、原始评估阶段

在原始社会后期，生产的进一步发展导致剩余财产的出现，这是私有制产生的物质基础。随着私有制的产生，出现了商品生产和商品交易，而生产商品的资产交易也随之产生并得到发展，于是产生了资产评估的客观需要。在房屋、土地、牲畜及珠宝等贵重财产的交易过程中，由于这些财产的价值具有不确定性特点，交易双方往往难以对价格达成一致的意见，这时，双方找一个略有经验并共同信得过的第三者进行评判从而达成一个公平价格，买卖成交。这个第三者在协调过程中需要用各种理由和方法给出一个双方都能接受的价格，他实际上扮演了类似现在评估员的角色。

原始评估阶段的资产评估具有以下几个鲜明的特点：(1)直观性。评估仅仅依靠评估人员的直观感觉和主观偏好进行，没有借助于其他测评设备。(2)非专业性。评估人员并不具备专业评估手段和技能，也未受过专门训练，而往往由资产交易双方或一方指定的人员来进行评估，甚至由那些并不懂多少评估知识但却在一定范围内德高望重的人员来进行评估。(3)无偿性。资产交易双方无需支付给评估人员报酬，评估人员也无需对评估结果负法律责任。

二、经验评估阶段

随着经济的进一步发展和商品、资产交易频率的提高，资产评估业务逐步向专业化和经常化方向发展，从而也就产生了一批具有一定评估经验的评估人员。这些评估人员由于积累了较丰富的评估经验，因而专业水平更高，接受的委托评估业务也较频繁，实行有偿服务，并逐步向职业化方向发展。

与原始评估阶段相比，经验评估阶段的评估结果更为可靠，但还未能实现评估工作的规范化和评估方法的科学化。从时间上看，前资本主义阶段的资产评估基本上处于经验评估阶段。经验评估阶段的资产评估具有以下特点：(1)评估的准确性主要取决于评估人员积累的经验；(2)评估人员对评估业务进行有偿服务；(3)评估方法较为单一，一般根据类似商品的成交价确定被评估资产的价格。

三、科学评估阶段

蒸汽机的轰鸣声宣告了产业革命的到来。产业革命促使资本主义经济飞速发展，生产要素市场日臻发达。这样，社会对资产评估的需要越来越迫切，要求也越来越高，从而推动资产评估逐渐发展成为一种职业。在现代资产评估行业中，评估机构通过为资产交易双方提供评估业务，积累了大量的资产评估资料和丰富的资产评估经验，形成了符合现代企业特点的管理模式，产生了一大批具有丰富评估经验的评估人员。具备这些方面的条件后，公司化的资产评估机构就产生了。美国最大的资产评估公司——美国评值联合公司，已有100多年的历史。这类评估机构依靠其强大的评估实力和现代化的管理方式为资产交易双方提供优质的评估服务，这些服务使其自身得到了发展。通常，资产评估公司集中了许多具有相当专业化水平的评估人员，这些人员既可以是评估公司的员工，也可以是评估公司的兼职人员。在科学评估阶段，资产评估业务的范围是极其广泛的，包括有形资产评估和无形资产评估，甚至可以细分为机械设备评估、自然资源评估、房地产评估等。

在科学评估阶段，资产评估的理论研究也得到了很大发展。新古典经济学派的阿尔弗莱德·马歇尔率先将价值理论引入估价工作中，并对销售对比、成本、收益现值法这三种主要的评估技术进行了研究。其后，美国颇有影响的经济学家伊尔文·弗雪对马歇尔提出的这三种评估技术作了进一步的探讨，着重研究了收益的价值理论，发展并完善了收益法。这些理论准备，促使资产评估方法走向科学化，提高了资产评估的准确性和科学性。

在专业的评估机构和评估人员出现的同时，资产评估工作也开始规范化。各国资产评估管理机构或行业自律协会开始制定统一的评估准则，对评估师的职业道德规范和评估工作程序作出了明确、具体的规定。由于准则明确具体，评估有章可循，一般项目即使由几家不同公司评估，各自得出的评估值也不会有太大的差异。对于评估师的资格认定也有严格的规定，评估师需通过严格的资格考试才能执行业务。此外，资产评估的结果通常要经过法律部门的公证，评估机构和评估人员对体现评估结果的资产评估报告要负法律责任甚至连带法律责任。

总之，科学评估阶段的资产评估已成为市场经济体系中一个不可或缺的社会中介行业，对于维持市场经济秩序作用重大。我们所讨论的资产评估，就是科学评估阶段的资产评估，是指由专门的机构和人员，根据特定的目的，遵循公认的评估准则和程序，运用科学的方法，对资产的现时价格进行评定和估算的过程。

四、中国资产评估的历史、现状和前景

资产评估主要源于资产交易的需要。在我国，由于商品经济发展迟缓，资产交易不发达，资产评估业务发展也比较缓慢。中华人民共和国成立后不久，为了准确掌握国家接管以及恢复、建设的国有资产状况，实现由供给制、半供给制向经济核算制的转变，我国于1951—1952年对工业、交通、邮电、贸易、银行和农林水等行业的国有资产实行了全面

的清理、登记和估价，核实1952年国有资产总值为238.60亿元，获得了第一份比较完整、真实的国有资产资料。随后，又分别在1962年、1971—1972年、1979—1980年组织了三次大规模的全国性清产核资，主要是为了解决历次运动的遗留问题，为完善经济核算制服务。这几次清产核资，注意力只是集中在加强企业经济核算上，始终没能把它自觉地同优化国有资产管理工作联系起来，而且虽然在每次清产核资中都对部分国有资产进行了评估，但多半是出于核定资金的需要，并没有自觉地同资产的合理流动联系起来。总之，我国以往的资产评估工作还很不完善、很不规范，也缺乏科学的估价方法，严格地说它只是清产核资(清查资产、核实资金)。

真正科学意义上的资产评估行为和资产评估行业，在我国产生于20世纪80年代末期。1988年原国家体制改革委员会委托中国企业培训中心在北京举办了企业资产评估研讨班，聘请美国评值联合公司的副总裁罗纳德·格尔根和该公司高级评估师罗博特·劳博达，讲授资产评估的理论与实务。我国改革开放对资产评估行业的急切需要以及资产评估理论和方法的引进，启发了参加研讨班的国家国有资产管理局的领导。为了有效地保障国有资产在产权变动中保值增值，在国家国有资产管理局内被批准成立了一个专司资产评估管理的司局级机构，国家国有资产管理局资产评估中心宣告成立，并正式履行管理职责。随后各省、自治区、直辖市和计划单列市也相继成立了资产评估管理机构。为了更好地对资产评估业务实施管理，保护产权变动各有关方面的经济利益，1991年11月16日，前国务院总理李鹏签署国务院第91号令，发布了《国有资产评估管理办法》。该办法对资产评估的范围、组织管理、评估程序、评估方法以及法律责任等做了全面系统的规定。自此资产评估工作开始走上了规范化、法制化的轨道，保证了全国资产评估业务的健康有序发展。

自此之后十几年来，我国资产评估事业获得了迅速发展。

一是各级国有资产管理部门认真抓了产权变动的国有资产评估立项和确认工作。资产评估范围涉及资产出售、中外合资合作、股份制改组、企业兼并、资产租赁、企业清算、抵押担保等10多种经济行为。

二是资产评估业务由国有资产评估扩展到非国有资产评估。由于国有企业产权的变动和重组，形成了许多混合经济成分。这些混合经济成分由于占有国有资产，在产权变动时，也必须进行资产评估。不仅如此，即使没有占有国有资产的企业单位，其评估意识也不断增强。为了维护自身利益，在产权变动时，也自觉要求进行资产评估。目前全国的资产评估已经覆盖各个行业、不同经济成分的各类企业单位。

三是全国已形成了一支能基本满足社会需要的评估队伍。为了进一步提高和保障资产评估执业人员的操作水平和执业能力，从1996年开始，国家实行注册资产评估师制度，从事资产评估的执业人员，必须经过国家组织的统一考试，取得执业资格才能执业。到现在，已形成了一支素质水平和执业经验都很不错的评估师队伍，涌现出一批独具特色的评估机构。

四是资产评估的法制规范体系已初步形成。目前，我国已初步形成了一套以国务院颁布的《国有资产评估管理办法》为主干，以财政部、原国家国有资产管理局等政府主管部门颁布的一系列关于资产评估的规章制度为主体，以全国人大及其常委会、司法机关和其他政府部门颁布的其他相关法律、司法解释和规章制度为补充的资产评估法律规范体系。这些法律法规既有专门关于资产评估的行政法规、规章和规范性文件，也有从不同方面对资产评估进行规范的其他法律法规和规章制度；从法规层次看，既有全国人大及其常委会颁布的法律、国务院颁布的行政法规，也有政府部门颁布的部门规章和规范性文件；从法规内容看，既有综合性的管理法规，也有单项的专门规定。内容涵盖资产评估综合管理、考试、培训、注册、机构审批、执业规范、项目管理、涉外管理、财务管理、收费管理、业务监管、纠纷调处、违规处罚、清理整顿、体制改革等各个方面。

五是资产评估行业自律管理逐步走上轨道。1993 年 12 月 10 日，中国资产评估协会宣告成立。作为自律性的行业管理组织，它发挥着政府和评估机构、评估人员之间的桥梁纽带作用，既协助政府贯彻执行有关资产评估的法规政策，又以培训评估人员、研究评估理论方法、制定评估技术标准和执业准则、进行国内外业务交流合作等为己任。1995 年 3 月，中国资产评估协会加入了国际评估准则委员会。中国资产评估协会的成立，标志着我国资产评估行业的建设进入了一个新的历史发展阶段。中国资产评估协会成立后，在推动我国资产评估准则的建设方面做了大量的工作，在短短的十几年时间里，我国已建立起一套较为完整的资产评估准则体系。

可以肯定，随着中国经济的进一步发展，市场对政府的替代作用会进一步加快，资产交易的规模和范围也会随之扩大，资产评估行业将迎来一个辉煌发展的时期。但也应该看到，资产评估行业的竞争将进一步加剧，特别是中国已加入 WTO，今后外资评估公司和综合性资产服务公司将大举进入，中国资产评估公司和其他资产服务公司将面临更大的挑战和压力。面对这样的机遇和挑战，中国资产评估行业必须进一步提高服务质量，并严格遵守道德规范和行为操守，这样才能在激烈的竞争中发展壮大。

第二节 资产评估的基本要素

从资产评估的产生和发展过程可以看出，科学的资产评估，是指由专门机构和专业人员，依据国家有关规定和数据资料，按照特定的目的，遵循一定的计价标准、原则和程序，运用科学的方法，对资产价值进行评定估算的过程。我国2004 年颁布的《资产评估准则——基本准则》对资产评估进行了明确定义："资产评估，是指注册资产评估师依据相关法律、法规和资产评估准则，对评估对象在评估基准日特定目的下的价值进行分析、估算并发表专业意见的行为和过程。"

根据资产评估的定义，资产评估包含以下所述的一些基本要素。

一、资产评估的主体

资产评估的主体是指进行资产评估的操作者，即评估人。评估人包括法人（资产评估机构）和自然人（评估人员）。资产评估工作的政策性强，技术复杂，工作量较大，所以必须由合法的资产评估机构和具有资产评估资格的人员来承担，并负有法律责任。合法的资产评估机构，是指持有国务院或省、自治区、直辖市人民政府国有资产行政管理部门颁发的资产评估许可证书、正式登记注册并领有工商营业执照的资产评估机构。目前，我国资产评估工作已取得了相当明显的成效，各种类型的资产评估机构正在逐步建立和完善。这些资产评估机构从组织形式上可分为以下三种：

第一种是专业性资产评估机构，如房地产评估事务所。这类机构专门从事某一方面的资产评估业务，具有精通这一方面的专门人才，但这些人才也需要通过资产评估的专业培训，取得“国有资产评估资格证书”后，才能承担本专业资产评估业务。

第二种是兼营性资产评估机构，如会计师事务所、财务咨询公司等，原先已有较强的专业技术力量，只要增加或临时聘请一些必需的、有关方面的专业技术人员，经过一定的资产评估知识培训和考试考核，在取得国有资产评估资格证书后，就可以承担资产评估业务。

第三种是综合性资产评估机构，如资产评估公司、资产评估事务所，其特点是实行独立核算的企业化经营，按照独立性、职业性和专业性原则，承担各行业各部门的资产评估业务，这种类型的机构必须拥有各类与评估业务相关的专业人员，具有雄厚的资产评估力量。

具有资产评估资格的人员，是指经过严格的考试或考核，具有资产评估能力并取得资产评估资格的人员。在中国，资产评估人员必须通过全国统一考试取得注册评估师的资格才能担任资产评估的工作。

资产评估结果直接关系着资产交接各方的权益，且评估技术难度大，涉及多方面的专业知识，如会计学、市场学、数学、工程技术等，因此，要求资产评估人员必须具备以下三个方面的条件：

第一，具有踏实、勤奋、认真的工作作风以及良好的职业道德和个人品质。

第二，具有广博的知识和较丰富的实践经验。

第三，经过严格的考试或考核，取得注册评估师的资格。

二、资产评估的客体

资产评估的客体又称资产评估的对象，是指被评估的资产。会计学所称的资产是企业过去的交易或事项形成的、由企业拥有和控制的、预期会给企业带来经济利益的资源，包括各种财产、债权和其他权利。作为资产评估对象的资产比会计学上所称的资产具有更广泛的含义，它不仅包括具有独立实体形态的有形资产，还包括不具有独立实体形态的无形资产；既包括各种单项资产，也包括一组具有获利能力的资产综合体，即整体资产。资产评估的客体，可用图 1-1 表示。

可以看出，资产评估的客体多种多样，而且在运营中的作用各不相同，产生的效益也有很大差别，这些都决定了资产评估是一项极其复杂的工作。

三、资产评估的目的

资产评估的目的是指资产评估服务于什么样的资产业务，简言之，就是为什么进行资产评估。资产评估的目的不同，评估的方法、原则以及应该遵循的价格标准甚至评估的程序都可能有差别。因此，明确资产评估的目的，对于科学地组织资产评估工作，提高资产评估质量，具有重要意义。

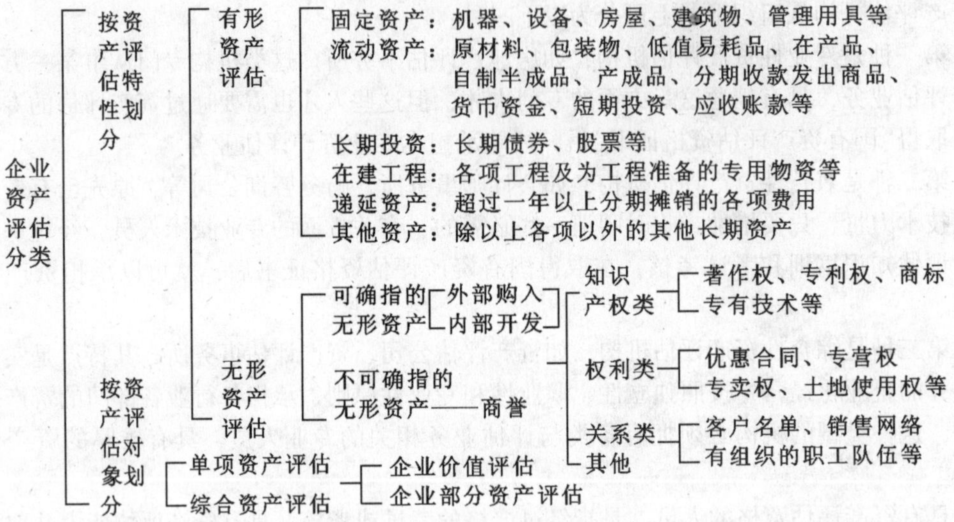

图 1-1 资产评估的客体

2005 年 8 月国务院国资委颁布的《企业国有资产评估管理暂行办法》规定，必须经过评估的国资处置行为包括：整体或者部分改建为有限责任公司或者股份有限公司；以非货币资产对外投资；合并、分立、破产、解散；非上市公司国有股东股权比例变动；产权转让；资产转让、置换；整体资产或者部分资产租赁给非国有单位；以非货币资产偿还债务；资产涉讼；收购非国有单位的资产；接受非国有单位以非货币资产出资；接受非国有单位以非货币资产抵债以及法律、行政法规规定的其他需要进行资产评估的事项。

值得指出的是，在市场经济条件下，需要进行资产评估的资产业务是十分广泛的。除了国有资产的评估之外，还有大量的非国有资产评估业务。就企业资产评估业务而言，还包括企业经营业绩的评估、企业主要领导人变更时对企业资产状况的评估，此外，企业资产交易中的纳税也需要进行资产评估。

四、资产评估的价值类型与评估方法

资产评估的价值类型指的是资产评估价值质的规定性，即价值内涵，是对资产评估结果价值属性的抽象和归纳。价值类型需要与资产行为的发生相匹配。这主要是由于资产在价值形态上的计量可以有多种类型的含义，它们分别从不同角度反映资产的价值特征。这些不同含义的价值不仅在质上是不同的，在量上也存在较大差异，而作为资产业务所要求的具体价值类型却是唯一的，否则，就失去了正确反映和提供价值尺度的功能。因此，必须根据资产业务的行为，即评估目的，弄清楚所要求的价值尺度的内涵，从而确定资产业务所适用的价值类型。

国际评估准则中将价值类型分为两大类，一类是市场价值，另一类是市场价值以外的价值。中国资产评估协会 2007 年 11 月发布的《资产评估价值类型指导意见》明确了市场价值和投资价值、清算价值及残余价值等几种常见的非市场价值。市场价值是自愿买方和自愿卖方在各自理性行事且未受任何强迫的情况下，评估对象在评估基准日进行正常公平交易的价值估计数额。投资价值是指评估对象对于具有明确投资目标的特定投资者或某一类投资者所具有的价值，也称特定投资者价值。清算价值是指以评估对象处于被迫出售、快速变现或其他非正常市场条件为依据判断的资产价值估计数额。残余价值是指机器设备、房屋建筑物或其他有形资产等在不能继续使用的前提下，拆除变现的价值估计数额。

资产评估的方法主要有三种：成本法、市场法和收益法，这三种方法分别从不同的角度对资产价格进行评定估算。成本法是基于资产重新购置或建造的价格或成本来估算被评估对象价格的一种方法，通常适用于机器设备、房地产等固定资产的评估以及资产补偿的评估；市场法是基于同类资产或类似资产在市场上的成交价来估算被评估对象价格的一种方法，适用于流动资产、房地产等交易活跃的资产估价；收益法是基于资产的未来获利能力来估算被评估对象价格的一种方法，适用于能单独测算其未来收益的资产估价。

资产评估的价值类型与评估方法是两个既有联系，又有区别的概念。资产评估价值类型说明的是资产评估价值的内涵，具有质的规定性，而评估方法则是评估价值的量化过程，前者对后者的运用具有约束性，在价值类型确定的前提下，尽管各种方法之间具有替代性，但不能以方法的可替代性模糊价值类型的唯一性，更不能以评估方法代替价值类型。此外，还应注意的是，价值类型与作为评估结果的评估价值不是相同的概念。评估价值是价值类型与评估方法即评估价值质的规定和量化过程共同作用的结果。影响评估价值的因素很多。诸如特定目的，市场条件及指标参数等，但决定价值类型的则是特定目的。在价值类型相同的情况下，在价值类型约束下的评估方法的应用中，市场条件和指标参数等均会对其产生影响，最终影响评估价值。进一步说，引起评估价值差异的原因，既有价值类型不同，也有方法运用差异。科学选择资产评估价值类型是资产评估具有科学性和有效性的根本前提。

五、资产评估的法律法规和评估准则

资产评估的相关法律法规对于资产评估行业的法制化、规范化建设具有十分重要的意义。目前，我国已初步形成一套较为完整的资产评估法制规范体系。主要法律法规包括《国有资产评估管理办法》(1991 年国务院令第 91 号)、《国有资产评估管理办法施行细则》(国资办发[1992]36 号)、《注册资产评估师执业资格制度暂行规定》(人职发[1995]54 号)、《关于调整注册资产评估师执业资格考试有关规定的通知》(人发[1999]23 号)、《注册资产评估师执业资格注册管理暂行办法》(国资办发[1996]35 号)、《资产评估机构审批管理办法》(财政部令第 22 号)、《关于改进资产评估确认工作的通知》(财评字[1998]136 号)、《注册资产评估师后续培训制度(试行)》(财评协字[1998]54 号)、《资产评估操作规范意见》(国资办发[1996]23 号)等。此外，十多年来，我国立法、司法和行政管理部门也陆续制定了许多涉及资产评估的法律、法规和规章制度，如《中华人民共和国公司法》、《中华人民共和国证券法》、《中华人民共和国合伙企业法》、《中华人民共和国拍卖法》、《中华人民共和国刑法》等，这些都是资产评估法律规范体系的重要组成部分。

资产评估准则是从专业技术的角度对资产评估业务处理提出的规范要求和判别标准，

是资产评估规范的重要组成部分；它是资产评估实践工作经验的抽象、概括和总结，又反过来指导和规范资产评估实践工作，对于规范资产评估行业的管理和资产评估师的执业行为具有重要作用。目前世界上公认的较有影响力的评估准则有美国的《专业评估执业统一准则》、《国际评估准则》等。我国目前也已建立起一套较为完整的资产评估准则体系。至2010年，已先后发布并实施了《资产评估准则——无形资产》、《珠宝评估指导意见》、《注册资产评估师关注评估对象法律权属指导意见》、《资产评估准则——基本准则》、《资产评估职业道德准则——基本准则》、《企业价值评估指导意见(试行)》、《金融不良资产评估指导意见(试行)》、《资产评估准则——评估报告》、《资产评估准则——评估程序》、《资产评估准则——业务约定书》、《资产评估准则——工作底稿》、《资产评估准则——机器设备》、《资产评估准则——不动产》、《资产评估价值类型指导意见》、《以财务报告为目的的评估指南(试行)》、《专利资产评估指导意见》、《企业国有资产评估报告指南》、《投资性房地产评估指导意见(试行)》和《资产评估准则——珠宝首饰》等。建立起了包括2项基本准则、8项具体准则、2项资产评估指南和6项资产评估指导意见在内的覆盖资产评估主要执业领域的比较完整的评估准则体系。

六、资产评估的程序

为使资产评估工作科学化、规范化，资产评估工作必须按一定的程序进行。资产评估程序是指在特定的资产评估业务中，评估机构按照相应的要求，评估工作所必须遵循的评估顺序。资产评估程序对保证资产评估的科学合理和公正性具有重要意义，因为资产评估的过程有时会影响甚至决定资产评估的结果，这也是减少或避免评估工作随意性的重要要求。

按照中华人民共和国国务院1991年颁发的《国有资产评估管理办法》及《国有资产评估管理办法施行细则》，国有资产评估的程序分为申请立项、资产清查、评定估算、验证确认等4个步骤。这4个步骤是按资产评估的逻辑顺序系统排列的，每一个步骤都是其后一个步骤的前提、基础和依据。非国有资产的评估程序可以比照国有资产的评估程序进行。只是立项和确认不是由国有资产管理部门而是由委托单位自行决定。

对于一项特定的资产评估业务，其评估程序通常如下：

(1)明确评估业务基本事项。包括明确评估业务的内容和范围、评估目的、评估基准日、价值类型及定义、评估工作完成时间等。

(2)签订业务约定书，约定委托方和受托方各自的权利与义务。

(3)编制资产评估计划。根据被评估资产的性质与工作量大小，明确参与项目的评估人员以及分工，明确作业进程及时间安排。

(4)资产勘察与现场调查。进驻现场，勘察资产实体状况和产权状况，核查资产权属性质，检测鉴定资产。

(5)收集评估资料。针对资产评估对象的特点、所采用的评估方法收集相应的市场价格资料及其他资料。

(6)评定估算。针对具体评估对象逐个进行评定估算，填写评估明细表和分类汇总表。

(7)编制和提交评估报告。

(8)工作底稿归档。

第三节　资产评估的特点

从最本质的意义上讲，资产评估是一种对资产价值的估计和判断的社会中介活动。与其他资产计价业务和社会中介活动相比，资产评估具有以下几个明显的特点。

一、现实性

现实性是指以评估基准期为时间参照，按这一时点的资产实际状况对资产进行估价。

所谓资产评估基准期，是指确认资产、评估价格的基准时间。由于企业资产总是处在运动和变化之中，资产的数量、结构、状态和价格也就不可能长期保持不变。因而，企业资产评估只能是评估某一时点的资产，而不能完全反映评估基准期以外时期的资产状况。为了科学实施资产评估，使评估结果具有可解释性和可验证性，便于客户和公众对其合理利用，必须确定评估基准期。评估基准期一般以"日"为基准时点，选在与资产业务或评估作业时间较接近的时期。

资产评估的现实性表现在以下三个方面：

(1)资产评估直接以现实存在作为资产确认、估价和报告的依据，没有与过去业务及其记录进行衔接、均衡、达成一致等约束，只需要说明当前资产的状况，而不需要说明为什么形成这个状况以及如何由过去的那种状况变为当前状况。

(2)以现实状态为基础反映未来。资产评估涉及未来的预测。预测是对未来事件的陈述，它固然要依据过去和现实的状况，但必须考虑未来的新变化、新因素、新发展，这才是符合一般规律的。但是，资产评估中的预测更强调现实的意义，它把未来状况抽象为现实状况在时间维下的逻辑延伸。资产评估要求揭示在"现实"这一时间维下的资产价值属性。进行预测，只是通过现实在未来的逻辑延伸来捕捉现实资产的价值属性。

(3)现实性强调客观存在。形式上存在而实际上已消失者，形式上不存在而事实上存在者都要以实质上的客观存在为依据进行校正。

二、市场性

市场性是资产评估区别于其他会计活动的显著特征。财务会计既反映外部交易即市场交易，又反映内部交易即企业内部的资源变换。企业内部资源变换在时空上是与市场相分离的。资产评估则是在模拟市场条件下，对资产进行确认、估价和报告，并且通常受市场直接检验。

资产评估需要模拟市场来作为资产估价的依据，因为资产评估的实质就是以资产要素市场和本金市场作为参照系对资产的价格属性进行描述，它不能离开资产市场而得出结论。但是，评估发生在资产进入市场之前，甚至有些资产业务并不进入市场，也许部分资产还没有现实的市场。这就需要根据市场的一般规律和现实状况，模拟评估对象身临其境的市场状况来评估作价。应该注意的是，即使是非市场业务，其评估也要市场化，要采用市场所决定的参数。例如一台普通机床，企业在原购置时运用商业策略使购置价比市场价低20%，但现在评估时就要采用现实市场的一般价格，而不能考虑该企业重置时可能少花20%的费用的情况。模拟市场是资产评估的依据，这是资产评估市场性的表现之一。

资产评估市场性的表现之二，是评估结果的有效性要受市场检验。如果市场交易价格与评估值大相径庭，那么评估会被认为是毫无意义的或低质量的。在一些资产评估较为发达的西方国家，成交价格一般在评估价格的10%的水平上下波动即视为评估结果是准确可信的。这是衡量一个评估机构社会信誉的重要标志。

三、预测性

资产评估的预测性是指用资产在未来时空的潜能说明现实。一项资产是否有价值，关键取决于其未来是否有用，即能否给资产的所有者带来未来收益。未来没有潜能和效益的资产，现实评估价值是不存在的。因此，在资产评估操作中，通常用未来预期收益来折算反映某项资产的现实价值，用预期使用年限和功能，评估某类资产的净值，等等。

四、公正性

资产评估的公正性是指资产评估行为对于评估当事人具有独立性，资产评估过程及其结果只服从于资产评估对象及评估时的各种主客观条件，而不倾向于任何一方的当事人。

资产评估是为产权变动、资产交易及其他涉及资产产权主体利益的经济活动服务的社会中介活动。资产评估的性质要求其必须保证公正性，公正性是资产评估存在和立足的根本。要保证资产评估的公正性，一方面要强调资产评估机构和评估人员必须保持超然独立的地位，与资产交易各当事人没有利益或利害关系，这是公正性的组织基础；另一方面，资产评估必须按公允、法定的准则和规程执业，具有公允的行为规范和业务规范，这是公正性的技术基础。

五、咨询性

咨询性是指资产评估结论是为资产业务提供的专业化估价意见，这个意见本身并无强制执行的效力，评估者只对结论本身合乎职业规范要求负责，而不对资产业务定价决策负责。资产评估与资产交易中的资产交易价格决策和决定是分属于两个不同的过程，是由不同主体做出的。资产评估为资产交易提供的估价只是作为当事人要价和出价的参考，最终的成交价则还要取决于当事人谈判的技巧。

此外，还应该指出的是，资产评估属于一种专业技术咨询活动，需要由具有资产评估及其相关知识的专业人士或专家以及由这些专业人士或专家组成的机构完成，资产评估结论应该是这些专家的专业判断和专家意见，具有令人信服的权威性。

第四节　资产评估的假设

前已述及，资产评估的特点之一是其市场性。资产评估是在资产交易发生之前通过模拟市场对准备交易的资产在某一时点的价格所进行的估算。但事实上人们是无法完全把握市场机制的，评估人员模拟市场进行资产评估往往必须借助于若干种假设，以对资产的未来用途和经营环境做出合理的判断。因此，资产评估与其他学科一样，其理论和方法体系的确立也是建立在一系列假设的基础上的。在资产评估中有四个最基本的假设：交易假设、继续使用假设、公开市场假设和清算(清偿)假设。

一、交易假设

交易假设是资产评估得以进行的一个最基本的前提假设，交易假设是假定所有待评估资产已经处在交易过程中，评估师根据待评估资产的交易条件等模拟市场进行估价。由于资产评估是在资产实施交易前进行的一项专业服务活动，而资产评估的最终结果又属于资产的交换价值范畴，因此，为了能够在资产实际交易之前为委托人提供资产交易底价，利用交易假设将被评估资产置于“交易”当中，模拟市场进行评估十分必要。

交易假设一方面为资产评估得以进行创造了条件；另一方面，它明确限制了资产评估的外部环境，即资产被置于市场交易当中。资产评估不能脱离市场条件而孤立地进行。

二、继续使用假设

继续使用假设是假定被评估资产将按现行用途继续使用，或转换用途继续使用，从而可以考察它在未来时间能为其持有人带来的经济收益。这一假设要求，一般情况下不能按把资产拆零出售所得收益之和来评估资产价格，即应该把资产看成是一种获利能力而不是物的堆积。比如一台机床用做制造产品时，其估价可能是6万元，而将其拆成发动机、床身等零部件分别出售时，可能仅值3万元，同一资产按不同的假设用做不同目的，其价格是不一样的。再如，就一家企业而言，它是由众多的机器设备、流动资产、房屋及其建筑物和无形资产组成的整体，在继续经营条件下评估，其估价是1 000万元，但如果因破产而强制清算拍卖，其价值就会远远低于1 000万元。

继续使用的方式有：(1)在用续用，即处于使用中的被评估资产在产权发生变动或资产业务发生后，按照其现行正在使用的用途及方式继续使用下去；(2)转用续用，即被评估资产在产权发生变动或资产业务发生后，改变资产现在的用途，按照新的用途继续使用下去；(3)移地续用，即被评估资产在产权发生变动或资产业务发生后，改变资产现在的空间位置，转移到其他空间位置上继续使用。

在确认继续使用的资产时，必须充分考虑以下条件：

①资产能以其提供的服务或用途满足资产持有人经营上期望的收益；

②资产尚有显著的剩余使用寿命；

③资产的所有权明确，并保持完好；

④资产从经济上、法律上允许转做他用；

⑤资产的使用功能完好或较为完好。

三、公开市场假设

公开市场假设是假定资产拟进入的市场是一个公开市场。所谓公开市场，是指一个有众多买者和卖者的充分竞争性市场。在这个市场上，买者和卖者的地位是平等的。资产交易双方都有获取足够市场信息的机会和时间，买卖双方的交易行为都是自愿的、理智的，而非强制或在受限制的条件下进行的。买卖双方都能对资产的功能、用途及其交易价格等做出理智的判断。事实上，现实中的市场条件未必真能达到上述公开市场的完善程度。公开市场假设就是假定那种较为完善的公开市场存在。被评估资产将要在这样一种公开市场中进行交易。当然公开市场假设也是基于市场客观存在的现实，即资产在市场上可以公开买卖这样一种客观事实。

公开市场假设还假定资产用途可以随便选择，从而发挥其最大效用，即资产可以被用于法律和政策允许的最佳用途，从而为其持有人带来最大收益。当然，这种选择仅限于该项资产的可选择用途范围内。这种资产的最大效用可以是现时的，也可以是潜在的，在评估资产时，按照公开市场假设处理或作适当的调整，才有可能使资产效用最大。

四、清算(清偿)假设

清算(清偿)假设是指资产所有者在某种压力下，或经协商，或以拍卖方式将其资产强制在公开市场上出售。这种情况下的资产评估具有一定的特殊性，适应强制出售中市场均衡被打破的实际情况，资产评估价值大大低于继续使用或公开市场条件下的评估值。

在资产评估中，由于资产未来效用有别而形成了多种假设。在不同假设条件下，评估结果各不相同。在继续使用假设条件下，要求评估资产的继续使用价值；在公开市场假设条件下，要求评估资产的公平市场价值；在清算(清偿)假设条件下，要求评估资产的清算价格。因此，资产评估人员在评估业务活动中要充分分析了解，判断认定被评估资产最可能的效用，以便得出有效结论。

第五节 资产评估的原则

资产评估作为社会中介行业，涉及面广、专业性强，因此应恪守一定的原则，包括工作原则和技术原则。工作原则是资产评估中必须遵守的行为准则，而技术原则是评估理论的具体化。

一、资产评估的工作原则

资产评估的工作原则是规范资产评估主体行为的准则，也是调节资产评估主体与委托人及资产业务有关权益各当事人在资产评估中的相互关系的准则。

(一)独立性原则

独立性原则是指资产评估机构和评估人员应公正无私地进行评估，评估过程自始至终不受外来或内在因素的影响和干扰。评估机构应是独立的社会公正性机构，不能为资产业务各方的任何一方所拥有，评估工作应始终坚持独立的第三者立场。评估人利益与评估结论相独立，评估收费只与实际工作量相关，不能与资产估价额和评估结论运用的实际效果挂钩。评估人利益应与资产业务相独立，评估机构和评估人员与资产业务应没有任何利益上的联系，倘有，应予回避。

（二）客观性原则

客观性原则是指评估结果应有充分的事实依据，从实际出发，按照客观规律办事。一方面，评估机构在评估操作过程中，要以市场为参照，以现实为基础，预测、推算和逻辑运算等主观判断过程要建立在市场和现实的基础资料上，以求得资产价值的客观性的结论；另一方面，被估单位对被评估的资产或债权债务等，必须提供真实的、客观的情况，不能夸大也不能隐瞒，使评估人员取得评估所需要的确实可靠的资料、数据。

（三）科学性原则

科学性原则是指评估人员在评估过程中，必须根据特定的评估目的选择恰当的估价标准和科学的评估方法，制定科学的评估方案，使资产评估结果准确可靠。科学性原则具体体现在以下几个方面：(1)在选用评估方法时，不仅要注意方法本身的科学性，而且更重要的是必须严格注意评估方法与评估标准是否相匹配，评估标准对评估方法具有约束性，不能以方法取代标准，以技术方法的多样性和可替代性模糊评估标准的唯一性，影响评估结果的科学性。(2)制定科学合理的评估方案。资产评估的具体业务不同，其评估程序也有繁简的差别。因此，应根据国家的有关规定和评估本身的规律性，结合资产评估的实际情况，确定科学合理的评估方案。这样既有利于节约评估的人力、财力、物力，降低评估成本，又有利于提高评估效率，保证评估工作顺利进行。

（四）专业性原则

专业性原则是指资产评估必须由经法律认可的专业评估机构和评估人员来进行。为保证资产评估结论的准确可靠，专业性原则要求资产评估机构必须有一支由财会、工程、技术、法律、经济管理等多学科的专家组成的专业评估队伍，他们应具备足够的从事资产评估业务所需要的专业知识及工作经验。为了保证专业性原则的贯彻执行，国家规定，只有经国家法定机构注册登记，并持有资产评估许可证书的资产评估公司、会计师事务所、财务咨询公司等机构才具有承办资产评估业务的资格。只有经国家法定机构安排统一考试考核批准、持有注册评估师证书的专业技术人员才有资格从事资产评估工作。

二、资产评估的技术原则

资产评估的技术原则是指在资产评估执业过程中的一些技术规范和业务准则。实质上是评估理论的具体化。它们为评估师在执业过程中的专业判断提供指南。

（一）贡献原则

根据经济学边际收益原理，各生产要素的价值大小，可依据其对总收益的贡献来衡量。由于资产总是在一定的资产整体中发挥作用，因而它的边际贡献往往是资产交易双方确认资产价格的尺度。那么，怎样确定各项生产要素的边际贡献呢？边际生产力分配规律认为，一种生产要素应该得到的报酬取决于它的边际生产力，两者在数量上应该相等，边际生产力越大，应该得到的报酬越多。在经济学中，边际生产力是指在投入的其他生产要素的数量、质量不变，企业的技术水平保持不变的情况下，再增加或减少一个单位的某种生产要素，所增加或减少的产量。

边际生产力分配规律为科学测度生产要素的贡献比例提供了一种理论依据。这一规律从理论上阐明，当企业实现一定产量后，各类资产的贡献比例都应该以其边际生产力的大小为依据，固定资产、流动资产和无形资产的贡献比例都应该按照这样的分配原则来科学地确定。尤其是对专利技术和商标这类无形资产的评估，如果不循着确定无形资产贡献比例的思路而是运用其他的方法去评估，那么就会遇到一些难以解决的问题。

(二)替代原则

人们合理性的经济行为往往表现为：在对具有相同效用的物品进行选择时，必定选择价格便宜的；而在价格相同时，则会选择效用较大的。因此，在同一市场上，如果有两种以上可以相互替代的商品存在时，则它们的价格会互相牵引而大体保持在同一水平上。

根据替代原则，假如不存在因延缓供应而引起的不适当的代价，则被评估资产的价格可以根据建造一项具有相似效用的资产的成本或取得一项同等效用的现存资产的价格来确定。所以，替代原则是重置成本法和现行市价法的理论依据。

(三)预期原则

效用价值论认为，资产的价值由资产为其所有者带来的效用所决定，效用越大，资产的价值就越高。对于资产所有者来说，效用当然是指资产所带来的收益，收益决定着资产的价值。但应注意的是，这里的收益不是过去的收益，而是未来的收益。过去的收益对于资产所有者来说是没有任何意义的。资产的现时价值必须依据该项资产所能带来的预期收益来评估。这就是预期原则的具体要求，也是运用收益法评估资产价值的基本思想。

根据预期原则，在进行资产评估时，评估师必须合理预测未来的获利能力以及拥有获利能力的有效期限，以科学合理地评估资产的价值，资产的价值可以不按照过去的生产成本或销售价格决定，而是由对未来收益的期望值决定。

(四)变化原则

资产价值是随情况或环境的变化而相应变化的。这是因为，资产本身不仅由于使用性损耗和自然力的作用其价值会改变，而且受社会、经济、技术进步等因素的影响，资产也会发生升值或贬值问题。以机器设备为例，其价值一方面会随着使用年限的延长因损耗而降低，另一方面又受到通货膨胀的影响而升值，也有可能因性能更好的新设备问世或政府发布严格的环境保护或能源消耗法规而贬值。资产价值的形成正是这些因素综合作用的结果。评估人员应全面考虑市场中可能影响资产价值的现有和预期的种种变化。不过，变化是持续不断的，所以，评估价值只有按评估基准日计算才能有效。

(五)供求原则

经济学理论认为，同商品和劳务一样，生产要素的交易也形成了生产要素市场，在这个市场上，供求双方通过竞价决定着生产要素的市场价格，这就是由市场决定的生产要素报酬。某种生产要素的市场价格高，说明其在生产过程中发挥的作用重要，因此能较其他生产要素得到较大的分配比例。只要存在有效的竞争性，通过生产要素市场决定的资产的价格是大量经济主体集体决策的结果，大量的经济主体的各自主观决策，就形成了最后的客观效果。这种客观效果往往比主观评价更加符合实际情况。因此，既然资产评估是对资产的现时价格进行评定估算的过程，那么，按照供求原则就应该将被评估资产置于资产市场中来考察其现时价格。即使某项资产没有现实的市场，在评估时，也应模拟现实的市场条件来评估其现时价格。供求原则还告诉我们，资产的价格随供求状况的变化而变化，这是市场经济的基本法则。增加对某项资产的需求或减少对它的供给，其市场价格会趋向上升；反之则会下降。供求双方的交互作用构成市场，从而影响资产价格。在进行资产评估时，应充分考虑资产本身的供求状况，正确评估资产的价格。

(六)最佳利用原则

在市场经济条件下，资产具有一种趋向最佳用途的内在本能。如果资产目前还未达到最佳利用状态，在进行评估时，可以其最佳利用状态为基础估价。最佳利用原则对房地产的评估尤其具有指导意义。房地产的用途具有多样性，不同的利用方式为房地产所有者带来的收益量不同。而且，房地产所有者又总是期望获得更多的长期收益，并以能达到这个目的为准绳来选择用途。所以，房地产价格评估是以确保该房地产充分发挥效用为前提的。但事实上，在很多情况下，现有房地产的使用并不一定是最合理、最充分地发挥了其效用，这时，就不应以现有使用情况作为估价基础。例如，某商业中心地处黄金地段，生意兴隆，财源滚滚，因而其地价很高。而旁边一个待估的停车场的土地收益比商业中心则要少多了。在评估停车场的土地价格时，评估人员就不能以停车场的收益为基础来确定。因为买主在买下这块地后很有可能在上面兴建商城，未来所获收益肯定要比现行收益高得多，他愿意按最佳用途的价格来成交。

(七)平衡原则

平衡原则认为，当一切有差别的、相对应的和相互作用的因素处于平衡状态时，可以形成并维持资产的最大价值。这个原则适用于资产的各个组成部分之间的联系。就大多数房地产而言，只有土地和建筑物的组合为最优(而不是优地劣建或劣地优建)，经济平衡点才会达到。这时再追加任何资金，都不可能产生边际效益或效用。

平衡原则还适用于资产与环境的关系。根据平衡原则，各种类型土地的用途和位置在一个地区内适当、经济地配置，能创造并维持最大的价值。例如，在一个居住小区，若商业网点建设超过居民需要，则商业网点房地产的评估价值会降低。反之，若商业网点的建设较差，无法满足居民的需要，则商业网点房地产的评估价值会暂时升高，但会影响居民住房部分的资产评估价值，使得这部分资产的评估价值因生活服务设施的不配套而降低。只有当居住小区商业网点及其他生活服务设施恰好满足居民的生活需要时，整个居住小区房地产的评估价值才会最大。

(八)竞争原则

在市场经济条件下，资本总是向利润率最高的行业和地区投入，从而会引起激烈的竞争，导致利润出现平均化的趋向。竞争的效应和利润平均化的趋向，是评估人员采用收益法评估时正确预测资产未来收益着重要考虑的因素。评估人员要正确判断投资者所处的竞争地位，分析被评估的资产是处在能够获得超额利润的阶段，还是处在利润已经平均化的阶段。能够产生超额利润的资产，其评估值应适当增高；若竞争过度，则预期收益必定会降低，资产的评估价值应适当降低。例如，假定评估对象为一新兴旅游区刚刚竣工落成的某饭店，评估人员在评估时就应根据竞争原则，充分考虑该地区的市场容量及其趋向，正确判断该饭店的预期收益以及投资风险。假设该地区目前每年能够吸引游客 30 万人次，平均滞留时间为一个星期，该地区一年四季均适于旅游，则该地区较为理想的饭店床位应为 8 000 张左右(按平均住客率 80%计算，并适当考虑旅游季节，如冬季旅游的人较少，春秋两季人较多)。若该地区目前全部饭店只有 5 000 张床位，则说明仍可能有超额利润存在；若该地区目前有 9 000 张床位，在不考虑其他因素的条件下(如发展前景)，则床位已过剩，竞争激烈，投资风险较大，预期收益会降低，饭店的评估价值也随之降低。

(九)一致性原则

一致性原则是指当资产性能与市场需求相吻合时，其价值就可以达到并维持在最高水平上。以房地产为例，当某栋建筑物的风格和用途符合各种要求，包括经济承受能力、建筑类型、提供的舒适程度和共同爱好以及地区规划要求的统一标准时，其市场售价达到最佳。而那种单纯追求豪华的房产价格可能会下降，与其建筑、装修成本不相适应。

一致性原则还包括若被评估资产与其他资产配套或一致，则其评估价值较高。例如，在商业中心区，往往有许多商店集中在一起，这种高度的集中，通常会吸引大量的顾客光顾，大大增加各商店的收益。这种高度集中的资产使用上的一致性，使得各商店的评估价值上升。

(十)外部性原则

外部性原则认为，资产外部的因素对资产评估价值的高低影响甚巨，评估人员应慎重考察。例如，当某项资产因技术进步而过时或不适用，或继续使用已不经济时，尽管资产实体本身没有什么损耗，但其评估价值会因这些外部因素的影响而降低。外部因素对房地产价值的影响更加明显。社会的、经济的、法律和政府政策等方面的因素都会导致房地产价格上升或下降。资产评估人员在评估过程中，要充分考虑这些外部影响因素，以使资产的评估价值更符合市场实际情况。

资产评估的各技术原则是相互联系的，在评估过程中应综合运用这些原则，以保证资产评估工作效率的提高和评估结果的合理性。

思考题

1. 资产评估的基本要素有哪些？
2. 资产评估目的决定着资产评估的价值类型和评估方法的选择。对这种说法，你是怎样理解的？
3. 什么是资产评估准则？
4. 资产评估的假设有哪些？为什么需要这些假设？
5. 资产评估的技术原则有哪些？如何理解替代原则和最佳利用原则？

第二章　资产评估准则

第一节　资产评估准则概述

一、资产评估准则的概念

准则是一个合成词。"准"有标准、法则、依据等含义，"则"有规则、制度、规程等意思，将"准"、"则"连起来，即"准则"一词，其直接的含义就是规范、标准和依据，也就是作为行为依据的标准或原则。

资产评估准则由"资产评估"和"准则"构成，如按照行为的依据或标准来解释，资产评估准则就是评估人员进行资产评估所应该遵守的标准，是对评估人员的要求、对资产评估行为过程的约束与规范；如按照"测试、计量的标准"来理解准则，资产评估准则就是对评估人员已完成的资产评估工作进行测试、评价的尺度，强调资产评估准则是对已完成的资产评估活动及其结果进行检查和评价时所采用的标准。两者只是对资产评估准则进行解释的角度不同而已。可见，资产评估准则是从专业技术的角度对资产评估业务处理提出的规范要求和判别标准。

资产评估准则从其行为规范要求出发，可包括业务准则和职业道德准则等内容。业务准则是指资产评估业务活动涉及的评估对象、评估依据、评估方法、评估程序等规范的总称。职业道德准则是指与人们的职业活动紧密联系的具有自身职业特征的道德准则和规范，它是与职业分工联系在一起并在相应的职业环境和职业实践中形成和发展起来的，是对人们从事某种特定职业时的各种行为、活动的规范标准，是一般社会道德在职业活动中的体现。资产评估职业道德准则是指人们从事资产评估这个职业时应当遵循的道德准则和规范，它体现了资产评估的职业特征，反映了对资产评估人员的特殊要求，主要是用来调整资产评估行业内部、外部的各种社会关系的。

二、资产评估准则的产生和发展

（一）国外资产评估准则的产生和发展

资产评估准则是资产评估行业发展到一定阶段的产物，是资产评估理论和实践经验的高度浓缩，并随着资产评估行业的发展而不断完善。从世界范围来看，目前公认的较有影响力的评估准则有《国际评估准则》、美国的《专业评估执业统一准则》、欧洲评估师联合会的《欧洲评估准则》等。

1. 英美评估准则的发展概况

英美两国资产评估行业发展较早，起步于19世纪中后期，经过评估理论和实践的长期发展，两国分别于20世纪70年代开始了评估准则的制定工作。英国于1974年成立了评估和估价准则委员会，并于1976年制定了第一部《评估指南》，之后进行了多次修订。美国资产评估业差不多有100年的历史了，且评估业十分发达，长期以来形成了美国评估师协会、评估学会等众多评估专业协会，它们在其各自领域内对美国评估业进行行业自律性管理，分别制定本协会的人员资格标准和执业准则。直到20世纪80年代，由于里根政府奉行自由经济政策，在金融行业内撤销了对金融机构的严厉的行业管制措施，数以百计的联邦特许存款、贷款银行迅速转向提供私人或商业贷款的业务。而当时，美国金融监管部门尚未做好足够的准备应付突然增加的市场供求关系，导致大批金融机构在批出贷款之前未对抵押资产进行恰当的评估，或由不合格的人士提供评估服务，金融资产质量锐降，导致金融危机发生。在这场金融危机过后的研究与分析中，不当的评估行为被作为导致泡沫经济的原因之一受到广泛指责。特别是在金融机构不动产抵押贷款业务中，由于缺乏统一、明确的评估师资质标准，在执业中也没有统一遵循的准则体系，评估师对作为抵押物的不动产故意或非故意地作出不恰当的评估，往往导致金融机构过高估计抵押不动产的价值及其对金融机构贷款的保障性，最终造成银行等金融机构呆坏账大幅度增加，大批金融机构倒闭。因此美国经济界加强对评估行业这一传统自由职业领域的管理的呼声日益高涨。在这样一个特殊背景下，美国评估界自发地组织起来，从行业内部着手解决有关评估师资格不统一、评估执业准则不统一的问题，希望能够实现从业人员资格的统一，制定公认的评估执业准则，并保证评估师规避执业风险。1986年，美国8个专业评估师协会同加拿大评估学会(Appraisal Institute of Canada)联合起来成立了统一准则委员会，联合制定了《专业评估执业统一准则》(*Uniform Standards of Professional Appraisal Practice*, USPAP)。1987年成立了评估促进委员会，负责《专业评估执业统一准则》的修订、出版工作。1995年，已有16个评估协会成为评估促进委员会会员。USPAP经联邦金融检查委员会评估分会认定公布，是所有评估机构和评估人员必须遵守的行业标准。USPAP2005的版本就是该准则的第14个年度版本。随后，澳大利亚、新西兰等评估业较为发达的西方国家纷纷成立了评估协会、学会等专业性的组织，并制定了相应的评估准则、职业道德守则等一系列规范。

2.《国际评估准则》的产生和发展

20世纪80年代以来，世界经济环境的剧变使得财产价值评估的重要性显得尤为突出。而投资市场全球化进程的加速也进一步推动了资产评估业在世界范围内的长足发展。但是，各国在评估准则及专业术语上存在显著差异，给评估行业的国际合作与进一步发展带来了很大困难。同时，随着经济全球化的迅猛发展，资产评估服务的专业化程度不断提高，其在市场经济中的重要性逐渐得到认可。因此，国际经济领域迫切需要建立起一套规范统一的评估标准，以促使评估业更好地服务于世界经济的发展。在一系列内外因素的共同作用下，1981年英国、美国等20多个国家和地区在澳大利亚墨尔本发起成立了国际资产评估准则委员会(1995年更名为国际评估准则委员会)，由该委员会开展制定国际评估准则的工作。国际评估准则委员会于1985年制定了《国际评估准则》(*International Valuation Standards*, IVS)第一版，之后分别于1994年和1997年进行了修订，发布了《国际评估准则》第二版和第三版。2000 年以后《国际评估准则》的修订工作进入了一个快速发展的时期，经过较大的修改，2003 年 4 月推出了第六版《国际评估准则》。由于欧盟法律要求 2005 年欧盟上市公司均需执行《国际会计准则》，根据《国际会计准则》的规定，执行公允价值会计模式的公司需要对公司许多资产进行评估。这一重大变化给国际评估行业带来了很大影响，国际评估准则委员会于 2005 年发布了第七版《国际评估准则》，以满足《国际会计准则》和相关实务对评估行业的需求。

3.《欧洲评估准则》的产生和发展

《欧洲评估准则》（*European Valuation Standards*，EVS）是由欧洲评估师联合会制定的一部适用于欧洲地区的区域性评估准则，也是当前国际评估界具有重要影响力的评估准则之一。欧洲评估师联合会前身为成立于 20 世纪 70 年代末期的欧洲固定资产评估师联合会。随着评估业的发展，欧洲各国评估师认识到有必要将评估师组织起来，以适应相关法令的需要。1977 年 4 月，比利时、法国、德国、爱尔兰和英国发起成立了欧洲固定资产评估师联合会，后随着评估行业的发展改为欧洲评估师联合会。

1978 年 7 月 28 日，欧盟颁布了第 4 号法令即公司法（the Fourth Council Directive 78/660/EEC）。该法规定了除银行、金融机构、营利性组织之外的公司的年度会计报告事项，其中第 7 章第 35 条规定了以财务报告为目的对固定资产进行估价的规则。为配合欧盟公司法的这些规定，1978 年欧洲固定资产评估师联合会出版了《欧洲评估指南》第一版，经过多次修订，欧洲评估师联合会于 2003 年推出了第五版《欧洲评估准则》。

欧洲评估业受英国等传统评估业发达国家的影响，特别是受欧盟公司法及相关会计改革规则的影响，长期以来主要涉及不动产评估领域，早期的《欧洲评估准则》主要涉及的是固定资产评估领域。欧洲许多国家很早就受到公允价值会计理论的影响，允许在一定情况下以评估后的市场价值作为固定资产的列示价值反映在资产负债表中，而不采用传统的历史成本。因此，为在公司年度会计报表中反映固定资产（主要是不动产）的公允（市场）价值，许多公司聘请评估师对公司固定资产进行评估，其目的是最终将固定资产的价值纳入年度会计报表。受此影响，欧洲评估师联合会早期被称为欧洲固定资产评估师联合会。

随着评估业的综合发展，欧洲评估业近十年来也在向不动产评估和以财务报告为目的的评估业务以外的领域拓展，反映到《欧洲评估准则》中的是其第四版已经开始涉及其他商业目的领域。2003 年出版的第五版《欧洲评估准则》包括指南 7——企业价值评估和指南 8——无形资产评估两个评估指南，其向非不动产评估领域延伸的速度之快引起了各国评估界的广泛关注，在一定意义上也验证了国际评估业综合性发展的趋势。

（二）我国资产评估准则的产生和发展

20 世纪 90 年代中期以前，我国资产评估行业尚处于起步、推广阶段，当时主要任务是在全国普及资产评估的基本操作方法，迅速开展国有资产评估工作。由于评估理论和实践的缺乏，当时不可能也没有条件系统开展资产评估准则的制定工作。90 年代中期以来，国务院、国家国有资产管理局、财政部等先后发布了大量的规范性文件，如 1991 年国务院发布的《国有资产评估管理办法》、1996 年国家国有资产管理局发布的《资产评估操作规范意见（试行）》、1999 年财政部发布的《资产评估报告基本内容与格式的暂行规定》等，这些文件对评估业务的实施、评估报告的披露等都进行了规范，对指导评估执业行为，发挥了重要作用。1996年年底，中国资产评估协会开始着手资产评估准则制定的准备工作，先后召开了两次资产评估准则国际研讨会，提出了中国资产评估准则制定计划，初步明确了准则的框架结构、制定程序和发布程序，并组织起草了14项资产评估准则的草稿。之后中国资产评估协会召开了多次讨论会议，做了大量研究工作和准则草拟与修订工作。

1998年因资产评估管理体制进行调整，准则制定工作未能按计划进行。但在中国资产评估协会和业内专家的努力之下，仍于1999—2000年相继以财政部的名义发布了《中国注册资产评估师职业道德规范》和《中国注册资产评估师职业后续教育规范》，以中国资产评估协会的名义发布了《资产评估业务约定书指南》、《资产评估计划指南》、《资产评估工作底稿指南》和《资产评估档案管理指南》。在此期间，中国资产评估协会利用与国际评估界的良好合作关系，组织力量对《国际评估准则》、欧盟、美国、英国、中国香港、马来西亚、澳大利亚、加拿大等国家与地区的评估准则、规范文件及行业状况进行了比较研究、翻译出版了《国际评估准则》、《专业评估执业统一准则》，为全面了解国外评估业和评估准则的发展状况提供了大量的第一手研究资料。

2001年以来，财政部积极推进并加快了评估准则的制定工作。在客观分析我国评估业发展状况和当时评估准则制定的背景的基础上，提出了在制定我国资产评估准则的过程中应当遵守的指导思想。为从组织上保障资产评估准则制定工作的顺利进行，参照国外评估准则制定以及国内相关中介行业准则制定工作的经验，2002年11月成立了由业内学者、执业界专家、政府部门和行业协会代表组成的第一届资产评估准则项目组，并拟定了评估准则制定的工作程序，进一步加大了对国外评估准则和评估理论的研究。同时，在基本准则尚未出台的情况下，针对2000年以来证券市场发生的多起因关联交易引发的有关无形资产评估的争议，又组织力量对我国无形资产评估中存在的问题以及国外的相关规范进行了研究，在此基础上起草并由财政部于2001年发布了《无形资产评估准则》，同时编写出版了《无形资产评估准则释义》。为规范新兴的珠宝评估行业，指导评估师正确关注评估对象法律权属，于2002年分别制定并发布了《珠宝评估指导意见》和《注册资产评估师关注评估对象法律权属指导意见》。

2004年2月，财政部批准发布了中国资产评估协会制定的《资产评估准则——基本准则》和《资产评估职业道德准则——基本准则》。两个基本准则的发布，标志着我国资产评估准则体系已经初步建立，是我国资产评估准则制定工作和资产评估行业发展的里程碑。

2004年以来，结合国内评估实践和评估理论研究的成果以及国际评估界准则建设的新进展，中国资产评估协会加强了准则的研究制定工作。至2010年，我国已先后发布并实施了2项基本准则、8项具体准则、2项资产评估指南和6项资产评估指导意见，形成了覆盖资产评估主要执业领域的比较完整的评估准则体系。

三、资产评估准则的作用

（一）规范资产评估行业的管理和资产评估师的执业行为

资产评估准则是资产评估行业管理的权威标准，它规范了资产评估师的执业行为，要求资产评估师恪守客观、公正、独立的基本原则，有效地发挥资产评估师的作用。资产评估准则对资产评估师及其他从业人员的业务素质、业务能力、工作操守和执业态度进行了严格的规定，明确规定了资产评估师在执业过程中，哪些工作必须做，哪些工作可以做，哪些事情不能做。此外，也明确要求资产评估师在执业时不得出具虚假不实报告。只要资产评估师按照资产评估准则的要求进行资产评估活动，就能得到科学合理的评估结果，保证执业行为的独立、客观、公正，保持和提高公众对资产评估行业的信任水平。

（二）维护评估机构和资产评估师的合法权益和公共利益

评估准则中规定了资产评估师的工作范围和规则，只要资产评估师按照准则的内容与要求执业，就可以最大限度地降低执业风险。当资产评估师受到不公正的指责和控告时，可以充分利用评估准则保护其正当权益。此外，评估准则还对评估工作的基本程序和方法以及评估报告的撰写方式和要求做了详细的规定，要求资产评估师及其他从业人员依法执业、谨慎工作，以保证评估质量。因此，评估准则可以促使资产评估机构和评估人员按照统一的执业标准开展业务；有利于提高评估工作质量和评估人员的业务素质、业务水平，维护委托者、投资者和其他利害关系人的权益，维护社会公共利益；能使用户对评估报告有普遍一致的理解，是阅读评估报告的指南。资产评估师的资产评估活动是按照资产评估准则的要求进行的，评估报告也是按照资产评估准则的要求编制的，所以只要用户以资产评估准则为指南阅读评估报告，就能正确理解评估报告，并且不同用户按照指南来阅读报告将得出同样的理解。

（三）促进资产评估经验的交流

评估准则是资产评估实践经验的总结和升华，是资产评估理论研究成果和实践经验的高度浓缩，反过来又用于指导评估实践活动。它是资产评估理论的重要组成部分，其实施促进了评估理论水平的提高。此外，各国间评估准则的协调，也可以推动各国评估经验的交流，促进全球评估业的共同发展。

第二节　国际评估准则

一、《国际评估准则》的基本框架

从总体结构上看，《国际评估准则》共包含以下 10 个部分（见图 2-1）。

（一）引言（Introduction）

引言部分总体回顾了国际评估准则委员会的产生、发展历程以及准则的制定、修改过程，同时还涵盖了国际评估准则委员会的章程及《国际评估准则》的目标、范围、组织体系、准则格式和准则采纳的时间等内容。

（二）基本评估概念和原则（General Valuation Concepts and Principles）

基本评估概念和原则部分是《国际评估准则》的基础，也是其精华所在。这一部分主要是对一些重要概念作出具体规范和限定。例如，它对资产、财产、土地、动产、不动产、价格、成本、价值、市场价值以及资产的使用、最佳使用等概念都作出了具体规定，从而为各项具体准则的制定提供了一个统一的概念和基础，使得所有评估准则保持口径一致。充分理解和把握这些重要概念和原则是准确理解和应用评估准则的关键所在。

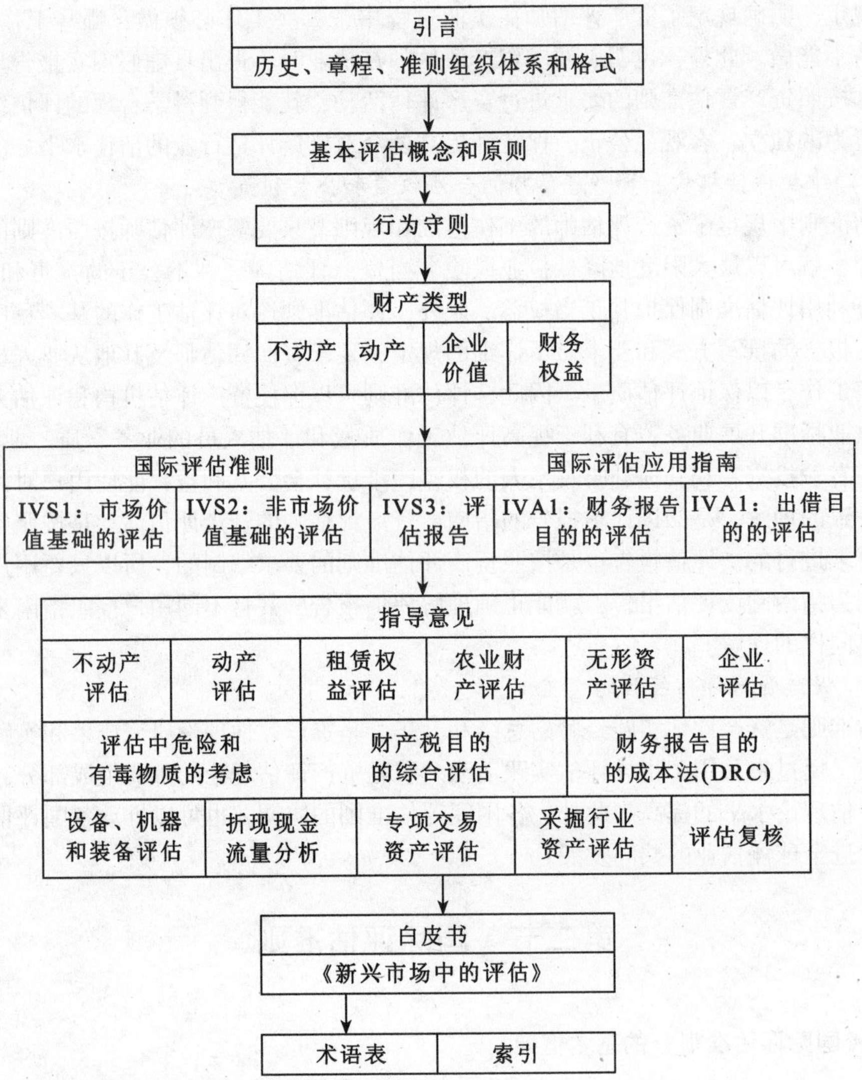

图 2-1 《国际评估准则》的结构

（三）行为守则（Code of Conduct）

行为守则部分主要包括道德规范、能力、评估披露以及评估报告这四个方面的内容，主要阐述了对资产评估师在执业过程中的道德和能力要求以及对披露和报告的要求。它要求资产评估师应当具备执业所必需的专业知识、技能、素养和经验等，以按照公认的职业准则的相关规定有效地完成工作；它要求资产评估师在任何时候、任何情况下都必须保持高度的正直和诚实态度，并要求他们的行为不得对客户、公众和评估业造成损害。此外，它还要求评估师的报告必须准确、明晰，不应产生误导，并充分披露评估所必须正确理解的全部事项。

（四）财产类型（Property Types）

《国际评估准则》在财产类型这一部分详细介绍了财产的四大类型，即不动产、动产、企业价值和财务权益，并具体阐述了它们之间的区别和联系。

（五）国际评估准则（International Valuation Standards，IVS）

国际评估准则包括三个准则：《IVS1——市场价值基础的评估》、《IVS2——非市场价值基础的评估》、《IVS3——评估报告》。前两个准则是《国际评估准则》的核心，并构成应用指南和指导意见的基础。《IVS3——评估报告》是在第六版中新增加的内容，将以前散落在各相关准则中的有关评估报告和披露方面的规范进行了总结，形成了单独的评估报告准则。

（六）国际评估应用指南（International Valuation Applications，IVA）

国际评估应用指南为评估准则在不同目的评估下的应用提供指导。截至目前，国际评估准则委员会共发布了两项评估应用指南，分别为《IVA1——财务报告目的的评估》和《IVA2——出借目的的评估》，每项国际评估应用指南也都具有和国际评估准则相类似的基本组成部分。

（七）指导意见（Guidance Notes，GN）

国际评估准则在指导意见部分主要提供了评估准则以及特定评估事项在特定企业和特定情况下应当如何应用的指南。截至目前，国际评估准则委员会已经发布了 14 个指导意见，具体如表 2-1 所示。

表 2-1　**指 导 意 见**

指导意见	主　题	生效日期
GN1	不动产评估	2005 年 1 月 31 日
GN2	租赁权益评估	2005 年 1 月 31 日
GN3	设备、机器和装备评估	2005 年 11 月 17 日
GN4	无形资产评估	2005 年 1 月 31 日
GN5	动产评估	2005 年 1 月 31 日
GN6	企业评估	2005 年 1 月 31 日
GN7	评估中危险和有毒物质的考虑	2005 年 1 月 31 日
GN8	财务报告目的的成本法（DRC）	2005 年 1 月 31 日
GN9	折现现金流量分析	2003 年 4 月 30 日
GN10	农业财产评估	2003 年 4 月 30 日
GN11	评估复核	2003 年 4 月 30 日
GN12	专项交易资产评估	2005 年 1 月 31 日
GN13	财产税目的的综合评估	2005 年 1 月 31 日
GN14	采掘行业资产评估	2005 年 1 月 31 日

指导意见进一步完善并拓展了评估准则和应用指南，在国际评估准则体系中具有相当重要的作用，所有依照国际评估准则进行的评估必须遵循整个准则文件详述的原则和程序进行。

（八）白皮书（White Paper）

由于评估实务中各类具体事项存在的差异和变化，国际评估准则委员会特别针对相关评估事项发布了白皮书。例如，《国际评估准则》（2005）中就包含国际评估准则委员会于2001年7月1日发布的《新兴市场中的评估》白皮书。

（九）术语表（Glossary）

（十）索引（Index）

二、《国际评估准则》中的基本概念

国际评估准则委员会在《国际评估准则》中对一些资产评估的重要概念和原则进行了说明。这些内容分布在《基本评估概念和原则》以及相应的准则和指南中，是理解《国际评估准则》及国外传统评估理论基础的重要出发点。

（一）与资产相关的概念

《国际评估准则》中涉及的重要资产概念有不动产、动产、财产和资产等概念。不动产是指实物形态的土地和附着于土地上的改良物，包括附着于地面或位于地上和地下的附属物；不动产之外的资产在法律上称为动产，包括不动产之外的所有有形或无形的资产。这些资产不是永久性地附着于不动产，通常具有可移动性。

作为实物形态的不动产和作为法律概念的不动产所有权是有区别的。《国际评估准则》中将不动产所有权称为“不动产权”，将动产所有权称为“动产权”。不动产权是指包含在不动产中的各种权利，通常由独立于不动产实体的所有权证明文件体现，如所有权证书、租约等正式文件。因此，不动产权是一个非实物性的法律概念，而不动产指的是不动产的物理实体。与不动产所有权相关的权利很多，包括使用权、占有权、进入权、转让权、租赁权、遗赠权、赠送权等以及选择行使或不行使上述任何一个或几个权利的权利。这些权利的组合也称为权利集。在很多情况下，不动产的某种权利可以从权利集中分离出来，单独用于转让、租赁或让渡给国家和相关当事人。

财产是一个法律概念，包括与所有权有关的各种权利。财产本身也是一个不确定的概念，不同国家的法律规定以及社会各界的理解各有不同。在资产评估中，使用“财产”概念时，如果未加进一步限定或说明，可以指不动产、动产、企业价值、财务权益中的任一种或全部。资产在一般意义上往往用来表示不动产、动产或两者的全称。在资产评估中，资产更多地被理解为基于某项资产的各种权利的排列与组合。

（二）折旧概念

折旧这一术语在评估行业和会计行业中的含义有所不同。评估师在资产评估业务中所使用的折旧概念表示从估计的全新重置成本中扣除的任何部分。这些扣除部分（评估中的折旧）依其产生的原因可分为实体性损耗、功能性贬值和经济性贬值。而会计上的“应计折旧”概念是指会计师根据历史成本原则做出的对资产原始成本的一种摊销，并不考虑这种摊销是否与实际情况相符。折旧在评估和会计上最重要的区别在于，对评估师而言，评估中的“应计折旧”应当与市场有关，反映相关的市场状况；而会计上的“应计折旧”则与会计原则有关，并不反映市场状况。

（三）市场、成本、价格和价值概念

市场、成本、价格和价值等概念是资产评估中最基本的概念，同时也是争议最大的概念。例如，长期以来，人们对于评估师所评估的是资产的价格还是价值这一问题的看法就莫衷一是。《国际评估准则》在总结相关国家评估理论研究成果的基础上，避开了不必要的争论，指出价格和成本是事实，而价值是对资产在一定条件下应当进行交易的价格的估计额。

市场是买方和卖方之间在价格机制作用下就商品和服务进行交易的体系，市场的存在是资产评估能够得以进行的基础条件之一，它使买方和卖方在没有不合理限制的条件下进行商品或服务交易成为可能。由于市场的存在，交易各方都能够根据供求关系和其他价格确定因素、各方的能力和知识、他们对商品（或服务）效用的理解以及他们各自的需要、欲望等因素做出合理决策。

成本是与生产相关的概念，是为商品或服务所支付的货币数额，或者是生产商品、提供服务所需要的货币数额。当商品生产、服务提供完成之后，成本就成为事实（历史数据）。对于购买者而言，为商品或服务所付出的价格就成为其成本。资产的总成本包括其创建、生产过程中的所有直接、间接成本。如果购买者在购买之后又发生了附加性支出，根据成本会计原理，这些费用可追加到历史成本中。但在资产评估中，根据市场对这些费用的效用的认可程度，这些费用可能会全部在资产的“市场价值”中反映，也可能不予反映。

价格是与商品或服务交换相关的概念，表示就某商品或某项服务所要求的、提供的或支付的货币数额，反映了商品或服务进行实际交易的货币金额。价格是事实，是一个历史数据，不论其是否公开披露。一般情况下，价格反映了在特定条件下特定的买方和（或）卖方对商品和服务价值的认可。

价值是一个经济概念，价值并不是事实，只是根据特定的价值定义在特定时间内对商品、服务进行交易时最可能形成的价格的估计额。价值的经济概念反映了在价值的有效日期（基准日）市场（而不是特定买方或卖方）对于某人由于拥有某商品或接受某服务而具有的利益的评判。

资产的所有者、经营者、投资者、保险人、清算人和接管者、征税部门、具有特殊动机的购买方等对同一资产会赋予不同的价值，这种现象的存在是合理、合法的。价值类型有许多种，每种价值类型都有其定义。某些经严格定义的价值类型是资产评估中常用的价值类型，其他价值类型则适用于特殊场合，需要明确定义并予以披露。因此，对于评估师而言，最重要的是确信所评估的价值类型和定义符合特定的评估业务目的，并明确披露所评估价值的类型和定义。

（四）最佳用途

最佳用途又称为最大最优用途，指就某项资产而言，实际可能的、经合理证明的、法律允许的、财务上可行的并能实现该被估资产最大价值的最可能用途。

资产具有各种不同的用途，不同用途下资产所具有的价值可能会有很大不同。不同的市场主体对某资产的用途有不同的计划和期望，导致对该资产价值的认识也不同。资产评估业务中最常见的是评估资产的市场价值，由于市场价值反映了包含相关市场主体在内的市场整体对被评估资产的价值的认可，因此评估市场价值时不应当考虑个别市场主体对该资产的用途及价值的认识，而应反映市场整体认同的、合理的、能够导致价值最大化的用途，这才符合最佳用途原则。

（五）市场价值和非市场价值

1. 市场价值

市场价值是各国资产评估行业普遍使用的概念，各国资产评估理论和评估准则中关于市场价值的定义不尽相同，但大多只是措辞上的区别，其基本组成要件大致相同。《国际评估准则》将所有的评估业务分为两大类：市场价值评估和非市场价值评估。

《国际评估准则》中市场价值的定义如下：市场价值是自愿买方与自愿卖方在评估基准日进行正常的市场营销之后所达成的公平交易中，某项资产进行交易的价值估计数额，当事人双方应各自理性、谨慎行事，不受任何强迫压制。可见，市场价值是一种公开交易的价格，它是资产在满足市场价值定义的条件下，在评估基准日于公开市场出售的价格，是通过反映资产的性质和资产在公开市场交易最可能情况的评估方法和程序而评定的。因此，按市场价值进行评估，评估师首先必须确定资产的最佳或最可能使用状态。

《国际评估准则》明确指出，最常用的市场价值评估方法有成本法、市场法和收益法等三种方法。虽然不同项目的评估方法的选择取决于相关数据的可获得性、相关的市场条件以及资产本身的性质等因素，但只要所选择的评估方法是建立在市场取得数据的基础上，那么所得到的结果都可以作为市场价值。

2. 非市场价值

《国际评估准则》中并没有给出非市场价值的定义。非市场价值又称市场价值以外的价值或其他价值，指所有不满足市场价值定义的价值类型。因此非市场价值不是一个个体概念，而是一个集合概念，指不满足市场价值定义的一系列价值类型的集合，主要包括在用价值、投资价值、持续经营价值、保险价值、剩余价值、清算或强制销售价值、特殊价值等。

在用价值（Value in Use）是指作为企业组成部分的特定资产为其所属企业带来的价值。它主要强调属于企业一部分的特定资产的价值，而并不考虑资产的最佳用途或资产变现所能实现的价值量。在用价值是特定资产对特定使用者具有特定用途的价值，因而是非市场价值。

投资价值（Investment Value/Worth）是指资产对于具有明确投资目标的特定投资者或某一类投资者所具有的价值。这一概念将特定资产与具有明确投资目标、标准的特定投资者或投资者群体联系起来。资产的投资价值可能高于或低于资产的市场价值，它是与特别价值相联系的。

持续经营价值（Going Concern Value）是指企业作为一个整体的价值，它可能被分摊给组成企业整体的每一部分，但任何部分都不能构成市场价值的基础。这一概念涉及对一个持续经营企业进行评估的问题，因为企业各个组成部分对该企业整体价值都有相应的贡献。

保险价值（Insurable Value）是指根据保险合同或协议中规定的定义所确定的资产价值。尽管有些情况下可能将市场价值作为估价基础，但评估价值的方法可能产生与《国际评估准则》所定义的市场价值不同的结果。

剩余价值（Salvage Value）是指假设在未进行特别修理或改进的情况下，将资产中所包含的各组成部分进行变卖处置的价值。剩余价值不是继续使用时的价值，且不包括土地价值在内。该价值中可能还需考虑总的处置成本或净处置成本，在后一种情况下可能等同于可变现净值。

清算或强制销售价值（Liquidation or Forced Sale Value）是指在销售时间过短，达不到市场价值定义所要求的市场营销时间的情况下，变卖资产所能合理收到的价值数额。在某些国家，强制变卖价值还可能涉及非自愿买方和非自愿卖方，或买方在购买时知晓卖方不利处境的情况。

特殊价值（Special Value）是指资产的价值量超出和高于其市场价值的部分。它是由于某项资产与其他资产存在物理性、功能性或经济性组合而产生的。特殊价值是针对特定的资产所有者或使用者、未来特定所有者或使用者而不是整个市场的资产价值升值，即这种价值升值是针对具有特殊兴趣的购买者。

三、《国际评估准则》的特点

《国际评估准则》明显地反映了其产生的历史背景，较好地体现了国际评估准则委员会的宗旨，表现出以下鲜明的特点。

（一）普遍适用性

国际评估准则委员会的宗旨之一是在世界各国之间统一评估准则，消除国家或地区性评估准则之间的差异，致力于促进国家或地区性评估规范的协调和统一，《国际评估准则》体现了国际评估准则委员会的这一主张。从《国际评估准则》的内容看，条文规定均具有一定的普遍适用性，而非直接与某一类经济行为密切相关。而且，国际评估准则委员会还努力促进《国际评估准则》在世界各国的推广和运用，以逐步提升《国际评估准则》在各国的影响力。

（二）注重与会计准则的衔接

国际评估准则委员会致力于《国际评估准则》在国际会计准则及其他相关报告准则中得到认可，以促使其他专业领域理解专业评估和评估师的作用，并指导评估师了解相关专业领域的要求。为此，《国际评估准则》强调市场价值与公允价值的区别，突出为编制财务报表而进行的评估业务。《国际评估准则》中专门制定了《IVA1——财务报告目的的评估》的具体应用指南，评估准则的每条具体准则、应用指南和指导意见中，也都有“与会计准则的关系”这一部分。

第三节　美国专业评估执业统一准则

一、《专业评估执业统一准则》的基本框架

1989年，《专业评估执业统一准则》由美国评估准则委员会正式推出，到现在虽历经多次修改但总则、评估具体准则、评估准则说明和咨询意见等四个部分仍保持相对稳定(见图2-2)。

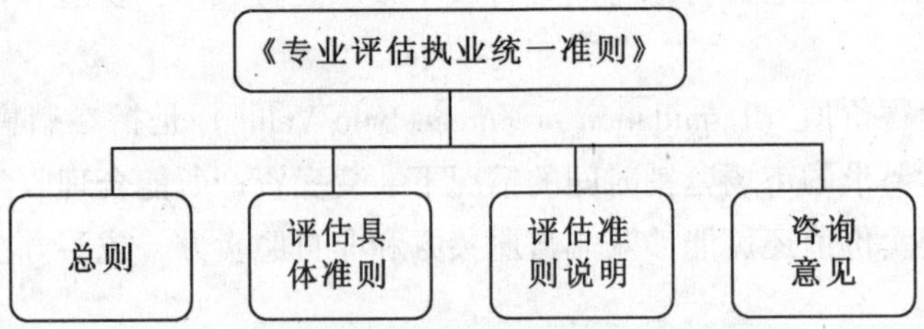

图2-2　《专业评估执业统一准则》的架构

二、《专业评估执业统一准则》的基本内容

(一) 总则

总则概括地对所有评估业务作出共性要求，包括导言、职业道德条款、能力条款、背离条款、管辖除外条款、补充准则条款及定义等。

导言介绍了《专业评估执业统一准则》体系的构成内容，阐述了制定准则的目的和对评估人员最基本的要求以及《专业评估执业统一准则》的效力。《专业评估执业统一准则》的目的是通过对评估师的要求，增进公众对评估执业的信任。该准则明确要求评估师应以中肯、不产生误导的方式向评估服务的使用者提供他们的分析、判断以及结论。它并不要求某人或某个项目必须遵守，但当法律法规或与客户或评估服务使用者签订的协议要求评估服务或评估师遵守时，《专业评估执业统一准则》应当被遵守。

职业道德条款由行为、管理、保密和档案保存四个部分组成。行为部分要求评估师在执业中必须遵守职业道德并具有胜任能力，在执业时必须公正、客观、独立，不掺杂个人利益，不能成为任何一方的拥护者，不得从事违法行为；管理部分强调评估师不能收取任何未经披露的与评估业务有关的费用、佣金或者有价之物；保密部分要求评估师必须维护评估师与客户关系中的保密要求，除客户或客户特别授权的个人、法律程序允许的政府部门或第三方、获得授权的行业检查委员会外，评估师不得向任何人泄露客户的保密信息和评估结果；档案保存部分要求评估师在工作底稿完成后保存至少5年，或在评估师提供庭证的法律程序完结后保存至少2年。

能力条款要求评估师在接受评估业务或达成评估业务协议前，必须恰当地明确所要解决的问题，并确信自己有相应的经验和胜任业务的知识。否则，评估师必须在接受业务前

向客户披露缺乏相关的知识和经验，并采取所有必要的、恰当的措施以胜任业务，同时在报告中披露知识或经验的缺乏和为胜任工作而采取的措施。

背离条款规定，允许背离《专业评估执业统一准则》中的专门性要求，但评估师在接受业务并采用背离条款时，有义务证明评估判断和结果将是可靠的，也有义务在评估报告中披露任何对专门性要求的偏离。评估师可以签订执行的业务工作范围小于或不同于专门性要求规定的工作范围的协议，但在签订此类协议之前，评估师必须做到：确定执行的评估程序的限制不会影响评估结果的可靠性；已告知客户业务需要某些方面低于或不同于专门性要求的规定，并在报告中指明、解释这些背离；客户认可在给定用途下受限的评估服务是合适的。

管辖除外条款规定，如果《专业评估执业统一准则》的任何部分违反某司法管辖范围的法律或公共政策，则只有该部分在该司法管辖范围内不具有效力。

补充准则条款规定适用于特定目的或资产类型评估业务的补充准则可由政府部门、政府主办企业和其他制定公共政策的团体发布。评估师和客户必须明确《专业评估执业统一准则》外的任何补充准则是否适用于所考虑的评估业务。

定义部分对该准则中所采用的基本概念、名词术语进行了解释、规定，如对评估、评估咨询、评估报告、评估复核、补充准则、企业、客户、成本、市场价值、综合评估、价格、动产、不动产等进行了定义和注释，它是制定评估具体准则条款的统一的基础性规定。

（二）评估具体准则

评估具体准则是《专业评估执业统一准则》的实质性内容，主要规定了各类评估所应遵从的要求、程序。《专业评估执业统一准则》2005 年版包括以下 10 个具体准则（见表2-2）。

表 2-2　**评估具体准则**

评估准则	主　题
准则 1	不动产评估
准则 2	不动产评估报告
准则 3	评估复核及报告
准则 4	不动产评估咨询
准则 5	不动产评估咨询报告
准则 6	一揽子综合评估及报告
准则 7	动产评估
准则 8	动产评估报告
准则 9	企业价值评估
准则 10	企业价值评估报告

（三）评估准则说明

评估准则说明（Statements on Appraisal Standards，SMT）的目的是明确、解释和细化《专业评估执业统一准则》，它具有与准则条文同样的效力。截至USPAP2005年版本的颁布，共有10项说明，其中的3项已停止使用，具体可见表2-3。内容涉及评估复核、折现现金流量分析、追溯价值评估、预期价值评估、职业道德条款中的保密规定、动产和不动产市场价值评估中的合理待售期、动产和不动产评估中允许的对具体规定的背离、报告的电子传递以及在进行评估、复核、咨询业务及报告其意见和结论时对客户"期望用途"的明确等。

表2-3 **评估准则说明**

评估准则说明	主题	适用范围	采纳日期	最后修订日期
SMT1	评估复核	停止使用	1991年7月8日	1999年9月15日
SMT2	折现现金流量分析	不动产	1991年7月8日	1998年9月16日
SMT3	追溯价值评估	不动产、动产	1991年7月8日	1998年9月16日
SMT4	预期价值评估	不动产、动产	1991年7月8日	1999年9月15日
SMT5	职业道德条款中的保密规定	停止使用	1991年9月10日	2001年6月12日
SMT6	动产和不动产市场价值评估中的合理待售期	不动产、动产	1992年9月16日	1999年9月15日
SMT7	动产和不动产评估中允许的对具体规定的背离	不动产、动产	1994年3月22日	2002年6月11日
SMT8	报告的电子传递	停止使用	1995年7月18日	2001年6月12日
SMT9	在进行评估、复核、咨询业务及报告其意见和结论时对客户"期望用途"的明确	不动产、动产、无形资产	1996年8月27日	1999年9月15日
SMT10	在联邦相关交易中为联邦保险储备机构使用的业务	不动产	2000年7月10日	

（四）咨询意见

咨询意见（Advisory Opinions，AO）的作用在于为解决评估中存在的问题提供咨询帮助。它并不是评估准则委员会的法律性意见，只是为了演示、说明评估准则在特定具体情况下的运用。截至USPAP2005年版本的颁布，评估准则委员会已公开发布了27个咨询意见，主要涉及销售历史、被评估不动产的勘察、先前评估的更新、不动产评估中的市场价值与公允价值、评估复核功能、评估工作中的助理人员、评估师与客户的关系、评估报告类型的内容和应用、不动产抵押评估、享受补贴的住房的评估、运用背离条款进行限制评估、公平住房法和评估报告的内容以及对计划改良不动产的评估等（见表2-4）。

表2-4　**咨询意见**

咨询意见	主　题	适用范围	批准日期	最后修订日期（停止使用日期）
AO-1	销售历史	不动产	1990年12月4日	2002年6月11日
AO-2	被估不动产的勘察	不动产	1990年12月4日	1998年9月16日
AO-3	先前评估的更新	不动产、动产、无形资产	1991年3月5日	2002年6月11日
AO-4	准则1-5（b）	不动产	1991年6月3日	2002年6月11日
AO-5	评估工作中的助理人员	不动产、动产、无形资产	1992年5月1日	1999年9月15日
AO-6	评估复核功能	不动产、动产、无形资产	1992年6月2日	2004年6月15日①
AO-7	销售期限判断	不动产、动产	1992年9月16日	1999年9月15日
AO-8	不动产评估中的市场价值和公允价值	不动产	1992年9月16日	1999年9月15日
AO-9	可能受环境污染影响的不动产的评估	不动产	1992年12月8日	2002年6月11日
AO-10	评估师与客户的关系	不动产	1993年3月23日	2003年6月27日②
AO-11	评估报告类型的内容	不动产、动产	1994年7月20日	1999年9月15日
AO-12	评估报告类型的应用	不动产、动产	1994年7月20日	1999年9月15日
AO-13	不动产抵押评估	不动产	1995年7月18日	1998年9月16日
AO-14	享受补贴的住房评估	不动产	1995年7月19日	1998年9月16日
AO-15	运用背离条款进行限制评估	不动产、动产、无形资产	1996年7月26日	1999年9月15日
AO-16	公平住房法和评估报告的内容	不动产	1996年6月10日	1998年9月16日
AO-17	对计划改良不动产的评估	不动产	1996年7月26日	1998年9月16日

续表

咨询意见	主　题	适用范围	批准日期	最后修订日期（停止使用日期）
AO-18	自动化评估模型（AVM）的应用	不动产、动产、无形资产	1997年7月9日	1998年9月16日
AO-19	不动产评估业务中无法接受的业务条件		1999年9月15日	
AO-20	包括审核者自身价值观念的评估审核业务	不动产、动产、无形资产	2000年7月10日	2002年6月11日
AO-21	遵循《专业评估执业统一准则》	不动产、动产、无形资产	2000年7月10日	2004年6月15日
AO-22	市场价值评估不动产业务中的工作范围	不动产	2000年7月10日	
AO-23	在不动产评估业务中确定被估资产的相关特征	不动产	2000年7月10日	
AO-24	企业的正常进程	不动产、动产	2003年6月27日	
AO-25	联邦相关交易中客户的明确	不动产	2003年6月27日	
AO-26	转递评估报告给第三方	不动产、动产、无形资产	2003年6月27日	
AO-27	为新客户评估相同的资产	不动产、动产、无形资产	2003年6月27日	

注：①AO-6已停止使用，2004年6月15日是其停止使用时间。相关建议请查阅AO-20和AO-21。②AO-10已停止使用，2003年6月27日是其停止使用时间。相关建议请查阅AO-25、AO-26、AO-27。

三、《专业评估执业统一准则》的特点

（一）框架结构清晰，并具有开放性

《专业评估执业统一准则》的四个部分为四个层次，且层次逐渐降级，内容逐渐展开，由一般到特殊，由抽象到具体，构成了一个完整的系统。在每个层次，都体现了开放性特点，无论遇到哪个层次的问题，都可以随时加入新的规定，便于修改和逐步完善。事实上，该准则是逐年修订、不断完善的，自发布至今，已历经14个版本，保证了它能及时、快速地体现评估业的最新动态。

（二）内涵丰富，具有综合性

美国一向主张资产评估应该是综合的评估，不仅仅包含不动产，还应包含企业价值评估和动产评估、评估咨询、程式评估等内容，《专业评估执业统一准则》较好地反映了这

一主张，已从内容上分别针对不动产、动产及企业价值提出了细致、全面的具体评估准则，是一部典型的综合性评估准则，包含资产评估行业的各个专业领域。

（三）以立法的形式被美国政府认可，有很强的约束力

1989年，美国国会制定了《金融机构改革、复原和强制执行法令》，对不动产评估师的注册、许可和专业管理做出了有关规定，并正式以官方形式规定USPAP是涉及联邦交易的不动产评估业务中必须遵守的公认评估准则。美国联邦储蓄保险公司、联邦储备委员会等管理金融机构的联邦部门在各自指定的适用于本部门的评估最低准则中，也都规定评估业务必须遵守《专业评估执业统一准则》。通过其法律地位的确立，《专业评估执业统一准则》在美国本地甚至在北美和南美一些国家和地区被广泛使用，且有很强的约束力。

第四节 中国资产评估准则

一、中国资产评估准则的基本框架

中国资产评估准则的基本框架主要包括以下内容。

（一）从横向关系上划分

从资产评估准则体系横向关系上划分，中国资产评估准则包括业务准则和职业道德准则两个部分。由于资产评估工作的特点，注册资产评估师职业道德准则与业务准则的许多内容很难截然分开。在国际评估准则及相关国家的评估准则中，业务准则与职业道德准则中有相当一部分规范内容交叉重复，如合理假设、明确披露等既是资产评估职业道德准则的重要内容，也是资产评估业务准则的重要内容。为突出职业道德在中国资产评估行业中的重要作用，中国资产评估准则体系将资产评估职业道德准则与资产评估业务准则并列。

（二）从纵向关系上划分

中国资产评估准则体系从纵向关系上划分，可分为不同的层次。

（1）资产评估职业道德准则的纵向关系较为简单，分为职业道德基本准则和具体准则两个层次。职业道德基本准则对注册资产评估师职业道德方面的基本要求、专业胜任能力、注册资产评估师与委托方和相关当事方的关系、注册资产评估师与其他注册资产评估师的关系等进行概要规范；职业道德具体准则进一步明确规范评估实践中存在的与职业道德有关的问题和职业道德基本准则中的一些重要内容如独立性、保密原则等。

（2）资产评估业务准则在纵向关系上划分为以下四个层次。第一层次为资产评估基本准则。资产评估基本准则是注册资产评估师执行各种资产类型、各种评估目的资产评估业务的基本规范，是各类资产评估业务中所应当共同遵守的基本规则。

第二层次为资产评估具体准则，分为程序性准则和专业性准则两个部分。程序性准则是关于注册资产评估师通过履行一定的专业程序完成评估业务、保证评估质量的规范，包括评估业务约定书、评估工作计划、评估工作底稿、评估报告等具体准则；专业性准则是针对不同资产类别的特点，分别对不同类别的资产评估业务中的评估师执业行为进行规范。根据中国资产评估行业的惯例和国际上的通行做法，专业性准则主要包括企业价值、无形资产、不动产、机器设备等具体准则。

第三层次为资产评估指南。资产评估指南包括对特定评估目的、特定资产类别（细化）评估业务以及对评估中某些重要事项的规范。

第四层次为资产评估指导意见。资产评估指导意见是针对资产评估业务中的某些具体问题的指导性文件。该层次较为灵活，针对评估业务中新出现的问题及时提出指导意见，某些尚不成熟的评估指南或具体评估准则也可以先作为指导意见发布，待实践一段时间或成熟后再上升为具体准则或指南。中国资产评估准则的基本框架如图 2-3 所示。

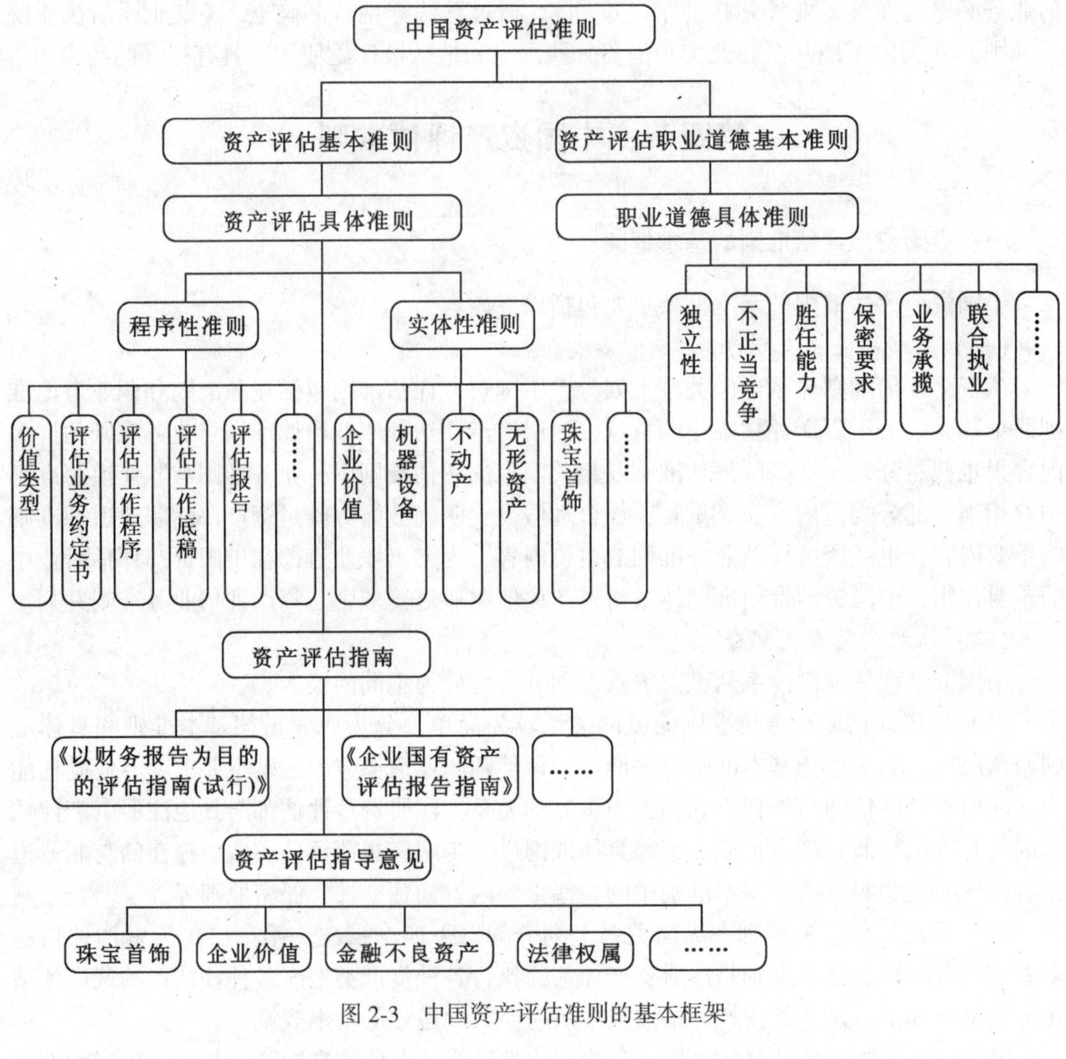

图 2-3　中国资产评估准则的基本框架

二、中国资产评估基本准则

《资产评估准则——基本准则》（以下简称《基本准则》）于 2004 年 2 月 25 日发布，2004 年 5 月 1 日起实施。它包括总则、基本要求、操作准则、报告准则、执业准则和附则等 6 章共 27 条，分别对注册资产评估师执业过程中的基本要求、评估操作、披露要求和执业责任等方面做出了规定。主要在以下几个方面重点进行了规范。

（一）根据国际惯例重新定义资产评估这一重要概念

《基本准则》指出资产评估是“依据相关法律、法规和资产评估准则，对评估对象在评估基准日这一特定日下的价值进行分析、估算并发表专业意见的行为和过程”。这一定义是在总结中国十多年来资产评估行业发展经验的基础上，对资产评估的本质属性进行的归纳和描述，并与国际评估准则和美国评估准则中的定义基本一致。该定义突出强调了资产评估结果是一种专业意见，这对引导业内外人士正确认识资产评估的作用具有重要的现实指导意义。

（二）对注册资产评估师执业提出了基本要求

《基本准则》要求注册资产评估师执行资产评估业务时，应当遵守相关法律、法规和准则，应当具有良好的职业道德，应当勤勉尽责并恪守独立、客观、公正的原则；要求注册资产评估师应当经过专门教育和培训，具备相应的专业知识和经验，能够胜任所执行的评估任务。另外，《基本准则》规定注册资产评估师在执行资产评估业务时，可以聘请专家协助工作，但应当采取必要措施确信专家工作的合理性；注册资产评估师应当对业务助理人员进行指导，并对业务助理人员的工作结果负责。《基本准则》还规定注册资产评估师在执行资产评估业务时，如果采用不同于资产评估准则规定的程序和方法，则不得违背本准则的基本要求，应当确信所采用程序和方法的合理性，并在评估报告中明确说明。

（三）对评估操作进行了原则性规范

《基本准则》明确规定评估程序包括评估业务基本事项、签订业务约定书、编制评估计划、现场调查、收集评估资料、评定估算、编制和提交评估报告、工作底稿归档等八个资产评估基本程序。要求注册资产评估师不得随意删减评估程序。评估程序的规定有利于规范注册资产评估师执业行为，切实保证评估业务质量；同时，恰当履行资产评估程序也是资产评估机构和人员防范执业风险，合理保护自身权益的重要手段。

《基本准则》遵循国际惯例，引进了价值类型的概念。价值类型的意义在于指出同一资产可能具有不同内涵的价值，明确价值类型有利于更好地服务于客户，避免评估报告使用者将一些不常用的或具有特殊内涵和定义的价值类型误认为常用的价值类型，有利于引导评估报告使用者正确理解、合理使用评估结论，同时也有利于降低注册资产评估师的执业风险。《基本准则》要求注册资产评估师应当避免使用未经定义的、笼统的价值概念；注册资产评估师应当在与客户进行充分讨论之后，根据评估目的选取合适的价值类型；注册资产评估师应当对选用的价值类型进行明确定义和说明。

《基本准则》针对中国评估行业在评估方法运用方面存在的问题，结合评估理论研究成果和国外评估行业的通行做法，对评估方法的运用重点做出了规定。鉴于中国评估行业长期以来存在的“成本法一贯制”问题，《基本准则》要求注册资产评估师熟知、理解并恰当运用市场法、收益法和成本法三种基本评估方法；应当根据评估对象、价值类型、资料收集情况等相关条件，分析三种资产评估基本方法的适用性，恰当选择评估方法，形成合理的评估结论。

《基本准则》还对评估假设的合理使用进行了规范。评估假设是资产评估业务的重要因素之一，假设的合理性直接关系到结论的合理性和可用性。评估假设的合理和规范在中国一直未引起足够的重视，评估实践中已经出现一些滥用假设、采用不合理假设的现象。《基本准则》明确要求注册资产评估师执行资产评估业务时，应当合理使用评估假设，并在评估报告中披露评估假设及其对评估结论的影响。

（四）对评估信息披露环节进行了规范

在评估信息披露要求方面，《基本准则》要求注册资产评估师应当在履行必要的评估程序后，编制并由所在资产评估机构出具评估报告；应当在评估报告中提供必要信息，使评估报告使用者能够合理理解评估结论；可以根据评估业务具体情况以及委托方和其他评估报告使用者的需求，确定评估报告的繁简程度。

（五）明确了执业责任

《基本准则》合理区分了注册资产评估师与相关当事人的责任，明确指出遵守相关法律、法规和资产评估准则，对评估对象在评估基准日特定目的下的价值进行分析、估算并发表专业意见，是注册资产评估师的责任；提供必要的资料并保证所提供资料的真实性、合法性、完整性，恰当使用评估报告是委托方和相关当事方的责任；评估结论不应当被认为是对评估对象可实现价格的保证。

注册资产评估师应当对评估结论的合理性承担责任这一规定体现了评估行业对社会公共利益的维护。注册资产评估师不应当以评估方法和评估假设的选择等为由，逃避对评估结论合理性所应当承担的责任。同时合理性的概念也体现了资产评估的特点，有利于合理维护注册资产评估师的利益，即社会公众和评估报告使用者不应当要求注册资产评估师对评估结论的所谓“准确性”、与成交价格的一致性承担保证责任。

针对中国评估实践中大量出现的要求注册资产评估师对评估对象法律权属承担责任的诉讼，《基本准则》指出注册资产评估师执行资产评估业务时，应当关注评估对象的法律权属，并在评估报告中对评估对象法律权属及其证明资料的来源予以必要说明。但注册资产评估师不得对评估对象的法律权属提供保证。

三、中国资产评估职业道德准则

《资产评估职业道德准则——基本准则》同样于2004年2月25日发布，2004年5月1日起实施。它包括总则、基本要求、专业胜任能力、与委托方和当事方的关系、与其他注册资产评估师的关系以及附则等6章共32条，分别对注册资产评估师职业道德行为中的基本事项、专业胜任能力、与委托方和相关当事方的关系以及与其他注册资产评估师的关系等方面做出了规定。

（一）对注册资产评估师职业道德的基本要求

《资产评估职业道德准则——基本准则》要求注册资产评估师应当诚实正直，勤勉尽责，恪守独立、客观、公正的原则，应当维护职业形象，不得从事与注册资产评估师身份不符或可能损害职业形象的活动；应当在评估报告中提供必要信息，使评估报告使用者能够合理理解评估结论；不得出具含有虚假、不实、有偏见或具有误导性的分析或结论的评估报告；应当遵守保密原则；不得采用不正当手段招揽业务；不得利用执业便利给自己或他人谋取不正当利益；应当在资产评估机构执业；不得签署本人未参与项目的评估报告，也不得允许他人以本人名义签署报告；应当接受中国资产评估协会的管理并履行相关义务。在执行资产评估业务时，应当遵守相关法律、法规和资产评估准则；应当独立进行分析、估算并形成专业意见，不受委托方或相关当事方的影响，不得以预先设定的价值作为评估结论；应当合理使用评估假设，并在评估报告中披露评估假设及其对评估结论的影响；应当形成能够支持评估结论的工作底稿，并按有关规定管理和保存工作档案。

（二）对注册资产评估师专业胜任能力的要求

注册资产评估师职业道德规范中的专业胜任能力要求包括两方面的内容，一是要求从事资产评估业务的人应当先经过专门的教育和培训，获取评估方面的专业知识，并具备评估的实践经验和从事资产评估业务的分析、判断和表达能力；二是指已进入资产评估行业从事资产评估业务的注册资产评估师在承揽、接受和进行资产评估业务时，一般只能在其专业技能和时空安排等方面能够胜任的范围内进行。对超越其专业技能和时空安排等胜任能力的业务应当放弃、拒绝或采取恰当的措施加以解决，例如，可以聘请专家协助工作，但应当采取必要措施确信专家工作的合理性。

（三）对注册资产评估师与委托方和当事方关系的规范

（1）对资产评估业务质量的责任要求。对资产评估业务质量的责任要求主要是指注册资产评估师在从事资产评估业务的过程中要严格遵守资产评估技术规范的责任，认真执行资产评估有关准则、评估程序和评估质量控制标准，做好资产评估业务的各项具体工作。

（2）对客户的责任要求。对客户的责任要求主要是指注册资产评估师在从事资产评估过程中，应当坦诚地对待客户，在不违背其他当事人和公众利益的前提下，尽最大努力，竭诚为客户提供与评估有关的专业服务，维护客户的合法权益并与客户保持相互信任的关系。具体包括应当做到按时按质完成委托的资产评估业务；坚持保密原则，做好为客户保密的工作；竭诚为客户服务。

（3）在完成评估任务的整个过程中，不得向委托方或相关当事方索取除约定服务费之外的不正当利益，如佣金、回扣、好处费、介绍费等。

（4）提示客户恰当使用评估报告，并声明不承担相关当事人决策失误的责任。在进行评估结论披露时，注册资产评估师应当提示并正确引导报告使用者恰当使用评估报告。同时，注册资产评估师在向委托方提交评估报告时，应向委托方提示评估报告是为资产业务提供意见，该专业估价意见并不是直接对被评估资产的使用、处置等活动作出决策，而只是为委托方提供的由当事人作为决策所需的价值的参考，注册资产评估师要向委托方声明其不承担相关决策的责任。

（5）对社会责任的要求。对社会责任的要求主要是指注册资产评估师在从事资产评估业务时，不得损害社会公众利益，包括国家利益、公众利益、其他组织和非客户公民的合法权益。社会责任要求注册资产评估师在执业过程中，不得迁就客户，满足其不合理要求；不得为了客户利益损害国家利益、公众利益和其他组织、公民的合法权益。

（四）注册资产评估师与其他注册资产评估师关系的要求

注册资产评估师职业道德规范要求注册资产评估师在执行资产评估业务的过程中，应当与其他注册资产评估师保持良好的工作关系。注册资产评估师不得贬损或诋毁其他注册资产评估师，不得以恶意降低服务费等不正当手段与其他注册资产评估师争揽业务。

四、中国资产评估准则的特点

与《国际评估准则》和美国的《专业评估执业统一准则》相比，中国资产评估准则主要具有以下几个方面的特点。

（一）具有明显的综合性和系统性

中国资产评估准则体系适应中国资产评估行业发展的需要，内容呈现出明显的综合性和系统性。第一，中国资产评估准则体系涉及各种类型资产、各种评估目的和经济行为，不仅对资产评估中的共性问题进行规范，同时也对各类别、各目的以及各类经济行为的资产评估业务有层次地分别予以指导和规范。第二，中国资产评估准则体系层次清晰，逻辑严密，各准则之间的内在联系和各准则在整个体系中的地位清晰，系统性强。

（二）注重品德要求，强调职业道德

中国资产评估准则体系将业务准则与职业道德准则并列，作为准则体系的两个组成部分，与其他各国评估准则相比，凸显了职业道德准则对中介服务行业的重要性。

（三）立足中国国情，充分借鉴国际经验

中国资产评估准则体系所做的规定首先考虑了中国的法律法规、监管框架和行业的实际情况，尊重中国的国情，同时，准则体系的一些基本概念、理论体系、专业术语等，充分借鉴了国际经验，力求与国际接轨，有利于国际交流。

（四）充分尊重委托方的合理需求并切实维护公众利益

中国资产评估准则体系充分考虑了资产评估委托方的要求，增加了委托方对评估行业的认同，以提升行业的社会公信力和服务质量。同时，始终将维护公众利益放在优先位置，将维护公众利益作为行业存在与发展的基础，以树立良好的中介服务的形象。

（五）关注新兴业务，主动服务于市场需要

中国市场经济体制的不断完善为评估行业提供了许多新的服务领域。评估行业以评估准则引领评估实践，相继出台了《以财务报告为目的的评估指南（试行）》、《金融不良资产评估指导意见（试行）》等，服务于中国的各项改革和新兴市场的需要。

思考题

1. 《国际评估准则》中的基本概念有哪些？什么是市场价值？什么是非市场价值？
2. 《专业评估执业统一准则》的内容和体系是什么？有什么特点？
3. 中国资产评估准则的基本框架是什么？

第三章　资产评估的基本方法

第一节　资产价值理论

在市场经济中，生产商品的资产本身就是商品，因而，资产价值构成与商品价值构成在本质上是一致的，从而经济学有关商品价值的探讨同样适用于有关资产价值的探讨。关于什么是资产（商品）的价值，人们应从哪条途径来判断其价值的讨论其实在经济学创始之期就开始了。从早期的重商主义和重农主义到近现代经济学，人们都对商品价值的形成进行了不同的探讨，以下重点介绍三种资产价值理论。可以看出，各种价值观的形成都是以当时的经济环境为背景的，并形成不同的经济学流派。这些经济学流派的观点从不同侧面探讨了价值形成的路径，对于如何评定资产的价值有着重要影响。

一、卖方市场时期的价值观：生产费用价值论

在资本主义初期，由于生产力尚不发达，经济学研究的重点是如何增加生产、增强供给能力。在那个时代，生产是最重要的，人们自然而然地从生产过程中寻求价值来源。以英国古典政治经济学家亚当·斯密、李嘉图为代表的古典学派认为价值来自于生产过程，是由生产创造的。从影响价值形成的因素来看，价值的源泉不仅来自于劳动要素，而且来自于资本等非劳动要素。也就是说，构成产品价值范畴的各个因素资本、劳动、土地共同协作生产出了具有使用价值的物品，三要素的报酬形成了生产费用，从而形成生产费用价值观。这种从供给角度或成本方面客观地分析价值源泉的理论就是“生产费用价值论”。生产费用价值论是从成本的角度（采用成本法）评估资产价值的理论基础，属于客观价值论范畴。

二、买方市场时期的价值观：效用价值论

19世纪70年代，资本主义市场经济日益出现供过于求的经济危机，人们将注意力逐渐从价值是如何被生产出来的问题转向价值是如何实现的问题。当时以奥地利学派的门格尔、英国的杰文斯和洛桑学派的瓦尔拉斯等人为代表的学者认为，资产具有价值必须满足两个条件：有用性（基础）和稀缺性（必要条件），而决定商品价值量的是人们对商品价值的主观评价尺度的边际效用；资本、劳动和土地等生产要素的价值间接地来自于它所生产的消费品的价值，每一生产要素根据其在生产过程中的边际贡献获得生产总效益中归属于自己的那部分价值。这种以商品给消费者所带来的边际效用大小来决定商品价值的理论，称为“效用价值论”。根据效用价值论，资产的价值是由其效用决定的，而资产的效

用则是指资产为其占有者带来的收益，因为占用资产的根本目的就是获取收益。一项资产的未来收益越高，其价值就越大；反之，则越小。资产价值并不取决于其生产成本的高低。效用价值论是从效用的角度（采用收益法）评估资产价值的理论基础，属于主观价值论范畴。

三、供求确定价值观：均衡价值论

19世纪末英国剑桥大学经济学家马歇尔通过均衡价值理论对这一问题进行了调和。他认为，价值既取决于供给因素，又取决于需求因素，从供给方面来看，生产费用是决定产品价值的因素；从需求方面来看，效用或边际效用是决定产品价值大小或有无的因素。商品的最终价值取决于供求双方的共同作用，这一价值理论就是所谓的均衡价值论或均衡价格论。

该理论将边际效用价值理论和生产费用价值理论有机地结合起来，认为商品的价格（价值）是由供给与需求双方的力量所形成的均衡价值决定的。在任何社会中，具有稀缺性的商品或劳务，其客观效用或满足欲望的程度，必须用一个共同的标准来衡量，以便人们在对它们进行选择时能作出主观但合理的选择，这个共同标准就是价格。在均衡价格中效用与生产费用是影响价格的两个均等因素。但是在不同的均衡价格中，需求与供给的作用又有所不同。均衡价值论是从公开市场的角度（采用市场法）评估资产价值的理论基础。由于供给方面的“费用”因素属于客观范畴，需求方面的“效用”因素属于主观范畴，因此，在马歇尔看来，均衡价值论既带有主观性，又带有客观性。

第二节 市 场 法

一、市场法的基本概念

市场法又称现行市价法，是指比照与被评估对象相同或相似的资产的近期市场交易价格，来估测被评估资产价值的一种评估方法。市场法的理论基础是替代原则。根据替代原则，在同一市场上，如果有两种以上可以相互替代的商品存在时，它们的价格会互相牵引而大体保持在同一水平上。

《国有资产评估管理办法施行细则》第40条规定，现行市价法是指“通过市场调查，选择一个或几个与评估对象相同或相似的资产作为比较对象，分析比较对象的成交价格和交易条件，进行对比调整，估算出资产价值的方法”。

运用市场法一般应具备两个先决条件：一是需要有一个充分发育、活跃的资产交易市场，且市场所反映的资产价格信号真实、准确、正常；二是被评估资产的市场参照物（比较对象）及其相比较的指标（项目）、技术参数等资料是可收集的。

所谓市场参照物，是指应用市场法评估资产时，如不能直接取得该资产的现行市价，就应在市场上选择相似资产来与被评估资产进行比较，以其现行市价或成交价格为基础，再做必要的调整，以此为据来确定被评估资产的价格，这种在市场上寻找到的可与被评估资产相比较的资产称为市场参照物。

二、影响现行市价的基本因素

影响现行市价的基本因素包括资产的功能、市场供求关系、资产的实体特征和质量、交易条件等。

（一）资产的功能

资产的功能是资产使用价值的主体，是影响资产价值的重要因素之一。资产评估中强调资产的使用价值或功能，并不是从纯粹抽象的意义上去讲，而是将资产的功能结合社会需求，从资产实际发挥效用的角度来考虑。就是说，在社会需要的前提下，资产的功能越好，其价值越高，反之亦然。

（二）市场供求关系

一项商品或劳务的价格与需求量成正比，与供应量成反比。当需求量大于供应量时价格就高，反之价格就低。在进行资产评估时，应充分考虑市场供求关系对资产现行市价的影响。当一项资产有多个买主购买而处于竞买状态时，这种买方的竞争可以导致资产价格的上涨；反之，多个卖主向同一个买主竞卖同类资产时，这种卖方的竞争可以导致资产价格的下跌。

（三）资产的实体特征和质量

资产的实体特征主要是指资产的外观、结构、役龄和规格型号。质量指资产本身功能、性能、耐用度等状况，也包括由此资产生产的商品的品牌和市场影响力。一般说来，资产价格是优质优价，同类资产质量好的价格高、质量差的价格低。在资产评估中，对资产的实体特征和质量的鉴定非常关键。

（四）交易条件

交易条件主要包括交易批量、交易动机、交易时间等。交易批量不同、交易动机有差异及交易时间不同，资产的交易价格都会有差别。

三、市场法的基本评估程序

应用市场法评估资产的基本程序如下：

（1）收集和掌握与被评估对象价值有关的数据资料。包括被评估资产的实体特征、地理特征、经济特征等数据，与被评估资产主要实体特征相同或相类似的资产现行市场成交价格、成交日期及价格变动趋势。

（2）分析整理并验证所获资料的准确性，选定参照物。评估人员对收集到的资料应认真分析、验证其真实可信程度，并选定不少于三个参照物。

（3）将参照物与评估对象进行比较。在进行比较时，应考虑多种因素的影响，并逐一分析评估对象与参照物的各种因素。

（4）根据与参照物的比较，分项调整各对应因素的差额，进而确定被评估对象各因素的价值。

（5）根据各因素的单价，综合确定被评估对象的价值。

应该注意的是，在使用市场法进行资产评估时，应当根据不同的评估对象和特定评估目的选择相应的现行价作为参照标准。比如，在评估参与中外合资、合作的资产时，应选择国际市场价格作为参照标准，一般不简单地采用国内市场价格作为参照标准。

四、市场法中的具体评估方法

市场法实际上是指在一种评估思路下的若干具体评估方法的集合，大致可以分为两大类：直接比较法和类比调整法。

（一）直接比较法

直接比较法是指在市场上能找到与被评估资产完全相同的资产或购建时限较短的全新资产的现行市价，可以其价格作为被评估资产的现行价格。这种方法简单直观，但有时不易找到完全相同的参照物，因而其使用有一定的局限性。

（二）类比调整法

类比调整法是指一项被评估资产，在公开市场上找不到与之完全相同的参照物资产，但在市场上能找到相类似的资产，以此作参照物；根据其成交价格，作必要的差异调整，从而确定被评估资产的价格。这种方法的关键是选择参照物，参照物不能只是一个而应该是数个，参照物交易的时间与评估基准日越近越好，这样需调整的差异因素要少一些，评估结果要准确一些。由于这种方法对参照物的选择有较严格的要求，故而在实际应用中也有一定的局限性。

在应用类比调整法评估资产价值时，参照物的主要差异调整因素如下：

（1）时间因素。指参照物成交时间与评估基准日时间差异对价格的影响，一般而言选择参照物时要求参照物的价格为近期成交或标示出的价格。所谓近期，就是距离评估基准日期最近的，最好是同一天或前几天，这样物价水平一般不会有多大波动，但是往往不现实。“近期”是相对而言的，也许相隔一两个月、半年，甚至更长一点时间，这就难免存在因交易时间的差异而造成的价格差异，因而需要予以调整。

（2）地区因素。指资产所在地区或地段条件对资产（尤其是房地产）价格的影响因素。

（3）功能因素。指资产实体功能过剩或不足对价格的影响。如一栋房屋或一台机器设备，就资产实体而言效能很高，用途较广，但购买者未来使用不需要这样高的效能和广泛的用途，造成剩余功能不能在交易中得到买者承认。因而，只能按低于其功能价值的价格来交易。一般情况下，功能高，卖价就高，但买主未来若不能充分使用特定资产的效能，就不愿意多花钱去购买这项资产；功能低，卖价也就低，因为买主买后其功能不能满足要求，需要追加投资进行必要的技术改造，此时买主就要考虑花较少的钱购买才是经济合理的。

五、市场法的优缺点

（一）市场法的优点

（1）市场法是国际公认的资产评估三大基本方法之一，人们对其基本原理与概念较易理解和掌握，便于在评估实务中推广。

（2）市场法充分考虑了现时市场的变化因素，符合实际情况。

（3）评估方法直观简单，评估结果容易使交易双方接受。

（二）市场法的缺点

（1）运用市场法评估资产价值必须具备一个公平、活跃的交易市场，这使得该方法的运用受到一定的局限。

（2）不适用于专用设备、机器、大部分无形资产以及一些受到地区、环境等因素严格限制的资产的评估。

（3）确定比较项目的差异难度较大，在很多情况下难以用数学公式进行量化，往往要靠评估人员的经验判断，从而影响评估结果的准确性。

第三节　成　本　法

一、成本法的基本概念、适用范围和前提条件

（一）成本法的基本概念

成本法是指在评估资产时，按被评估资产的现时完全重置成本减去应扣损耗或贬值来确定被评估资产价值的一种评估方法。

成本法的基本公式为：

资产评估价值=重置成本-实体性贬值-功能性贬值-经济性贬值

（二）成本法的适用范围

成本法比较充分地考虑了资产的有形损耗和无形贬值，因而对于一切以资产重置、补偿为目的的资产业务评估都是适用的，是资产评估中最基本的方法之一。以下情形普遍运用成本法评估资产的价值。

（1）通货膨胀造成被评估资产的现行市价比历史成本大幅提高。

（2）社会技术进步因素导致被评估资产、尤其是生产设备等固定资产出现较大的无形损耗。

（3）因对现有资产进行技术更新或改造，使被评估资产的使用效益大幅提高。

（4）因被评估资产的使用年限的估计偏大或偏小，而使被评估资产计提的折旧同资产的自然损耗不相吻合。

（5）被评估企业财务管理混乱，造成被评估资产的账面历史成本失实。

（三）成本法的前提条件

采用成本法评估资产的前提条件如下：

（1）被评估资产处于继续使用状态或被假定处于继续使用状态。

（2）应当具备可利用的历史资料。成本法的应用是建立在历史资料的基础上的，许多信息资料、指标需要通过历史资料获得。同时，现时资产与历史资产应具有相同性或可比性。

（3）形成资产价值的耗费是必需的。耗费是形成资产价值的基础，但耗费包括有效耗费和无效耗费。采用成本法评估资产，首先要确定这些耗费是必需的，而且应体现社会或行业平均水平。

二、成本法的基本要素

（一）资产重置成本

简单地说，资产重置成本（Replacement Cost）就是资产的现行再取得成本。按照重置成本确定的依据不同，成本法又分为复原成本法和更新成本法。复原重置成本，是指用与原资产相同的材料、建造标准、设计结构和技术条件等，以现时价格再购建相同的全新资产所需的成本。更新重置成本，是指使用新型材料并根据先进标准和设计，在现时价格条件下购建与现有资产功能相同或相似的全新资产所需的成本。选择重置成本时，若同时可取得复原重置成本和更新重置成本，则应优先选用更新重置成本。这是因为更新重置成本一般比复原重置成本低，选用更新重置成本很少有功能性贬值因素，计算较为简便。

（二）实体性贬值

实体性贬值（Physical Depreciation）是指由于资产使用磨损和自然损耗造成的贬值。由于评估对象一般都不是全新状态的资产，因此大多存在实体性贬值。实体性贬值，通常依据新旧程度包括表体及内部构件、部件的损耗程度来确定。

应该注意的是，由于固定资产在具体使用过程中，受维护保养的好坏、运用时间的长短以及负荷量的大小等因素的影响，实际的磨损程度和速度不一定与法定的折旧率和折旧年限一致。因此，在进行资产评估时，不能照搬会计账面上的累计折旧额作为实体性贬值，也不能以固定资产账面净值作为评估值，而应通过实地勘察，检测固定资产的实际磨损程度，确定实体性贬值。

（三）功能性贬值

功能性贬值（Functional Depreciation）是指技术相对落后而造成的资产价值贬值。由于效能更高的资产广泛使用，原有资产显得生产效率差、精度低下、劳动投入大、产品成本高、质量下降，市场竞争力不强，从而使企业投入相对增加，产出相对下降，这就是被估资产相对于更新资产的功能性贬值。估算功能性贬值可采用两种方法，一种方法是将复原重置成本与更新重置成本比较，复原重置成本大于更新重置成本的差额，即为一次性投资功能性贬值；另一种方法是用技术陈旧过时的资产的生产成本与新技术资产的生产成本相比较。如比较能源、原材料、人工消耗等的高低，从而估算过时的陈旧技术使生产成本比新的先进技术增加的支出部分，即营运性贬值，以此来确定功能性贬值。

（四）经济性贬值

经济性贬值（Economic Depreciation）是指外界经济环境变化引起的资产价值贬值。如市场变化导致工厂开工不足或产品价格下降等经济因素，使企业收益下降而带来的资产贬值。在西方国家的评估理论与实务中，经济性贬值是被作为成本法评估的基本扣除项目的，但只是在采用加和法计算资产资本化现值时将其作为调整项目，实际上与重置成本并没有直接的联系。因此，我国在采用成本法进行单项资产评估时，一般不考虑资产的经济性贬值。

三、成本法中的具体指标估算

(一) 重置成本的估算

1. 重置核算法

重置核算法亦称细节分析法，是利用现行市价直接估算建造资产的直接成本和间接成本，然后加总估算出资产的重置成本。

直接成本是指购建全新资产的全部支出中可直接计入购建成本的那一部分支出。如果是自制资产，则其直接成本包括生产过程的费用、安装费用和按成本利润率计算的利润三部分。如果是外购资产，直接成本包括该资产的购置费用、运输费用、安装调试的材料和人工费用等可以直接归集的费用。

间接成本是不能直接列入购建成本，而需采用分摊办法列入购建成本的部分。如购置资产所发生的管理费、总体设计制图费、前期准备费、维修费等间接成本通常以直接成本为基础加以确定。在实际经济生活中，机器设备等固定资产的间接成本一般是按其占直接成本的百分比来计算的。

【例 3-1】 重置购建镗床一台，现行市价为 12 万元，运杂费为 4 000 元，直接安装成本为 5 000 元，根据统计分析计算间接安装成本占直接成本的 5%，该镗床全部重置成本如下：

直接成本　129 000 元

其中：	买价	120 000 元
	运杂费	4 000 元
	直接安装成本	5 000 元
	间接安装成本	6 450 元（129 000×0. 05）
	全部重置成本	135 450 元

运用重置核算法估算重置成本一般较准确，但是由于成本组成的内容较多，估算时费工费时。

2. 价格指数法

价格指数法是指应用资产价格变动指数计算重置成本的一种方法。其基本思路是用待估资产或类似资产的价格变化趋势来推算现时待估资产的重置成本。一般按账面历史成本和价格指数调整估算资产的重置成本。

【例 3-2】 某工厂 20 世纪 80 年代末购进一批设备，账面成本为 200 万元，1998 年评估时，已知 1998 年和 20 世纪 80 年代末该类设备物价变动指数分别为 240%与 120%，被评估的设备重置成本如下：

$$被评估资产重置成本 = 200\times240\%\div120\% = 400\ （万元）$$

价格指数法建立在不同时期的某一种或某类甚至全部资产的物价变动水平上，其估算的重置成本仅考虑了价格变动因素，因而确定的是复原重置成本；而重置核算法建立在现行价格水平与购建成本费用核算的基础上，既考虑了价格因素，也考虑了生产技术进步和劳动生产率的变化因素，可以估算复原重置成本和更新重置成本。

3. 功能价值法

功能价值法是以生产相同产品的同类或全新资产价值为标准，计算其每一单位生产能力资产价值或参照物与被评估资产生产能力的比例，从而估算被评估资产的重置成本。其计算公式如下：

被评估资产重置成本=（被评估资产生产能力÷参照物生产能力）×参照物重置成本

【例3-3】某厂重置全新钻床一台，现行市价为8万元，年产量为8 000件，被估钻床年产量为6 000件，则其重置成本如下：

被评估钻床重置成本=6 000÷8 000×80 000=60 000（元）

功能价值法也叫生产能力比例法，由于这种方法是建立在资产建造成本与生产能力的大小成正比的基础上，没有考虑规模经济效益因素，因而计算结果往往偏高，其应用有一定的局限性。

4. 规模经济效益指数法

规模经济效益指数法是指应用规模经济效益指数，估算被评估资产重置成本的一种方法。其理论基础是：一项资产生产能力的大小与其制造成本并不是一种线性关系，而是一种指数关系。也就是说，当某项资产的生产能力扩大一倍时，其制造成本并不一定增加一倍。以建筑物为例，如果把建筑物的面积扩大一倍，其建筑成本也许只增加0.7倍或0.8倍。这个指数，就是规模经济效益指数，在下列计算资产重置成本的公式中，以n表示。它是一个行业经验数据，可通过经验统计或回归分析测定，不同行业应分别测算。美国经过大量的数据测算，得出加工工业的n值一般为0.6~0.7，房地产行业一般为0.9。我国还没有统一的规模经济效益指数。

规模经济效益指数法的计算公式如下：

$$\text{被评估资产重置成本}=\text{参照物资产重置全价}\times\left(\frac{\text{被评估资产产量}}{\text{参照物资产产量}}\right)^n$$

【例3-4】某参照物资产重置成本为100 000元，生产能力300 000件/年；被评估资产生产能力为600 000件/年，设n值为0.7，则：

$$\text{被评估资产重置成本}=100\ 000\times\left(\frac{600\ 000}{300\ 000}\right)^{0.7}=100\ 000\times1.624\ 7=162\ 470(\text{元})$$

规模经济效益指数法常用于工业企业和具有应用条件的单项资产的评估。应用这种方法的前提是，能取得相同或相类似资产（参照物）的有关生产能力与成本的数据资料。

5. 统计分析法

统计分析法是指应用统计学原理估算重置成本的一种方法。这种方法适用于按类或企业评估，可以简化评估业务、节省评估时间。应用统计分析法评估重置成本的步骤如下：

（1）在核实资产数量的基础上，把全部固定资产按照适当标准划分为若干类别。如房屋建筑物按结构划分为钢结构、砖混结构等；其他固定资产按管理规定，划分为通用设备、专用设备、非标准设备、动力传导设备、运输设备、仪器、仪表等。

（2）在各类资产中抽样选择适量具有代表性的资产，应用重置核算法，功能价值法或物价指数法等方法估算其重置成本。

（3）依据分类抽样估算资产的重置成本额与账面历史成本并计算出分类资产的调整系数。其计算公式如下：

$$K = R_1/R$$

式中：K——分类资产重置成本与账面历史成本的调整系数；

R_1——某类资产中抽样估算资产的重置成本；

R——某类资产中抽样估算资产的账面历史成本。

（4）根据上式计算的 K 值估算被评估资产的重置成本：被评估资产重置成本 $=\sum$ 某类资产账面历史成本 $\times K$。当重置成本大于历史成本时，K 大于1；反之，则小于1。

各类资产的历史成本依据会计记录资料取得。

【例3-5】评估某企业通用设备类资产。经抽样选择具有代表性的通用设备10台，并进行估算，其重置成本之和为80万元，而该10台具有代表性的通用设备的历史成本之和为50万元，该类通用设备账面历史成本之和为600万元。通用设备类调整系数为：$K=80\div50=1.6$

$$\text{通用设备类重置成本}=600\times1.6=960\ (\text{万元})$$

6. 功能成本系数法

功能成本系数法又叫线性回归分析法。功能成本系数是指同类资产功能变化与购建成本变化的对应关系。功能成本系数法就是利用回归分析方法求出功能变化与购建成本变化之间的函数关系以评估资产重置成本的方法。

资产的功能指标一般用年生产能力表示。设生产能力为 x，成本为 y，则在取得若干组具有代表性的数据的情况下，生产能力与成本的关系在坐标图上表现为一条回归直线，可用一元线性回归方程式表示如下：

$$y = a + bx$$

式中 a 与 b 为直线的两个系数，叫做回归系数，a 为不变成本，b 为与变动成本相关的系数。依照最小二乘法原理，为了求 a 和 b 的值，可利用微积分学中的极值原理或用代数方法得到以下两个标准方程式：

$$\sum y = na + b\sum x$$

$$\sum xy = a\sum x + b\sum x^2$$

式中，n 为选定的数据个数。解方程可得 a 和 b 的值，再将 a 和 b 的值代入一元回归方程 $Y = a + bx$ 中，便可求得重置成本 Y。

【例3-6】某设备年生产能力为20万件产品，已收集同行业可供参考的功能成本分析数据10组如表3-1所示。试评估该设备的重置成本。

表3-1　**功能成本分析参考数据**

编号	设备年生产能力	设备购建成本	XY	X^2
	X（万件）	Y（万元）		
1	6	10	60	36
2	9	20	180	81
3	6	12	72	36

续表

编号	设备年生产能力 X（万件）	设备购建成本 Y（万元）	XY	X^2
4	10	20	200	100
5	12	23	276	114
6	8	15	120	64
7	15	27	405	225
8	18	31	558	324
9	20	33	660	400
10	15	26	390	225
$\sum$	119	217	2 921	1 635

根据已知条件，一元线性回归方程 $Y=a+bx$。将表3-1中的有关数据代入二元一次联立条件方程组，即可得方程组如下：

$$217=10a+119b$$

$$2\,921=119a+1\,635b$$

采用消元法解方程组，可首先求得 b 值，然后利用 b 值可求得 a 值，即：

$$a=3.291$$

$$b=1.547$$

回归系数 b 值为 1.547，表明此种设备生产能力每增加 1 个计算单位(万件)，其购建成本便相应增加 1.547 个计算单位(万元)。所以：

$$Y=3.291+1.547\times 20=34.231(\text{万元})$$

即该设备的重置成本为 34.231 万元。

当被评估资产的生产能力与原核定的生产能力发生变化时，或被评估资产与类比的资产生产能力不相同时，通过功能成本系数对资产价值量进行调整，求取评估值有较大的实践意义。

（二）实体性贬值的估算

一旦确定了适当的重置成本，然后就要扣减各项贬值，首先要考虑的是实体性贬值，即有形损耗。

一般来说，决定有形损耗的因素有：一是使用时间。资产已使用时间越长，其有形损耗就越大，剩余的价值就越小。二是使用率，即开工率。开工率越高，资产有形损耗也就越大。当然，也有例外，有些资产闲置时的有形损耗可能更大。三是资产本身的质量。资产本身的质量越好，在相同的使用时间和使用强度下，有形损耗也越小。四是维修保养程度。资产在日常使用过程中保养越好，其有形损耗越小，但是，要注意把日常维修保养与技术改造区分开来。技术改造属于再投资，应采用加权投资年限法进行估算。

确定待评估资产的有形损耗的方法通常有三种：观察法、使用年限法以及修复费用估算法。在资产评估中，通常采用观察法和使用年限法估算固定资产的有形损耗。对某些特定的资产如交通运输工具也可用工作量、工作时间、里程等进行估算。对存货则可视其理化状态估算有形损耗。

（1）观察法也叫成新率法，是指由具有专业知识和丰富经验的工程技术人员对被评估资产的实体主要部位进行技术鉴定或通过与有关人员交谈了解情况来确定其磨损程度，再与同类或相似的全新资产进行比较分析，判断被评估资产的成新率，从而估算其有形损耗的一种方法。其计算公式如下：

$$被评估资产的有形损耗=重置成本\times（1-成新率）$$

（2）使用年限法是指用被评估资产实际已使用年限与总使用年限的比来求得有形损耗额。计算公式如下：

$$被评估资产有形损耗=\frac{重置全价-残值}{总使用年限}\times实际已使用年限$$

$$实际已使用年限=名义已使用年限\times资产利用率$$

$$资产利用率=\frac{截至评估日资产累计实际利用时间}{截至评估日资产累计法定利用时间}\times100\%$$

式中：

①残值指被评估资产在清理报废时出售拆除可收回的废料金额，也可按原值的3%～5%计算。

②总使用年限是实际已使用年限与尚可使用年限之和。在资产评估中，可以参照有关规定确定，如工业企业一般参照财政部颁布的《工业企业固定资产分类折旧年限表》计算。如有特殊情况，理由充分也可通过技术鉴定加以确定，并在评估报告中说明。

由于资产在使用中受负荷程度及日常维护保养等差别的影响，已使用年限又分为名义已使用年限和实际已使用年限。名义已使用年限是指会计记录上资产自购回时起至评估基准日止的年限，而实际已使用年限是指名义使用年限扣除其中停工、封存等未使用时间后的年限。

（3）修复费用估算法。它是通过确定被评估资产恢复原有的精度和功能所需要的费用来直接确定该项资产的有形损耗。这种方法一般适用于可以恢复功能的资产的评估。

使用这种方法时，特别要注意区分有形损耗的可修复部分与不可修复部分。可修复部分的有形损耗技术上可以修复而且经济上合算，而不可修复部分的有形损耗则技术上不能修复，或者技术上可以修复，但经济上不合算。对于可修复部分的有形损耗以直接支出的金额来估算，对于不可修复的有形损耗，则可运用前述的观察法或使用年限法来确定。可修复部分与不可修复部分的无形损耗之和构成被评估资产的全部有形损耗。

【例3-7】某工业企业有一台大型设备，复原重置成本为400万元，按照采用现代设计标准、使用新型材料的要求估算，更新重置成本为复原重置成本的80%。通过和技术人员交谈，得知该设备的某些零部件需更换，整个维修费大约为50万元。该设备2000年1月1日投入生产，评估基准日为2010年12月31日。预计修复后该设备至少还可使用15年。请确定其有形损耗。

分析与计算过程如下：

（1）该设备零件的更换，属于可补偿的有形损耗：

扣减有形损耗后的复原重置成本＝复原重置成本－可补偿的有形损耗

＝400－50

＝350（万元）

（2）利用使用年限法估算设备的不可补偿的有形损耗：

不可补偿的有形损耗率＝（已使用年限÷总使用年限）×100%

＝［11÷（11+15）］×100%

＝42.3%

不可补偿的有形损耗＝扣减可补偿有形损耗后的复原重置成本×不可补偿有形损耗率

＝350×42.3%

＝148（万元）

总的有形损耗为：148+50＝198（万元）

（3）综合有形损耗率

综合有形损耗率＝（可补偿有形损耗+不可补偿有形损耗）÷复原重置成本

＝198÷400×100%

＝49.5%

（4）综合有形损耗

综合有形损耗＝400×80%×49.5%

＝158.4（万元）

（三）功能性贬值的估算

功能性贬值是由于技术相对落后造成的贬值。估算功能性贬值时，主要根据资产的效用、生产加工能力、工耗、物耗、能耗水平等功能方面的差异造成的成本增加和效益降低，相应确定功能性贬值额。同时，还要重视技术进步因素，注意替代设备、替代技术、替代产品的影响以及行业技术装备水平现状和资产更新换代速度。

一般情况下，功能性贬值往往采用超额运营成本法估算。超额营运成本是针对新式替代资产的营运费用而言的，其形成原因有原材料、燃料及动力消耗量高，劳动力消耗多，废品率高，维修费用大等。由于营运费用是连续性支出，它将伴随资产的全部剩余寿命。因此，这种功能性贬值，应该采用收益法计算。

其计算公式如下：

$$\text{被评估资产功能性贬值额} = (1 - X\%) \sum \frac{C}{(1+i)^n}$$

上式中，$X\%$为所得税税率，n 为尚可使用年限，C 为新设备比旧设备可节约的营运成本。

计算步骤如下：

①选择一个具有科学技术先进性且相适应的参照物资产，将其年营运费用与被评估资产年营运费用进行对比，计算出被评估资产的年超额营运费用。计算公式如下：

年超额营运费用＝被评估资产年营运费用－参照物资产年营运费用

②计算确定年净超额营运费用。

年净超额营运费用=年总超额营运费用×（1-所得税税率）

③估计被评估资产的剩余使用寿命。

④将年净超额营运费用乘以适当的折现率折成现值。

【例 3-8】评估 A 号锅炉，计算其功能性贬值，以 B 号新式锅炉为参照物，有关资料如表 3-2 所示。

表 3-2　**功能性贬值资料表**

项　目	A 锅炉	B 锅炉	超额营运费用
每日司炉人员工资（元）	80	50	30
每日耗煤（元）	1 200	1 000	200
日均维修费（元）	60	20	40
每日营运费用小计（元）	1 340	1 070	270
剩余寿命（年）	5	5	
行业资金收益率（%）	10	10	
行业所得税税率（%）	25%	25%	

计算过程如下：

（1）A 锅炉全年超额营运费用为：270×365=98 550（元）

（2）扣除 25%的所得税后净超额营运费用为：98 550×（1-25%）=73 912.5（元）

（3）折现率取 10%，5 年年金现值系数为 3.790 8（P/A，10%，5）。

（4）功能性贬值为：73 912.5×3.790 8≈280 187.5（元）

此外，功能性贬值的估算还可以通过超额投资成本的估算进行，即将超额投资成本视为功能性贬值额。其计算公式如下：

功能性贬值=复原重置成本-更新重置成本

（四）经济性贬值的估算

在资产评估中，导致经济性贬值的因素较多，有时较难确认。导致经济性贬值的因素通常有：产品市场需求量减少；市场竞争加剧，产品售价下降；原材料供应方式改变，生产成本增高；高利率的影响；国家政策；通货膨胀；国外形势的变化；地域性因素等。要一一量化这些因素较难，只能从经济性贬值所造成的结果来考察。经济性贬值所造成的结果有：一是使运营成本上升或收益减少；二是导致开工率不足从而使生产能力下降。因此，测定经济性贬值的方法有两种。

（1）收益损失资本化法，即将年收益损失额予以资本化来测定经济性贬值。其计算公式如下：

$$\text{经济性贬值}=\frac{\text{年收益损失额}}{\text{资产收益率(资本化率)}}$$

（2）生产能力比较法，即通过估算生产能力的变化，利用规模经济效益指数进行计算。其计算公式如下：

$$经济性贬值率=\left[1-\left(\frac{生产能力B}{生产能力A}\right)^{n}\right]\times 100\%$$

式中：生产能力 A——机器设备的设计能力；

生产能力 B——受外界因素影响后的生产能力；

n——规模经济效益指数，机器设备取值范围一般在 0.6~0.7。

经济性贬值额=（重置成本×成新率-功能性贬值）×经济性贬值率

【例 3-9】某生产线每天生产 1 000 件产品，已使用 4 年。现因开工不足，每天只生产 750 件产品。已知该设备更新重置全价为 200 万元，成新率为 80%，无功能性贬值，n 取值 0.7，求经济性贬值额。

（1）经济性贬值率=［$1-(750\div1\,000)^{0.7}$］×100%=18.2%

（2）经济性贬值额=（2 000 000×80%-0）×18.2%=291 200（元）

经济性贬值作用于整个企业并使其经济效益下降。因此，在机器设备评估中，不仅要分析经济性贬值是否客观存在并造成影响，而且一般是在将机器设备视为一个系统来进行评估时才予以考虑。对单台（件）机器设备进行评估时，除专用设备可能受某些因素影响外，一般不考虑经济性贬值因素。

四、成本法的优缺点

（一）优点

（1）成本法比较充分地考虑了资产的有形损耗和无形损耗，评估结果较为公平合理。

（2）成本法的适用范围广泛。由于它比较充分地考虑了资产的重置全价和应计损耗，因而成本法对于一切以资产重置、补偿为目的的资产业务都是适用的。

（二）缺点

（1）成本法涉及的经济参数很多，如物价变动指数、成新率，功能成本系数等，因而其具体运用和操作难度较大，经济参数的可靠性和合理性较难把握。

（2）经济性损耗不易全面计算，因而评估结果往往较高。

（3）由于运用成本法评估资产价值时没有与资产的使用效益相联系，因而很容易将无形资产漏掉。

第四节 收 益 法

一、收益法的基本概念、前提条件和适用范围

（一）收益法的基本概念

收益法又称收益现值法，是指通过估算被评估资产未来预期收益并折算成现值，借以确定被评估资产价值的一种资产评估方法。《国有资产评估管理办法施行细则》第 38 条规定，收益现值法是指“将评估对象剩余寿命期间每年(或每月)的预期收益，用适当的折现率折现，累加得出评估基准日的现值，以此估算资产价值的方法”。所谓收益，是指被评估资产在使用过程中所带来的净收入。收益的指标有多种，如企业税后利润、税前利润、

息税前利润和现金流量。所谓收益现值，是指被评估资产在未来特定时期内的预期收益按照资产购买者所要求的必要报酬率折成评估基准日价值（简称折现）的总金额。显然，收益法的理论基础是效用价值论。资产的效用越大，获利能力越强，它的价值也就越大。

收益法的立足点，是站在资产购买者的角度，去分析、判断被评估资产的价值。资产购买者购置资产是为了获得预期收益，显然，他为购置资产所支付的货币量不会超过该项资产（或与其具有相同风险因素的相似资产）的期望收益折现值。也就是说，投资者投资购买资产时一般要进行可行性分析，其预计的内部报酬率只有超过评估时的折现率时才肯支付货币以取得该项资产。

（二）收益法的前提条件

收益法涉及三个基本要素：被评估资产的预期收益、折现率、被评估资产取得预期收益的持续时间。与此相应，收益法的三个基本前提如下：

①被评估资产必须是能用货币衡量其未来预期收益的资产；

②资产所有者所承担的风险也必须是能用货币衡量的；

③被评估资产预期获利年限可以预测。

（三）收益法的适用范围

收益法主要适用于企业价值评估或能独立计算收益额的单项资产的评估。同时应注意，运用收益法评估资产价值时，是以资产投入使用后连续获利为基础的。资产作为特殊商品，在现实买卖中，人们购买的目的往往并不在于资产本身，而是资产的获利能力。如果在资产上进行投资不是为了获利，进行投资后没有预期收益或预期收益很少而且又很不稳定，则不能采用收益法。

二、收益法的基本程序和基本参数

（一）收益法的基本程序

①收集并验证与评估对象未来预期收益有关的数据资料，包括经营前景、财务状况、市场形势以及经营风险等；

②分析测算被评估对象未来预期收益；

③确定折现率或资本化率；

④用折现率或资本化率将评估对象未来预期收益折算成现值；

⑤分析确定评估结果。

（二）收益法的基本参数

从前述收益法的基本概念和计算公式我们可以看出，运用收益法评估资产价值的关键在于科学、合理地确定预期收益额、折现率、收益期限这三个指标。

1. 预期收益额

被评估资产未来各期收益额的大小，直接决定着被评估资产现行市价的高低。对于预期收益额的确定，主要应把握以下两点：

第一，预期收益额是通过预测分析获得的。在预测时，要对被评估资产经营的内外部环境和状况进行仔细的分析。要了解被评估资产最近几年的财务状况和经营成果；要分析、预测被评估资产未来的经营状况和市场状况；还要分析国家产业政策及经济形势的发展趋势。分析国家产业政策，目的在于掌握如下情况：被评估资产主体是否属于国家重点支持的行业，如果不是，它与重点行业有何相关关系；国家产业政策的实施对被评估资产有何影响（包括有利的影响和不利的影响）。分析国家经济形势发展的趋势，在于判断被评估资产经营环境的优劣，掌握经营环境对被评估资产收益的影响程度。在企业价值评估一章中，我们对如何预测企业未来收益将进一步深入讨论。

第二，收益额有利润总额、税后利润和现金流量等多种指标。评估人员应根据所评估资产的类型、特点以及评估目的决定选择哪一种指标作为收益额，重要的是准确反映资产收益，并与折现率或资本化率口径保持一致。西方评估界一般以现金流量作为收益额，因为现金流量这个指标科学地考虑了收益的时间价值因素，其计算的主观随意性也较利润这样的指标小，它更为客观。

2. 折现率

折现率是把未来收益换算成当前收益时所用的比率。从其内涵来说，折现率是一种特定条件下的收益率，说明资产取得该项收益的收益率水平。在对资产价值进行评估时，折现率的选取应反映资产购买者对该项资产业务所要求的最低报酬率。这个最低报酬率，当然应该包括无风险利率、风险报酬率和通货膨胀率。无风险利率是指资产在一般条件下的获利水平，风险报酬率则是指冒风险取得的报酬与资产的比率。每一种资产投资，由于其使用条件、用途、行业不同，风险也不一样，因此，折现率也不相同。它要由评估人员根据社会、行业、企业和评估对象的资产收益水平综合分析确定。选择折现率时还要注意所选收益额的计算口径应与折现率的口径保持一致。至于折现率的具体确定方法，将在具体介绍各类资产评估时阐述。

3. 收益期限

收益期限是指资产收益的期间，通常指收益年期。收益期限由评估人员根据未来获利情况、损耗情况等确定，也可以根据法律、契约和合同规定确定。

三、收益现值的评估方法

从资产使用期的长短来看，有永续使用和限期使用两大类，与此相适应，形成永续收益和期限收益，它们适用的评估计算方法不同。

1. 资产未来收益期有限的情况

在资产未来预期收益具有特定时限的情况下，通过预测有限期限内各期的收益额，以适当的折现率进行折现，各年预期收益折现值的和，即为评估值。其基本公式如下：

$$\text{评估值} = \sum_{i=1}^{n} R_i / (1+r)^i$$

式中：R_i——未来第 i 个收益期的预期收益额，收益期有限时，R_i 还包括期末资产剩余净额；

n——收益年期；

r——折现率。

【例 3-10】 某企业尚能继续经营 3 年，营业终止后资产全部用于抵偿负债，现拟转让，经预测 3 年内各年收益如表 3-3 所示。

表 3-3　**各年收益**

	收益额（万元）	折现率	折现系数	收益折现值
第一年	500	10%	0. 909 1	454. 55
第二年	400	10%	0. 826 4	330. 56
第三年	600	10%	0. 751 3	450. 78

3 年内收益现值总额＝454. 55+330. 56+450. 78＝1 235. 89（万元）

所计算的收益现值就是评估值。

2. 资产未来收益永续的情况

在资产未来收益永续的条件下，有以下两种情况：

（1）未来收益是等额年金，可采用直接资本化处理，其计算公式如下：

收益现值＝年收益额÷适用的资本化率

（2）未来年收益不等，可采用分段法。分段法是根据资产收益的特征，把资产永续经营期分为前后两期，分别采用不同的方法评估两期收益折现值，其汇总额即为资产的收益现值。要求以年收益额容易预测并且不同于未来变化趋势的前 N 年（一般为 5 年）为前期，以 $N+1$ 年起到未来各年限为后期。对前期 N 年的收益逐一预测和折现；对后期，先设定各年收益为适当额度的年金并经资本化处理后得出以第 N 年为基期的本金，再把这个后期本金进行折现，最后将前后两段的收益现值相加。其计算公式如下：

预期收益现值总额 $= \sum$（前期 N 年各年收益额 × 各年折现系数）+（后期各年年金收益 ÷ 适用资本化率）× 第 N 年的折现系数

应当指出，确定后期年金的方法，一般以前期最后一年的收益额作为后期永续年金收益的标准；也可预测后期第一年的收益作为永续年金收益。分段法的原理如图 3-1 所示。

分段（令 $N=5$）　前期（$t_1=1, 2, \cdots, N$）　后期（$t_2=N+1, N+2, \cdots, \infty$）

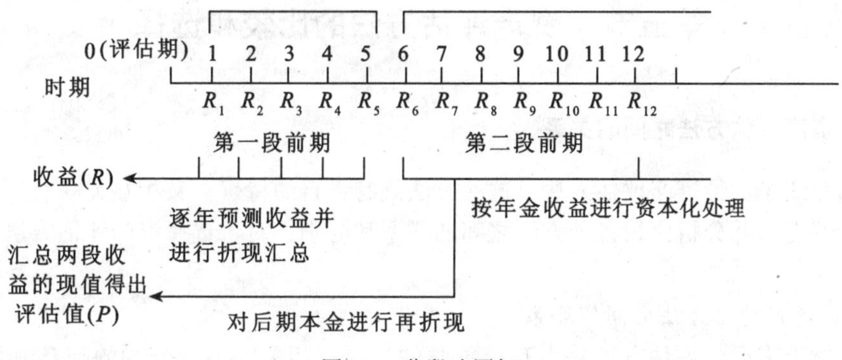

图 3-1　分段法图解

【**例 3-11**】对某企业进行预测，得知未来各年收益如表 3-4 所示，确定折现率为 12%，试按分段法计算各年收益现值。

表 3-4　　**未来各年收益**

第一段	预期收益额（万元）	折现系数	收益现值
第一年	40	0. 892 9	35. 72
第二年	30	0. 797 2	23. 92
第三年	60	0. 711 8	42. 70
第四年	40	0. 635 5	25. 42
第五年	30	0. 567 4	17. 02
合计	200		144. 78

第二段收益现值为（以第五年收益额作为第六年后的永续年金收益，其折现率为 12%）：

30÷0. 12＝250（万元）（第二段在第六年初资本化值）

250×0. 567 4＝141. 85（万元）（第二段收益现值）

预期收益现值＝144. 78+141. 85＝286. 63（万元）（该企业的评估价值）

四、收益法的优缺点

（一）优点

①考虑了资本未来收益和货币的时间价值，可以真实准确地反映资产的资本化价格。

②与投资决策相结合，评估结果易于被买卖双方接受。

（二）缺点

①预期收益额预测难度较大，受较强的主观判断和未来收益不可预见因素的影响。

②在评估中适用范围较小。没有独立收益能力，没有连续性收益，或收益达不到一定水平的资产，不能采用收益法。

第五节　资产评估方法的比较和选择

一、资产评估方法之间的关系

前面介绍了三种资产评估方法，这些方法既有各自的特点，又相互关联。研究资产评估方法的特点，并分析比较各种方法之间的联系和区别，对于选择资产评估方法具有重要意义。

（一）资产评估方法之间的联系

从整体上来说，评估方法是由互相关联的、内在相关的不可分割的技巧和程序组成的，其共同目标就是获得令人信服的可靠的评估价值，成本和市场金融数据的分析通常是收益法运用中不可缺少的部分；同样的，折现的概念也时常运用于市场法和成本法中。例如，市场法中分析和调整参照物价格与被评估资产价格的差异因素时，会用到折现的技巧；在成本法中，对功能性贬值等的确定也要采用折现的方法。一般来说，成本法、收益法的运用都是建立在现行市价基础之上的，只是它们不像市场法表现得那么直接而已。

（二）市场法与成本法的区别

资产评估过程中，市场法和成本法往往容易混淆。两种方法的区别表现如下：

①成本法是按现行市场价格确定重新购买该项资产的价值，而市场法则是按市场上该项资产的交易价格确定的。前者主要从买者角度，即以购建某项资产的耗费来确定；后者则是从卖者角度，即以市场上的销售价格来确定。

②市场法中的现行市价指的是资产的独立价格，是交易过程中采用的。而重置成本不仅包括该资产的自身价格（购建价格），还包括该项资产的运杂费、安装调试费等。

③市场法的运用与原始成本没有直接联系，而成本法中的某些计算，则要利用被评估资产的原始成本和原始资料。

④成本法是按全新资产的购建成本扣除被评估资产的各项损耗（或贬值）后来确定评估价值；市场法则是按参照物价格，考虑被评估资产与参照物的各项差异因素并进行调整来确定评估值。两种方法具有不同的操作程序，资料的获得和指标的确定有着不同的思路。

二、资产评估方法的选择

资产评估方法的多样性，为评估人员适当选择评估途径，有效完成评估任务提供了现实可能。选择合适的资产评估方法，有利于简捷、合理地确定资产评估价值。资产评估方法的选择主要应考虑下述几个因素。

1. 资产评估方法的选择必须与资产评估价值类型相适应

资产评估价值类型决定了应该评估的价格类型，资产评估方法作为获得特定价值尺度的技术规程，必须与评估价值类型相适应。资产评估价值类型与资产评估方法是两个不同层次的概念。资产评估价值类型说明“评什么”，是资产评估价值的质的规定，具有排他性，对评估方法具有约束性；资产评估方法说明“如何评”，是资产评估价值量的确定，具有多样性和替代性，并服务于评估价值类型。资产评估价值类型确定的准确性与科学的相匹配的资产评估方法，是资产评估价值具有科学性和有效性的重要保证。

2. 资产评估方法必须与评估对象相适应

评估对象的类型、理化状态等因素，是选择资产评估方法着重要考虑的方面。

例如，一台市场交易很活跃的旧机器设备可以采取市场类比法进行评估，而旧的专用设备的评估，通常只能采用成本法进行。

3. 资产评估方法的选择受可收集数据和信息资料的制约

各种评估方法的运用都需要有充分的数据资料作为根据和参数，没有相应的数据和资料，方法就会失灵。资产评估的过程实际上也就是收集资料的过程。比如在方法运用过程中，西方评估机构采用更多的是现行市价。但在我国，由于市场发育不完全、不完善的限制，市场法的应用无论是在广度，还是在使用效率方面均远远落后于其他成熟的市场经济国家。因此，评估师应根据可获取的资料以及经努力能收集到的资料满足程度来选择适当的方法。就资产评估来说，方法的科学性依赖于方法运用中指标的确定。

4. 资产评估方法的选择要纳入不同评估途径中统筹考虑

在同一评估价值类型约束之下，由于方法的替代性，可能会有几种方法都可以使用。在选择方法时，一是充分考虑资产评估工作的效率，选择简便易行的方法；二是根据资产评估人员的特长进行选择。一般来说，方法的选择应在评估开始之前予以确定。当然，也可以分别采取几种方法进行评估，分析比较结果的科学性。

有时，一项资产同时采用两种或两种以上的方法评估，会得出两种或两种以上不同的结论。这种情况是很常见的。这时，我们一般不能用各种方法得出的评估结果进行简单平均或加权平均来得出评估结论，应该根据评估价值类型以及不同评估结果对市场的适用性，判断选择一种评估结果作为评估结论。

思考题

1. 什么是成本法？运用成本法应考虑哪些因素对资产价值的影响？

2. 收益法对资产的估价取决于难以把握的未来收益和折现率，但为什么这种方法还是得到了普遍的运用？

3. 运用市场法评估资产价值的关键环节在哪里？

4. 怎样选择合适的资产评估方法？

练习题

1. 被评估机器设备的年产量为500件，同类全新机器设备价值为5万元，年产量为600件。试运用功能价值法评估被估机器设备的重置全价。

2. 参照物资产A的重置成本为5 000元，生产能力为300 000件/年；被评估资产B生产能力为600 000件/年。设规模经济效益指数 n 取值为0.7，被评估资产重置全价是多少？

3. 某企业尚能经营3年，现拟转让，预期三年收益额分别如下：400万元、500万元、300万元，折现率为10%。求其评估值。

4. 某企业将某项资产与国外企业合资，要求对该资产进行评估。具体资料如下：

该资产重置全价为500万元。按财务制度规定该资产折旧年限为30年，已计提折旧年限20年。经调查分析确定，该资产截至评估基准日的法定利用时间为57 600小时，实际累计利用时间为50 400小时。经评估人员勘察估算，该资产还能使用8年。又知该资产由于设计不合理，耗电量大，维修费用高于现在同类先进资产，每月多支出营运成本2 000元（该企业所得税税率为25%，假定折现率为10%）

要求：根据上述资料，采用成本法对该资产进行评估。

5. 某企业实行股份制改造，进行资产评估。经预测，该企业未来五年的净收益额分别为：100万元、108万元、115万元、120万元、126万元，年折现率为10%。预计从第六年开始，永久性年收益额为132万元，确定资本化率为15%。请评估该企业整体资产价值。

第四章　机器设备评估

第一节　机器设备评估概述

一、机器设备的概念及分类

（一）机器设备的定义

机器设备在资产评估中的定义是准则所涉及的重要定义之一，资产评估中所指的机器设备不同于自然科学中的定义，也不同于会计学中的定义。

自然科学领域所指的机器设备，是指利用机械原理制造的装置，是将机械能或非机械能转换成为便于人们利用的机械能以及将机械能转换为某种非机械能，或利用机械能来做一定工作的装备或器具。

会计学中机器设备的定义往往强调它们的资产属性，《国际财务报告准则》中机器设备的定义为：它们用于生产过程或者提供商品或服务的过程中，也可用于租赁给他人，或者用于管理目的；而且一般可以使用超过一个会计期间的时间。

我国发布的《资产评估准则——机器设备》第二条对机器设备的定义为：机器设备是指人类利用机械原理以及其他科学原理制造的（自然属性）、特定主体拥有或控制的有形资产（资产属性），包括机器、仪器、器械、装置以及附属的特殊建筑物等资产。即在资产评估中，机器设备不仅包括利用机械原理制造的装置，而且包括利用电子、电工、光学等各种科学原理制造的装置。

（二）机器设备的分类

企业所使用的机器设备，由于企业的性质不同及设备的自身用途各异，在其形状、大小、性能等方面都是极不相同的，种类极其繁多，所以在评估中需要对机器设备进行分类。对机器设备进行分类的目的是：根据机器设备的技术特点，为评估中的专业技术检测创造条件；有利于收集市场和其他方面的相关资料，有效地选择参照物；适应评估委托方的要求，与财务会计的处理相适应；便于评估人员的合理分工、专业化协作，提高评估工作的效率和质量。

按照上述目的，机器设备有以下分类方式：

1. 按现行会计制度的规定分类

（1）生产用机器设备。指直接服务于企业生产的各种机器设备，如生产工艺设备、辅助生产设备、动力能源设备等。

（2）非生产用机器设备。指不直接服务于生产、经营过程的各种机器设备。主要指企业中福利、教育部门和专设科研机构等非生产部门使用的设备。

（3）租出机器设备。指在经营租赁下出租给外单位使用的机器设备。

（4）未使用机器设备。指已经安装完工或已购置的尚未交付使用的新增机器设备以及由于改、扩建原因暂停使用的机器设备。

（5）不需用机器设备。指本企业多余或不适用待处理的各种设备。

（6）融资租入机器设备。指企业以融资租赁方式租入的机器设备。

2. 按国家固定资产分类标准分类

国家技术监督局在1994年颁发了《固定资产分类与代码》国家标准（GB/T14885—1994），规定了我国现行机器设备分类的国家标准。该标准出于清产核资以及国有资产管理的标准化、科学化、计算机化的需要，将机器设备分为：（1）通用设备；（2）专用设备；（3）交通运输设备；（4）电器设备；（5）电子产品及通信设备；（6）仪器仪表、计量标准器具及量具、衡器；（7）文艺体育设备。该标准对上述七类设备都列出了详细目录（见表4-1）。

表4-1 **固定资产分类（机器设备部分）**

大类	中类	大类	中类
通用设备	锅炉及原动机	专用设备	探矿、采矿、选矿和造团设备
	金属加工设备		炼焦和金属冶炼轧制设备
	起重设备		炼油、化工、橡胶及塑料设备
	输送设备		电力工业专用设备
	给料设备		非金属矿物制品工业专用设备
	装卸设备		核工业专用设备
	泵		航空航天工业专用设备
	风机		兵器工业专用设备
	气体压缩机		工程机械
	气体分离及液化设备		农业和林业机械
	制冷空调设备		畜牧和渔业机械
	真空获得及其应用设备		木材采集和加工设备
	分离及干燥设备		食品工业专用设备
	减速机及传动装置		饮料加工设备
	金属表面处理设备		烟草加工设备
	包装、气动工具等通用设备		粮油作物和饲料加工设备
电气设备	电机		纺织设备
	变压器、整流器、电抗器和电容器		缝纫、服饰、制革和毛皮加工设备
	生产辅助用电器		造纸和印刷机械
	生活用电器和照明设备		化学药品和中成药制炼设备
	电气机械设备		医疗器械
	电工、电子专用生产设备		其他行业专用设备
			武器装备

续表

大类	中　类	大类	中　类
电子产品及通信设备	雷达和无线电导航设备	交通运输设备	铁路运输设备
	通信设备		汽车、电车（含地铁车辆）、摩托车及非机动车辆
	广播电视设备		水上交通运输设备
	电子计算机及其外围设备		飞机及其配套设备
仪器仪表、计量标准器具及量具、衡器	仪器仪表		工矿车辆
	电子和通信测量仪器	文艺体育设备	文艺设备
	专用仪器仪表		体育设备
	计量标准器具及量具、衡器		娱乐设备

3. 按机器设备在再生产中的作用分类

（1）生产工艺类设备。它直接改变产品原材料的物理状况或化学性能，使其成为半成品或产成品，通常能反映企业的生产能力和生产水平的高低。例如，机械加工中的车、锻、刨、磨、拉床等；纺织机械中的梳棉、粗纺、织布机床。

（2）辅助生产设备。主要是为企业生产提供管理、安全等服务或起辅助作用的设备。例如，空气压缩机、蒸汽锅炉、水泵、变压器等供风、供热、供水、供电设备；交通运输装卸设备有车辆、船舶、装卸机、吊车等。

（3）服务设备。例如通信设备、计算机、测试用仪器、仪表等。

此外，还可以按照机器设备的适用范围，分为通用设备和专用设备；按照设备用途分为动力机械、金属切削机床、金属成型机床、交通运输机械、起重运输机械、工程机械、农业机械、通用机械、轻工机械、专用机械；按照组合程度分为单台设备、机组和成套设备；按照自动化程度分为全自动化设备、半自动化设备、手工设备等。

二、机器设备的特征及机器设备评估的特点

（一）机器设备的特征

由于机器设备在其运动中的价值补偿与实物补偿不一致，它作为一类资产具有不同于其他各类资产的显著特征。这些特征如下：

（1）单位价值大、使用寿命长、流动性差。在我国，凡列为固定资产的机器设备，必须同时具备单位价值和使用年限在国家规定的标准以上的条件；两者缺一不可，或者说不同时具备这两个条件的机器设备通常作为低值易耗品处理。

（2）工程技术性强。机器设备是指利用力学原理组成的，能变换能量或产生有用功的独立或成套装置，属于有形资产，同时又是无形资产的载体，所以，它的技术含量和技术成分都很高，往往许多机器设备的价值是由其技术性决定的。

（3）机器设备的价值属性比较复杂。机器设备的价值包含机器设备本身的制造成本

或变现价值及其运杂费、安装调试费、进口设备的进口关税、增值税和必要的费用以及机器设备中包含的技术或无形资产的价值因素，如车辆的牌照费用、大型成套设备的设计费用等。

(4) 机器设备的价值补偿和实物补偿不同时进行。机器设备属于固定资产，其价值补偿是基于管理上的需要和会计上配比原则的要求，是通过分期提取折旧冲减收益来实现的；而实物补偿是在设备寿命终结更换新设备或通过对原有设备改造、翻新来实现的。因而，在评估中，不能单纯依靠设备价值的转移程度来确定成新率，还应该注意机器设备的维修使用情况，实际评估中往往要通过技术检测手段来确定其损耗程度。

(5) 在现代化大工业生产中单台机器设备很难单独生产出完整的产品，因此，机器设备通常不具备单台收益能力，也就是说，通常状况下，单台机器设备很难满足收益现值评估方法所要求的条件。

(二) 机器设备评估的特点

机器设备本身的特点决定了机器设备评估的特点，这些特点如下：

(1) 以技术检测为基础。机器设备本身具有较强的工程技术特点，技术含量较高，而且机器设备的技术水平和技术层次直接影响机器设备的取得价格或变现价格，也直接关系到机器设备的新旧程度，是决定机器设备价值高低的最基本的因素。所以，必要的技术检测是机器设备评估的基础。

(2) 以单台、单件为评估对象。机器设备单位价值比较大、规格型号也多、专业涉及面广、情况差异较大。为了保证评估的质量，通常要对机器设备实行逐台、逐件的评估，即便是数量多、单位价值相对较低的同类机器设备也要逐台、逐件核实数量，选择合理的分类标准，按类进行评估。当然也不排除对不可细分的成套设备、机组等采取一揽子评估的方式。

(3) 多种评估方法并用。机器设备品种繁多、规格型号各异，且各类设备的单项价值、使用时间、性能等差别较大。所以，在评估实践中不能采用单一的计价方法，而应该针对不同的机器设备，选用不同的方法进行评估。

(4) 对被评估机器设备逐一鉴定。在进行评估时的资产价值和性能与投入使用时可能有较大的差别。这是机器设备的使用周期长、使用情况复杂、各项机器设备的新旧程度不一造成的；与新投入时相比，可能资产价值（净值）和性能发生了较大变化。为了确保机器设备资产评估值的科学性和准确性，必须对被评估资产进行逐一鉴定。

(5) 机器设备贬值因素的确定。机器设备的贬值因素比较复杂，除实体性贬值外，往往还存在功能性贬值和经济性贬值。科学技术的发展，国家有关的能源政策、环保政策等，都可能对设备的评估价值产生影响。

三、机器设备的评估程序

一套科学合理的评估程序，对提高评估质量、缩短评估时间，特别是在当前我国信息渠道不畅通的情况下评估项目尤为重要。从评估角度而言，机器设备评估程序大体要经历以下几个阶段：

（一）接受委托阶段

当客户有意委托评估人员进行某项机器设备的评估时，评估人员要向客户了解被评估资产的背景、现状、评估目的和评估报告用途以及该评估涉及的其他因素。这些都会影响整个评估过程和结果，进而影响整个评估服务的质量。

（二）评估准备阶段

评估机构接到评估委托书以后，应积极做好评估的准备工作：

（1）帮助委托方做好机器设备评估的基础工作，如资产清册及其相关表格的填写、必要经济技术资料的准备、机器设备清查核实的具体要求等。

（2）分析研究委托方提供的资产清册及相关表格、组织有关评估人员进行现场勘察、掌握其机器设备的分布和现状、明确评估的范围和评估的重点。制订评估工作计划，设计主要机器设备的评估思路、评估作业表，落实评估人员。

（3）收集评估所需数据资料。机器设备评估需要收集的数据资料很多，广泛收集与评估工作有关的数据资料，有利于提高评估工作效率。

（三）现场评估阶段

现场评估，是机器设备评估的重要阶段，其主要工作是：查明实物、落实评估对象以及在落实评估对象的基础上对机器设备进行技术鉴定，以判断机器设备的技术档次、成新率以及无形损耗等情况。

1. 核查实物、落实评估对象

这是评估现场的一项基础性工作。要尽可能对所申报的机器设备逐台核实，是否账实相符、有无遗漏或产权界定不明的机器设备，核实的方法可根据委托单位的管理现状及机器设备数量采取全面清查、重点清查、抽样检查等不同方式落实评估对象。

2. 对机器设备进行技术鉴定，是评估现场工作的核心

（1）了解生产工艺过程、掌握各类设备的配备情况以及对企业生产的保证程度，核实企业综合生产力，确定评估重点。

（2）对机器设备所在的整个生产系统、生产环境和生产强度进行鉴定和评价，对生产系统的产品结构、产品市场需求、生产能力、生产班次、维修力量、技术改造以及制作人员水平等做出总体评价，为单台机器设备的技术鉴定提供背景数据。

（3）对单台机器设备进行鉴定。要了解掌握机器设备的类别和规格型号、制造厂家和出厂日期、主要用途和功能、所用能源和加工精度，要了解机器设备的利用率及其运行负荷的大小、设备实际所处状态、设备修理情况及大修周期。

（4）根据评估对象的技术特点划分机器设备评估类别。对机器设备进行评估，要根据评估目的、评估报告的要求以及评估对象的技术特点进行分类。

3. 确定评估价格标准和方法

根据评估目的确定评估价格标准，然后根据评估价格标准和评估对象的具体情况，科学地选用评估计算方法。

4. 收集整理有关资料、测定各种技术参数，确定机器设备的成新率。

评估人员应根据对机器设备的宏观技术鉴定和个人技术鉴定以及委托单位提供的：机器设备的价值状况（原值、已提折旧净值、技术改造支出等）；机器设备的使用状况（构

建时间、已使用年限、预计尚可使用年限、完好率、利用率等)；机器设备的技术状况(主机和配套设备的规格型号、生产能力及主要技术经济指标等）等资料、评估对象的具体情况以及评估作业分析表的要求，对计算过程中需要采用的各种技术参数和经济参数，尚可使用年限、成新率、磨损系数、价格指数等进行收集、检验、测定。同时，应尽可能在工作现场对被评估机器设备做出成新率的科学判断。

5. 设计评估作业表

设计评估作业表，是评估工作规范化，提高工作效率，科学地反映评估结果的要求。评估作业表的设计要考虑评估工作的要求，为收集整理数据提供明细的纲目；也要考虑与评估流程相适应，便于评估阶段的衔接与过渡；更要考虑评估报告的要求。评估作业表是评估实务的实施纲要，它可分为：评估作业分析表（见表4-2)、评估明细表（见表4-3)、评估分类汇总表（见表4-4)。

表4-2 **评估作业分析表**

资产占有单位： 评估基准时间： 年 月 日

委托方填报	设备名称		产地	国别		规格型号	
				厂别		公称能力	
	出厂年月		账面价格	原值		按年限计算的成新率	
				折旧		同类设备数量	
	已使用年限			净值			
评估机构填列	技术鉴定的方法和依据						
	重估单价	价格标准				评估方法及公式	
		评估结论及基本参数的说明：					
	尚可使用年限或成新率	评估依据				评估方法及公式	
		评估结论及基本参数的说明：					
	功能性贬值的评估	评估的依据和参照物				评估方法及公式	
		评估结论及基本参数的说明：					
	评估净值	价格标准				评估公式及考虑的因素说明：	
		单台价格					
		总额					
		受托方填报		技术检测		评估分析和报告	
评估责任者签章		职称 姓名		职称 姓名		职称 姓名	

表 4-3　　　　**评估明细表**

资产占有单位：　　　　　　　　　　　　评估基准时间：　　年　　月　　日

序号	资产类别	规格型号	计量单位	数量	购建时间	已使用年限	预计尚可使用年限	账面价格		评估结果						备注
								原值	净值	重估价格	成新率	功能性贬值	重估净价值	额	率（%）	

评估单位名称：　　　负责人：　　　评估人：　　　评估时间：　　年　月　日

表 4-4　　　　**评估分类汇总表**

资产占有单位：　　　　　　　　　　　　评估基准时间：　　年　　月　　日

序号	资产类别	计量单位	数量	账面价格		评估结果			重估增值（+/-）		备注
				原值	净值	重估总价	重估净价	综合成新率	额	率（%）	
合计											

评估单位名称：　　　负责人：　　　评估人：　　　评估时间：　　年　月　日

（四）确定单台设备的估价数据、评定估算阶段

评估人员经过准备阶段和现场阶段的工作后，已经掌握了许多有关被评估机器设备在评估时所需要的数据资料，在此基础上，一方面要继续收集所欠缺的数据资料，另一方面要对已收集的数据资料进行筛选和整理，特别是对设备的订货合同、发货票、工程结算书以及现行设备购置价、同类设备购置价、设备产权归属材料（对产权受到某种限制的设备要另行登记造册单独处理）和设备抵押、担保、租赁等资料给予充分的重视。

在完成上述工作后，评估人员方可本着客观公正的原则对机器设备进行评定估算、估测每台机器设备的重估价值。

（五）自查及撰写评估报告

评估机构要在机器设备评定估算工作基本完成时进行自查，对设备的估价依据和参数再进行一次全面的核对。在重新核对无误的基础上，根据确定的技术方法和经过验证的资料数据，按评估对象逐一完成评估作业分析表，计算评估值，并将评估结果填入评估明细表，编制评估分类汇总表，编写评估说明或机器设备评估部分报告。

（六）评估报告的审核和报出

评估报告完成之后，要有必要的审核；包括复核人的审核、项目负责人的审核和评估机构负责人的审核。在三级审核确认评估报告无重大纰漏后，再将评估报告送达委托方及有关部门。

第二节 机器设备评估的成本法

一、成本法的适用范围及基本公式

机器设备的评估有多种方法，不同情况应采用不同方法。成本法虽是评估机器设备的一种常用方法，但也并非能评估所有的机器设备，也就是说在机器设备评估中运用成本法是有一定适用范围的。

主要的适用情况有：①继续使用前提下的机器设备评估。如果机器设备处于在用续用前提下，则可以直接运用成本法进行评估，不需要作什么大的调整。如果机器设备处于改用续用或异地续用前提下，运用成本法进行评估，则必须作适当的调整才能得出评估结果。②继续使用前提下，不具备独立获利能力的单台设备或其他设备的评估。在继续使用前提下无法运用收益法评估的机器设备，可以采用成本法进行评估。③非继续使用前提下，无市场参照物的机器设备，可按成本法的评估思路进行评估，但在评估前必须作成本项目构成的调整，以得到非续用重估价值。

评估价值=重置成本-实体性贬值-功能性贬值-经济性贬值

或

评估价值=重置成本×综合成新率

二、机器设备重置成本及其测算

（一）机器设备重置成本测算方法的选择

（1）对于自制设备，一般可采用重置核算法、综合估价法等来测算重置成本。

（2）对于外购设备，若该设备是目前仍在生产和销售的设备，则应以市场价为基础，再加上运杂费和安装调试费，即采用直接法计算其重置成本。但是评估人员应注意，根据替代原则，同等条件下选择可获得的最低售价，通过了解近期成交价剔除报价水分，同时要注意折扣对成交价格的影响以及市场价格是否反映了评估基准日的价格水平等。

（3）对于无法取得现行购置价或建造费用的设备，如果能找到现有同类设备的市价、建造费用，或市价、建造费用加运杂费和安装调试费，则可采用功能成本法计算其重置成本。

（4）对于既无法取得现行购置价或建造费用，也无法找到现有同类设备购置价或建造成本的设备，则可采用物价指数调整法计算其重置成本。但是对于技术进步速度较快，且技术进步对设备价格影响较大的设备，不宜采用物价指数法计算其重置成本。

（二）几类设备的重置成本测算

由于设备取得的方式和渠道不同，其重置成本的构成和测算方法也不完全一样。按取得的方式，设备可分为外购设备和自制设备。

1. 自制设备重置成本的测算

自制设备可分为标准设备与非标准设备。对于标准设备的重置成本可参考专业生产企业的标准设备的现行市场价格，由于自制标准设备的质量一般不会高于专业生产厂家所生产的标准设备的质量，故其重置全价应低于市场价格。由于非标准设备的市场价格资料一般很难获得，所以经常采用重置核算法。

（1）重置核算法。① 重置核算法是指利用成本核算法的原理，根据机器设备建造时所消耗的材料、工时及其他费用，按现行价格或费用标准计算资产现行的建造费用及安装调试费用，然后再加上合理的利息利润来确定被评估机器设备重置成本的方法。评估的计算公式如下：

重置成本=制造成本+期间费用+合理的制造利润+其他必要的合理费用+安装调试费用

其中，制造成本是直接成本；期间费用是间接成本合理分摊的管理费用和财务费用等；合理的制造利润是以行业平均成本利润率计算的利润，利润率可分为直接成本利润率和总成本利润率；其他必要的合理费用包括设计、论证等前期费用；安装调试费用包括人工费和材料费等。

【例 4-1】对某企业的一台自制设备进行评估，经核查没有相关的行业制造成本数据，根据企业提供的数据并经查证，该自制设备制造成本为 30 000 元，期间费用为 3 800 元，行业平均成本利润率是 10%，设计费为 3 400 元，安装调试费用为 2 800 元。

制造成本=30 000（元）

期间费用=3 800（元）

合理的制造利润=30 000×10%=3 000（元）

其他必要的合理费用=3 400（元）

被评估设备的重置成本=30 000+3 800+3 000+3 400+2 800=43 000（元）

（2）综合估价法。该方法根据设备的主材费和主要外购件费与设备成本费用有一定的比例关系，通过确定设备的主材费和主要外购件费，计算出设备的完全制造成本，并考虑企业利润、税金和设计费用，以确定设备的重置成本。其计算公式如下：

$$P=(C_{m1}\div K_m+C_{m2})\times(1+K_p)\times(1+K_t)\times(1+K_d/n)$$

注：P 是指设备价格，C_{m1} 是指主材费，K_m 是指成本主材费率，C_{m2} 是指主要外购件费，K_p 是指成本利润率，K_t 是指销售税金率，K_d 是指非标准设备设计费率，n 是指非标准设备生产台数。

公式分析如下：

C_{m1}——实际被消耗掉的主材费=主材净用量÷主材费利用率（不含增值税）

$C_{m1}\div K_m$——本企业生产该设备的成本费用（不包含外购材料费）

$C_{m1}\div K_m+C_{m2}$——该设备使用的全部成本费用（包含外购材料费，不含增值税）

【例 4-2】某悬链式水幕喷漆室为非标准自制设备，构建日期为 2002 年 12 月，评估基准日为 2010 年 9 月 30 日。计算该悬链式水幕喷漆室的重置成本。

---

① 财政部、国家税务总局《关于全国实施增值税转型改革若干问题的通知》（财税［2008］170号）规定，自 2009 年 1 月 1 日起，增值税一般纳税人购进（包括接受捐赠、实物投资，下同）或者自制（包括改扩建、安装，下同）固定资产发生的进项税额，凭增值税专用发票、海关进口增值税专用缴款书和运输费用结算单据，从销项税额中抵扣。自制设备所购进的原材料，只要是企业用于新购进的设备，并且取得了增值税专用发票的，那么原材料所含进项税额就可以扣除。

计算过程如下：

根据设计图纸，该设备主材为钢材，主材的净消耗量为25.5吨，评估基准日期钢材不含税的市场价为3 500元/吨，另外，所需主要外购件（电机、泵、阀、风机等）的不含税费用为55 680元。主材费率为90%，成本主材费率为55%，成本利润率为15%，设计费率为16%，产量为1台。

主材费：$C_{m1}=25.5\div90\%\times3\ 500=99\ 167$（元）

成本主材费率：$K_m=55\%$

主要外购件费：$C_{m2}=55\ 680$（元）

成本利润率：$K_p=15\%$

如果增值税税率为17%，城市维护建设税税率为7%，教育附加税为增值税税额的3%，则

销售税金率：$K_t=17\%\times(1+7\%+3\%)=18.7\%$

非标准设备设计费率：$K_d=16\%$

非标准设备的数量：$n=1$

设备的重置成本：$P=(99\ 167\div55\%+55\ 680)\times(1+15\%)\times(1+18.7\%)\times(1+16\%/1)$

$=373\ 670.2$（元）

2. 外购设备重置成本的测算

在明确了外购和自制设备重置成本大致构成的基础上，可以分别按国产设备和进口设备进行重置成本的评估。

（1）国产外购设备重置成本全价的估测

①国产外购单台（件）设备重置成本的估测。国产外购设备的重置成本主要由购置价格、运杂费、基础费、安装调试费用构成，对于无需安装的，或即便需要安装，安装周期也较短的单台（件）设备，设备购置、建造及安装调试占用的资金成本可以忽略不计；对于需要安装且安装周期较长的设备，一般需要考虑设备购置、建造及安装调试占用的资金成本。

购置价格的估测。当市场上存在与被评估对象相同的设备时可采用直接询价法获得设备的重置价格。如果市场上没有与被评估对象完全相同的设备，但有同类或类似的设备则可采用比较调整法等其他方法估测设备的重置成本。如果上述两个条件都不具备则可以采用价格指数法、功能价值法、规模经济效益指数法等方法；市场上没有与待评估机器设备完全相同的设备时，可寻找类似设备，通过比较、调整计算测定其重置成本。

运杂费的估测。国产设备的运杂费是从生产厂家到安装使用地点所发生的装卸、运输、采购、保管、保险及其他有关费用。设备运杂费的计算方法之一是根据设备的生产地点、使用地点以及重量、体积、运输方式，按铁路、公路、船运、航空等部门的运输计费标准计算。另一种方法是按国产设备运杂费=国产设备原价×国产设备运杂费率计算。机械行业国产设备运杂费率如表4-5所示。

表 4-5　**机械行业国产设备运杂费率**

地区类别	建设单位所在地	运杂费率（%）	备　注
一类	北京、天津、河北、山西、山东、江苏、上海、浙江、安徽、辽宁	5	指标中包括建设单位仓库离车站或码头 50km 以内的短途运输费。当超过 50km 时按每超过 50km 增加 0.5% 的费率计算，不足 50km 者，可按 50km 计算
二类	湖南、湖北、福建、江西、广东、河南、陕西、四川、甘肃、吉林、黑龙江、海南	7	
三类	广西、贵州、青海、宁夏、内蒙古	8	
四类	云南、新疆、西藏	10	

基础费的估测。国产设备的基础是为了安装设备而建造的特殊建筑物。设备基础费，是指建造基础所发生的人工费、材料费、机械费及全部其他费用，有些特殊设备的基础列入构建范围，不按设备基础计算。国产设备的基础费按照国产设备基础费=设备原价×设备基础费率计算。如果是进口设备，则进口设备基础费=相似国产设备原价×国产设备基础费率或进口设备基础费=进口设备到岸价×进口设备基础费率。

安装调试费的估测。在估测安装调试费时，应结合具体评估对象的内容、安装难易程度、工作量和安装调试的材料耗用量等因素来确定，其分析方法类似于前面制造成本的估测。除了该评估方法外，还可按照国产设备安装费=设备原价×设备安装费率计算设备的安装费。如果是进口设备，则进口设备安装费=相似国产设备原价×国产设备安装费率或进口设备安装费=进口设备到岸价×进口设备安装费率。设备安装费率如表 4-6 所示。

表 4-6　**设备安装费率表**

序号	设备名称	安装费率（%）	序号	设备名称	安装费率（%）
1	轻型通用设备	0.5~1	10	电梯	10~25
2	一般机械加工设备	0.5~2	11	供、配电设备	10~15
3	大型机械加工设备	2~4	12	蒸汽及热水锅炉	30~45
4	数控机械及精密设备	2~4.5	13	化工设备	8~40
5	铸造设备	3~6	14	快装锅炉	6~12
6	锻造、冲压设备	4~7	15	热处理设备	1.5~4.5
7	焊接设备	0.5~1.5	16	压缩机	10~13
8	起重设备	5~8	17	冷却塔	10~12
9	工业窑炉及冶炼设备	10~20	18	泵站内设备	8~12

资料来源：全国注册资产评估师考试用书编写组．机电设备评估基础．北京：经济科学出版社，2009.

【例 4-3】 W 公司一台机床需要重估，企业提供的材料如下：该设备的采购价格是 5

万元，运输费是0.1万元，安装费是0.3万元，调试费是0.1万元，已服役2年，试评估该机床继续使用的重置全价。经市场调查得知，该机床在市场仍很流行，但是价格比购置时上升了20%，铁路运输费也提高了1倍，安装材料和工费上涨幅度加权计算为40%，调试费上涨了15%。

【分析】该机床服役期限仅为两年，且在市场上仍很流行，一般来说技术条件变化不大，故用复原重置成本评估比较现实。计算如下：单位（万元）

机床采购重置价格=5×（1+20%）=6（万元）

运杂费估价=0.1×2=0.2（万元）

安装调试费估价=0.3×（1+40%）+0.1×（1+15%）=0.535（万元）

综合以上各项，得该机床原地继续使用的重置全价=6+0.2+0.535=6.735（万元）

②国产外购机组（套）设备重置成本的估测。机组（套）设备是指由多台设备所组成的，具有相对独立生产能力和一定收益能力的生产装置。对于这种机组（套）设备一般将机器设备作为一个完整的生产系统，以整体方式来估测机组设备的重置成本。其评估的大致思路是：在具有必需的数据资料的情况下，采用询价法来确定被评估机组的复原重置成本或更新重置成本。还可利用同类机组建造的价格信息，在建造时间接近评估基准日时，将被评机组的工艺水平、生产能力和所选择的参照机组进行比较，在对生产能力、技术层次、使用地点以及时间等因素进行合理调整后便可得到被评估机组的重置成本。

对功能不同所进行的调整。使用功能成本法，先找出功能成本的函数关系式，再选定合适的参照物，在掌握参照物的功能和价格数据的情况下，利用函数关系式求出被评估设备的价格。此处介绍成本和功能呈指数关系时的情形。

一般表达式如下：　　$P_i/P_j=(F_i/F_j)^X \quad i\neq j$

上式中 i 表示被评估设备，j 表示参照设备。

由上式可得：　　$P_i=P_j\times(F_i/F_j)^X \quad i\neq j$

因此，当知道 F_i，F_j 和 P_j 时，关键是确定功能成本指数 X（也叫规模经济效益指数），一般机器设备的 X 取值在0.6~0.7，大型机组、生产线等的规模经济效益指数可以在相应的专业工程造价书籍中查找或向有关部门查询。

时间因素的调整。如果被评估机组（套）设备与市场上所能找到的参照物的购建时间不一致，必须对时间因素作必要的调整，调整方法通常是价格指数法，其基本公式如下：

重置成本全价=资产原始成本×评估日的定基物价指数/购建日的定基物价指数

在使用这种方法时应注意：如果收集不到整体机组（套）的价格变动指数，则要用物价变动指数调整法，具体是将机组（套）适当划分为若干项目，分别按照对应的价格变动系数、费用调整系数进行计算，加权得到整个机组（套）设备的重置成本全价。

【例4-4】某机械厂2005年购建一套年产100万台彩电的生产线，账面原值为2 000万元，2009年对其进行了一次评估，评估价为3 000万元，现要求评估2010年的重置成本全价。

【分析】由于无法获取评估基准日该生产线的价格指数，所以不能直接将2009年的重置成本调整为2010年评估基准日的重置成本，只能将该生产线成本划分为主要装置成本、辅助装置成本、工艺管道成本、仪器仪表成本、建筑安装费和管理费六大类，同时将被评估生产线的这六大类成本占整个生产线成本的比重作权数，通过2009年至2010年这六大类成本的价格变动指数加权平均求得生产线价格调整系数。

上述六大类成本在生产线总成本中的比重分别为：主要装置成本为70%、辅助装置成本为5%，工艺管道成本为5%，仪器仪表成本为5%，建筑安装费为10%，管理费为5%。2009年至2010年各项费用上升率分别为5%、3%、10%、2%、15%、10%。根据以上分析及所得到的数据计算2010年被评估生产线的重置成本。

2009年评估值为3000万元

主要装置成本上升权数：70%×5%

辅助装置成本上升权数：5%×3%

工艺管道成本上升权数：5%×10%

仪器仪表成本上升权数：5%×2%

建筑安装费上升权数：　10%×15%

管理费上升权数：　　　5%×10%

被评估生产线的重置成本＝3 000×（1+70%×5%+5%×3%+5%×10%+5%×2%
+10%×15%+5%×10%）＝3 000×（1+6. 25%）
＝3 187. 5（万元）

3. 进口设备重置成本的估测

从原理上讲，进口设备重置成本的估测和国产设备重置成本的估测没有大的区别。但是，由于进口设备的生产厂家在国外，向国外生产厂家询价是相当困难的，一般评估机构很难做到；而且，当企业拥有外贸进出口权时，进口设备的渠道也比较多，进口设备的方式也很不统一；再加上国家对机器设备的进口有各种各样的政策性规定，而这些政策性规定也在不断地调整和变化。这些因素使得进口设备重置成本的估测比国产设备重置成本的估测更加困难和复杂。

（1）进口机器设备重置成本的构成

进口机器设备重置成本＝FOB+国外运输保险费+国外运输费+进口关税+增值税
+银行及其他手续费+国内运输费+安装调试费

或

进口机器设备重置成本＝CIF+进口关税+增值税+银行及其他手续费
+国内运输费+安装调试费

其中，FOB是现行国际市场的离岸价格，不包含保险费和运费；CIF是现行国际市场的到岸价格，包含保险费和运费；国外运输费＝FOB×运输费率；国外运输保险费＝（FOB+国外运输费）×保险费率÷（1−保险费率）；进口关税＝到岸价格×关税税率；消费税＝（到岸价格+进口关税）÷（1−消费税税率）×消费税税率；增值税＝（到岸价格+关税+消费税）×增值税税率；银行财务费用=设备到岸价格人民币数×费率；外贸手续费＝设备到岸价格人民币数×外贸手续费率；国内发生的运输费和安装调试费用可以根据实际发生额计算，也可以根据国内机械行业的相关规定，以设备到岸价格为基数，按一定的费率计算。

（2）进口单台设备重置成本的估测

如果可以查询到进口设备现行离岸价格（FOB）或到岸价格（CIF），可按下列公式估测：

重置成本=(FOB价格+途中保险费+国外运杂费)×现行外汇汇率+进口关税+增值税+银行及其他手续费+国内运杂费+安装调试费

或：

重置成本=CIF价格×现行外汇汇率+进口关税+增值税+银行及其他手续费+国内运杂费+安装调试费

无法查询进口设备的现行FOB价格或CIF价格时，分以下两种情况计算重置成本：其一，如果可以获取国外替代产品的现行FOB价格或CIF价格，则可采用功能成本法等来评估进口设备的重置成本。其二，如果没有国外替代产品的现行FOB价格或CIF价格，则可利用国内替代设备的现行市价或重置成本推算进口设备的重置成本。

如果上述几条渠道都行不通，则可利用价格指数调整法估测进口设备的重置成本，其使用原理与前面讲过的国产设备的评估相同。但在这里有两点值得注意：第一，评估设备的技术更新周期应相对较长，如果设备更新换代快，旧型号设备遭到淘汰，其价格即会大幅下跌，此时进口这种设备是无意义的，更谈不上评估了。第二，利用价格指数法调整、计算被评估机器设备的重置成本时，其价格变动指数是指设备生产国的价格变动指数，而不是我国国内的价格变动指数。采用价格指数法测算进口设备重置成本的数学表达式如下：

进口设备重置成本=账面原值中支付外汇部分的价值÷进口时的外汇汇率×进口设备生产国同类资产价格变动指数×评估基准日外汇汇率×（1+现行关税税率）×（1+其他税费率）+账面原值中支付人民币部分的价格×国内同类资产价格变动指数

公式说明："账面原值中支付外汇部分的价值"是以人民币计算的，不包括关税和其他税费。"进口设备生产国同类资产价格变动指数"可根据设备生产国设备出口时的同类资产价格指数与评估时点同类资产的价格指数的比值求得，但在实际中二者的值不易获取，通常的做法是：以进口设备生产国在设备出口时的价格水平为基期价格水平，再根据设备生产国从基期到评估时点每年的价格变化率将进口设备价值从原值调整为现值，用"1+设备生产国从设备出口到评估时点的价格变化率"代替"进口设备生产国同类资产价格变动指数"。"其他税费率"中的税费包括增值税、银行手续费及外贸手续费等。"账面原值中支付人民币部分的价格"主要指国内运杂费和安装调试费等项目。"国内同类资产价格变动指数"一般较容易获得，其处理方法与前面的物价指数调整法相同。

【例4-5】被评估设备为1999年从德国某公司进口的设备，进口合同中的FOB价格是40万马克，2009年评估时，德国生产厂家不再生产这种设备了，其替代产品是全面采用计算机控制的新型设备，这种新型设备的现行FOB价格报价为70万马克，现要求评估该设备的重置成本。

【分析】评估人员经与有关专家分析研究新型设备的报价、新型设备与被估设备在性能技术上的差别及其对价格的影响后认为，按照通常价格，实际成交价格应为报价的70%~90%左右，故按德方FOB报价的80%作为成交价；新型设备在技术性能上优于被评估设备，因此估测被评估设备的现行FOB价格约为新型设备的70%，30%的折扣主要是功能落后造成的。

评估人员进一步掌握的资料：评估基准日德国马克对美元的汇率为1.43∶1，人民币对美元的汇率为6.64∶1。境外运杂费按FOB价格的5%计，保险费按FOB价格的0.5%计，关税和增值税由于符合合资企业的优惠条件，予以免征。银行手续费按CIF价格的0.8%计，国内运杂费按CIF价格加银行手续费的3%计，安装调试费用已含在价格之中不需考虑，设备安装周期比较短，不必考虑资金成本因素。

根据以上分析及资料，计算被评估设备的重置成本：

被评估设备的FOB价格=70×80%×70%=39.2（万马克）=27.41（万美元）

境外运杂费=27.41×5%=1.37（万美元）

保险费=（27.41+1.37）×0.5%=0.144（万美元）

CIF价格=FOB价格+运杂费+保险费=27.41+1.37+0.144=28.924（万美元）

银行手续费=28.924×0.8%=0.231（万美元）

国内运杂费=（28.924+0.231）×3%=0.875（万美元）

被评估设备重置成本=CIF价格+银行手续费+国内运杂费

=28.924+0.231+0.875=30.030(万美元)=199.40(万人民币)

（3）进口机组设备重置成本的估测

进口机组和国产机组的成本构成与进口单台设备基本上是一致的，只是通常机组是根据客户要求单独设计制造的，批量生产的并不多，给直接询价带来了一定的困难。采用指数调整法估测机组设备重置成本，应注意合理分解机组的各个构成部分，分析哪些是需要利用设备生产国价格变动指数调整的，哪些是需要利用国内价格变动指数调整的。分解后各部分的计算与单台设备的计算相同，此处不再重复介绍。

（三）机器设备重置成本测算应注意的问题

1. 选择复原重置成本还是更新重置成本

一般来说，在技术进步快，技术进步因素对设备价格的影响较大，或者说被评估的设备被淘汰（原企业不再生产）的情况下，应该选择计算更新重置成本。复原重置成本一般只在两种情况下适用：一种是技术进步慢或刚构建的设备；另一种是自制非标准设备。前者是由于无形损耗小对设备的价格影响不大，后者是由于缺乏可以参照的技术先进的设备。当然，如果可以取得更新的自制非标准设备的制造成本资料，则其更新的重置成本也能测算。

2. 机器设备重置成本的构成

重置成本一般包括重新购置或建造与评估对象功效相同的全新设备所需的一切合理的直接费用和间接费用及因占用资金而发生的成本。直接费用是由基础费用（设备的购置价或建造价）和其他费用（如设备的运杂费、安装调试费用、基础费、税金等）构成的。间接费用通常是指为购置建造设备而发生的各种管理费用、总体设计制图费用以及人员培训费用等。间接成本和资金成本有时不能对应到每一台设备上去，它们是为了整个项目发生的，在计算每台设备的重置成本时一般要按比率摊入。由于设备的取得方式和渠道不同，设备自身的构成也不同，在评估时需根据被评估资产是外购还是自制的、是国产还是进口的、是单台的还是成套设备来决定其构成。

三、机器设备实体性贬值与成新率测定

机器设备由于使用磨损和自然损耗而形成的贬值相对于机器设备的重置成本的比率而言，便是实体性陈旧贬值率，即机器设备的有形损耗率，或者说机器设备实体损耗状况与全新状态的比率。成新率反映评估对象现行价值与其全新状态重置成本的比率，即机器设备的现时状态与全新状态的比率。机器设备的实体性贬值与成新率是同一事物的两个方面。实体性贬值用相对数来表示，它的余数便是成新率。二者的关系如下：

成新率=1-实体性贬值；实体性贬值=1-成新率

机器设备实体性贬值或成新率的测定通常采用使用年限法、观测分析法和修复金额三种方法。估测机器设备的成新率是机器设备评估中最困难的环节，它不仅要依据一定的客观资料、数据和检测手段，而且要在很大程度上运用评估专业人员过硬的专业技术知识和丰富的评估经验来判断和预测。

（一）用年限法估测机器设备的成新率

使用年限法估测设备的成新率，是建立在假设机器设备在整个使用寿命期间，实体性损耗是随时间线形递增的，设备价值的降低与其损耗的大小成正比的基础上的。其数学表达式如下：

成新率=设备尚可使用年限÷（设备实际已使用年限+设备尚可使用年限）×100%

下面我们就设备的总使用年限，实际已使用年限和尚可使用年限三个基本参数进行分析。

1. 设备总使用年限

设备总使用年限即设备的使用寿命，通常可分为物理寿命、技术寿命和经济寿命三大类。物理寿命是指机器设备从开始投入使用到因物理磨损而无法修理并报废所经历的时间。技术寿命是指机器设备能在市场上维持价值而不显陈旧落后的时间过程，即机器设备从开始使用到因技术过时而被淘汰所经历的时间过程。经济寿命是指机器设备从开始使用到经济上不合算（维持机器设备的继续使用的维修费用大于继续使用带来的收益）而停止使用所经历的时间，即机器设备使用中总费用最低的使用年限。经济寿命与机器设备本身的物理性能及物理寿命，技术进步速度，机器设备使用的外部环境的变化等都有直接的联系。

要合理地确定机器设备的总使用年限，必须从机器设备的物理寿命，技术寿命和经济寿命三个方面加以综合考虑。当代技术进步异常迅速，一般经济寿命低于物理寿命，确定机器设备的总使用年限主要是确定机器设备的经济寿命问题（这是国际上资产评估行业普遍采用的方法）。但是并不排除把物理寿命和技术寿命作为机器设备总使用年限的可能性，我们应根据设备评估的总体思路和总要求，在保证机器设备评估值的各经济技术参数前后一致、协调的前提下，以所使用机器设备的物理寿命和技术寿命作为该机器设备的总使用寿命。

2. 设备实际已使用年限

对于设备实际已使用年限的确定，在计算时还应该考虑机器设备的投资方式，后续的更新改造和追加投资等，具体的计算方法可分为简单年限法和综合年限法。

(1) 简单年限法是假设机器设备的投资是一次性完成的，没有更新改造和追加投资等情况的发生，这对于许多机器设备在特定时期来说都是符合实际的。简单年限法的数学表达式如下：

成新率=设备尚可使用年限÷（设备实际已使用年限+设备尚可使用年限）×100%

此处设备实际已使用年限是指机器设备实际服役的年限，而不是从资产购建到评估基准日的日历时间。一台机器设备如果没有开箱使用，放置再长的时间也不能计算其已使用年限。对于机器设备正常的大修或季节性停工，则必须连续计算已使用年限。所以，已使用年限是代表设备运行量或工作量的一种计量。这种计量是以设备的正常使用为前提的，包括正常的使用时间和正常的使用强度，这就要求我们运用已使用年限参数时应充分注意设备的实际已使用时间和实际使用强度。在利用会计折旧求已使用年限时应注意，已提折旧年限与设备的实体损耗程度和评估的总体思路是否吻合，并注意使用前提和使用条件。总之，在确定使用年限时，应关注购建时间，折旧年限及设备的运行资料。对开工不足和停产、半停产时期要打折计算已使用年限。

(2) 综合年限法是根据机器设备投资是分次完成、机器设备进行过更新改造和追加投资以及机器设备的不同构成部分的剩余寿命不同等情况，经综合分析、判断，并采用加权平均计算，确定被评估机器设备的成新率。综合年限法的数学表达式如下：

成新率=设备尚可使用年限÷（加权投资年限+设备尚可使用年限）×100%

加权投资年限=Σ（加权更新成本）÷Σ（更新成本）

加权更新成本=设备实际已使用年限×更新成本

【例 4-6】评估对象是 2000 年初购置的设备，原始成本为 30 万元。2005 年初企业追加投资 3 万元对设备的传动系统进行了改造，2007 年初又追加 2 万元更新了设备的其他系统。假定：从 2000 年初至评估日的 2009 年末年通货膨胀率为 10%。经技术检测鉴定该设备还可使用 7 年。试估算设备的成新率。

第一步，调整计算现行成本，如表 4-7 所示。

表 4-7　**现行成本及相关数据**

投资日期（年）	原始投资额（万元）	价格变动系数	现行成本（万元）
2000	30	2.59	77.70
2005	3	1.61	4.83
2007	2	1.33	2.66
合计	35		85.19

第二步，计算加权投资成本，如表 4-8 所示。

表 4-8 **加权投资成本及相关数据**

投资日期（年）	现行成本（万元）	投资年限	加权投资成本（万元）
2000	77.70	10	777.0
2005	4.83	5	24.15
2007	2.66	3	7.98
合计	85.19		809.13

第三步，计算加权投资年限。

加权投资年限=809.13÷85.19≈9.5（年）

第四步，计算成新率。

成新率=7÷（9.5+7）×100%=42%

3. 设备尚可使用年限

设备尚可使用年限也叫剩余寿命。尚可使用年限是受已使用年限、使用、维修保养状况影响的。已使用年限与尚可使用年限是此长彼短的关系，基本表达式为：尚可使用年限=经济寿命-已使用年限。机器设备的使用状况对尚可使用年限也有显著影响，如一个实行四班三运转的机器设备，比实行 8 小时工作制的机器设备的消耗当然快得多，在其他因素相同的条件下尚可使用年限也会短些。此外，一台精心维护、修理及时的设备比超负荷运行的设备拥有更长的尚可使用年限。还有设备运行环境也影响到尚可使用年限。这些因素都是评估人员在确定机器设备剩余寿命时应该考虑到的。定量地确定尚可使用年限有以下几种方法：

（1）法定年限法。这是一种用折旧年限计算剩余寿命的方法，其基本计算公式为：尚可使用年限=法定折旧年限-已服役年限（已使用年限）。运用此方法时应注意：第一，法定年限法一般用于评估目的是机器设备计提折旧的情形。第二，只有在法定年限基本上体现经济寿命，并经资产服役、退役的实际情况证明是基本符合实际时，才能应用。

（2）退役年限法。此方法是根据企业资产退役年限记录，由经验数据确定机器设备的周期寿命，扣除服役年限后即得剩余寿命的一种方法。

【例 4-7】某企业需要评估一台普通金属切削机床的成新率，该机床服役年限为 6 年，根据近 3 年设备退役记录，共报废该类机床 10 台，其中服役期 15 年的 3 台，16 年的 4 台，17 年的 2 台，20 年的 1 台。

【分析】该机床属通用设备，企业具有该类设备报废情况的完好记录，可根据这些数据，按加权法确定平均实际服役年限，计算过程如下：

$$15\times3/10+16\times4/10+17\times2/10+20\times1/10=16.3\text{（年）}$$

评估人员对该机床的实体状况和使用环境进行了观察，发现情况均较正常，于是取寿命周期为 16.3 年，已知服役年限为 6 年。

成新率=（1-6/16.3）×100%=63.2%。

（3）预期年限法。此方法要求应用工程技术手段现场检测资产的各项性能指标，确定资产的磨损程度，并向现场操作人员和设备管理人员调查，凭专业知识判断确定尚可使用年限。在进行专业判断时，往往需要用到一些设备技术鉴定理论，如磨损理论、疲劳寿命理论、高温蠕变寿命理论等。此处介绍一下最常用的用磨损理论计算剩余寿命的方法。在磨损理论中，计算剩余寿命的公式如下：

$$T_s = (\Delta S_{max} - \Delta S)/\text{tg}\alpha$$

其中：$\text{tg}\alpha = \Delta S/\Delta T$，表示磨损强度，$\Delta S$ 为实际磨损量，ΔT 为已运行时间，ΔS_{max} 为最大磨损允许极限，它一般根据设备某一部件的报废标准而求得。

【例 4-8】 某起重机卷筒主要损耗形式是钢丝绳与卷筒摩擦对卷筒的磨损。该卷筒原始壁厚 20mm，现在壁厚 18.5mm，根据起重机卷筒的报废标准，卷筒的最大磨损允许极限是原筒壁厚度的 20%，该起重机的已运行时间为 4 年，求该卷筒的尚可使用年限。

【分析】 利用磨损寿命理论的计算公式确定该卷筒的极限磨损 $\Delta S_{max} = 20 \times 20\% = 4(\text{mm})$

该卷筒的实际磨损量　　$\Delta S = 20 - 18.5 = 1.5(\text{mm})$

计算磨损强度　　$\text{tg}\alpha = \Delta S/\Delta T = (20 - 18.5)/4 = 0.375(\text{mm})$

则剩余寿命（即尚可使用年限）为：

$$T_s = (\Delta S_{max} - \Delta S)/\text{tg}\alpha = (4 - 1.5)/0.375 = 6.67(\text{年})$$

所以，评估得到卷筒的剩余寿命为 6.67 年。

其他的机器设备技术鉴定的有关基础理论可以查阅相关书籍得到，这里不再一一列举。以上三种评估方法在实践中要配合运用，相互验证，并对差异进行分析，找出原因，以得出较为客观的结论。

（二）用观测分析法估测设备的成新率

设备成新率除了用年限法估测外，运用观测分析法估测成新率也是一种常见的方法。

观测分析法又称专家鉴定法，是指由具有专业知识和丰富经验的工程技术人员对资产实体主要部位进行技术鉴定或通过与有关人员交谈了解情况来确定其实体性贬值程度的一种方法。专家鉴定法的通常做法是：先确定反映设备性能的主要技术指标（此过程中可能要将设备按不同部位分解），给出设备每种技术指标的标准分数（权数），再分别按不同的技术指标给待估设备打分，最后求出总体技术指标的加权值，成新率即为总体加权值与总标准分的比值。在这里应注意：（1）确定的技术指标应该是互无联系、各不干扰的，且每种技术指标对设备的重要性不同，其标准分也应不同。（2）设备的不同部件对主机的作用大小不同，其本身价值也可能不同，这在给出每一部件的标准分时应该反映出来。表 4-9 给出了美国评估协会使用的实体性贬值率参考表。

表 4-9　**美国评估协会使用的实体性贬值率参考表**

设备状态		贬值率（%）
全新	全新，刚刚安装，尚未使用，资产状态极佳	0
		5
很好	很新，只轻微使用过，无需更换任何部件或进行任何修理	10
		15

续表

设备状态		贬值率（%）
良好	半新资产，但经过维修或更新，处于极佳状态	20
		25
		30
		35
一般	旧资产，需要进行某些修理或更换一些零部件，如轴承之类	40
		45
		50
		55
		60
尚可使用	处于可运行状况的旧资产，需要大量维修或更换零部件，如电机等	65
		70
		75
		80
不良	需要进行大修理的旧资产，如更换运动机件或主要结构件	85
		90
报废	除了基本材料的废品回收价值外，没有希望以其他方式出售	97.5
		100

资料来源：全国注册资产评估师考试用书编写组．机电设备评估基础．北京：经济科学出版社，2009.

（三）运用修复法（Repairing Method）估测设备的成新率

修复法是假设所发生的实体性损耗是可以修复的，则设备的实体性损耗就应该等于补偿实体性损耗所发生的费用，补偿的手段一般都是修理或者是更换损坏部分。

使用修复法，应该注意区分机器设备的可修复磨损和不可修复磨损两部分，对于不可修复磨损设备的成新率可用前面讲过的年限法等一些方法估测，而可修复磨损不仅在技术上具有修复的可能性，而且在经济上也是合理的，所以修复法是一种按修复磨损部件所需要的开支来确定有形损耗的方法，即修复法只适用于具有特殊结构的机器设备的可补偿性实体有形损耗的估测。对于大多数情况来说，设备的可修复磨损和不可修复磨损是并存的，评估人员应该分别计算它们的损耗。其计算公式如下：

成新率＝1－（可修复实体性贬值+不可修复实体性贬值）÷设备复原重置成本

由于机器设备的修复往往同功能改进一并进行，所以修复费用还包括修复功能陈旧性费用，但应注意千万不得重复计算修复费用和功能性贬值，特别是当可修复损耗的修复费用与机器设备的贬值总额相比占有相当分量时，这一点尤为重要。

【例 4-9】 现要求评估某企业的隧道窑。经现场观测并与操作人员和技术人员讨论，知道该隧道窑已使用 5 年，所使用的温控技术已经过时，不能满足产品质量上档次的要求，还有 60%的窑辊需要更新，更新温控设备需投资 16 万元，更换 60%的窑辊需投资 6 万元，且这部分可修复性损耗的重置全价测算为 30 万元。温控设备和窑辊经更新后，该隧道窑还可以再使用 8 年，并且技术上和性能上处于社会平均水平，已知按修复后的功能状况水平评估的重置总价为 100 万元。试评估该隧道窑的重估净值。

【分析】 从此例的条件来看，损耗可分为两部分，一是不可修复损耗，如窑体等；一是可修复损耗，如温控设备、窑辊等。因此，要将这两部分分别评估，再汇总计算综合成新率。

可修复实体性贬值=16+6=22（万元）

不可修复实体性贬值率=5÷（5+8）×100%=38.5%

不可修复部分的重置全价=100-30=70（万元）

不可修复实体性贬值=38.5%×70=26.95（万元）

该隧道窑的成新率=1-（22+26.95）÷100=51.1%

评估人员认为，被扣除的 22 万元修复费用已经满足了窑辊功能改进的要求，因而不再扣除综合成新率以外的其他损耗项目，得重置净价评估值为：100×51.1%=51.1（万元）

四、机器设备功能性贬值的估测

由于新技术的发展，不仅购建新设备常常比复原重置成本便宜，而且新设备的效率更高，营运费用更低，从而引起原有设备的功能性贬值。如前所述，功能性贬值分为一次性投入功能性贬值和营运性功能贬值。下面分别从这两个方面介绍功能性贬值（Functional Obsolescence）的确定方法。

（一）第一种功能性贬值的评估

第一种功能性贬值反映在超额投资成本上。当机器设备的重置全价按资产复原的模式评估时就会产生功能性贬值，其实质是对机器设备的超额投资，它在数值上等于复原重置成本减去更新重置成本的余额。

在实际评估工作中，设备的复原重置成本往往很难直接获得，因此，在求一次性投入功能性贬值时应注意两点：（1）当我们直接使用设备的更新重置成本时，其实已经将待估设备价值中所包含的超额投资成本剔除了，所以，在这种情况下我们不必刻意去求设备的一次性投入功能性贬值。（2）如果机器设备处于停产状态，评估时只能参照其替代设备，往往这些替代设备的性能要比被评估设备好，其价格也会比被评估设备高，在这种情况下，不应机械照搬超额投资成本的计算公式来估测设备的超额投资成本，而应利用参照设备的价格采用类比法估测待估设备的更新重置成本，同样没有必要求取一次性投入功能性贬值。

（二）第二种功能性贬值的评估

第二种功能性贬值反映在超额运营成本上。当机器设备的营运性功能性贬值是由于待估设备相对于替代资产营运费用过高造成的，并且这种过高的营运费用在设备的使用寿命内每年均会出现时，可采用年超额运营成本法确定功能性贬值额，即将每年的税后超额营运费用折现，再将各年的现值累加求和，得出营运性功能性贬值额。其计算公式如下：

$$\text{待估设备的营运性功能性贬值额} = \sum_{t=1}^{n} \frac{C(1-T)}{(1+i)^t}$$

上式中：C 为待估设备相对于新替代设备每年的营运费用增加额；n 为设备的尚可使用年限；T 为所得税税率；i 为折现率；t 为使用年份。

【例 4-10】 某一生产控制装置拟作为评估对象，其正常运营需 7 名操作人员，目前同类新式控制装置所需的操作人员定额为 4 名，假设被评估控制装置与参照物在运营成本的其他支出项目方面相同，操作人员的年均收入为 20 000 元，被评估控制装置尚可使用 3 年，所得税税率为 25%，适用的折现率为 10%，试估测控制装置的功能性贬值。

【分析】 由此例可知，不存在一次性投入功能性贬值，旧的设备营运性功能性贬值主要体现在操作人员过多，因而人工成本增加。这种增加的人工成本可以通过年超额运营成本法来量化。

被评估控制装置的年超额营运成本额＝（7−4）×20 000＝60 000（元）

税后年超额营运成本额＝60 000×（1−25%）＝45 000（元）

将每年的税后超额营运成本折现求和：

45 000×（P/A，10%，3）＝45 000×2. 486 9＝111 910. 5（元）

所以，控制装置的功能性贬值为 111 910. 5 元。

五、机器设备经济性贬值的估测

如果说实体性损耗、功能性贬值所引起的重置净价下降是设备的内部因素造成的话，经济性贬值则是外部因素造成的。这些外部因素通常包括：产品市场需求量减少；市场竞争加剧，产品售价下降；原材料供应方式改变，生产成本增高；高利率的影响；国家政策；通货膨胀；国外形势的变化；地域性因素等。当这些因素发生时，在设备本身并没有改变的情况下，设备会从两个方面引起贬值：一是营运成本上升或收益减少从而使设备的净收益能力降低；二是设备开工率不足从而使设备生产能力下降。

（一）收益减少的情况

尽管设备生产负荷并未由于企业外部原因而降低，但是出现了引起机器设备运营成本增加的外部因素如原材料成本增加、能源成本增加，国家实施环保政策加收排污费等而导致设备运营费用提高，或是市场疲软迫使产品降价，造成设备收益额减少等情况，它们均可能减少设备的收益，使设备的使用价值降低，进而产生经济性贬值。在这种情况下，可用设备持续使用期间每年收益损失额折现累加求得设备的经济性贬值额，其数学表达式如下：

$$\text{经济性贬值额} = \text{设备年收益损失额} \times (1 - \text{所得税税率}) \times (P/A,\ r,\ n),$$

式中$(P/A,\ r,\ n)$是折现率为 r，年限为 n 的年金现值系数。

【例 4-11】 某家电生产厂家面临市场疲软状况，如果不降低彩电生产量，就必须降价销售，假定原产品售价为 4 000 元/台，年生产量为 20 万台，要使 20 万台产品都能卖掉，产品售价必须降低至 1 900 元/台，每台产品损失毛利 100 元，现要求评估生产线的经济性贬值。

【分析】评估人员经与技术专家商讨，估测该生产线尚可使用三年，从财务处了解到，企业所在的行业年均投资报酬率为10%。

$$\text{经济性贬值额}=(100\times200\ 000)\times(1-25\%)\times(P/A,\ 10\%,\ 3)$$
$$=15\ 000\ 000\times2.486\ 9=37\ 303\ 500\ (\text{元})$$

（二）生产能力比较法

在收益损失额难以预测的情况下，可利用生产能力比较法来确定设备的功能性贬值。通过估测生产能力的变化，利用规模经济效益指数法进行计算，其数学表达式如下：

$$\text{经济性贬值率}=\left[1-\left(\frac{\text{设备预计可被利用的生产能力}}{\text{设备原设计生产能力}}\right)^{X}\right]\times100\%$$

X为规模经济效益指数，机器设备的取值通常在0.6~0.7。

【例4-12】某生产线的设计能力为年产50 000吨，由于市场疲软，企业竞争力下降，预计现实生产力为年产40 000吨，经评估，生产线的重置价值为7 500万元，有形损耗为1 500万元，功能性贬值为750万元，求该生产线的经济性贬值。

【分析】由题设条件，可利用生产能力比较法评估，扣除有形损耗和功能性贬值以后的价值为：7 500−1 500−750=5 250（万元）

$$\text{经济性贬值率}=[1-(4\ 000/5\ 000)^{X}]\times100\%$$

当$X=0.7$时，经济性贬值率$=[1-(0.8)^{0.7}]\times100\%=[1-0.85]\times100\%=15\%$

所以，经济性贬值额为5 250×15%=787.5（万元）。

（三）使用寿命缩短的情况

引起机器设备使用寿命缩短的外部因素，主要是国家有关能源、环境保护等方面的法律、法规。近年来，由于环境污染问题日益严重，国家对机器的环保要求越来越高，对落后的、高能耗的机电产品施行强制淘汰制度，缩短了设备的正常使用寿命。

【例4-13】某汽车已使用10年，按目前的技术状态还可以正常使用10年，按年限法，该汽车的贬值率为：10÷（10+10）=50%

但由于环保、能源的要求，国家新出台的汽车报废政策规定该类汽车的最长使用年限为15年，因此该汽车5年后必须强制报废。在这种情况下，该汽车的贬值率为：10÷（10+5）=66.7%

由此引起的经济性贬值率为16.7%。如果该汽车的重置成本为20万元，经济性贬值额为：20×16.7%=3.34（万元）。

六、确定重置净价

在求得重置成本全价、成新率（实体性贬值）、功能性贬值和经济性贬值后，接下来的工作就是确定重置净价了。重置净价的确定是在重置成本全价的基础上扣除各个贬值项。第三章已介绍，这里不再赘述。

【例4-14】某工具厂机器设备评估案例

（一）背景资料

某工具厂是由上海内迁的三线企业，1968年建厂，1974年正式投产，是我国生产精密复杂刀具的大型骨干企业，拥有各类主要生产设备 1 100 台（套），设备多数为建厂初期购置的通用机械和专用刀具生产设备以及部分早期进口设备，20 世纪 80 年代以前购置的约占 65%，但是由于设备更新速度加快和轿车行业不断发展对刀具行业提出了新的要求，上述设备或技术落后，或已不能满足新产品和新工艺的发展需要，产生了功能性贬值和一定的经济性贬值，目前呈陈旧落后的趋势。该厂准备将部分设备转让。此次需要评估的机器设备有磨槽机、数控立式铣床和依维柯面包车。在此主要简述磨槽机的评估过程。

磨槽机技术状况：磨槽机是用于解削装配式滚刀刀体槽和加工刀体槽的专用机床。该机床于 2002 年从西班牙福萨公司购置，2002 年 12 月投入使用，账面原值 939 288. 82 元。该磨槽机有极高的工作精度，目前国内无替代产品，技术质量状况良好，但控制系统老化，反应僵化，液压系统有泄漏，长时间运转压力不稳定。

（二）评估方法、步骤

1. 评估目的：本次评估为该企业设备转让提供作价依据。

2. 评估基准时间：2009 年 3 月 20 日。

3. 评估原则：根据国家和当地政府的有关规定，遵循客观、公正、准确、合理的原则，对被评估机器设备进行价值评估。

4. 评估依据

（1）该工具厂提供的固定资产台账、机器设备清查明细表以及有关磨槽机的合同书、原始发票和有关技术资料。

（2）在抽查核实台账的基础上，深入现场调查，了解生产工艺流程、设备实际使用负荷、维护保养和设备实际技术状态，对其技术进步和功能性损耗进行调查.

（3）收集有关进口设备的币种、汇率变动以及关税等资料，作为评估的依据。

5. 资产评估过程

（1）在核实资产的情况下，收集与评估对象有关的信息、资料。包括：重置成本价格资料、资产实体性损耗程度资料（成新率）、功能性贬值和经济性贬值资料等。

（2）在掌握了充分的信息的情况下，按照成本法的基本要求进行评定估算。

6. 评估方法

本次评估采用成本法。

评估价值=重置成本×成新率（此处的成新率指的是设备的综合成新率）。

（三）重置成本的确定

按订货合同单每台 CIF 价为 116 818. 00 美元。该机床为团磨法齿轮磨刀生产专用设备，由于有较高的工作精度，目前国内尚无替代产品。其特点是专用性强，主要用于轻卡、农用车、摩托车专用齿轮刀具的制造。

经调查，西班牙福萨公司现已生产换代产品，其控制系统已更新，其余部分改变不大。由于未能寻找到同类产品，该设备的价格不能用功能比较法进行评估。本次评估由于购置期价格上升指数和功能性贬值基本持平，因此以原进口 CIF 价为基准确定重置价格。评估基准日人民币与美元汇率为 6. 829 3 : 1，则到岸价折算成评估基准日价格为：

（1）CIF = 116 818×6. 829 3 = 797 785. 2（元）

（2）关税 = CIF×关税税率 = 797 785. 2×0. 097 = 77 385. 16（元）

机床类关税税率为9.7%。

（3）增值税=（到岸价+关税）×增值税税率=（797 785.2+77 385.16）×0.17=148 779（元）

（4）外贸银行手续费=CIF×外贸及银行手续费率=797 785.2×0.02=15 955.7（元）

外贸手续费率为1.5%，银行手续费率为0.5%。

（5）国内运杂费用=CIF×国内运杂费率=797 785.2×0.02=15 955.7（元）

国内运杂费率为2%。

（6）安装调试费=（CIF+运杂费）×安装调试费率

=（797 785.2+15 955.7）×0.03=24 412.23（元）

安装调试费率为3%。

（7）按设备价款的50%贷款，周期为1年，一年期利率为5.85%，资金成本的计算如下。

资金成本=[（1）+（2）+（3）+（4）+（5）+（6）]×0.5×1×0.0 585=31 597.98（元）

（8）重置成本=（1）+（2）+（3）+（4）+（5）+（6）+（7）=1 111 871（元）

（四）成新率的确定

通过对被评估设备使用状况的现场调查，查问有关设备修理改造记录，根据设备的平均寿命，参照设备的实际技术状况、使用负荷、维修保养情况综合分析确定成新率。磨槽机技术鉴定表如表4-10所示。磨槽机属于大型设备，按使用年限法与技术状况鉴定法确定其综合成新率，使用年限成新率占40%，技术状况成新率占60%。

表4-10　**磨槽机技术鉴定表**

序号	设备部分	设备技术状态	标准分	评估分
1	导轨无间隙滚动精度	≤1μm	50	50
2	分度板精度	能达到AA级	15	15
3	磨头转速	4 100转/分	10	8
4	气动检测装置	自动检测	10	8
5	液压系统	长时间运转压力不稳	5	2
6	控制系统	陈旧老化反应慢	5	1
7	其他		5	1
合计			100	85

使用年限成新率=尚可使用年限/（已使用年限+尚可使用年限）×100%×40%

=12/18×100%×40%=26.67%

式中，1993年12月至评估基准日已使用6年，寿命年限按18年计，尚可使用12年。

技术状况成新率=技术状况鉴定值÷100×60%=85÷100×60%=51%

$$综合成新率=26.67\%+51\%=77.67\%$$

（五）评估价值

$$评估价值=重置成本\times成新率=1\ 111\ 871\times77.67\%=863\ 590.21（元）$$

（六）评估结论

经评估，该工具厂磨槽机的评估价值为 863 590.21 元。

第三节 机器设备评估的市场法

机器设备评估的市场法是指以最近出售的类似机器设备的市场价格为依据，并对被评估机器设备与类似的机器设备的差别进行量化调整，以确定被评估机器设备价值的方法。市场法作为资产评估的又一重要方法，同样适合用于机器设备的评估。下面从评估步骤和评估案例两个方面介绍市场法在评估机器设备中的应用。

一、市场法评估机器设备的步骤

（一）鉴定被评估对象

考察被评估设备，并对机器设备的性能、结构、新旧程度等作必要的技术鉴定，以获得被评估机器设备的基本经济技术参数，为收集市场数据资料、选择参照物提供依据。

（二）进行市场调查，获取市场参照物

根据评估的特定目的、待估设备的有关技术参数，按照可比性原则选择参照物，一般应在两个以上。选择参照物时，首先要考虑选择市场上已成交的交易案例中的机器设备作为参照物；若市场上没有与被评估设备相同或相似的成交设备，也可考虑选择有标价的、报价相同或相似的设备作为参照物。

（三）对被评估设备和参照物之间的差异进行比较、量化和调整

（1）销售时间差异的量化。在选择参照物时应尽可能选择评估基准日的成交案例，以免对销售时间差异进行量化，但一般说来，参照物的交易时间一般在评估基准日之前，这时可采用物价指数法将销售时间差异进行量化并调整。

（2）结构、性能、品牌差异的量化。机器设备型号及结构上的差别都会集中反映到设备间的功能和性能差异上，具体表现为生产能力、生产效率、营运成本等方面的差异；同时，不同的品牌由于声誉不同其市场价格也不一样。对于前者，可以运用功能成本法等方法将被评估设备与参照物在结构、型号等方面的差异进行量化；对于后者，主要是利用历史数据资料辅以市场调查加以量化。

（3）新旧程度差异的量化。被评估设备与参照物在新旧程度上不可能完全一致，参照物有时还是全新设备。这要求评估人员对被评估设备与参照物的新旧程度做出基本判断，取得被评估设备和参照物成新率数据后，以参照物的价格乘以被评估设备与参照物成新率之差以得到两个设备新旧程度的差异量，其数学表达式如下：

$$差异量=参照物价格\times（被评估机器设备成新率-参照物成新率）$$

（4）销售数量、结算方式差异的量化。销售量的大小、采用何种付款方式均会对设备的成交单价产生影响，对于这两个因素，要根据具体情况做出不同的量化处理。一般说

来，付款方式差异主要是体现在付款时间的差异上，其量化是采用不同时期付款折现求和的方法。

（四）汇总各因素差异的量化值，调整差异，求出评估值

第3步量化了被评估机器设备与参照物的差异程度之后，应对被评估机器设备的价值逐项进行调整，再结合定性分析，最后确定被评估机器设备的评估价值。

二、市场法评估机器设备的案例

【例4-15】某车床评估案例

鉴定被评估对象：该设备是普通车床，规格型号是CA 6140×1500，由A机床厂制造，出厂日期是2001年6月，投入使用时间是2002年6月，目前未安装，附件齐全。评估人员通过对车床的传动系统、导轨、进给箱、溜板箱、刀架、尾座等部位进行检查、打分，确定其综合分值为61分。

评估基准时间：2009年6月30日

选择参照物：评估人员对二手设备市场进行调研，确定三个与被评估对象较接近的参照物。

1. 因素比较。

（1）个别因素比较。

制造厂家调整。所选择的3个参照物中，1个与评估对象的生产厂家相同，另外2个为B厂家生产。在新设备交易市场A、B两个制造商生产某相同产品的价格分别为4.0万元和4.44万元。新设备的价格差异率=（4.44-4.0）/4.0=11%，即B厂家生产的该产品市场价格比A厂家高11%，以此作为被评估旧设备的调整比率。

役龄因素调整，评估人员根据市场调查，发现设备的役龄相差0.5年，其售价相差5%左右。三个参照物与评估对象的规格型号、安装方式、附件情况均相同，调整系数为1。被评估对象出厂年限是8年，参照物A、B、C的出厂年限均为8年，故不需调整。

实体状态调整。主要是根据评估对象和参照物的实体状态分值确定实体状态调整系数。实体状态调整如表4-11所示。

表4-11　**实体状态调整表**

参照物	实体状态描述	调整比率
A	传动系统、导轨、进给箱、刀架、尾座等各部位工作正常，无过度磨损现象，状态综合值为57分	61/57=1.07
B	传动系统、导轨、进给箱、刀架、尾座等各部位工作正常，无过度磨损现象，状态综合值为60分	61/60=1.02
C	传动系统、导轨、进给箱、刀架、尾座等各部位工作正常，无过度磨损现象，状态综合值为66分	61/66=0.92

个别因素比较如表4-12所示。

表 4-12 **个别因素比较表**

因素		评估对象	参照物 A	参照物 B	参照物 C
规格型号		CA6140×1500	CA6140×1500	CA6140×1500	CA6140×1500
		1	1	1	1
制造厂家		A 机床厂	A 机床厂	B 机床厂	B 机床厂
		1	1	1.11	1.11
役龄		7	7.5	7	6.5
		1	1.05	1	0.95
安装方式		未安装	未安装	未安装	未安装
		1	1	1	1
附件		齐全	齐全	齐全	齐全
		1	1	1	1
实体状态		61	57	60	66
		1	1.07	1.02	0.92
比较系数		1	1.12	1.13	0.97

（2）市场因素比较。评估对象与参照物的市场交易状况、交易动机及背景、交易数量等因素均相同，调整系数均为 1。

（3）时间因素。三个参照物的交易时间，应根据不同交易时间的物价水平确定时间因素调整系数。由于三个参照物的交易时间均在 2009 年，与评估时间相同，调整系数均为 1。

（4）地域因素。参照物 A 与评估对象属同一地区，参照物 B 和参照物 C 的交易地点在另一地区，已知参照物 B 和参照物 C 所在地区的交易价格比评估对象所在地区高 2%（已经剔除厂家价格因素）。地域因素比较如表 4-13 所示。

表 4-13 **地域因素比较表**

	评估对象	参照物 A	参照物 B	参照物 C
交易地区	X 地区	X 地区	Y 地区	Y 地区
区域因素调整	1	1	0.98	0.98

2. 计算评估值（如表 4-14 所示）。

表 4-14　　价格评估值表　　单位：元

	参照物 A	参照物 B	参照物 C
交易价格	27 590	27 070	32 350
调整系数	1.12	1.107 4	0.950 6
调整价格	30 900.8	29 977.32	30 751.91

被评估设备的评估值=（30 900.8+29 977.32+30 751.91）/3=30 543.34（元）

第四节　机器设备评估的收益法

利用收益法评估机器设备价值是通过预测设备的获利能力，对未来资产带来的净利润或净现金流按一定的折现率折为现值，以此作为被评估机器设备的价值。其基本公式如下：

$$被评估机器设备价值=\sum_{t=1}^{n}\frac{R_t}{(1+i)^t}$$

式中：R_i——在第 t 年的收益指标；

i——折现率；

n——收益期限。

使用收益法的前提条件是：（1）要能够确定和量化资产的未来获利能力，如净利润或净现金流量等指标。（2）能够确定资产合理的折现率。由于租赁资产收益风险小于出售资产收益风险，故租赁折现率应较出售折现率低。

对于收益风险可以量化的机器设备，可用收益法评估，如租赁设备、自成体系的生产线或成套化工设备以及单独作业的车辆等。

收益法的优点在于它可以充分考虑资产的各种贬值因素，并且，由于是用未来收益来衡量资产的价值，其结果较容易被投资者所接受。其缺点是，因为所预测的未来收益在许多情况下是由包括房屋、机器设备在内的固定资产、流动资产、土地及无形资产等整体资产带来的，故很难量化到单台机器设备上，而且预测未来收益和确定折现率的主观因素较大，两者直接影响评估结果的准确性和可信性。

在运用收益法评估时，应注意其收益期限不能是无限期，也不能简单地取其技术上的尚可使用年限，而应取其经济上的尚可使用年限，即要考虑机器设备的技术含量、技术进步及外部环境因素的综合影响可能会导致提前淘汰被评估机器设备。

鉴于以上受到收益预测的限制等因素，故在评估工作中，收益法多作为一种补充法，用来确定机器设备的功能性贬值和经济性贬值，同时用来分析企业是否存在无形资产。

【例 4-16】用收益法评估某租赁机器设备。

（1）评估师根据市场调查，被评估机器设备的年租金净收入为 19 200 元。

（2）评估师根据被评估机器设备的现状，确定该租赁设备的收益期为 9 年。

（3）评估师通过对类似设备交易市场和租赁市场的调查，得到市场数据如表 4-15

所示。

表 4-15 市场数据 单位：元

市场参照物	设备的使用寿命	市场售价	年收入	投资回报系数（%）	折现率（%）
1	10	44 000	10 500	23.86	20.01
2	10	63 700	16 700	26.22	22.85
3	8	67 500	20 000	29.63	24.48

上述三个市场参照物的投资回收系数分别为：23.86%、26.22%、29.63%。查复利系数表得到上述设备的折现率分别为：20.01%、22.85%、24.48%。

对以上三个参照物的分析显示折现率在 20.01%～24.48%变动，平均值是 22.45%。被评估设备的收益年限为 9 年，查复利系数表得到相应的投资回收系数为 26.80%，则该设备的评估值为：19 200÷0.268 0≈71 642（元）。

本章着重介绍了机器设备评估中的两种常用方法：成本法和市场法，而另一种方法，即收益法虽然也是资产评估中的常用方法，但该方法要求被评估对象应具有相对独立的、可连续获得预期收益的能力，由于大多数机器设备不具备这种条件，所以，在机器设备评估中，收益法并未被广泛采用，因此，本章只做简要概述。

思考题

1. 为什么要对机器设备进行分类？
2. 简述机器设备的评估特点？
3. 现场观测资产主要收集哪些方面的数据资料？
4. 试述成本法评估机器设备的适用范围。
5. 估算机器设备成新率的方法有哪些？

练习题

1. 某企业在设备评估的资产清册中列有一台自制设备，曾入账管理，至评估基准日已使用三年。评估时经查阅有关原始记录，询问主要当事人和参考有关资料，归纳出可供评估使用的情况和资料如下：

（1）耗用主要材料钢材 14.5 吨，现行价格为 3 200 元/吨（不含增值税）；

（2）耗用辅助材料可按主要材料的 15%计价；

（3）耗用燃料动力费可按材料费用的 10%计价；

（4）外购件发票原价为 21 000 元（不含增值税），现已平均提价 20%；

（5）设备制造和安装调试的人工费用和制造费用共占材料、动力和外购件总价款的 70%，其中制造费用是人工费用的 75%；

(6) 设备的设计费相当于以上各项总计的 8%；

(7) 因总投入资金不算多，可不计资金成本，但应按 15%的成本利润率加计生产利润；

(8) 经技术鉴定和综合分析，该设备的成新率定为 75%。

求该自制设备的评估值。

2. 某工厂一条生产线购建于 2004 年 4 月，账面原值为 180 万元，其中生产线的购价为 150 万元，运杂费为 5 万元，安装调试费为 25 万元。2009 年 4 月对该生产线进行评估，收集到以下资料：

(1) 物价指数情况（如表 4-16 所示）。

表 4-16　**物价指数表**

定基物价指数	购价	运杂费	安装调试费
2004 年 4 月	120%	150%	100%
2009 年 4 月	150%	300%	120%

(2) 由于开工不足，实际生产线利用率仅为正常利用率的 60%，尚可使用 5 年；

(3) 与同类技术先进的生产线比较，该生产线每年预计营运成本多出 4 万元；

(4) 该企业的正常投资报酬率为 10%，所得税税率为 25%。

要求：(1) 分别计算机器设备的重置成本和各项贬值指标；

(2) 计算被评估生产线的评估值。

3. 评估对象是 2004 年初购置的设备，原始成本为 120 000 元。2006 年初企业追加投资 15 000 元对设备的传动系统进行了改造，2008 年初又追加 30 000 元更新了设备的数控系统。2004 年初至评估日的 2009 年 12 月 31 日，每年生产资料价格增幅为 10%。经技术检测鉴定该设备还可使用 6 年。

要求：根据以上资料，采用加权投资年限法计算该设备的成新率。

4. 某进口设备 FOB 价为 1 200 万元，境外运杂费率为 5%，保险费率为 0.5%，关税税率为 16%，增值税税率为 17%，银行财务费率为 0.4%，公司代理费率为 1%，国内运杂费率为 1%，安装费率为 0.6%，基础费率为 1.7%。设备安装需要 2 年时间，第一年投入 30%的资金，第二年投入 70%的资金，假设每年的资金投入是均匀的，银行贷款利率为 5%，试计算该设备的重置成本。

5. 某企业需对一年产 40 万件零件的机器进行评估。现有一台新购进的技术先进的同类机器，年生产能力与被评估机器相同，但是，由于其功能先进，每件产品可节约原材料 2.5 元。假定被评估机器剩余使用年限为 5 年，适用折现率为 8%，所得税税率为 25%，试计算该机器的功能性贬值。

第五章 土地使用权的评估

第一节 土地使用权评估概述

土地使用权是依法对土地进行使用或依法对其使用权进行出让、出租、转让、抵押、投资的权利。土地使用权属于无形资产范畴，但它又是无形资产中的对物产权，有其特殊性，其价值的高低取决于土地的特性和条件。因此，对土地使用权的评估应根据土地的地理位置、用途、周围环境等因素进行。

一、土地资产的分类

由于土地的位置、用途、开发程度不同，评估的要求和所要考虑的因素不同，需要根据评估的需要从不同角度对土地进行分类。

(1) 按所有权归属，土地可以分为国家所有土地和集体所有土地。《中华人民共和国宪法》和《中华人民共和国土地管理法》规定了我国土地为社会主义公有制，分为全民所有制和集体所有制两种形式。城市市区的土地全部属于国家所有；农村和城市郊区的土地，除法律规定属于国家所有的以外均属于农民集体所有。宅基地、自留地和自留山也属于农民集体所有。另外，国家实行土地登记制度和国有土地有偿有限期使用制度。

(2) 按社会经济用途，土地可以分为工业用地、商业用地、交通运输用地、公用事业用地、文教、科技和卫生用地、行政事业机关用地、生活、园林、风景浏览区、公共休息用地、特殊用地（如军用设施用地、监狱、垃圾堆放处理场、公墓、火葬场用地）等。

(3) 按经济地理位置，土地可以分为市中心区、一般市区、市区边沿区、近郊区、远郊区、边远区等。

(4) 按利用程度，土地可以分为高度集约使用土地、正常使用土地、闲置未用土地或空地和使用不当土地。

(5) 按开发程度和开发趋势，土地可以分为已开发土地、未开发土地和列入市镇开发规划的土地。

二、土地资产的特性

土地资产的特性包括自然特性和经济特性两个方面。土地的自然特性是指土地本身所具有的不以人的意志为转移的自然属性；土地的经济特性是指人们在利用土地的过程中，出现的有关生产力和生产关系方面的特性。

（一）土地的自然特性

土地的自然特性表现在以下几方面：

（1）不可位移性。地产是不动产，它具有位置上的固定性，它不像其他资产可以随便移动，一台机器，或一车原料，当购买者通过交易获得其产权时，便可以将其实物形式带走，而地产却不一样，它不能随着权利、价值的变动而变换其位置。也正是由于它的这个自然特性，便衍生了房地产的其他特性，如个体差异、区域性等。同时，由于土地的不可位移性，其交易必须以相关的法律制度来予以强制确认，否则就会引起权利与土地实物的空间错位，从而影响正常的市场交易秩序。

（2）永久使用性。土地不像其他资产一样，会随着人为的使用或自然力的作用而逐渐从实体上损耗直到灭失。土地虽然属于不可再生资源，但却可以反复利用。以前的农地可能变为现在的城市用地，而以前的城市用地可能随着时代的变迁而变为农业用地，但是，不论沧海桑田，土地依然是土地，只要人们注意合理利用，它可以生生不息地充当人类衣食住行的源泉。当然，人们的滥用导致的地质变迁，如土地沙漠化等可能会急剧地缩短土地为人类服役的年限。

（3）稀缺性。经济学所说的稀缺性是一个相对的概念，即供给相对于需求的稀缺。由于土地供给的无弹性——土地总数量有限及其不可再生性，随着人口的增长和人们对生活空间的更高要求，人类对土地的需求越来越大，因而土地稀缺性也将越来越突出。

（4）个体差异性。地球表面地形、气候的千差万别使得每一块土地都有别于其他的地块，具体的地块不仅受自然环境的影响，而且还因周围人文环境的不同而有所差异。土地这种严格的个体差异性导致了地产不可能像其他商品一样在某种程度上具有完全替代性，掌握这一点，对于地产评估实务是非常重要的。

（5）土地的不可替代性。随着科技的进步，许多物质生产资料可以通过发明创造使用别的新产品去替代，可是土地却没有东西可以替代。

（二）土地的经济特性

土地的经济特性表现在以下几个方面：

（1）用途多样性。土地作为一种社会经济资源，可以有多种用途加以利用，如工业用途、商业用途、交通用途、住宅用途等。土地资产的用途不同，使用价值也有差别，这直接影响土地的市场价值，

（2）经济地理位置的可变性。土地作为自然资源，自然地理位置是固定的。但作为社会经济资源，其经济地理位置却是可变的。土地周围的环境，如交通条件、商业网点、住宅建设等的变化，都会改变土地的价值。因此，相对于周边环境变化而言，土地的经济地理位置具有可变性。

（3）可垄断性。在资本主义国家或地区，土地归私人所有，谁拥有某一地块的所有权，谁就获得了这块土地附属的一切排他性的权利，因而也具有这块土地的终身受益权。在我国内地，土地归国家和集体两级所有，任何单位和个人只拥有土地使用权，国家在出让土地使用权时限定使用年限，这便是垄断土地所有权基本原则的体现。

（4）政策敏感性。在我国，由于土地所有权国家垄断，因此国家政策对地产价值的影响较大。政府基于公共利益，可以运用公共行政限制某些土地的使用，如城市规划对土

地用途、建筑容积率、建筑覆盖率（又称建筑密度，是指一块土地上底层建筑面积与全部占地面积的比例）、建筑高度等的规定，又如政府对土地使用权出让底价的限定等，这都会对土地价格造成直接的影响。

（5）保值增值性。一般而言，随着社会的进步、人口的增长，人们对生活空间的更高要求，对土地的需求量必然会日益增加，但又由于土地总面积是固定的，所以地产的价格必然会不断上涨，地产有保值和增值的作用。同时需指出的是，我国房地产市场中地产价格实际上是有限期的土地使用权价格，随着使用期的耗用，土地使用权价格会逐渐下降，但这只是相对于单位或个人（即使用者）而言的，对国家（土地所有者）而言，其所有权价格应该是上升的，因此，从国家的整体和长远发展来看，土地的价值应该是不断增值的。

三、与土地使用权相关的法律规定

（一）国有土地使用权

《中华人民共和国土地管理法》（2004）第2条规定："中华人民共和国实行土地的社会主义公有制，即全民所有制和劳动群众集体所有制。"第8条规定："城市市区的土地属于国家所有。农村和城市郊区的土地，除由法律规定属于国家所有的以外，属于农民集体所有；宅基地和自留地、自留山，属于农民集体所有。"第9条规定："国有土地和农民集体所有的土地，可以依法确定给单位或者个人使用。使用土地的单位和个人，有保护、管理和合理利用土地的义务。"《中华人民共和国土地管理法实施条例》（1998）第29条规定："国有土地有偿使用的方式包括：（一）国有土地使用权出让；（二）国有土地租赁；（三）国有土地使用权作价出资或者入股。"

由此可见，国有土地使用权可以通过划拨、出让、租赁、作价出资或者入股等方式获得。由于依法取得的国有土地使用权可以依法转让，因此针对国有土地使用者而言，也可通过转让方式获得国有土地使用权。

（二）集体所有土地的承包经营权

《中华人民共和国土地管理法》（2004）第14条规定："农民集体所有的土地由本集体经济组织的成员承包经营，从事种植业、林业、畜牧业、渔业生产。土地承包经营期限为三十年。发包方和承包方应当订立承包合同，约定双方的权利和义务。承包经营土地的农民有保护和按照承包合同约定的用途合理利用土地的义务。农民的土地承包经营权受法律保护。在土地承包经营期限内，对个别承包经营者之间承包的土地进行适当调整的，必须经村民会议三分之二以上成员或者三分之二以上村民代表的同意，并报乡（镇）人民政府和县级人民政府农业行政主管部门批准。"

由此可见，单位或个人可以通过土地承包经营方式取得集体所有土地的使用权。

四、土地使用权的取得方式及政策规定

（一）土地使用权的取得途径

取得土地使用权的途径有下列四种：

①通过行政划拨方式（含征用集体土地）取得；

②通过国家出让方式取得（也称土地的一级市场）；

③通过房地产转让方式（如买卖、赠与或者其他合法方式）取得（房地产二级市场）；

④通过土地或房地产租赁方式取得。

（二）征用土地的政策规定

党的十六届三中全会通过的《中共中央关于完善社会主义市场经济体制若干问题的决定》提出，完善农村土地制度，强调在稳定农村土地承包关系的同时，要按照保障农民权益、控制征地规模的原则，改革征地制度。

征用土地具有三个特点：一是具有一定的强制性；二是要求妥善安置被征用土地的单位人员的生产和生活；三是被征用后的土地所有权将发生转移，即由集体所有的土地变为国家所有的土地。

国家进行经济、文化、国防建设以及兴办社会公共事业和列入固定资产投资计划用地的，经过有批准权的人民政府批准后可以征用集体土地，被征用地单位和个人应服从国家需要，不得阻挠。

征用土地实行两级审批制度，即国务院和省级人民政府。

征用农业用地的，应先办理农用地转用手续，同时办理征地审批手续。基本农田、基本农田以外的耕地超过35公顷的、其他土地超过70公顷的，由国务院审批。临时使用土地的期限，最多不得超过两年，并不得改变批准的用途，不得从事生产性、营业性或其他经营性的活动，不得修建永久性建筑。全民所有制企业、城镇集体所有制企业同农业集体经济组织共同投资兴办的联营企业所使用的集体土地，必须持县级以上人民政府按照国家基本建设程序批准的设计任务书或者其他批准文件，由联营企业向县级以上人民政府土地管理部门提出用地申请，按照国家建设用地的批准权限，经有批准权的人民政府批准；经批准使用的土地，可以按照国家建设用地的规定实行征用，也可以由农村集体经济组织按照协议将土地使用权作为联营条件。

（三）出让土地的政策规定

1. 土地使用权出让的概念

土地使用权出让，是指国家将国有土地使用权在一定年限内出让给土地使用者，由土地使用者向国家支付土地使用权出让金的行为。土地使用权出让金是指通过有偿有限期出让方式取得土地使用权的受让者，按照合同规定的期限，一次或分次提前支付的整个使用权期间的地租。

经出让取得土地使用权的单位和个人，在土地使用期限内没有所有权，只有使用权。在使用土地期限内对土地享有占有、使用、收益和处分权；土地使用权可以进入市场，可以依法进行转让、出租、抵押等经营活动，但地下埋藏物归国家所有。土地使用者只有向国家支付了全部土地使用权出让金后才能领取土地使用权证书。集体土地不经征用（成为国有土地）不得出让。土地使用权出让是国家以土地所有者的身份与土地使用者之间关于权利义务的经济关系，具有平等、自愿、有偿、有限期的特点。

2. 土地使用权出让的权限与方式

土地使用权出让必须符合所在城市土地利用总体规划、城市规划和年度建设用地计划。各地应根据省市人民政府下达的控制指标，拟定年度出让国有土地总面积方案，并且有计划有步骤地进行。出让的每块土地的面积、年限和其他条件，由市、县人民政府土地管理部门会同土地城市规划、建设、房地产管理部门共同拟定。按照国务院的规定，报经有批准权的人民政府批准后，由市、县人民政府土地管理部门实施。

土地使用权出让的方式有三种，即招标方式、拍卖方式、协议方式。

《中华人民共和国城镇国有土地使用权出让和转让暂行条例》(1990) 规定："土地使用权出让最高年限按下列用途确定：（一）居住用地七十年；（二）工业用地五十年；(三) 教育、科技、文化、卫生、体育用地五十年；(四) 商业、旅游、娱乐用地四十年；(五) 综合或其他用地五十年。"

(四) 划拨土地的政策规定

1. 土地使用权划拨的概念

土地使用权划拨是指经有批准权的人民政府依法批准，在用地者缴纳补偿、安置等费用后将该宗土地交其使用，或者将土地使用权无偿交给土地使用者的行为。划拨土地使用权有以下含义：划拨土地使用权包括土地使用者缴纳拆迁安置补偿费用（如城市的存量土地或集体土地）和无偿取得（如国有的荒山、沙漠、滩涂等）两种形式。

除法律、法规另有规定外，划拨土地没有使用期限的限制，但未经许可不得进行转让、出租、抵押等经营活动。

2. 划拨土地使用权的范围

中华人民共和国国土资源部于 2001 年 10 月 22 日发布了《划拨用地目录》，规定把可以通过划拨方式取得的土地分为国家机关用地和军事用地，城市基础设施用地和公益事业用地，国家重点扶持的能源、交通、水利等基础设施用地及法律、行政法规规定的其他用地 4 个大类 19 个小类并分别进行了详细列示。

(五) 地籍管理

地籍是指记载了土地的位置、界址、数量、质量、权属和用途等土地基本状况的"户口簿"，土地权属管理属于地籍管理重要的组成部分。

通常企业获得合法的土地权属包括两个步骤：一是地籍调查；二是土地登记。

地籍调查是依照国家规定的法律程序，在土地登记申请的基础上，通过权属调查和地籍测量，查清每一宗土地的权属、界线、面积、用途和位置等情况，形成地籍调查的数据、图件等调查资料，为土地注册登记、核发证书做好技术准备。

根据我国《土地登记办法》第 2 条的规定，本办法所称土地登记是指将国有土地使用权、集体土地所有权、集体土地使用权和土地抵押权、地役权以及依照法律法规规定需要登记的其他土地权利记载于土地登记簿进行公示的行为。土地登记包括土地使用权、所有权和土地他项权利设定登记，土地使用权、所有权和土地他项权利变更登记，名称、地址和土地用途变更登记，注销土地登记等。

五、土地使用权评估的原则

土地使用权评估除了要遵循资产评估的一般原则以外，还必须遵循符合其自身特点的一些特殊原则，这些特殊原则主要有以下四个方面：

(一) 合法原则

合法原则是指土地使用权价格评估必须以估价对象的合法利用为前提。由于我国土地所有制特性，土地流转过程是土地使用权的流转，土地使用权的取得、使用年限、利用方式、利用规划等方面有严格的控制，所以在进行土地使用权价格评估时，必须确保估价对象来源合法、利用合法。例如，城市规划为居住用地的，评估该地块价值时，必须以居住用地作为其用途，不能用做工业用地或商业用地。同时，土地估价还要遵循其他相关法律法规的规定。

（二）不完全替代原则

这一原则是根据经济学上的替代原理确定的。经济学的替代原理表明，同一市场上同质的商品，由于彼此相互竞争，其价格会趋于一致。这里的“同质”主要是针对消费者而言，即具有相同的使用价值或者能带来相同的效用。例如，市场上性能相近、品质相同的不同品牌的牙刷其价格是基本相同的。地产之间同样存在这种替代关系，但是地产特有的区域性和极强的个体差异性，决定了地产不可能像其他商品那样具有近似完全替代性，也就是说，地产之间只存在不完全替代性。因此可以说，替代原理和不完全替代原则共同构成了土地使用权评估中使用市场法的理论基础，前者表明运用市场法何以可能，而后者则为实施市场法指明了方向。

（三）最佳使用原则

由于土地用途的多样，不同的利用方式给权利人带来的收益量不同，且土地权利人都期望从其所占有的土地上获得更多的收益，并以能满足这一目的为确定土地利用方式的依据，所以，土地价格应以该地块的效用能得到最佳发挥为前提。但应用这个原则时，还应该注意以下几点：

①土地的最佳使用应根据城镇规划中的最适宜用途来确定。

②土地的最佳使用还包括地块使用强度，如地块的建筑密度、容积率等。

③土地的最佳使用必须在国家法律、法规和政策允许的范围内。

在市场经济条件下，土地用途可以通过市场竞争决定，使土地达到最佳使用。因此评估地价时，不能仅仅考虑地块现时的用途和利用方式，而是要结合预期原则考虑何种情况下土地才能达到最佳使用，以最佳使用所能带来的收益评估地块的价格。

（四）贡献原则

按经济学中的边际收益原则，衡量各生产要素的价值大小，可依据其对总收益的贡献大小来决定。对于土地估价，这一原则是指不动产的总收益是土地及建筑物等构成因素共同作用的结果，因此评估时，可以分别估算土地、建筑物价格，进而评估整个不动产价格，也可根据整个不动产价格及其他构成部分的价格，扣除建筑物价格来估算土地价格。

六、土地使用权评估的程序

土地使用权评估涉及一系列法律、工程、经济等方面的知识和技术，具有一定的复杂性，因此制定科学、合理的土地使用权评估程序，对于做好土地使用权评估工作、提高工作效率非常重要。现将土地使用权评估的一般程序介绍如下：

（一）明确基本事项，签订评估协议

资产评估机构在收到土地使用权评估委托后，要对土地评估的基本事项作一定的调查了解，并根据这些情况衡量评估风险、明确评估收费、规定违约责任等，要明确的基本事项主要包括评估对象、评估目的、评估基准日、评估工作期限以及签订评估协议等具体事项。

(1) 明确评估对象。即委托土地的状况，是生地还是熟地，是空地还是附有建筑物的土地等。

(2) 明确评估目的。比如要知道土地发生的经济行为是单项土地使用权的转让、买卖，还是整体评估中的土地使用权的问题；是评估土地使用权投资入股价值，还是评估土地使用权出租价值。不同的经济行为，对土地使用权评估过程会有很大影响。

(3) 明确评估基准日。评估基准日是指估价额所指的具体的时点，一般以年、月、日表示。这个时点既可以是现在，也可以是过去的某个时点，还可能是将来。因此，在进行土地使用权评估之前，应明确评估基准日具体在何时。

(4) 明确评估工作期限。评估机构在签订评估协议之前，还应明确委托方允许的最长工作期限及最后提交评估报告的日期，并根据这一期限结合自身的人员数量衡量评估的违约风险。

(5) 签订评估协议。在上述诸事项均已明确，并且评估双方已就有关重大事项达成一致意见时，应签订土地使用权评估协议，以书面的形式明确受托方和委托方各自的权利和义务。

(二) 制订评估工作计划

制订评估工作计划，主要是明确各项评估工作的日程进度、工作质量要求等，以控制评估进度，及时完成评估任务。

(三) 实地勘察收集资料，选择评估方案

实地勘察是评估人员就评估对象的位置、面积、形状、周围环境等与委托方提供的资料进行核对的过程。对于土地面积，原则上应进行实地丈量。

为确保评估结果的合法性和准确性，评估人员在正式实施土地使用权评估前可要求委托方提供以下资料：法定代表人身份证明书、项目立项报告和政府主管部门的批复、土地使用权证、城市行政区划图、城市交通图、地区宏观发展计划、城市建筑规划控制指标、城市概况资料等。除了委托方提供的上述资料外，评估人员还应收集各种影响地产价格的相关资料，如国家宏观经济状况、产业政策的变化、货币政策的松紧、社会购买力的构成变化、通货膨胀的现状及趋势、国家新近公布的基准地价、标定地价、同类型房地产的交易实例等。另外，对于不同的估价方法和不同用途的地产，还要针对各自的价格影响因素收集相关的信息，这是尤其重要的，因为这关系到地产价格的最终确定。

(四) 评定土地使用权评估结果，撰写评估报告

根据勘察、企业提供的资料和评估人员收集的资料以及选择的评估方法，便可提供出土地使用权的评估值。评估出结果后，应根据情况，或单独出一份报告书，或作为总评估的一部分，作出一份报告。评估报告中，应对土地资产作全面描述，评估过程、依据、假设等应详细列示。

第二节　土地的价值与价格理论

一、土地的价值理论

（一）马克思的劳动价值论

英国古典政治经济学创始人威廉·配第（William Petty，1623—1687）最早提出了劳动价值论的观点，在探讨商品何以能交换时，他说，劳动种类的差别在这里是毫无意义的——一切只取决于劳动时间。后来，马克思将劳动价值论发展到成熟阶段，其基本观点是：一切商品的价值均是由耗费在该商品上的无差别的人类劳动所决定的，并且随着社会劳动生产率的提高，生产一件商品所需的社会必要劳动时间越少，该商品价值量就越小。总之，劳动是价值的唯一源泉，而价值则是商品交换的基础。

马克思在分析土地价值时，把自然状态的未利用土地称为土地物质，即指土地自然物和自然力，因其本身并没有任何物化劳动，所以没有价值。只有经过人类开发，改造过的土地才具有价值。人类对土地的劳动投入，包括物化劳动投入和活劳动投入，作为土地的沉没资本而构成了土地的价值，马克思将这部分价值称为土地资本价值。

可见，从根本上说，劳动价值论认为资产的价值由凝聚在资产中的物化劳动和活劳动所决定，这是一种劳动决定价值论的观点。它是从资产的供给角度来度量资产的实际价值的。

因此，劳动价值论构成了我们用重置成本法评估房地产价值的理论基础之一。

（二）地租理论

地租是一个社会历史范畴，在不同的社会形态下，不同的历史时期，由于土地所有权性质的不同，地租的性质、内容和形式也不尽相同，但从本质上看，地租反映着与社会历史形态相一致的特定的生产关系。

威廉·配第在其名著《赋税论》中首次提出，地租是土地上生产的农作物所得的剩余收入，地租的实质是剩余劳动的产物。

英国古典政治经济学家托马斯·罗伯特·马尔萨斯（Thomas Robert Malthus，1776—1834）认为："地租是总产品价值中的剩余部分，或者用货币来计算，是总产品价格中扣除劳动的工资和耕种投资、利润后的剩余部分。"①

美国经济学家约翰·贝次·克拉克（John Bates Clark，1847—1939）从边际生产力的角度来研究地租量。他将土地并入资本要素来研究边际生产力及其分配，从而得出地租是由土地的边际生产力决定的。可见，"其经济理论中的地租并非独立的经济范畴，而是利息的派生形式"。②

法国资产阶级古典政治经济学家、重农学派的创立者弗朗斯瓦·魁奈（Francois Quesnay，1694—1774）将农业中由于"自然的赐予"而产生的超过生产和生活的剩余产

---

① ［英］马尔萨斯．政治经济学原理．北京：商务印书馆，1962：116.

② 李铃．中国地产价格与评估．北京：中国人民大学出版社，1999：3.

品称为“纯产品”，并认为这部分“纯产品”应以地租的形式为土地所有者占有。

亚当·斯密（Adam Smith，1723—1790）指出，地租是“作为使用土地的代价”，“是使用土地而支付的价格”。①

美国现代经济学家保罗·A. 萨缪尔森（P. A. Samuelson，1915—2009）认为地租是承租人为使用土地而支付的代价，当土地供给数量固定时，其地租量完全取决于土地需求者之间的竞争，如图 5-1 所示。

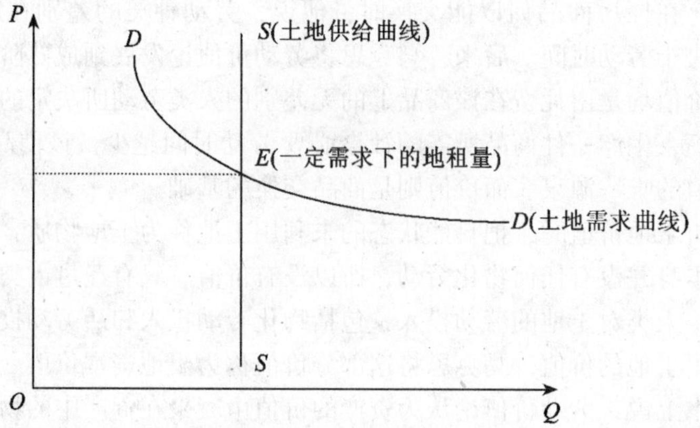

图 5-1 竞争状态下的地租决定

美国土地经济学家雷利·巴洛维认为：“地租可以简单地看做一种经济剩余，即总产值或总收益减去总要素成本或总成本之后余下的那一部分。”

上述地租理论概括起来主要有两种说法：一是从土地所有者角度考虑，地租作为一种“剩余产品”为土地所有者占有；二是从土地使用者角度，将地租看做获取土地使用权的一种代价。

马克思的地租理论是他所在时代的地租理论的集大成者。他综合了以上两种说法，认为地租是土地所有权在经济上的表现形式，一切形式的地租均以土地所有权的存在为前提，而真正的地租是为使用土地而支付给土地所有者的货币额。他把地租分为绝对地租和级差地租。绝对地租是土地所有者凭借对土地所有权的垄断所取得的地租，而级差地租则是由于土地自然差别或对同一块土地连续投资而形成的投资收益差别所导致的地租。从本质上讲，绝对地租和级差地租都由土地所有权决定，都同样体现了土地所有权的经济利益要求。

马克思进一步指出，土地价格不是土地的购买价格，而是土地所提供的地租的购买价格。这里，马克思认为土地价格是一种非价值价格，或说是一种“虚幻价格”，它表明了所有权在经济上的实现形式，即土地价格是地租的资本化，因此我们把这种价格称为所有权价格。需引起注意的一点是，马克思的地租理论是针对农业地租的，但就其基本原理而

① 亚当·斯密．国民财富的性质和原因的研究．上册．北京：商务印书馆 1972：136、138.

言，我们认为它同样适用于商业地租、工业地租以及住宅地租。因此，马克思的地租理论既是地产估价的理论基础之一，也是土地估价中定量化与模型化的基础。

（三）效用价值论

效用价值论是19世纪末期边际效用学派的创始人门格尔、杰文思和瓦尔拉斯提出的商品价值决定论，也是新古典经济学产生的思想基础。

效用价值论的基本思想是商品的价值由商品为其占有者带来的效用所决定，效用越大，商品价值越大。显然这里的效用强调的是商品为其占有者带来的收益或满足，因为商品占有者使用商品的最根本的目的就是要从中得到收益，如果不能从商品的使用中得到收益或满足，其形式上的各种权利就得不到最本质上的体现。这个观点，其实与马克思关于商品的理论是一致的，即没有使用价值的商品是没有意义的，也不能称其为商品。因此，效用价值论的这一思想从现实经济的角度讲比马克思的劳动价值论更具有务实性，但必须指出的一点是，效用价值论所主张的价值已不是马克思劳动价值论中生产成本意义上的价值，其本质上是一种收益价值或者说是一种内在价值。

对于资产占有者来说，效用意味着收益，收益决定着资产的价值。收益越高，资产的价值越大。因此按照效用价值论的观点，商品价值有可能完全背离其生产成本，即生产成本很高的商品其价值量可能很小，而生产成本很低的商品却可能具有很大的价值量。这与劳动价值论从供给方考察商品的价值相比，效用价值论更突出了商品价值在需求方的可实现程度。效用价值论长期以来一直被我们认为是资产阶级庸俗经济学的价值决定论，但从上述的分析看来，效用价值论可能更接近于资产评估学中资产的概念，而劳动价值论则与会计学上资产的历史成本概念更为接近。因此，站在资产评估学的角度，我们认为效用价值论理应成为资产评估的理论基础之一。

然而，在具体量化资产的收益价值（内在价值）时，由于资产的收益通常表现为一定时期内的收益流，而收益流又是以一定的货币收入流的形式表示的，因此，我们测算的“收益价值”实际上是一种收益价格，即它只具有商品的价格属性，而不是理论上商品的收益价值本身。也可能正是由于这个原因，在西方经济学中，商品的价值和价格是没有被区分的，换句话说，价格就是价值。

（四）新古典经济学的价值论

诚如上一节分析所述，在西方经济学中，价格就是价值。因此新古典经济学的价值决定理论实际上分析的是商品的价格在现实经济中是如何被决定的。

以马歇尔（A. Marshall，1842—1924）为代表的新古典经济学派，把边际效用学派的价值理论和生产价值论的价值理论结合起来，以亚当·斯密的自由放任经济理论为基础，建立了自己的价值学说。

新古典经济学派的价值理论主要包括以下三个基本要点：

（1）商品的价值来源于生产和消费两个方面：生产方面主要指生产商品所付出的成本，成本越大，价值越高；消费方面主要指对商品的主观心里感觉，即消费者得到的效用水平，效用水平越高，价值也越高。

（2）生产方面决定商品的供给，其他条件不变时，生产成本越大，供给越小，生产成本越小，供给越大；消费方面决定商品的需求，效用水平越高，需求越大，效用水平越低，需求就越小。

(3) 在市场经济条件下，商品的价格由供给和需求双方共同决定。当市场上商品的供给等于市场需求时，市场达到了均衡，此均衡价格即为商品的价格，如图 5-2 所示。

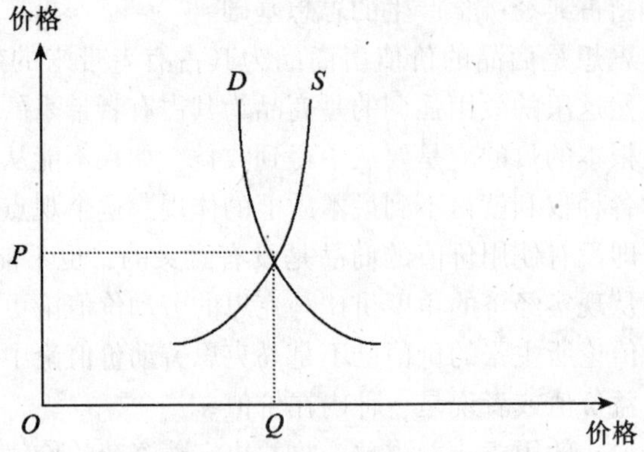

图 5-2 商品价格的决定

从上述新古典经济学派的理论要点中可以看出，其在现实经济中的运用机制实际上就是供求决定价格原理，反映到房地产评估中，要求评估人员在评估房地产价格时，不能仅仅依靠资产本身的成本资料，而应该站在市场的角度，结合供求原理合理确定资产的可实现价值。因此新古典经济学派的价值论可以看做市场法的理论基础之一。

(五) 土地区位理论

所谓区位，“就是自然地理位置、经济地理位置和交通地理位置在空间地域上有机结合的具体表现”。① 因此，“区位不仅包括地球上某一事物与其他事物在空间方位和距离上的关系，还强调自然界的各种地理要素和人类社会经济活动之间的相互联系和相互作用在空间位置上的反映”。② 由此可见，土地区位是一个综合概念，它表明了一宗土地相对于另一宗土地在自然条件、交通条件以及经济状况等方面的差异，但针对不同类型的土地，其具体内涵又不一样。

杜能（Thunen，1783—1850）的农业区位论指出，农业土地利用类型和农业土地经营集约化程度，不仅取决于土地的自然特性，而且与其交通地理位置，尤其是它到农产品消费市场的距离有重大关系。韦伯（A. Weber，1868—1956）的工业区位论表明，通过对运输、劳力及集聚因素间相互作用的分析和计算可以发现，不同区位条件的工业企业同一工业产品的成本是不同的。克里斯特勒（Christaller，1893—1969）的城市区位论（也称中心地理论）研究了城市中心地的空间分布形态与规模因素、市场因素、交通因素、行政因素等的相互影响关系。

如上所述，由于不同用途的土地其区位条件的影响因素各不相同，再加上不同土地使

---

① 严星，林增杰．城市地产评估．2 版．北京：中国人民大学出版社，1999：26.
② 严星，林增杰．城市地产评估．2 版．北京：中国人民大学出版社，1999：26.

用者对土地区位的利用程度也不一样，因此，同类行业在不同区位上获得的经济收益会相差很大，不同行业在同一区位上获得的经济收益也会相差很大。同时，区位理论认为，城市土地的利用实质上是对土地区位的利用，因此区位差异就成为衡量地租、地价高低的标尺，它也进一步促进了城市土地的功能分区。这一过程是这样实现的：土地使用者在选择具体区位时，将自己能在该土地区位上获取的区位边际收益与所要支付的地租、地价进行比较，土地使用者在土地区位边际均衡的前提下选择与其自身收益能力相适应的地段，从而使土地利用在地租地价这一经济杠杆的自发调节下，不断进行用途转换，最终形成土地区位边际均衡的合理空间结构，即城市土地在地租、地价的引导下实现了功能分区，而功能分区也同时反映了城市土地的级差收益（注意：在进行上述土地区位分析时，我们将农业用地作为城市土地的一种类型，下同）。

根据上述分析，20 世纪 60 年代美国土地经济学家阿兰索(W. Alonso)引入区位边际均衡和区位边际收益等空间经济学理论，提出了竞标地租的观点，并作出了城市租金梯度曲线和土地利用同心圆模式图，如图 5-3 所示。通常我们称这一系列理论为边际转换原理。

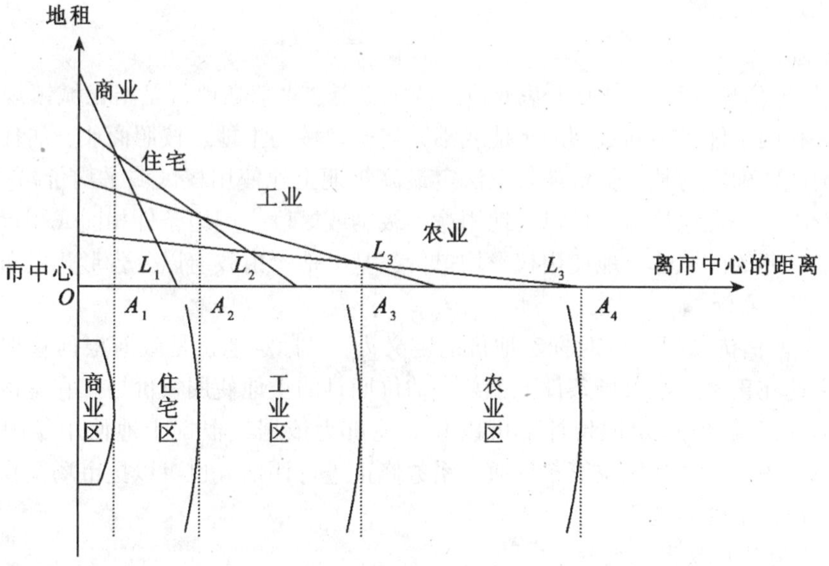

图 5-3　租金梯度曲线和土地利用同心圆模式图

图 5-3 中，L_1、L_2、L_3、L_4 分别用来表示商业、住宅、工业和农业四种行业的租金竞价函数曲线，A_1、A_2、A_3、A_4 分别表示相邻两条租金梯度曲线的交点，其经济含义为四种行业的区位边际转换点。曲线 L_n（n=1，2，3，4）说明了在某一距离（离市中心）外某一行业企业为维持期望利润水平而愿意支付的最大土地租金额，在每一转换区间内(如 OA_1、A_1A_2、A_2A_3、A_3A_4)，地租额最高行业即为该区域土地的最佳利用方向。因此按照边际转换原理，商业总是有能力占据市中心及交通路口等土地收益（地租）最高的地段，而农业由于其地租生产能力最低，所以总是被排挤到城市最边缘。由此则形成了商业、住宅、工业、农业由市中心向城市边缘依次呈同心圆分布的城市土地分布格局。李玉

英在其所著《地产价格评估的实证与创新》中认为："实践证明，阿兰索的理论适合于单中心的中小城市，但所不同的是土地利用模式受道路交通等的影响，呈现为星状结构，而不是同心圆结构。"

区位理论不仅是城市规划的理论依据，同时也是我们在房地产评估中进行区域因素修正和级差收益测算的理论基础，在评估中掌握区位理论的基本思想，有助于我们正确认识城市土地利用布局形态，从而为评估各类用地的价格提供理论指导。

二、土地的价格体系

土地价格是为购买获取土地预期收益的权利而支付的代价，即地租的资本化。地价体系是由若干个既相互联系，又互有区别的地价构成的，共同满足土地市场管理和需要的价格系列。

我国在确定了土地使用权转移的法律制度以后，土地使用权作为资产的价值已经独立于其他商品的价值，地产无论从表现形式和量化指标上，都形成了自身的指标体系，并且形成了批租市场、转让市场等多种市场形态的综合市场体系。与此相适应，我国的地产价格体系也已基本形成。

（一）基准地价

《城镇土地估价规程》中关于基准地价的定义是："基准地价是指在城镇规划区范围内，对现状利用条件下不同级别的土地或不同均质地域的土地，按照商业、居住、工业等用途，分别评估确定的某一估价期日上法定最高年期土地使用权区域平均价格。"从该定义中可以看出，基准地价是一种以土地用途、级别或区段、用地条件相同或相近为依据估测出的一定时期的区域性土地使用权平均单价，基准地价由政府以公告形式发布。

（二）标定地价

《城镇土地估价规程》中对标定地价的定义为："标定地价是政府根据管理需要，评估的某一宗地在正常土地市场条件下于某一估价期日的土地使用权价格。它是该类土地在该区域的标准指导。"标定地价评估可以基准地价为依据，根据土地使用年限、地块大小、形状、容积率、微观区位等条件通过系数修正进行评估，也可以按市场交易资料，采用一定方法评估宗地的地价。

（三）土地使用权出让底价

土地使用权出让底价，简称出让底价，是指政府根据正常市场状况下宗地或地块所应达到的地价水平确定的某一宗地或地块出让时的最低控制价格标准。土地使用权出让底价是一种一级市场价格。

（四）转让价格

转让价格是指土地使用者在使用期内将其拥有的土地使用权再转让给他人时评估确认的价格，包括买卖价格、租赁价格和土地征用价格。转让价格也称二级市场价格。

在我国当前的土地市场中，除上述地价外，还有出租价格、土地交易成交价格、抵押价格等。

第三节 土地使用权价值的影响因素

房地产评估的最终目的是要确定房地产最可能实现的价格，而影响房地产价格的因素很多，因此，要达到上述目的就必须深入地分析影响房地产价格的各种因素。鉴于地产和房产各自的特殊性，我们将分别介绍影响地产和房产的各种因素，以期对房地产价格的形成有更加深刻的认识。当然，有一些影响地产价格的因素，同时也是房产价格的影响因素，为避免重复，只在地产价格的影响因素中作介绍。

按照马克思劳动价值论和地租理论的观点，土地价值是指土地资源价值和土地资本价值。其价值量，前者主要是地租量，后者是土地资本的回收量，或是土地投资后所取得的土地级差收益。地价是地租或是人类对土地投入劳动后得到的土地级差收益的资本化。因此，能够影响土地提供的地租量、影响土地投资所得收益及其还原利率的所有因素，都会直接或间接地影响地产评估。① 这是对影响土地价格因素的理论分析，而实际上，影响地产价格的因素要复杂得多。台湾政治大学地政系教授林英彦先生在其著作《不动产估价》一书中将影响地产价格的因素分为一般因素、区域因素与个别因素，这样的分类方法有利于分析地产之间的替代性、不完全替代性和不可替代性。因此，在本书中我们大体上沿用这样的分类思路，但在一些具体的因素上面结合我国内地的具体情况作了一些归并和调整。

一、一般因素

影响地产价格的一般因素是指对全社会范围内的整体地价水平有较显著影响的整体宏观性因素。根据我国内地的具体情况，可将一般因素分为行政因素、社会因素、经济因素和政策因素。

（一）行政因素

（1）土地制度。我国宪法规定任何单位和个人只能依法受让土地使用权而不具有土地所有权，并对土地使用权的受让期限作了明确的规定，这就决定了我国二级地产市场的地产价格只能是使用权价格而不可能是所有权价格。

（2）住房制度。我国传统的住房制度实行的是低租金的国家福利制度。房地产投资的市场化程度太低，房租并不能反映真正的地租和地价。实行商品房制度后，房地产投资在市场的牵引下开始走向良性循环，从而带动了地价的正常浮动。

（3）城市规划。城市规划中对土地利用方向、容积率、建筑密度等的规定对地价有重大的影响。土地利用方向的设定促进了城市土地的功能分区，从而造成各类用地的地价差异。容积率是指建筑用地中总建筑面积与总占地面积之比。容积率大意味着单位用地面积上的建筑面积越大，则土地利用率高，从而地价也越高。建筑密度，又称为建筑覆盖率，是指底层建筑面积与总用地面积的比例，规定建筑密度可强制改善环境条件，有利于地面绿化和提供充足的地面活动空间，从而间接地提高地价。

---

① 严星，林增杰．城市地产评估．2版．北京：中国人民大学出版社，1999：38.

(4) 出让方式。如前所述，政府在一级市场上出让国有土地的使用权主要有协议、招标和拍卖三种方式。其中采用协议方式出让的地价最低，拍卖方式出让土地的地价最高，而招标方式的地价居中。由于一级市场价格构成了二级市场价格（转让价格）的成本基础，因此出让方式对房地产市场上地产的价格有着较大的影响。

(5) 交通管制。交通管制是指实行单行道、禁止某类车通行、限制通行时间等规定。交通管制可以改变道路的通达度和便利度，增强交通安全感和改善生活环境，从而提高土地的价格。

(6) 行政隶属变更。行政隶属的变更一般都会促使当地土地价格上涨。如某个非建制镇升格为建制镇，或将某个县级市升格为地级市、省辖市，均会促使地价上涨。类似地，如果将某一落后地区的城市划归另一个较发达的地区管辖，也会促使地价上涨。

(二) 社会因素

(1) 政治安定状况。政治安定状况是指国内政治局势的稳定情况。社会处于和平稳定时期，人们对房地产增值保值抱有乐观的预期，投资者信心增强，房地产市场繁荣，从而带动地价上涨。反之，地价就会下跌。

(2) 社会治安程度。社会治安程度直接影响人们的安全感，从而影响人们投资、消费、居住的意愿。无论是商业区还是住宅区，社会秩序良好，人们感到安全可靠，投资、消费、居住的意愿也越强，从而带动地价上涨，反之，地价就会下跌。

(3) 城市化进程。工业化发展的结果之一就是促进了城市化的进程。相对而言，城市土地的总面积是不变的，城市化进程越快，城市地区人口密集度也越高，从而地价涨幅也越高。这与城市用地价格普遍高于农业用地的现实是相符的，因此城市化进程也对城市的整体地价产生了很大的影响。

(4) 人口状况。人口状况是指人口的总数量、密度、综合素质等总体情况。人口增加，则人口密度增加，从而使得单位土地面积上的土地需求上升，导致地价上涨。人口素质的高低会间接影响所在地区的自然环境及人文环境，从而对地价造成影响。另外，家庭规模的大小也直接影响到整个社会对房地产的需求，从而影响地价的变动。从近年来的情况看，家庭规模有缩小的趋势，房地产也呈现出热销的势态。

(5) 心理因素。消费者在购置房地产时的荣耀感、讲究“风水”的习惯以及价值观念的变化等心理因素都会直接影响到地产市场的兴衰，从而导致地产价格的涨落。

(三) 经济因素

(1) 宏观经济状况。国民经济发展处于繁荣时期，意味着财政、金融景气，就业机会增加，人们预期乐观，社会总投资旺盛，对土地的总需求也不断扩大，致使土地价格上涨。反之，如果国民经济低迷，社会总需求不足，投资疲软，则房地产业会随之降温，土地价格也随之趋于平缓。

(2) 储蓄、消费及投资水平。国民收入增加意味着经济成长，但并不意味着房地产消费和投资增加。国民生产总值在个人、法人以及政府等之间分配，其中多数用于消费，剩余部分用于投资。国民总支出中用于购买房地产的消费越多，投资于房地产的资金也越多，地价就必然会上涨。

(3) 利率水平。利率水平与土地的价格成反比。在银行利率较低时，人们容易放弃储蓄而投资于房地产以求更大的增值，由此引起需求增加而带动土地价格上涨。另外从马克思的地价公式“土地价格=地租/利率”中也很容易看出土地价格与利率的这种反向相关的关系。

(4) 市场完善程度。地产作为特殊的商品其价格同样易受市场完善程度的影响，市场越完善，信息越充分，地产交易就越公平，其价格也越接近真实价格（理论价格），否则，不公平的地产交易有可能严重偏离其真实价格。

（四）政策因素

(1) 地价政策。政府出于宏观经济调控的需要可能采取措施对土地价格施加影响。这些措施主要有：制定最高限价，规定交易中可以探及的最高地价；制定基准地价指导市场交易行为；政府通过征用或抛出一定数量的土地影响土地供给；调整土地使用税或土地增值税的税率；另外政府还会出于保护国有土地资源的目的而制定土地转让的最低控制价(保护价)。

(2) 宏观财政货币政策。政府实行紧缩型或扩张型的财政政策和货币政策，可以直接推动或抑制社会总需求以及改变社会货币总供给，从而对地产价格产生影响。

(3) 特殊政策。政府采取的某些特殊政策对土地价格有很大影响。如在我国沿海的深圳、珠海、厦门等经济特区和开放城市，国家为招商引资，采取了许多开放、优惠的特殊政策，大大地改善了这些地区的投资环境，从而导致地价大幅度上升。

二、区域因素

影响地产价格的区域因素是指待评估地产所属地区（某城市或某城市中的一个区域）的自然条件与社会、经济、行政等因素相结合构成的区域特性。区域因素对同一区域内的所有地块都具有基本相同的作用。为便于评估实务中更好地分析影响各种用地的区域因素，下面分别对影响工业、商业和住宅用地地价的区域因素逐一分析。

（一）影响工业用地地价的区域因素

(1) 交通条件。这是影响工业用地地价的首要因素。工业生产中离不开原材料的采购与产成品的销售，良好的交通条件能给企业争取时间，把握市场时机，从而为企业赢得良好的经济效益。工业用地的交通条件包括对内交通和对外交通两个方面，主要体现为工业区内道路通达度和便利度，距火车站、码头、机场的远近等方面。

(2) 基础设施完善度。工业生产几乎都离不开供水、供电、排水、排污，供排水的难易程度，电力的保障程度，污水处理设施，都对工业生产有着至关重要的决定作用。另外，商场、银行、邮局等公共服务设施也是工业企业正常运营所必不可少的。因此，地产区域内这些基础设施的完善程度都会直接影响工业用地的价格。

(3) 相关产业集聚度。工业区内相关产业的集中能够降低生产成本，产生集聚经济效益。相关产业的集中有利于技术互补和生产协作，有利于信息和物质的交流，有利于整体品牌的树立，有利于社会资源的整合。如国家批准建设的中国武汉光谷，聚集了一大批光电子信息企业，其集聚经济效益正在逐步形成，这使得关东工业园、庙山工业区等地的地产价格迅速上涨。

(4) 自然条件状况。工业用地对土地的自然条件要求主要表现在土壤的承载力和耐压力、防洪水淹没条件、长年雨量、温度、湿度及主要风向等方面。自然条件越优越，其地价也就越高。

（5）规划因素。政府出于产业结构协调的需要，可能对工业园区实行整体规划与配置，规划上的工业园区可以获得更多的政策优惠、设施保证以及对外宣传效应。因此，这样的地产相对于其他未经规划的地产其价格显然要高出很多。当然，在评估实务中，也应考虑到政府为鼓励投资创业而可能给予土地出让方面的优惠条件。

（二）影响商业用地地价的区域因素

（1）商服繁华程度。商服中心的繁华程度反映了其客流量的数量及质量、消费者的认可程度、功能级别及商业区的集聚规模。越是繁华的商业服务中心，其单位土地面积上的经济效益就越好，其相对于其他偏远地区的级差收益就越大，因而其地价也就越高。

（2）道路通达度。道路通达状况对商业用地的地价影响很大，道路通达性好，经过该商业区的流动人口就越多，客流量增大，商业区的经济效益就越好，这一点，从许多商服中心是沿街分布的情况就可以看出。

（3）公交便捷度。在同一个商业区内可能同时存在着互相竞争的几个商服中心，这时其竞争优势除了体现在其自身经营特色上面，还与其公交便捷度密切相关，因为在商服中心之间存在近似替代性的情况下，购物便利的商服中心会拥有更多的客流量，不用说，其地价肯定会相对高一些。

（4）商业综合环境因素。商业区内的综合环境因素如百货公司的数目与面积、银行等金融机构的数目与面积、旅游景点的数目与面积、娱乐设施状况、顾客流量、平均购买力等因素都会直接或潜在地影响商业区内各单位的经济效益，它们之间能够产生连带效应、集聚效应和衬托效应，从而使地价得到提升。但也存在一些如工厂、仓库等不利于商业发展的因素，它们的存在会使地价打一定的折扣。

（5）规划因素。政府对商业区的整体规划，有利于形成整体特色品牌，有利于改善周边环境，从而提高其单位土地面积的创收能力，地价也随之提高。

（三）影响住宅用地地价的区域因素

（1）商服繁华程度。商服繁华程度对住宅用地的影响主要体现在购物消费娱乐的便利度以及由此而使人们得到的满足感。除此之外，居住在相对繁华的地区还能享受现代城市文明带来的各种优势，如信息成本优势、教育优势等。因此，商服繁华程度与住宅用地的地价大致呈正相关关系，但在有些“黄金地段”，其地价可能会远远高出正常水平。

（2）交通方便程度。交通方便程度关系到居民的生活方便程度，主要包括距离车站的远近、到达市中心的距离、接近商业设施的程度、接近文教、卫生、娱乐设施的程度等，这些因素构成了居民日常户外活动的主要部分，对居民的生活方便程度起决定性作用。因此，它们与住宅区地价呈正相关关系。

（3）公用设施完备程度。居民的日常生活离不开各种公用设施，如中小学、幼儿园、粮店、菜场、医院、邮局、银行等，这些设施的完备程度反映了居民日常学习、生活、交流等的便利程度，因而也能对地价产生直接影响。

（4）生活设施完善度。居民日常的家居生活直接与供水、供电、排水、供气等生活设施密切相关。因此，完善的物业配套设施也能带来地产的升值。

（5）环境条件。涉及住宅用地的环境条件主要包括自然环境和人文环境。前者主要包括住宅区周围的地面绿化、大气污染、噪声污染、水污染、自然景观等方面的情况；后者主要是住宅区内人口数量、结构、受教育程度、社区道德风气、居民安全感等方面的状况。环境条件的优劣是影响住宅用地的重大因素，一般而言，越是自然环境和人文环境良好的住宅区，其地价越高。

（6）规划因素。实行住房制度改革以后，我国的商品房开发已形成一定的规模。政府出于城市总体规划的需要，也会对住宅区进行统一规划，以促进物业管理的规范和完善，配合城市整体形象改观而建设各种文明小区。无疑，政府的这些规划措施会使得住宅区综合环境不断优化，从而地价也要高出正常水平。

三、个别因素

区域因素是决定某一均质区域内基准地价的因素，在确定某一具体宗地的标定地价时，除了考虑区域因素的影响之外，我们还需着重考虑宗地的个别因素对其价格的影响。所谓个别因素是指待估宗地的具体特性，如宗地的面积与形状、地形与地势、地质条件、临街深度、容积率限制等微观区位条件。

（1）面积与形状。宗地面积在一定程度上限定了土地的利用方向。例如，即使是在繁华地段，小块土地因不适于建商业大楼，其地价水平会打一定的折扣。至于地块的形状，显然规则形状的地块的利用率比不规则地块要高，从而其地价也会产生明显的差异。因此在利用最佳利用原则评估地产的价格时，应充分考虑到地块的实际限制条件。

（2）地形与地势。地形是指地表坡面的变化形态；地势则是指地面坡度的大小。这两者的直接作用影响到土地能否开发或开发成本的大小。具体地讲，地形的变化影响土地开发的效果，如住宅的朝向、通风等状况；而地势中坡度的大小则影响人类活动的难易、边坡的稳定性和开发的费用。所以，地形与地势条件差的地块因其用途受到限制而地价相应较低，而地形与地势条件好的地块用途广泛，其地价也较高。

（3）地质条件。地质条件主要是指宗地的地基承载力。随着土地稀缺状况进一步突出，人类向空间发展的趋势不可阻挡，高层楼房、摩天大厦的建设是必然的选择，而土地的地基承载力直接限制了向空间发展的可能性。因此，土地的地质条件越好，越有利于建筑高层大厦，其地基开发费用也相对较小，地价也就较高；而地基承载力越小，建筑难度越大，造价越高，其地价也就越低。

（4）临街深度。临街深度是指具体宗地离开街道临街线的距离。一般认为，市区各宗地价值与临街深度关系很大，土地价值随临街深度的增加而递减。宗地越接近道路，其单位面积价值越高，离开街道愈远价值愈低。

（5）容积率限制。容积率不同意味着土地的集约度（利用强度）不同。容积率较高的地块，其单位土地面积的经济收益也较多，因此地价也越高，但随着容积率的进一步提高，超过一定值（最佳容积率）之后，由于建筑物过高而带来的采光、通风不便等因素，地价又开始下降（如图 5-4 所示）。

影响地产价格的因素很复杂，且对于各类不同用途的土地，各影响因素的重要性又会有所差别，评估实务中应根据宗地的实际情况而给予不同因素以不同的权重。

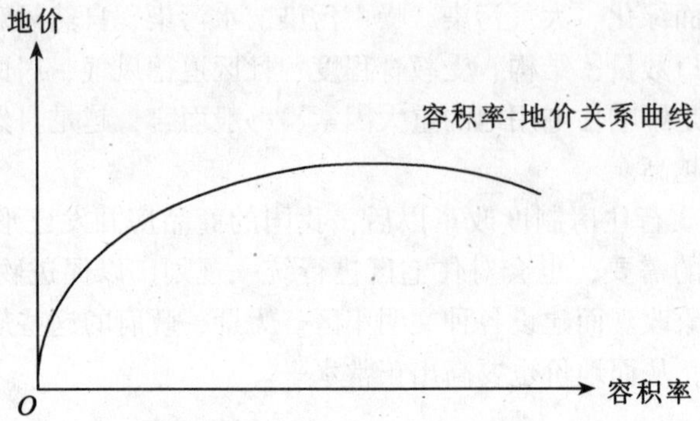

图 5-4 容积率与地价的关系

第四节 成本法在土地使用权评估中的应用

一、成本法的基本原理

地产评估的成本法实质上是一种成本逼近法，它是以开发土地所耗费的各项费用之和为基础，加上一定的开发商利润和应缴纳的税金来确定土地价格的一种估价方法。其理论依据是劳动价值论（或生产费用价值理论）和价格构成理论。根据这一理论，商品的价格应由生产该商品时所耗费的所有成本费用和一定量正常利润以及相关税金三部分组成。土地作为一种特殊商品，其处在原始状态时是没有价值的，但是人们为了更好地利用土地就必须对原始状态的土地进行改造、开发，同时由于土地的稀缺性和可垄断性，土地的所有者不可能无偿出让土地使用权。因此，经过开发后的土地价值量应包括土地使用权出让价格、土地开发费、投资利息、开发商的正常利润以及相关税费五部分，这就是运用成本法评估新开发地产价格的基本原理。成本法评估的地产价格实际上是一种积算价格。

地产评估的成本法的上述基本原理用公式可以表示如下：

新开发土地价格=土地取得费+土地开发费+投资利息+正常利润+相关税费

二、新开发土地成本要素分析

（一）土地取得费

土地取得费按土地使用者为取得土地使用权而支付的各项客观费用计算。

如果土地是向农村集体经济组织实行征用取得的，那么土地取得成本包括：耕地或其他用地补偿费、土地附属物补偿费、青苗补偿费、新菜地开发建设基金（征用城市近郊菜地）、征地安置费等及土地出让金；如果土地是通过国家城镇土地使用权出让取得的，则土地取得费包括：土地使用权出让金及动迁费用。这些费用的取得标准全国各地不尽相同，取得费项目也有差异，估算时应因地而异，按当地政府及有关部门的规定及标准测算。

（二）土地开发费

土地开发费按该区域土地平均开发程度下需投入的各项客观费用计算。

宗地红线外的土地开发费要客观计算道路费、基础设施配套费、公用设施配套费和小区开发费，宗地红线内的土地开发费一般有土地平整费和小设施配套费，根据评估目的和投资主体不同，宗地红线内的小设施配套费的计入也不同。

按照待估宗地的条件、评估目的和实际已开发程度，确定待估宗地的开发程度。属建成区内已开发完成的土地，评估设定的开发程度最少应为红线外"三通"、红线内"场平"，即宗地红线外通路、通上水、通电和宗地红线内场地平整。开发程度最为完善的可达到"七通一平"，即通上水、通下水、通电、通信、通气、通热、通路和场地平整。"三通一平"只是最基本的条件，通常只有搞好"五通一平"，即通上水、通下水、通电、通信、通路和场地平整，土地上的投资项目才能正常运行。

（三）投资利息

投资利息是指地产开发商购买未开发土地和进行土地开发所投入资本的时间价值。地产开发商在进行土地开发时，一般需向银行借款，其借款利息应计入成本。如果地产开发商用自有资金投入，他就不能取得利息，换句话说，这笔资金投入的机会成本是相应的利息收入，此时，该利息也应计入土地开发成本。

土地开发的投资主要包括土地取得费和土地开发费两部分。土地取得费在其取得土地使用权时需一次性付清，而土地开发费是连续投入的，因此，土地取得费的计息期为整个开发期，而土地开发费的计息期一般认为是开发期的一半，即视同开发期中期一次性投入。

（四）正常利润

开发商投资地产开发的目的是获取一定的利润，而且该利润应该理解为开发商投入预付资本（包括土地取得费和土地开发费）所获得的投资回报。因此计算该正常利润的基础应该是土地取得费和土地开发费之和（投资利息不应作为计算正常利润的基础），其对应的利润率应该是行业平均投资回报率。由于借款利息已作为土地价格的一部分，因此这里的利润率也应该是不含利息的投资净收益率。

（五）相关税费

地产开发商进行地产开发需缴纳的税费主要有营业税、城市维护建设税、教育费附加、土地使用税、土地增值税等。

三、成本法运用中应注意的问题

(1) 成本法的应用范围。地产评估的成本法比较适用于新开发土地价格的评估，且要求土地开发的各项成本资料真实可取。该方法评估的是新开发地产的成本计算价格。

(2) 成本法的优缺点。运用成本法评估新开发地产的价格，易于操作和理解；且具有深厚的理论基础，与传统的资产价值形成模式相吻合。但是成本法适用范围狭窄，不能反映土地市场认可的价格，其评估价格的"可实现性"值得怀疑。

(3) 在计算土地价格的构成时，土地开发投资的利息计入成本价格，而与此同时，开发商利润的计算也是基于这部分投资的回报，这样当投资资本是自有资金时，就出现了同一笔资本既获得了利息收入又获得了投资回报的明显的逻辑上的矛盾。虽然在现实中利息往往被计入成本价格，但我们认为，如果将利息计入成本价格，则计入成本价格的开发商利润就应该是已扣除利息的净利润。换句话说，利息不能作为开发商利润计算的基础，否则就会出现重复计算的情况。当开发商用借款进行投资时，由于其并无自有资金投入（假设全部投资均为借款），借款利息理所当然应从开发商所获得的投资回报中扣除，其差额为开发商所付出的管理劳动和风险投资的回报；相反，当开发商的投资全部为自有资金时，其所获得的投资回报中已包含正常利息收入、风险收益和管理劳动报酬三部分，此时就无需再重复计算利息。需要强调一点的是，在这种方式下也应该在开发期内按年计算开发商正常的投资回报。

（4）在运用成本法评估地产价格时，如果涉及有关土地资本折旧的情形，则应该将该部分折旧额从地产的成本中扣除。另外，有些开发后的土地由于周边环境的变化以及规划因素的影响，可能会出现土地增值现象。因此在运用成本法进行此类地产评估时应注意进行增值调整，而不应拘泥于计算的成本价格。

【例 5-1】 某开发区有一土地面积为 20 000 平方米，该地块的土地征地费用为 160 元/平方米，土地开发费为 220 元/平方米，周期为 3 年，第一年投入资金占整个开发费的 30%，第二年投入资金占整个开发费的 40%，第三年将所需剩余资金全部投入。开发商要求的投资回报率为 13%，相关税费占征地费和土地开发费之和的 7%，银行贷款利率为 8%。试评估该土地在开发完成时的价格。

该地产为新开发土地，各项投入成本均已知且与评估时日的时间间隔较短，故可用成本法（成本逼近法）评估。具体评估计算过程如下：

（1）土地征地费：160 元/平方米

（2）土地开发费：220 元/平方米

（3）开发期投资利息：$160\times[(1+8\%)^{3}-1]+220\times30\%\times[(1+8\%)^{2.5}-1]+220\times40\%\times[(1+8\%)^{1.5}-1]+220\times30\%\times[(1+8\%)^{0.5}-1]$

$=68.91$（元/平方米）

（4）开发商利润：$(160+220)\times13\%=49.40$（元/平方米）

（5）相关税费：$(160+220)\times7\%=26.60$（元/平方米）

（6）土地价格＝（1）＋（2）＋（3）＋（4）＋（5）＝524.91（元/平方米）

故宗地单价取整为 525 元/平方米，土地总价为 $525\times20\,000=1\,050$（万元）

第五节 收益法在土地使用权评估中的应用

一、收益法的基本原理

收益法是求取待估土地未来的正常净收益，选用适当的还原利率将其折现到评估基准日后累加，以此估算待估土地价格的方法。

收益法的基本思想是：土地的现时价值取决于它未来带来的收益（效用）的大小，未来产生的收益所折现的现值越大，则说明该地产内含的价值越大，因此其在现实经济层面表现的价格也越高；该地产作为一项投资，其在未来的收益是多少呢？理论上这个收益额应与相同风险程度的银行存款所得到的利息额是一样的。因此，作为取得与该利息相同收益的地产投资，其价值也理所当然应该等于这一笔银行存款的数额，也就是等于该地产的年收益与该存款利率之比。

上述所阐述的基本思想只是收益法的一种特殊形式，实际上，收益法还有很多的具体形式。在对每一种形式作具体介绍之前，我们首先对有些符号的含义作如下说明：V表示土地价格；A表示土地纯收益；r表示土地还原利率；n表示使用年限。假设A和r都已知，下面对收益法的各种具体形式逐一进行介绍。

（一）年纯收益为一定值，且各年不变的情形

1. 永久收益年期

$$V = A/r$$

2. 有限收益年期

$$V = \frac{A}{r}\left[1 - \frac{1}{(1+r)^n}\right]$$

（二）纯收益在前若干年有变化的情形

1. 永久收益年期

$$V = \sum_{i=1}^{t} \frac{A_i}{(1+r)^i} + \frac{A}{r(1+r)^t}$$

2. 有限收益年期

$$V = \sum_{i=1}^{t} \frac{A_i}{(1+r)^i} + \frac{A}{r(1+r)^t}\left[1 - \frac{1}{(1+r)^{n-t}}\right]$$

（三）纯收益和还原利率变化的情形

$$V = \frac{A_1}{(1+r_1)} + \frac{A_2}{(1+r_1)(1+r_2)} + \cdots + \frac{A_n}{(1+r_1)(1+r_2)\cdots(1+r)_n}$$

式中，A_1，A_2，A_3，…，A_n分别表示未来各年的纯收益；r_1，r_2，r_3，…，r_n分别表示未来各年的还原利率。

二、收益法各项指标的确定

收益法的运用关键在于还原利率和土地纯收益的确定，尤其是还原利率对评估价格的影响非常大，还原利率微小的变化都会导致评估价格很大的差异。

（一）还原利率的确定

1. 还原利率的实质

还原利率，简单地说就是将土地（或房地产）收益进行资本化的利率。关于还原利率的确定，不同的学者有不同的主张，如马克思认为，进行地租资本化的还原利率有五种可能：平均利息率、资本投在有息证券上的利息率、贷款利息率、普通利息率、资本增值率。我国台湾学者林英彦教授认为还原利率应采用实质利率。所谓实质利率，是以银行一年期存款利率为基础，并用物价指数进行调整，再扣除一定的所得税后所得到的利率。

我们认为，还原利率的实质是一种投资收益率，而且该投资收益率应与投资在该房地

产上的风险相匹配。因为类似于银行利息，房地产的纯收益是基于房地产的价格（视为一笔预付资本）按照相应的收益率取得的回报，该纯收益的取得存在房地产投资特有的风险，因此其收益率也同样应该反映这种风险因素，只有这样，纯收益与投资收益率的口径才是一致的。因此，还原利率本质上是一种投资收益率。

房地产的还原利率有个别还原利率和综合还原利率之分。所谓个别还原利率是指土地或建筑物的还原利率。综合还原利率是指将土地和建筑物综合考虑时的还原利率。土地还原利率、建筑物还原利率和综合还原利率三者的关系如下：

（1）$r=\dfrac{r_1L+r_2B}{L+B}$

（2）$r=\dfrac{r_1L+(r_2+d)B}{L+B}$

式中：

r——综合还原利率；

r_1——土地还原利率；

r_2——建筑物还原利率；

L——土地价格；

B——建筑物价格；

d——建筑物的折旧率。

上述第一个公式适用于房地产纯收益是折旧后收益的情况，第二个公式适用于房地产收益是折旧前收益的情况。

2. 还原利率的确定

（1）市场测算法。市场测算法是指通过收集近期交易的与待估土地相同或相似的土地的纯收益、价格等资料，反算出各自的还原利率，并以此为基础确定待估土地的还原利率的一种方法。该方法要求所选取的交易实例与待估土地具有较高的相关性和替代性。表5-1是求取还原利率过程中的案例。

表 5-1 **比较实例的土地还原利率**

比较实例	纯收益（万元）	价格（万元）	还原率（%）
A	18	150	12
B	21.5	190	11.3
C	25	220	11.4
D	30	280	10.7

$$\text{待估土地的还原利率}=\frac{12\%+11.3\%+11.4\%+10.7\%}{4}=11.35\%$$

（2）风险调整法。风险调整法是指通过对市场上无风险投资的收益率根据土地投资的综合经济环境进行风险调整后得到待估宗地还原利率的一种方法。其中，风险调整值既可能是正值，也可能是负值。其公式为：

还原利率=安全利率+投资风险补偿+管理负担补偿+缺乏流动性补偿-投资带来的优惠

具体计算步骤是：

①找出安全利率：无风险投资的收益率，是资金的机会成本。

②确定在安全利率基础上的加码（或扣减），包括对投资风险、管理负担和投入资金缺乏流动性的各项补偿。

安全无风险的投资在现实中难以找到，一般选用同一时期的一年期存款利率或一年期国债利率代替安全利率。于是投资风险补偿就变为投资估价对象相对于投资一年期存款的风险补偿；管理负担补偿变为投资估价对象相对于投资一年期存款的管理负担补偿；缺乏流动性补偿变为投资估价对象相对于投资一年期存款所带来的优惠。

（3）排序插入法。该方法首先要调查、收集待估宗地所在地区的土地投资及相关投资的收益率和风险程度的资料，如银行存款、债券、股票、房地产投资等投资的收益率和风险程度；其次，将不同类型投资按投资收益率由低到高的顺序排列；再次，将投资待估宗地的风险程度与这些类型投资的风险程度进行比较，确定投资待估宗地的风险程度应落在哪个区间位置；最后，根据这一区间位置，分析、判断确定土地还原率。

（二）土地收益年限的确定

土地收益年限是指待估土地从评估时点开始，其收益能力延续的时间长度，通常以年为单位。土地的收益年限一般通过其出让年限减去已使用年限获取。

（三）土地纯收益的确定

土地纯收益是指土地总收益减去总费用后的差额，一般以年为计算单位。土地纯收益有实际纯收益和客观纯收益之分，实际纯收益是指土地在现状利用条件下产生的纯收益，该纯收益只反映了现实的状况，一般不能作为评估的依据。客观纯收益是指土地在正常的市场条件下按照最佳利用原则进行开发利用所能取得的纯收益。客观纯收益排除了实际纯收益中土地利用方式、个人经营管理水平等因素的影响，因而可以作为评估的依据。

（四）收益法在土地价值评估中的派生——土地残余法

根据土地收益估算土地价值，是收益法的基本运用。但当需要利用土地与地上建筑物共同产生的收益单独求取土地的价值时，则需要采用土地残余法。

土地残余法是在房地合一产生的净收益中，扣除归属于建筑物的净收益，得到归属于土地的净收益，再用土地的资本化率进行资本化，从而估算土地价值的方法。归属于建筑物的净收益一般采用建筑物价值乘以建筑物资本化率得到，建筑物的价值采用除收益法以外的其他方法（一般采用成本法）求得。土地残余法的计算公式为：

1. $A_L = A - B \times r_2$（纯收益 A 为折旧后收益）

或 $A_L = A - B \times (r_2 + d)$（纯收益 A 为折旧前收益）

2. $L = \dfrac{A_L}{r_1}$

式中：A—— 房地产整体收益；

A_L—— 土地使用权的年收益；

B—— 建筑物价格；

L—— 待估土地的价格；

r_1—— 土地还原利率；

r_2—— 建筑物还原利率；

d—— 建筑物折旧率。

【例 5-2】 某宗房地产年净收益为 56 万元，建筑物价值为 250 万元，建筑物资本化率为 10%，土地资本化率为 8%，房地产的收益期限为 40 年，试评估土地价值。

$$土地价值=\frac{56-250\times(10\%+1/40)}{8\%}\times[1-1/(1+8\%)^{40}]$$
$$=295.13(万元)$$

三、收益法运用中应注意的问题

(1) 收益法的适用条件。收益法适用于评估收益性房地产的价格，要求房地产的年纯收益能合理地确定，且可用货币计量。在运用收益法评估地产价格时，要求能够准确地分解房产和地产各自归属的纯收益。

(2) 收益法的优缺点。收益法具有充分的理论依据，被广泛地运用于不能用成本法估价的房地产评估；更重要的是，收益法为投资者进行投资决策提供了直接的依据。但是，收益法也有很多难以摆脱的局限性，如收益法假设纯收益的产生是连续的，且数额上保持不变，这与现实情况是不相符合的；另外，收益法的评估价格对还原利率的确定具有很强的依赖性。收益法对于评估收益性房地产是有效的估价方法，但对于图书馆、学校等非收益性房地产的评估却无能为力。

(3) 收益法中的收益应该是房地产在最佳使用状态下的客观纯收益，而不能以实际的纯收益作为评估依据，这使得收益法评估的结果有脱离实际的嫌疑。而在确定还原利率时，评估人员没有严格的技术标准，主观成分较多，影响了评估结果的客观真实性。

【例 5-3】 某公司于 2008 年 12 月购入一个仓库，其占用土地使用权面积为 2 000 平方米，为 50 年期工业用地，仓库于 2007 年 12 月建成，面积为 1 800 平方米，其经济耐用年限为 50 年，至评估基准日 2009 年 12 月该类建筑重置价格为 500 元/平方米。据调查，当地同类仓库出租租金一般为每月 8 元/平方米，土地及房屋还原利率分别为 5% 和 6%，需支付的税金为出租收入的 12%，需支付的管理费用为租金收入的 4%，年维修费为重置价值的 1%，年保险费为重置价值的 0.15%。

(1) 计算房地出租年总收益

收益应采用客观收益，即每月 8 元/平方米。

$$年总收益=8\times1\ 800\times12=172\ 800\ (元)$$

(2) 计算房地出租年总费用

总费用包括以下几项：

$$年税金=172\ 800\times12\%=20\ 736\ (元)$$
$$年管理费=172\ 800\times4\%=6\ 912\ (元)$$
$$年维修费=500\times1\ 800\times1\%=9\ 000\ (元)$$

年保险费＝500×1 800×0.15%＝1 350（元）

房地产出租年总费用＝20 736+6 912+9 000+1 350＝37 998（元）

（3）计算房屋出租年纯收益

房屋现值＝房屋重置价值－年折旧费×已使用年限

＝500×1 800－18 000×2

＝864 000（元）

房屋年纯收益＝房屋现值×房屋还原率

＝864 000×6%

＝51 840（元）

（4）计算土地年纯收益

土地年纯收益＝（1）－（2）－（3）＝172 800－37 998－51 840＝82 962（元）

（5）计算评估基准日的土地价格

本案例土地在2009年12月的土地使用权剩余使用年限为48年，因此土地使用权价格$=82\,962\times\left[1-\dfrac{1}{(1+5\%)^{48}}\right]=74\,985.86$（元）

第六节　市场法在土地使用权评估中的应用

一、市场法的基本原理

市场法是将待估地产与在评估基准日较近时期内已经成交的若干类似地产进行比较、分析，并在交易实例价格的基础上进行各种差异因素修正从而得出待估地产价格的一种估价方法。这里所称的类似地产是指与待估地产在所处区域、用途、结构、地形、地势、交易日期、交易性质等方面相同或相似的已经交易的地产，通常称之为参照实例。该方法是建立在待估地产与交易实例有很大替代性但又存在一定差异的基础上的，通过对这些差异的修正，把待估地产在各方面的情况调整到与交易实例相同的标准上，从而得出待估地产的价格。运用此方法通常需要进行交易情况修正、交易期日修正、区域因素修正、个别因素修正、容积率修正和使用年限修正。

市场法是房地产评估中最重要、最简便、最常用的方法之一，在房地产交易活跃的国家和地区得到了广泛的应用。随着我国房地产交易的日益活跃和房地产市场的逐渐完善，市场法将会得到越来越多的应用。

市场法评估土地使用权价格的基本公式可以表示如下：

$$P=P'\times A\times B\times C\times D\times E\times F$$

式中：P—— 待估地产评估价格；

P'—— 交易实例交易价格；

A—— 交易情况修正率；

B—— 交易期日修正率；

C—— 区域因素修正率；

D——个别因素修正率；

E——容积率修正率；

F——使用年限修正率。

在实际评估工作中，上述各修正率可具体表示为：

A＝正常交易情况指数/参照实例交易情况指数；

B＝评估期日价格指数/参照实例交易日价格指数；

C＝待估地产区域因素条件指数/参照实例区域因素条件指数；

D＝待估地产个别因素条件指数/参照实例个别因素条件指数；

E＝待估地产容积率修正系数/参照实例容积率修正系数；

F＝待估地产使用年限修正系数/参照实例使用年限修正系数＝$\dfrac{1-\dfrac{1}{(1+r)^m}}{1-\dfrac{1}{(1+r)^n}}$。

式中：r——土地的还原利率；

m——待估土地使用权的剩余年限；

n——参照实例土地使用权的剩余年限。

二、市场法评估土地使用权的步骤

运用市场法评估地产价格，一般要经过以下程序：收集交易实例，选取参照实例，进行交易情况修正、区域因素及个别因素修正、容积率修正、使用年限修正，最后确定地产价格。

其中容积率修正和使用年限修正本应归入个别因素予以修正，但由于这两个因素对地产价格有非常直接的影响，且其单独予以修正易于实现，故本书将其作为独立的两个因素予以介绍。

（一）收集较充裕的交易实例

运用市场法的关键，就在于收集尽可能充裕的交易实例。收集的可比实例太少，则参照实例（交易实例）的替代性就不能保证，从而评估结果的准确性也无法保证。一般认为，收集的交易实例至少要有10个，其中至少有3个与待估地产有较高的相关性与替代性。

（二）选取参照实例

在收集的众多的市场交易实例中，应当按照一定标准选取3个左右的交易实例作为运用市场法的参照实例，此参照实例选择是否合适，直接影响到评估结果的准确性与可靠性。

在选择参照实例时，应按下列标准和要求进行：

①用途或性质相同。如待估地产与参照实例同为工业用地，或同为住宅用地，或都属于旧城改造拆迁土地，等等。

②交易类型相同。这里的交易类型是指买卖、租赁、出让、抵押等形式。

③处于同一市场供需圈内。如评估某一县级市的地产时就不能选择北京或上海的交易实例作为参照实例。

④待估地产与参照实例的区域特性与个别条件要相近。

⑤参照实例的交易时间应与待估地产的评估基准日尽可能接近。一般认为，两者间隔的时间不宜超过 2 年，如果市场发展变化很快，则此间隔时间还应相应地缩短。

⑥选择的参照实例应该属于正常交易或可修正为正常交易。所谓正常交易是指在市场公开、信息充分的情况下双方平等自愿进行的交易。

(三) 交易情况修正

所谓交易情况修正，是指对所选取的地产参照实例存在的非正常情况所产生的价格偏差进行调整的过程。地产的个体差异性及可垄断性，决定了地产交易市场不可能是完全竞争的市场，其交易情况往往相当复杂，每个交易实例的交易价格带有较强的个别性，而不能充分反映市场的行情。因此，在运用市场法时对参照实例中可能存在的特殊情况予以修正是很必要的，这些特殊情况主要如下：

①有特殊利害关系的主体之间的交易。如亲友之间、有关联方交易的公司之间、公司与本单位员工之间进行的交易，其价格往往低于正常价格水平。

②交易本身有特别动机。如企业破产清算的地产，由于清算组急于出售该地产，则其清算价格也会明显偏低。

③信息不对称时的交易。买方或卖方不了解市场行情，存在欺瞒现象时，其交易价格也会明显偏高或偏低。

④特殊方式的交易。如拍卖、招标、协议等方式，由于交易情况复杂，其价格也会偏离市场的轨道。

在讨论参照实例的选择标准时，我们原则上排除了上述存在特殊情况的非正常交易。但有时，当交易实例与待估地产只存在某一方面或者较少的差异时，我们仍不得不选用上述交易实例作为参照实例。此时，需要评估人员对存在的非正常情况进行修正。交易情况的修正没有非常严格的技术标准，它更多地依赖于评估人员的职业判断。因此，评估人员应注意积累、整理和分析各种类型的实例，在评估实务中逐步提高自己的经验判断能力。

(四) 交易期日修正

所谓交易期日修正，是指将参照实例的交易价格按间隔期间内的地价变化情况调整到评估基准日地价水平的一个过程。由于参照实例与待估地产评估基准日之间总存在一定的时间间隔，而在这期间，房地产市场是不断发展变化的，地价水平可能上涨或下跌。因此，需要根据地产价格的变动幅度，将参照实例的交易价格调整为评估基准日的地价水平。

地产价格的变化幅度一般用地价指数来衡量，但由于我国房地产市场起步较晚，地价指数还很缺乏或并不能完全反映真实的情况。因此在进行交易期日修正时，可用房地产行业的物价指数或全社会的平均价格指数代替。

(五) 区域因素修正

如果参照实例与待估地产处于同一个区域，则无需进行区域因素的修正。但当参照实例处于类似地区时，就必须进行区域因素的修正。

地产评估区域因素修正的内容要区分工业用地、商业用地和住宅用地等土地类型而具体确定。在前一章中我们已经讨论了影响土地价格的区域因素，在实际工作中可以根据实际情况增加或减少这些因素。

进行区域因素比较通常采用多因素评定法，即对不同的因素根据其影响程度分别设定不同权重的标准分值，然后将参照实例或待估地产与设定的标准地产进行比较、打分，最后将各自的总分作为它们的区域因素条件指数代入前面的公式确定区域因素修正率。在实际比较时，可以采用直接比较法或间接比较法。直接比较法是将待估地产设定为标准地产，然后将参照实例与其进行比较、打分。间接比较法是按一定的标准另设一个假想的标准地产，将参照地产和待估地产同时与标准地产进行比较、打分。

（六）个别因素修正

地产价格所涉及的个别因素主要包括面积与形状、地质条件、临街深度和容积率限制等方面。个别因素的修正方法与区域因素基本相同。

（七）容积率修正

容积率的大小直接决定了在单位土地面积上能够开发的建筑面积的大小，我们在前面已经指出，地价的大小在一定的容积率范围内与容积率呈正相关关系。

（八）使用年限修正

我国《宪法》规定土地所有权属于国家或集体所有，任何单位和个人只能依法享有土地使用权。单位和个人受让国家土地使用权都有其规定的年限，随着土地使用权剩余使用年限的减少，土地使用价格也不断降低，因此针对不同土地的剩余使用年限进行估价调整是很必要的。

（九）确定合理的地产价格

参照实例的交易价格经过上述多项修正以后，就可以得到评估基准日待估地产的若干个评估价格，如何根据这些评估价格确定最后的地产价格呢？常用的方法有：算术平均法、加权平均法、众数法、中位数法等。有时候，根据参照实例评估结果的可靠性不同，可以选择其中一个可靠的评估价格作为地产的最终评估价格，而以其他结果作辅助参考。

三、市场法运用中应注意的问题

（1）市场法的适用条件和范围。运用市场法进行地产评估必须以在同一地区或同一地产市场范围内存在较多的与待估地产相类似的交易实例为前提条件。因此，市场法只适应于那些地产市场较为规范、活跃的地区。随着我国房地产市场的日趋活跃和完善，市场法将是房地产评估的一种非常重要的方法。

（2）市场法的优缺点。市场法的优点在于它简单、快捷、易于理解，且评估结果与市场行情相一致；但市场法也有一些其自身无法克服的缺点，如在进行因素比较修正时评估人员掺入的主观成分较多，影响了评估结果的客观真实性。因此，在运用时，要结合待估地产的实际情况扬长避短，不能用市场法时坚决不用。

（3）在进行交易期日修正时，如果找不到适用的房地产价格指数，可以市场上连续两次进行交易的同一宗类似房地产的价格变动幅度代替这一期间房地产价格的变化率，必要时应结合社会一般物价指数的变动幅度来确定合理的地产交易期日修正率。

（4）市场法的特殊运用。当待估房地产为单独地产，而可比交易实例为地产与房产结合体时，如果能运用其他评估方法将交易实例的价格分解成地产和房产两部分，则可以分解后的地产价格作为待估地产的参照实例。

【例 5-4】 某评估机构用市场法对宗地甲进行评估，选择了四个参照物 A、B、C、D，基本资料如表 5-2 所示。

表 5-2　**基本资料**

	成交价（元/平方米）	交易时间	交易情况	容积率	交易区域	个别因素
宗地甲		2007 年 7 月	0	1.2	0	0
A	810	2007 年 3 月	+2%	1.3	+1%	0
B	820	2007 年 4 月	+1%	1.2	0	+1%
C	780	2007 年 5 月	0	1.1	−2%	−1%
D	800	2007 年 6 月	−1%	1.3	−1%	−2%

另外还知道下列情况：2007 年 3 月至 7 月的地价指数分别为 101、105、108、110、112。容积率和地价的关系是容积率在 1 至 1.5 时，容积率每增加 0.1，宗地单位地价比容积率为 1 时增加 3%。下面利用所给资料用市场法评估宗地甲的单位地价：

（1）以 A 为参照物时，$P=810\times(112/101)\times(100/102)\times(106/109)\times(100/101)\times(100/100)$
$=847.89$（元/平方米）

（2）以 B 为参照物时，$P=820\times(112/105)\times(100/101)\times(106/106)\times(100/100)\times(100/101)$
$=857.43$（元/平方米）

（3）以 C 为参照物时，$P=780\times(112/108)\times(100/100)\times(106/103)\times(100/98)\times(100/99)$
$=858.02$（元/平方米）

（4）以 D 为参照物时，$P=800\times(112/110)\times(100/99)\times(106/109)\times(100/99)\times(100/98)$
$=824.70$（元/平方米）

（5）将 A、B、C、D 四地的评估值进行简单平均，得宗地甲的单位地价为：$(847.89+857.43+858.02+824.70)/4=847.01$（元/平方米）

第七节　土地使用权评估的其他方法

一、剩余法

（一）剩余法的基本原理

剩余法（Hypothetical Development Approach），又可称为假设开发法、倒算法等，它是从待估地产上假设建造的建筑物的预期收入中扣减除土地价格以外的有关房屋建筑成本、相关税费以及正常利润后，将其差额作为土地价格的一种地产估价方法。运用剩余法评估的地产价格实质上是一种倒算价格。

剩余法的理论基础是价格构成理论和地租理论。根据价格构成理论，房地产商品的销售价格应该等于土地价格、房屋建筑物的建筑成本、利息、开发商利润及有关税费的总和。而该土地价格从地租理论的角度讲应该等于该地产上的级差收益。因此，根据上述分析我们可以得出剩余法评估地产价格的一般公式：

地产价格=房屋的预期售价-建筑总成本-利润-税费-利息

值得指出的是，就像用重置成本法评估地产价格的道理一样，利息本不应构成价格的一部分但由于在房地产开发实际中，开发周期较长，投资额较大，其借款利息数额也往往很庞大，而且在出售房地产时，开发商又往往将该利息转嫁给消费者。因此，在运用剩余法评估地产价格时，应该从房屋预期收入中扣减利息，此时为防止重复计算，开发商正常利润应该是不包含利息的投资净利润。

(二) 剩余法估价的计算公式及其评价

1. 剩余法估算地价的计算公式

地价=预期楼价-建筑费-专业费用-销售费用-利息-税费-利润

其中：

(1) 预期楼价为土地开发建设后的具体产品预期可实现的销售价格。

(2) 建筑费为土地开发的具体产品（建筑物及其他）所耗费的成本，主要包括项目开发的前期费用、建安工程费、配套费及管理费等，其具体的费用构成取决于待估土地的生熟程度，具体金额可根据同类建筑物工程决算及当地的有关规定来确定。

(3) 专业费用是指地质勘察费、建筑设计费等专业技术费用，通常该费用按建筑费的一定比例计算。

(4) 销售费用是土地开发建设后的产品的销售费用，包括销售人员的工资、办公费、设备使用费、差旅费、推销费等，通常按预期楼价的一定比例计算。

(5) 利息是指全部的开发投资的资金成本，全部投资包括买地价、建筑费和专业费用，不论是借入资金还是自有资金在评估中均应考虑利息。

(6) 税费是指开发完成后房地产的销售税费，通常按预期楼价的一定比例来计算。另外还可能包括取得待开发房地产应负担的税费，这取决于建筑费中是否考虑。

(7) 利润是指开发商在房地产开发过程中应得的正常利润。通常按全部投资的一定比例或预期楼价的一定比例来估算，具体估算取决于所采用的是成本利润率还是销售利润率。

2. 剩余法应用中应注意的问题

(1) 剩余法的适用范围和条件。剩余法除了适用于新开发土地价格的评估以外，还可用于以下几个方面的估价：①待拆迁改造的再开发的地产的估价，此时，开发建筑成本中还应包括拆迁安置费用；②土地开发后转让时，对于被开发土地取得价格的倒算。剩余法在某种程度上可以看做成本法的变换，成本法评估的是一种积算价格，而剩余法评估的则正是这种积算价格的倒算价格。但是，剩余法的运用是以相关数据的预测为基础的，因此剩余法的运用受诸多因素的影响，其适用场合相对比较狭窄，只有当市场情况明朗、国家政策稳定的时候运用剩余法才会得出较为合理的结论。

(2) 剩余法评估地产价格时应考虑货币的时间价值，在房地产开发期甚至销售期较长的情况下，货币的时间价值对评估的地产价格有很大的影响。因此，在预计开发期及销售期较长的情况下，应该考虑货币的时间价值，否则就可能得出与现实不符的结论，这样的评估价值缺乏可实现性，因而是没有意义的。因考虑货币时间价值的方式不同，可以把剩余法的运用分为现金流折现法和传统方法。

（三）剩余法的运用

1. 现金流折现法

在考虑货币时间价值时采用折现的方式，这种方式下的剩余法称为现金流折现法。

在运用现金流折现法时对开发完成后的房地产价值、开发成本、管理费用、销售税费等的估算，要模拟开发过程，预测它们在未来发生时的金额，即将它们未来发生的金额作为现金流进行预测，然后再对未来现金流进行折现。而折现率可以是资金的利息率，也可以是类似房地产开发项目所要求的平均收益率（体现资金利息和开发利润两部分）。如果折现率仅体现资金利息率，则在现金流折现法中还需要考虑开发利润；如果折现率采用类似房地产开发项目所要求的平均收益率，则就不再需要考虑开发利润。

2. 传统方法

在考虑货币时间价值时采用计算利息的方式，这种方式下的剩余法称为传统方法。

运用传统方法时，对开发完成后的房地产价值、开发成本、管理费用、销售税费等主要是根据评估时点的房地产市场状况进行估算，不考虑各项支出、收入发生时间的不同，直接相加减，但要单独计算利息，计息期通常到开发完成时止，即既不考虑销售也不考虑延迟销售。

【例 5-5】有一块“七通一平”的待建空地，出售时间为 2003 年 10 月。土地总面积为10 000m^2；允许容积率为 7；允许建筑覆盖率≤50%；土地使用年限为 50 年；通过调查得知该地块为商住混合，建筑总面积为 70 000m^2，建筑物层数为 14 层，各层建筑面积为 5 000m^2；地上 1～2 层为商店，建筑面积为 10 000m^2；地上 3～14 层为住宅，建筑面积为 60 000m^2，预计三年能完全建成投入使用；估计建造完成后，其中商业楼即可全部出售；住宅楼的 30%在建造完成后即可售出，50%半年后才能售出，其余 20%一年后才能售出。商业楼平均售价为 4 500 元/m^2，住宅楼平均售价为 2 500 元/m^2，估计总建筑费为 5 000 万元；专业费为建筑费的 8%；年收益率为 15%；销售费为楼价的 3%；税费为楼价的 6%；投资利润率为 25%。在未来 3 年的建设期内，第一年投入 20%的建筑及相应的专业费，第二年投入 50%，第三年投入 30%。要求评估出该地块 2003 年 10 月出售时的价格。

采用现金流折现法进行估价：

总楼价 $=4\,500\times10\,000/(1+15\%)^3+2\,500\times60\,000/(1+15\%)^3\times[30\%/(1+15\%)^0+50\%/(1+15\%)^{0.5}+20\%/(1+15\%)^1]=12\,236.71$（万元）

总建筑费 $=5\,000\times20\%/(1+15\%)^{0.5}+5\,000\times50\%/(1+15\%)^{1.5}+5\,000\times30\%/(1+15\%)^{2.5}=4\,017.35$（万元）

总专业费 $=4\,017.35\times8\%=321.39$（万元）

总销售费 = 总楼价 ×3% = 367.10（万元）

总税费 = 总楼价 ×6% = 734.20（万元）

代入现金流折现法的公式中，即：

总地价 $=12\,236.71-4\,017.35-321.39-367.1-734.20=6\,796.67$（万元）

二、基准地价修正系数法

(一) 基准地价修正系数法的基本原理

基准地价修正系数法是利用城镇基准地价和基准地价修正系数表等地产评估研究成果，按照不完全替代原则，将待估宗地的区域条件和个别条件等与其所处区域的平均条件相比较，并对照修正系数表选取相应的修正系数对基准地价进行修正，从而求得待估宗地在评估基准日价格的一种估价方法。在我国许多中小城市，由于其地产市场发育还不够完全，因此在进行大量的土地估价时，基准地价修正系数法不失为一种快捷有效的方法。

基准地价修正系数法的理论基础是经济学上的替代原理和房地产评估的不完全替代原则。其基本思路与市场法基本相同，所不同的是，基准地价修正系数法省去了收集交易实例的过程，它选取的参照土地是与待估土地级别相同或均质地域内该类用途土地的平均条件，属于一个虚拟的“参照物”，也正是由于这种区域针对性而非个别针对性的“参照物”使得基准地价法在评估均质地域内的大量土地时非常快捷。

正如市场法一样，在运用基准地价修正系数法时同样要进行区域条件、个别条件、使用年限、容积率和交易期日等因素的比较和修正。在实际比较修正时，首先找出待估地块与“平均条件”的差异，根据此因素差异并对照因素修正系数表选取适当的修正系数，对基准地价进行修正，即可得到待估宗地的地价。

基准地价修正系数法的计算公式是：

宗地地价=基准地价×区域因素修正系数×个别因素修正系数×使用年期修正系数×交易期日修正系数×容积率修正系数

各因素的具体比较修正方法与市场法大致相同，这里不再赘述。

(二) 基准地价修正系数法的适用范围

①基准地价修正系数法适用于完成基准地价评估的城镇土地估价，即该城市具备基准地价成果和相应的修正体系成果。

②该估价方法可以在短时间内进行大批量宗地地价的评估，这是基准地价修正系数法优越于其他评估方法的地方。

③基准地价修正系数法估价的精确度取决于基准地价及其修正系数的精确度。因此，该方法在具体评估宗地地价时不宜作为主要的估价方法，而只能作为一种辅助的方法予以参考。

三、路线价法

(一) 路线价法的基本原理

所谓路线价（Street Value），是指对面临特定街道而接近性相同的临街土地，设定标准深度，求得在该深度内若干宗地的平均价格并附设于其所临接的特定街道或路线上，该价格就称为路线价。以该路线价为基准，配合相应的深度指数求取该街道内一定临街深度的宗地价格的估价方法就称为路线价法（Street Value Approach）。所谓临街深度是具体宗地离开其临街线的距离。

路线价法是市场法的派生方法，其理论依据是土地区位理论和替代原理。城市土地区位理论认为土地的价格与其区位有很大的关系，在同一街道上，各宗地价值随其临街深度的增加而递减，同一宗地越接近街道部分价值越高，离开街道越远价值越低。临接同一街道的宗地由于其与街道的可及性有差别，其地价水平也会有差别，用不同的区段地价来表示它们可及性的差别，这个区段地价就是路线价。在同一路线价区段内的宗地，虽然可及性基本相同，但由于宗地的深度、形状、面积等仍存在差异，因此需要在路线价的基础上进行上述各因素差异的修正，这一修正系数即为深度修正系数。以上即为路线价法的基本原理，根据这一原理，路线价法的关键是路线价的设定和深度修正系数的确定。

（二）路线价的表示

路线价是标准宗地的土地平均单价，路线价和标准宗地因各国的不同规定而各异。美国把位于街区中间宽1尺、深100尺的狭长地块作为标准宗地，这与美国的路线价表示方法有关。日本则以宽3.63米，深16.36米的长方形地块作为标准宗地。

路线价的表示方法不同，运用路线价法评估地价的公式就不相同。就目前欧美、日本等国家和地区的情况来看，主要有总价法和单价法两种表示方法：

（1）总价表示法。欧美国家的路线价一般以标准宗地的价格总额来表示，即以标准宗地作为计价的面积单位。如美国就是以宽1尺、深100尺的标准宗地的价格总额作为路线价，其单位是美元。

（2）单价表示法。日本用标准宗地的平均单价作为路线价，其单位是日元/m^2。在日本，路线价表示虽然是单价表示法，但却不是直接用货币表示，而是用相对点数来表示。东京都法则选择评估对象区域的土地中价值最高的区段用1 000点表示，其他区段与该区段相比较，得到相应的点数值，在实际评估土地价格时，将点数转换成用货币表示的路线价。日本的这种表示方法避免了币值变动的影响，具有相对较高的稳定性，此外，以点数表示的路线价易于根据实际情况作出快速的调整，其缺点在于缺乏直观性。

（三）深度百分率原理

1. 单独深度百分率

单独深度百分率是与单价表示法的路线价相对应的深度百分率，因其深度百分率随临街深度的增加而减小，故又称为深度价格递减比率。现假设有一临街宽度为m米，深度为n米的长方形宗地，每平方米平均单价为S元，则该宗地的总价格为mnS元，如图5-5所示。

对图5-5中的宗地，沿与道路垂直的方向将宗地平均分成n等份，设从临街线向宗地深处各小片土地的单位面积价格依次为a_1，a_2，a_3，…，a_n，则有：

$$mnS = ma_1 + ma_2 + \cdots + ma_n$$

从而

$$S = (a_1 + a_2 + \cdots + a_n)/n$$

即土地单位面积价格等于各小块土地单位面积价格的加权平均值，这就是该宗地（设该宗地即为标准宗地）的路线价。

根据路线价基本原理，显然有$a_1 > a_2 > \cdots > a_n$，则有$a_1 > S > a_n$。假设存在整数$t(1 < t < n)$使得$a_t = S$，设$b_i = \dfrac{100a_i}{s}\%$，则$b_i$即为单独深度百分率，且有$b_1 > b_2 > \cdots$

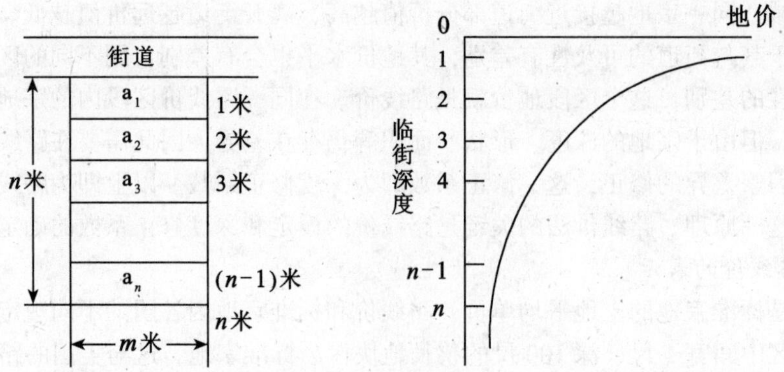

图 5-5 临街深度与地价关系示意图

$> b_t > \cdots > b_n$，其中 $b_t = 100\%$，这就是单独深度百分率递减规律。日本采用这种深度百分率表示方法。

运用单独深度百分率计算宗地价格的公式为：

$$V = S \times d_v \times d \times f$$

式中：V—— 宗地价格；

S—— 路线价；

d_v—— 宗地深度百分率；

d—— 临街宽度；

f—— 临街深度。

2. 累计深度百分率

累计深度百分率是与总价表示法下的路线价相对应的深度百分率，它表示随着临街深度的增加，其土地价格占标准宗地价格（路线价）比例的变化情况。

a_1，$a_1 + a_2$，$a_1 + a_2 + a_3$，…，$a_1 + a_2 + \cdots + a_n$ 分别表示临街 1，2，3，…，n 米内土地的累计价格，且假设该宗地即为标准宗地，则路线价 $S = (a_1 + a_2 + \cdots + a_n)$。又设 $c_i = \frac{100 \times (a_1 + a_2 + \cdots + a_i)}{s}\%$，则 $c_i(1 < i < n)$ 即为累计深度百分率，且有 $c_n = 100\%$。

显然，$a_1 < a_1 + a_2 < \cdots < a_1 + a_2 + \cdots a_n$，故有 $c_1 < c_2 < \cdots < c_n$，这就是累计深度百分率递增规律。

运用累计深度百分率计算宗地的公式为：

$$V = S \times d_v \times d$$

式中符号与单独深度百分率计算公式中符号的意义相同。

（四）欧美路线价法则介绍

1. 四三二一法则

该法则又称慎格尔法则，它是由 J. A. Zangerle 在其著作《不动产估价原理》一书中提出并最早运用于估价实践的一种累计深度百分率。

四三二一法则（4-3-2-1Rule）将标准深度为100英尺（1英尺=0.3048米）的标准宗地从临街线开始划分为4个25英尺深的地块，并且认为第一个25英尺深的地块的价值占路线价的40%；第二个25英尺深的地块占30%；第三个占20%；第四个占10%。如果宗地深度超过100英尺，则运用九八七六法则进行补充，即超过100英尺的第一个25英尺的地块其价值占路线价的9%；第二、三、四个25英尺的地块依次占路线价的8%、7%和6%。四三二一法则简单明了，便于记忆，其不足之处在于对深度的划分过于粗略，其估价结果缺乏精确度。

2. 苏马斯法则

苏马斯法则是由美国估价师苏马斯于1886年所创设，由于该法则在俄亥俄州克利夫兰市的应用最为著名，因此又被称为克利夫兰法则（Cleveland Rule）。

苏马斯法则的基本含义是：100英尺深的土地价格，其临街部分50英尺的价格占该宗地总价的72.5%，其后面一半土地的价格占总价的27.5%。若深度再增加50英尺，则增加部分土地价值仅占前100英尺土地总价的15%。

3. 霍夫曼-尼尔法则

在土地估价的各项路线价法则中，最先被承认的就是1886年由纽约市法官霍夫曼（Hoffman）所创设的霍夫曼法则（Hoffman Rule）。根据该法则，深度为100英尺的土地，前25英尺土地的价格占全宗地价格的37.5%；前50英尺土地的价格占宗地总价的2/3，即67%；前75英尺占87.7%；全部100英尺则为100%。

继霍夫曼之后，尼尔（Neil）对霍夫曼法则进行了修正和补充，提出了著名的霍夫曼-尼尔法则（Hoffman-Neil Rule），见表5-3。

表5-3　**霍夫曼-尼尔法则累计深度百分率对照表**

深度（英尺）	5	10	20	50	60	75	80	100
深度百分率	17	26	39	67	74	84	88	100

资料来源：梁运斌．房地产估价：方法、参数与百例精选．北京：经济管理出版社，1996.

4. 哈柏法则

哈柏法则（Harpper Rule）创设于英国，其理论思想是一宗土地的价值与其深度的平方根成正比，该比值即为深度百分率，用公式表示则为：

$$深度百分率=\frac{\sqrt{待估宗地深度}}{\sqrt{标准宗地深度}}\times 100\%$$

哈柏法则所求得的深度百分率也是一种累计深度百分率，该法则操作简便，易于记忆，很值得我们借鉴。但是该法则要求在进行宗地估价前应准确地确定待估宗地所在地区的标准深度。

5. 其他法则

欧美路线价法则除上述主要法则外，还有芝加哥市的马丁法则（Martin Rule）、伦敦市的埃德加法则（Edgar Rule）、纽约市的戴维斯法则（Davies Rule）、威斯康星州的密尔瓦基法则（Milwaukee Rule）等。

本书在表 5-3 中只给出了霍夫曼-尼尔法则的累计深度百分率的部分数据。

(五) 路线价法的运用

前面介绍的深度百分率法则，在评估单面临街的矩形土地时可以得到直接的运用，此时只需根据宗地的深度百分率及其对应的路线价即可直接计算待估宗地的价格。

但是，在评估实践中，不可能都是这样“标准化”的土地，事实上，我们面临的待估土地可能更多是街角地、双面临街地甚至三面、四面临街地、三角形地、梯形地、袋地及其他不规则地，对于这些类型的土地在运用路线价法进行估价时需要借助相关的补充深度修正指数表，下面分别进行简单介绍。

1. 街角地的评估

街角地由于交通便利、日照通风条件较好，其价格往往要高于街区中间的地段价格，特别是作为商业用地时，街角地具有很强的可陈列性，因而其价格更是高于单面临街甚至双面临街地。

对于街角地的估价，要区分正街与旁街。所谓正街是指街道较繁华、路线价较高的那一条街道，而临街地所面临的另一条街则相对地称为旁街。正街由于其繁华程度高、客流量大，因而对临街地影响较大；而旁街则对于临街地具有叠加的影响。因此在运用路线价法对街角地进行估价时，一般先计算土地的正街价格，然后再计算土地的旁街影响价格，两者之和，即为该街角地的总价。正街价格的计算可以直接运用前面介绍的各估价法则，而计算旁街影响价格时则需借助有关旁街深度的百分率表，如表 5-4 所示。需要注意的是，街角的影响范围只限于街角起 100 英尺以内，超过该距离则不计算街角的影响。

表 5-4 **慎格尔旁街深度百分率表**

深度（英尺）	1	10	20	45	50	80	90	100
百分率	3.3	25.0	40.0	60.7	63.0	70.0	71.0	72.0

资料来源：梁运斌．房地产估价：方法、参数与百例精选．北京：经济管理出版社，1996.

【例 5-6】 评估图 5-6 中街角地的土地价格。

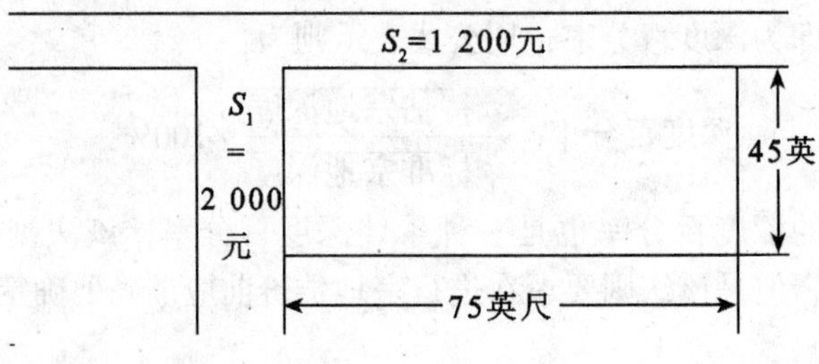

图 5-6

根据慎格尔法则，该街角地的正街价格为：

$$2\ 000\times90\%\times45=8.1\text{（万元）}$$

根据慎格尔旁街深度百分率表，旁街影响价格为：

$$1\ 200\times60.7\%\times75=5.463\text{（万元）}$$

故该街角地的总价格为：

$$8.1+5.463=13.563\approx13.56\text{（万元）}$$

2. 双面临街地的评估

在运用路线价法评估双面临街地时，主要有平均估价法和影响权重估价法两种方法。

（1）平均估价法。平均估价法认为两条街道对宗地的影响深度相等，即估价时将宗地深度等分为两半，按此一半的深度计算各自的影响价格，然后将这两部分影响价格合计即为宗地的全部价格。

【例 5-7】 评估图 5-7 中双面临街宗地的价格。

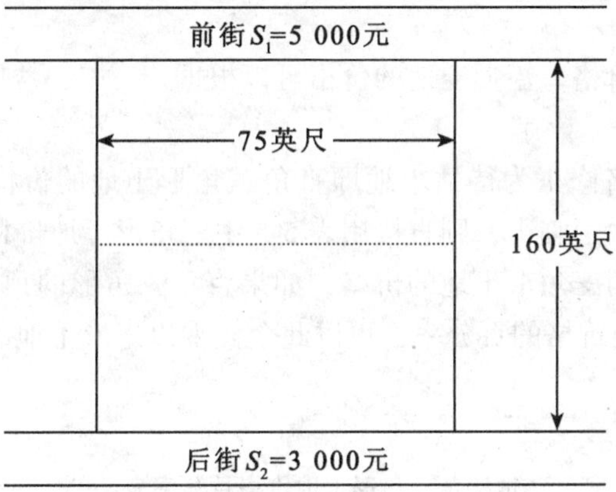

图 5-7

评估计算该宗地价格的步骤为：

①将此宗地的临街深度平均分成两半，即前街（S_1=5 000 元）深度为 80 英尺，后街深度也为 80 英尺。

②根据霍夫曼-尼尔法则：

临前街部分土地总价为：5 000×88%×75=33（万元）

临后街部分土地总价为：3 000×88%×75=19.8（万元）

③该双面临街宗地的总价为：33+19.8=52.8（万元）

（2）影响权重估价法。影响权重估价法就是以路线价为权重计算高价街和低价街各自的影响深度，然后根据其影响深度计算各自的地价，再将这二者合计，即为全部土地的价格。影响权重的计算公式为：

高（低）价街的影响权重=高（低）价街路线价/（高价街路线价+低价街路线价）

【例 5-8】 评估图 5-7 中双面临街地的土地价格。

估算地价的基本步骤为：

①计算各自的影响深度：

高价街影响深度＝5 000/（5 000+3 000）×160＝100（英尺）

低价街影响深度＝3 000/（5 000+3 000）×160＝60（英尺）

②计算前后街部分土地各自的价格：

根据霍夫曼-尼尔法则：

宗地前街部分的地价为：5 000×100%×75＝37. 5（万元）

宗地后街部分的地价为：3 000×74%×75＝16. 65（万元）

③该双面临街地的总地价为：37. 5+16. 65＝54. 15（万元）

3. 临街三角形地的评估

(1) 直角三角形土地

直角三角形土地在估价时，根据其临街方式（底边临街或顶点临街）不同，其具体的计算略有差异，但其估价的基本步骤为：

①运用补充法将直角三角形补充为矩形，即以直角三角形土地的宽度和深度为基础，补充为矩形土地。

②计算矩形土地的价格。矩形土地的价格可以根据四三二一法则、苏马斯法则、霍夫曼-尼尔法则等直接计算。

③将矩形土地的价格修正为待估土地即直角三角形土地的价格。具体修正的方法如下：如果直角三角形的底边临街，则直接用表 5-5 中三角形土地价格的百分率乘以矩形土地的价格，就可得到直角三角形土地的价格；如果直角三角形的顶点临街，则先用 100% 减去表 5-5 中三角形土地价格的百分率，再以此余额乘以矩形土地的价格，就可得到临街直角三角形土地的价格。

表 5-5　**慎格尔三角形土地价格百分率表**

深度（英尺）	10	20	50	80	100	200	500
占矩形土地价格的百分率	50. 00	55. 00	60. 00	63. 00	65. 00	73. 50	83. 00

资料来源：同表 5-4。

【例 5-9】 直角三角形土地的情况如图 5-8 所示，要求评估该宗地的土地总价格。

评估计算过程如下：

①将原直角三角形地块 ABC 补充为矩形地块 ABCD，如图 5-8 中的虚线所示。

②计算矩形地块的总地价

根据霍夫曼-尼尔法则，矩形土地的深度百分率为 88%，则矩形地块的总地价为：

3 000×88%×40＝10. 56（万元）

③对矩形土地价格进行修正

根据表 5-5 查得深度为 80 英尺的三角形土地价格百分率为 63%，所以直角三角形土地 ABC 的总价为：

10. 56×63%＝6. 65（万元）

直角三角形 ACD 的总地价则为：

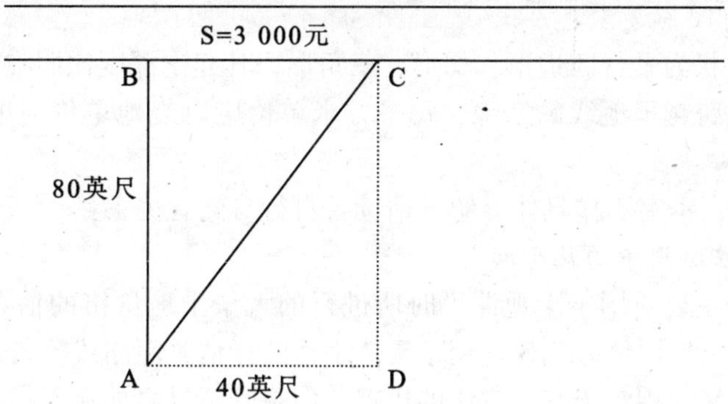

图 5-8

$$10.56 \times (100\% - 63\%) = 3.91\text{（万元）}$$

（2）不规则三角形土地

不规则三角形土地主要包括钝角三角形和锐角三角形土地两种，其估价的基本思路是将不规则三角形土地运用补充法或分割法转化成规则形土地后分别评估各规则形土地的价格，然后将其加总即可得到不规则三角形地的价格。限于篇幅，不再举例。

运用慎格尔三角形土地价格百分率评估三角形地只适合于三角形底边临街或直角三角形地直角边垂直于临街线的情形，对于任意三角形地顶点临街的情形慎格尔三角形土地价格百分率法一般不适用。因此，对于后一种情形，如果三角形有一条边平行于临街线，则可以通过补充法间接运用慎格尔三角形土地价格百分率进行估价；如果该条件也不成立，则可以根据台湾路线价法评估三角形土地价格的做法，先求得三角形地块的起讫深度，再比照袋地的估价方法计算待估地块的价格。① 另外对于梯形土地和其他不规则形状的土地的估价可根据其具体地块的实际情形运用补充法或分割法转化成矩形土地和三角形土地，然后根据一定的数学方法估算出待估地产的价格，本书由于篇幅所限，恕不赘述。

4. 袋地的评估

袋地是指处于里地线以内但不直接临街的土地。所谓里地线是指平行且离开临街线一个标准深度的那条直线。以里地线为界，临街深度在标准深度以内的土地称为临街地，而临街深度在标准深度之外的称为里地。台湾里地线的标准深度以距离临街线（包括骑楼地）18 米为准。

处在里地线以内且直接临街的土地我们可以根据前述方法直接计算其土地价格，那么对于处于里地线以内但不直接临街的土地即袋地，该如何计算其价格呢？当运用累计深度百分率进行估价时，我们运用补充法很容易求出袋地的价格，但当深度百分率为单独深度百分率时又该如何呢？下面我们以台湾路线价法为例对单独深度百分率下袋地的评估作一简单的介绍。

袋地估价的计算要点如下：

① 柴强．房地产估价．6 版．北京：首都经济贸易大学出版社，2008.

（1）袋地的每平方米单价根据其深度百分率确定，袋地的深度百分率则根据当地情况具体测定。

（2）袋地的形状为平行四边形、梯形、三角形，其起讫深度比照临街地方法计算。①

（3）袋地位置跨越里地线的宗地，每平方米单价应以袋地单价与里地单价按面积比例平均计算其单价。

由于篇幅所限，本书不作具体介绍，请读者自行参阅有关书籍。

（六）路线价法运用中的几个问题

（1）路线价法主要应用于土地课税时所进行的大量土地价格的估算。前面所介绍的市场法、收益法等土地评估方法仅适用于具体宗地的评估，而路线价法是一种快速的土地价格估算方法，这是它相对于其他方法的优点，但是其不足之处在于，路线价法评估的土地价格过于粗糙，不能作为买卖交易中的依据。

（2）路线价法的运用要求有合理的城市规划，在此基础上准确地划分地价区段，附设合理的路线价；此外还需要有符合本地实际的深度百分率，只有同时满足上述几个条件，运用路线价法评定的土地价格才有意义。

（3）我国目前城市化程度不高，城市规划也相对落后，因此路线价法目前在我国还难以通行，但在有条件的大城市努力研究并利用这种方法对于我国地产评估仍然很有必要。

思考题

1. 土地资产的自然特性和经济特性表现在哪些方面？
2. 一个完整的土地使用权的评估程序有哪些步骤？
3. 我国的土地价格体系有哪些？
4. 影响地产价格的因素有哪些？
5. 我国的土地开发费包括哪些？
6. 土地使用权评估的收益法的基本思想是什么？
7. 如何用路线价法对街角地进行评估？
8. 用剩余法评估地产的适用范围和条件是什么？

练习题

1. 某地一块土地面积为 15 000 平方米，该地块的土地征地费用为每平方米 150 元，土地开发费为每平方米 200 元，土地开发周期为 2 年，第一年投入资金占总开发费用的 35%，开发商要求的投资回报率为 10%，银行贷款年利率为 6%，试评估该土地的价值。

2. 某公司于 2000 年 3 月以有偿出让方式取得一块土地的 50 年使用权，并于 2002 年 3 月在此地块上建成一座砖混结构的写字楼，当时造价为每平方米 2 000 元，经济耐用年限为 55 年，残值率为 2%。目前，该类建筑重置价格为每平方米 2 500 元。该建筑物占地

① 严星，林增杰．城市地产评估．北京：中国人民大学出版社，1999.

面积为500平方米，建筑面积为900平方米，现用于出租，每月平均实收租金为3万元。另据调查，当地同类写字楼出租租金一般为每月每建筑平方米50元，空置率为10%，每年需支付的管理费为年租金的3.5%，维修费为建筑重置价格的1.5%，土地使用税及房产税合计为每建筑平方米20元，保险费为重置价的0.2%，土地资本化率为7%，建筑物资本化率为8%。假设土地使用权出让年限届满，土地使用权及地上建筑物由国家无偿收回。试根据以上资料评估该宗地2006年3月的土地使用权价值。

3. 评估城市规划确定的某块住宅用地2009年5月10日的市场价值，有关资料如下：①该地块总面积为1 800平方米。②选择的可比实例A、B、C的交易日期和交易价格为：可比实例A为2008年12月10日进行的交易，交易价格为1 520元/平方米；可比实例B为2009年2月10日进行的交易，交易价格为1 480元/平方米；可比实例C为2009年4月10日进行的交易，交易价格为1 600元/平方米。③经分析，可比实例A为正常交易，可比实例B的交易价格比正常价格低3%，可比实例C的交易价格比正常价格高5%。④可比实例A、B、C交易时的定基价格指数分别为105%、112%、118%，评估基准日的定基价格指数为125%。⑤与评估对象比较可比实例A、B、C的区域因素综合打分分别为102分、98分、96分。⑥与评估对象比较可比实例A、B、C的个别因素综合打分分别为104分、101分、97分。试根据上述资料，运用市场法评估该土地的价值。

4. 有一宗“七通一平”的待开发建筑用地，土地面积为2 000平方米，建筑容积率为2.5，拟开发建设写字楼，建设期为2年，建筑费为3 000元/平方米，专业费为建筑费的10%，建筑费和专业费在建设期内均匀投入。该写字楼建成后即出售，预计售价为9 000元/平方米，销售费用为楼价的2.5%，销售税费为楼价的6.5%，当地银行年贷款利率为6%，开发商要求的投资利润率为10%。试估算该宗土地目前的单位地价。

5. 某宗房地产从2005年5月到2008年5月的年净收益为200万元，2008年5月转售，转售时的价格比2005年5月上涨15%，转售时卖方应缴纳的税费为售价的6%。若该类房地产的投资收益率为9%，试测算该宗房地产2005年5月的价格。

第六章 建筑物与在建工程的评估

第一节 房屋建筑物评估概述

一、建筑物及其特性

房屋，是指能够供人居住、生产、储藏物品或进行其他活动的工程建筑，一般由地基、墙、门、窗、柱和屋顶等主要构件组成；构筑物则是指除房屋以外的各种工程建筑，人们一般不直接在其内部进行生产和生活，如桥梁、水井、隧道、水坝、烟囱、水塔、道路等。房屋和构筑物统称为建筑物。

建筑物具有一些不同于一般商品的属性，表现在以下几个方面：

（一）不能脱离土地而单独存在

土地是可以独立存在的一种自然资源和社会资源，而建筑物必须建立在土地之上，与土地不可分割，离开土地的空中楼阁是不存在的。

（二）产权边界的复杂性

一般来说，资产的边界是比较清楚的。但对于建筑物来说，其产权边界就很复杂，比如评估时经常遇到同一幢建筑物具有多重产权属性的情况，如公私同幢、私私同幢等；或表现为在同一幢房产中一部分体现为所有权，另一部分体现为租赁权。

（三）使用寿命有限

尽管建筑物的使用寿命很长，一般达数十年，甚至更长，但相对于土地来说，建筑物的寿命是相当有限的，也就是说建筑物的使用价值是有时间限制的。随着时间的推移，不管使用还是不使用，建筑物的实体和功能会不断地发生损耗。一定年限后，建筑物会失去其使用价值。

（四）功能变异性

建筑物的功能具有一定的变异性，功能的改变通常会提高建筑物的使用价值。如商业区的厂房、车间改造，临街工业用房改造成商业用房等，就极大地提高了这些房屋的使用价值。

二、建筑物的分类

为了便于建筑物的评估，可将建筑物按经济用途和结构材料两种标准进行分类。

（一）按经济用途分类

按建筑物的经济用途分类，大致可分为：商业建筑、工业建筑、民用建筑、公共建筑等。按经济用途的不同将建筑物进行分类的目的在于，不同用途的建筑物，其获利能力以及影响其市场价值的因素各不相同，对土地使用权的效用发挥的影响也不同。在评估时应充分考虑这一点。

（二）按结构材料分类

建筑物的建筑结构与其建造成本有着十分密切的关系，因此，我们还有必要了解建筑物的结构分类，建筑物依据其主要承载结构所用的材料一般可划分为五类：

1. 钢结构

钢结构是指建筑物的承载构件（如梁、柱、房架等）由钢材制作。钢结构一般适用于特殊用途的建筑物。

2. 砖木结构。以砖墙为承重墙，采用木屋架作为屋架梁搭接在承重墙上的结构。此结构适用于老式建筑物。

3. 砖混结构。砖混结构是由屋盖、墙体、楼板、过梁、砖基础构成的结构体系。其建筑特征为载荷是通过屋盖、楼板传到承重墙上，再由承重墙传到基础。因此，承重墙砖砌筑质量的好坏、砌体强度的大小将直接关系到砖混结构的质量和寿命。此结构适用于普通民用建筑。

4. 钢筋混凝土结构

这种结构的楼板与墙体均为现浇或预制钢筋混凝土结构，具有良好的整体性，抗震能力比砖混结构和框架结构强，适用于高层建筑。

5. 简易结构

简易结构是以棚为主体的轻质材料、轻型结构组成的建筑物。

三、建筑物评估的原则

建筑物评估除了要遵循资产评估的一般原则以外，还必须遵循符合其自身特点的一些特殊原则，这些特殊原则主要有以下四个方面：

（一）合法原则

建筑物评估的合法原则是指建筑物评估必须以建筑物的合法取得、合法使用、合法交易、合法处分为前提。建筑物评估之前必须收集建筑物的合法产权证明文件，并以之为依据；建筑物的合法使用一般以政府法律法规或城市规划为准绳，比如，城市规划中规定了土地的用途、容积率、建筑密度、高度等，在进行建筑物评估时就必须考虑这些限制条件，并在此限制的前提和范围之内进行。合法交易和合法处分主要以有关法规及有关文件、批件、合同、协议为依据。在建筑物评估中，建筑物的合法使用是评估人员应着重掌握的。

（二）房地分估合一原则

进行房地分估的原因在于：①房产和地产价格的性质不同。房屋价格是以商品价值为基础的一种生产成本价格；而土地不是商品，其现实的价格常常体现为一种使用权价格或收益价格。②房产和地产的折旧特性不同。房屋建筑物一般随着时间的推移而产生折旧，甚至毁损；而土地由于其永久使用性而不存在折旧问题，甚至会由于其稀缺性和社会经济的发展而不断升值。③影响房产和地产价格的因素不尽相同。土地受其区域和区位条件影响较大；而房屋建筑物主要受其建筑质量和环境因素的影响。上述地产和房产的不同特性决定了在对它们进行评估时必须采取不同的方法和程序，因此实行房地分估有利于深入地分析各自的价格影响因素，从而使评估的房产和地产的价格更为精细合理。同时，由于房产和地产具有价格互动性，并且在实际交易活动中，房产和地产往往是一起转让的，地价寓于房价之中并通过房价来实现，因此进行房地综合计价又是必需的。

（三）地域原则

地域原则是指在进行建筑物评估时应考虑不同地区、城市间经济地理环境不同，建筑物经济价值不同而合理确定符合本地区、本城市宏观经济环境的评估价格。同样质量和功能的建筑物在北京和武汉其价格会大相径庭，这就是建筑物价格的地域差异。建筑物评估应在尊重经济现实的前提下进行估价，脱离本地区、本城市的经济现实而评估的价格是难以实现的，从而也是毫无意义的。《国务院关于中外合营企业建设用地的暂行规定》中指出，场地使用费的具体标准，应根据不同条件分等合理确定。原则上沿海地区应高于内地，大中城市应高于中小城镇，城市中心、繁华地段应高于其他区段和郊区等。这一规则就充分体现了地域原则的思想。需要说明的是，地域原则并不否定整体建筑物价格低的地区或城市其某宗具体的建筑物价格会超出整体价格高的地区或城市的一般水平。

（四）最有效使用原则

由于建筑物具有一定的功能变异性的特点，不同的利用方式能为权利人带来差别很大的收益，且随着建筑物市场经营化的不断深化，建筑物权利人越来越多地通过改变建筑物的原有功能来实现收益的最大化。因此，在对建筑物进行评估时，就要考虑建筑物是否已经发挥了最大的效用，在具有功能变异性的情况下，就应该按潜在的最有效使用原则来评估。当然，应用这一原则时，需要符合国家的法律、法规和政策的规定。

四、建筑物评估的一般程序

建筑物工程涉及经济、工程、法律等多方面的知识和技术，相对而言比较复杂。所以制定一套科学合理的评估程序能保证评估人员恰当地选择评估方法，从而使评估结果正确合理。现将评估程序介绍如下：

（一）明确基本事项，签订评估协议

资产评估机构在收到建筑物评估委托后，要对建筑物评估的基本事项作一定的调查了解，并根据这些情况衡量评估风险、明确评估费用、规定违约责任等，要明确的基本事项主要包括评估目的、评估对象、评估基准日、评估工作期限以及签订评估协议等具体事项。

（1）明确评估目的。建筑物作为评估对象，其发生的经济行为多种多样，有所有权转让或使用权转让、抵押、担保、拍卖、课税等。明确评估目的有助于评估人员选择恰当的价格类型，从而确定适用的评估方法。

（2）明确评估对象。对于建筑物的评估，首先，需要明确家具、设备等是否包含在内；其次，应弄清楚待估建筑物的名称、坐落、用途、面积、层数、结构、装修、基础设施、使用年限、维修保养状况等；最后，还需明确待估建筑物产权性质及产权归属，即该建筑物是所有权与使用权合一还是分离、它们各自的权属如何等。

(3) 明确评估基准日。评估基准日是指估价额所指的具体的时点，一般以年、月、日表示。这个时点既可以是现在，也可以是过去的某个时点，如为处理房产纠纷案件而用的估价；还可能是将来，如为房产开发进行可行性研究而作的估价。因此，在进行房产评估之前，应明确评估基准日具体在何时。

(4) 明确评估工作期限。评估机构在签订评估协议之前，还应明确委托方允许的最长工作期限及最后提交评估报告的日期，并根据这一期限结合自身的人员数量衡量评估的违约风险。

(5) 签订评估协议。在上述诸事项均已明确，并且评估双方已就有关重大事项达成一致意见时，应签订房产评估协议，以书面的形式明确受托方和委托书各自的权利和义务。

(二) 选择评估方法

签订了评估协议后，评估人员应根据建筑物的类型、用途及评估目的选择合适的评估方法。及早地选择评估方法，主要是为了后面收集资料时能有的放矢，避免重复劳动。因为不同的估价方法所需的具体资料是不一样的，当然，有时候需要根据资料收集的情况重新选定评估方法。因此，选择评估方法和收集资料是互相补充的，在实际工作中，选择评估方法和收集资料往往是交叉进行的。

(三) 资料准备

评估人员在做出上述步骤后，就可以开始收集资料了。资料准备一方面是委托方提供，另一方面是评估人员自己到评估所在地收集整理。

委托方需要提供的资料有：

①评估对象的工程名称、建筑物地址。

②区域规定资料，包括区域土地总面积和区域建筑总面积。

③区域总平面图、建筑物的建筑物面积图。

④工程竣工决算书，包括水、暖、电、管线、道路绿化。

⑤工程竣工验收单、监制证。

⑥财务账目清单。

⑦工程项目批文（即立项报告）。

⑧规划局批准文件（包括施工许可证）。

⑨土地使用许可证（包括征地文件）。

⑩当地工程造价管理的有关规定。

⑪当地评估时的建筑材料市场价格。

⑫评估建筑物照片。

(四) 配备人员，制订并实施评估计划

对于复杂的房产评估项目，应成立评估小组，并由经验丰富的评估人员担任组长，然后由组长制订评估计划，配备人员并进行适当的分工。制订评估计划需要对整个评估过程要进行的工作项目做出日程安排，该日程安排应与评估协议中有关评估工作期限的规定一致。在进行人员分工时，也要考虑各位组员的性格、特长等情况，做到人员的合理配置。在实施评估计划的过程中，组长还应随时跟踪各评估组员的工作进度，协调配合全体组员的工作，以确保评估任务按预定进度完成。

（五）计算确定评估价格

在对影响建筑物价格的各种因素作考察分析后，评估人员就可以根据选定的估价方法进行具体的计算了。为提高最终评估结果的可靠性，评估人员可能还会选择另外一些估价方法进行测算。这时，对于用几种估价方法计算出来的多种评估结果，可采用简单平均法、加权平均法等方法确定一个最终结果；也可以某一个评估结果为主，其他评估结果作参考。需强调的一点是，评估人员在确定最终评估结果时，应该动态地把握市场趋势，力求使最终评估结果是最可能实现的价格。

（六）撰写评估报告书

评估报告书是反映整个评估过程的成果性文件，它表明了评估机构对于该宗房地产评估业务的专业性意见，也是评估机构执业水平和职业道德的最终体现。因此，认真、规范、客观、详实地撰写评估报告书对于维护评估人员及其所在机构的声誉是非常重要的。

一份完整的房地产评估报告书应包括以下内容：

①受托方和委托方的名称；

②评估对象的概况（如坐落位置、地质条件、建筑结构和面积、完损程度、权利状况、发展前景等）；

③评估目的；

④评估基准日；

⑤评估依据；

⑥规划设计条件；

⑦评估的方法及计算过程；

⑧评估结论；

⑨补充事项；

⑩评估作业起止日期；

⑪评估人员名单；

⑫附件（包括评估所需的有关权属证书、图纸、照片、背景材料、原始资料和实地勘察的数据等）。

第二节 建筑物价值的影响因素

由于房产与地产具有价格互动性，因此一些影响地产价格的因素也会对房产价格产生间接影响。但在房地分估的情况下，我们需要了解独立作用于房产价格的各种因素。类似于地产价格因素的分类，我们也将影响房产价格的因素分成三类：基本因素、一般因素和微观因素。

一、基本因素

基本因素是指直接构成房产成本项目的各种因素。它们对房产价格起决定作用，是影响房产价格因素中的主体因素，主要包括以下四个方面：

(1) 建筑成本。建筑成本主要包括：①房屋建筑安装工程费，指房屋建筑物及其基地的全部建筑安装工程所耗费的费用。②土地补偿和改良费，包括征地费、青苗补偿费、生产和生活设备补偿费、搬迁用房建筑安装工程费、“三通一平”费等。③勘察设计费，包括支付的居住区规划费、建筑设计费、地质勘察费及施工执照费等。④管理费，包括的项目比较多，有管理机构员工工资、工资附加费、办公费、差旅交通费、固定资产使用费、低值易耗品购置费、劳动保护费、职工教育费、广告费、合同签证费、公证费、保险费、诉讼费、聘请律师费等。⑤街坊配套费，即在建筑所在地街坊内，按有关住宅建设市政公用设施配套标准支付的供水、供电、通信、排污、排水、道路、绿化等工程费用。⑥贷款利息。房屋建筑成本是构成房产价格的主体部分，对房产价格产生直接影响。

(2) 开发商利润。房地产开发商经营房地产的目的是要赚取利润，而该部分利润由于地产商之间的同业竞争而趋于行业平均利润水平。因此，房地产业的竞争状况决定了行业的平均利润，从而影响房产的价格。

(3) 税金。税金包括营业税、城市维护建设税和教育费附加以及国家规定的其他税金。在获取行业平均利润的前提下，房地产商必然会把这些税金转嫁给房地产业主，房地产价格也因此而上浮。

(4) 其他配套费用。其他配套费用主要包括人防费和住宅建设市政基础设施配套费。

二、一般因素

一般因素是指对房产价格起间接调控作用的因素。它们往往潜在地影响房产的价格，但其作用却不可小视，这类因素主要有以下四种：

(1) 土地因素。前面已经提到，房产和地产是不可分割的综合体，它们之间具有价格互动性，地产条件的优劣对房产价格有着很大的连带影响，房地产商会由于土地条件的优越而抬高房产的价格。在进行房地分估的情况下，要注意土地因素对房产价格造成的影响。

(2) 经济地理因素。在我国，政治、经济、文化发展呈现出区域性差别，东南沿海城市政治、经济、文化相对较发达，中部地区一些历史古城政治、文化与其经济呈现不对称发展，而广大的西部地区则相对落后。因此，即使是相同质量的房屋建筑物，其房产价格也会不同。一般而言，大城市的房价高于小城市，沿海城市高于内地城市，城镇高于农村，甚至在同一个城市，由于地段不同，其房价差别也很大。因而在评估房地产价格时应遵循地域原则。

(3) 市场因素。我国房地产市场不够完善，还存在许多房地产投机的现象，市场信息不能反映真正的价格水平，“炒房地产”热就充分说明了这一点，往往一宗房产几经转手后其价格就会成倍地增长。把握市场因素对房产价格的影响对合理评估房地产价格是相当重要的，尤其是运用市场法评估房产价格时更是如此。

（4）行政因素。在我国传统计划经济体制下，房产的售价及租金基本上实行计划价格，国家住房补贴又进一步掩盖了真实的房价。改革开放以来，我国实行市场与计划相结合的宏观经济政策，住房制度的商品化改革使得房地产市场有了很大的发展，房地产市场价格形成机制也逐渐形成，但还是有一些行政因素扭曲了房地产的市场价格。因此，在评估这类房地产价格时应注意剔除这些因素的影响。

三、微观因素

影响房产价格的微观因素是指直接关系到具体房产的物理特性和使用特性的各种因素。这些因素即便是在同一楼层也会因房屋的朝向、结构、装修等情况的不同而大有差别，因此在评估具体房屋（房间）的时候，应充分考察这些因素对房价的影响。

（1）物理因素。主要是指房屋建筑物的造型风格、结构、用料、功能、工艺等方面的情况。这些因素的好坏决定了房屋的使用性能和人们对房屋审美的满意度，从而在很大程度上能够抬高或抑制房产的价格。这些因素是房屋建筑物评估应考虑的基本因素。

（2）房屋装修标准。主要是指门窗、地板、墙壁、天花板的用料及做工情况。不同的装修标准使人们对生活、工作的满意度不同，其本身的成本价格也不同。房屋装修标准越高，其房产价格也越高；反之，则房产价格相对较低。

（3）设备完善状况。主要是指卫生设备、暖气设备、电视通信设备等。具体而言，一般包括抽水马桶、洗浴设备、暖气片、有线电视接口、固定电话接口和网络接口等。这些设备的完善状况直接影响人们生活、工作的便利度，因而也会对房产价格造成较大影响。

（4）房屋附属设施状况。指围墙、栅栏、草坪、阳台、车库、储藏间、电梯等的完备状况。这些因素的优劣状况对房产价格有着微调的作用。

（5）楼层、朝向因素。楼层的高低直接决定了垂直交通的便利度，同时也会影响到房间的采光和通风条件；房间的朝向则主要决定了房屋的采光和通风条件。这两个因素对房产价格也有着极大的影响。

（6）房屋折旧和完损程度。房屋建筑物不像土地，它会随着时间的流逝，在人为使用和自然力作用下发生损耗，而且一般是时间越长，损耗越大，提取的折旧费越多。在对这类房产进行评估时，应进行现场勘察，根据房屋维修和保养情况并结合房屋折旧确定实际的成新率。

在评估房屋建筑物价格时，还应该考虑到房屋建筑物的功能性质与现实需求之间的差距以及建筑物的实际利用率等因素，以便对房产价格作适当的调整。上述分析的影响房产价格的各类因素都会对房产价格产生较大的影响，但在实际评估案例中应分清主次，合理确定各自影响的权重。

第三节　成本法在建筑物评估中的应用

一、成本法的基本原理

建筑物评估中的成本法是从建筑物的再建造或投资的角度，估算待估建筑物在现实状态下的重置成本，再扣减由于各种损耗因素造成的贬值，从而求得建筑物价值的评估法。其基本公式为：

建筑物的价格=重置成本-实体性贬值-功能性贬值-经济性贬值

二、建筑物重置成本的确定

（一）建筑物重置成本的构成

一般而言，房地产商发售房地产时的房价都包括地价，这主要是由于建筑物不可能脱离土地而独立存在，它总是建筑在土地之上。所以开发商在出售房产时也包括土地的价格，但为了在进行房地分估的情况下避免土地价格重复计算，因此在介绍建筑物重置成本价格构成时不包括土地部分。这样，建筑物重置成本价格一般包括以下内容：

（1）前期工程费。包括在建筑物价格内的前期工程，主要是指下列三个方面：

①为房地产开发项目进行规划和可行性研究的费用；

②场地临时用水、电、路和场地平整费；

③测量、勘察、设计等专业费用。

（2）建筑安装工程费。建筑安装工程费主要包括以下两个方面：

①建安工程费。主要是指按建筑安装工程预算定额计算的工程造价，还包括定额系数调整和主要建筑材料差价。

②工程附加支出。包括招投标、工程预算编制和审计费、质量监督费、竣工质检费等。

（3）配套费。具体指各地对投资建设收取的各项费用，包括供水、供电、供气、通信、排水、排污、道路、绿化等配套工程费用。

（4）建设期利息。建设期利息主要是指土地价格、建筑费用、专业费用等资金投入的利息，该利息要按额定的工期、平均投入资金及适当的贷款利率估算。

（5）建设单位管理费。建设单位管理费一般按建安工程费的一定比例估算。

（6）税金。税金是指在房屋开发建设过程中需交纳的各种税费，如营业税、土地使用税、土地增值税以及其他国家规定的税费。

（7）开发商利润。开发商利润是指房屋开发建设企业应得的正常利润。

建筑物重置成本的构成范围主要是指上述七个方面的内容，但重置成本有两种不同的含义：一种是复原重置成本，它是指以原有建筑材料、建筑标准、建筑工艺和建筑风格按现在的价格水平重新建造与原建筑物完全相同的新建筑物的成本价格；另一种是更新重置成本，它是指以现时的建筑材料和建筑工艺等重新建造与原有建筑物基本相同且具有同等效用的新建筑物在现时价格水平下的成本价格。前者主要适用于具有历史保护价值的建筑物，如文物性建筑物、纪念性建筑物等；后者则广泛应用于普通建筑物，评估人员在实际工作中一般是按更新重置成本确定建筑物的重置完全价值。

（二）建筑物重置成本的测算方法

1. 重编预算法

重编预算法是指借助编制工程预算的思路，对待估建筑物的重置成本构成项目按重新编制预算的方法进行分别估算，加总求取重置成本。其计算公式为：

$$建筑物重置成本 = 建安工程投资 + \sum 按评估基准日标准估算的其他重置成本构成项目价值$$

对于建安工程投资，通常根据建筑物的竣工图进行工程量计算，再按相应的定额求得。对于其他重置成本构成项目，包括专业费、建设税费、建设期利息、开发商利润等，按评估基准日的正常标准进行估算。

重编预算法主要用于测算建筑物更新重置成本。这种评估方法具有以下特点：（1）它是以采用新技术、新设计、新材料、新工艺为前提的，评估思路及所用经济技术参数符合估算更新重置成本的要求；（2）这种测算方法估算重置成本的准确性较高；（3）估算的工作量大。

2. 预决算调整法

预决算调整法是以待估建筑物决算中的工程量为基础，按现行工程预算价格、费率将其调整为按现行价格水平计算的建筑工程造价，再加上间接成本，从而得出建筑物的重置成本。其计算公式为：

$$重置成本 = 建筑综合造价 + 前期费用 + 其他费用 + 资金成本$$

运用该方法的好处在于不需要对工程量重新计算，可大大缩短评估时间。它的假定条件是建筑物原工程预算是合理的，所以只需对建筑物预算价格及费率用评估时日的标准取代建筑物建造时的标准，计算出调整后的工程决算造价，再加上按评估时日标准计算的间接成本即可得到建筑物的重置成本。用预决算调整法进行评估，必须具备完整的建筑工程竣工决算资料或预算资料。

预决算调整法主要适用于用途相同、结构相同且数量较多的建筑物评估。这样，可以通过选择若干有代表性的典型建筑物按此法评估得出重置成本，然后以估测出的典型建筑物的重置成本与该建筑物原预决算价格比较，求出一个调整系数，推算出其他相同、相似建筑物的重置成本。

3. 价格指数调整法

价格指数调整法是以待估建筑物的账面原值为基础，根据建筑业价格指数或其他相关价格指数对该账面成本进行价格调整而得出建筑物重置成本的一种方法。该方法的适用隐含了一个前提条件，那就是原建筑物的工程量及相关费率与现时标准是相同的，且建筑物造价的变化仅取决于物价的变化。这样一来，由于建筑物工程量及相关费率标准的变化以及建筑物造价影响因素的多重性的存在，价格指数调整法的这个隐含的前提条件就限制了其评估结果的可靠性。因此，对于大型的建筑物一般不宜采用此法。该方法一般只限于单位价值小以及运用其他方法有困难的建筑物的重置成本估价。此外，该方法要求建筑物的账面成本是真实的，否则运用该方法就失去了其本身的意义。

价格指数调整法除了要求上述前提条件成立及账面成本真实以外，还要求有能够反映建筑业物价变动的价格指数可利用，这也是运用该法的关键所在。对于价格指数的选择，一般优先考虑建筑行业价格指数，该指数基本上能反映出建筑产品价格的变化趋势。

价格指数调整法的基本计算公式为：

重置成本＝账面原值×价格变动指数

三、建筑物实体性贬值的确定

建筑物实体性贬值是指建筑物由于使用磨损和自然损耗造成的贬值。由于待估建筑物一般都不是全新状态的房产，因此待估建筑物一般都存在实体性贬值。在确定建筑物实体性贬值时一般以建筑物在实物形态上的保值程度的百分率——实体成新率进行反映。实体成新率的测算主要采用使用年限法和综合评分法。

（一）使用年限法

使用年限法是指利用建筑物的实际已使用年限占建筑物实际耐用年限的比率作为建筑物的实体损耗率；或以估测出的建筑物尚可使用年限占建筑物实际耐用年限的比率作为建筑物的实体成新率。假设建筑物实际已使用年限为 R，尚可使用年限为 S，则有：

$$建筑物的实体损耗率 = R/(R+S)\times 100\%$$

$$建筑物的实体成新率 = S/(R+S)\times 100\%$$

运用使用年限法时要区分两对概念：实际已使用年限和已折旧年限；尚可使用年限和剩余折旧年限。因为房产评估是要估算出建筑物现有的真实价值而非账面价值，因此在确定建筑物的实际已使用年限时应以已折旧年限为基础，结合建筑物的实际利用率和其他实际情况合理确定；而建筑物尚可使用年限的确定则应根据建筑物现有的实体成新率、正常使用强度以及维修保养状况加以确定。

（二）综合评分法

综合评分法是指评估人员借助于建筑物实体成新率的有关评分标准对待估建筑物不同构成部分进行对照评分，然后再根据其相应的成新率评分修正系数加权汇总得出建筑物实体成新率的一种方法。

该方法的使用首先是根据待估建筑物自身的房屋结构类型（如钢筋混凝土结构、砖混结构、砖木结构等）选择相应的成新率评分标准，然后对照待估房屋的各具体构成部分进行评分。一般而言，不同的房屋结构类型，其成新率评分标准也不一样，各类型的评分标准请读者参阅中国统计出版社出版的《中国统计年鉴 2007》。

在根据成新率评分标准进行对照打分后，还应根据房屋成新率的评分修正系数将待估建筑物各构成部分的得分加权汇总得出待估建筑物的综合得分，并据此确定建筑物的成新率。房屋成新率评分修正系数参照表 6-1 加以确定。

因此运用项目成新率标准综合评定建筑物实体成新率时可以按以下公式计算确定：

$$实体成新率=（结构部分合计得分\times G+装修部分合计得分\times S+设备部分合计得分\times B）\div 100\times 100\%$$

式中：G——结构部分成新率修正系数；

S——装修部分成新率修正系数；

B——设备部分成新率修正系数。

表 6-1　　不同结构类型房屋成新率评分修正系数表

修正系数 \ 结构类别 \ 楼别	钢筋混凝土结构			砖混结构			砖木结构			其他结构		
	结构部分（G）	装修部分（S）	设备部分（B）	结构部分（G）	装修部分（S）	设备部分（B）	结构部分（G）	装修部分（S）	设备部分（B）	结构部分（G）	装修部分（S）	设备部分（B）
单层	0.85	0.05	0.1	0.7	0.2	0.1	0.8	0.15	0.05	0.87	0.1	0.03
二、三层	0.8	0.1	0.1	0.6	0.2	0.2	0.7	0.2	0.1			
四~六层	0.75	0.12	0.13	0.55	0.15	0.3						
七层以上	0.8	0.1	0.1									

说　明：修正后房屋得分（成新率）= 结构部分合计得分×G+装修部分合计得分×S+设备部分合计得分×B。

资料来源：朱道林．不动产估价．北京：中国农业大学出版社，2007.

四、建筑物功能性贬值的确定

建筑物功能性贬值是指由于建筑物用途、使用强度、结构、装修、设备配备等不合理造成的建筑物功能不足或浪费所形成的价值损失。在确定建筑物功能性贬值时是以该建筑物在现有占地面积和区位条件下能够发挥的最大效益为比较标准的，凡是由于上述不合理现象造成的效益损失或为达到最佳效益所需付出的额外成本费用均应视做该建筑物的功能性贬值。

建筑物功能性贬值的常见情形有以下几种：

（一）建筑物用途与使用强度不合理形成的功能性贬值

这种贬值是相对于其占用的土地的最佳利用方式而言的。如果出现了建筑物用途及使用强度与其占用土地的最佳使用状态不一致时，土地的最佳效用就没有发挥出来，土地的价值就没有得到充分实现。但是，在房地产评估中，土地使用权的评估通常是以其最佳用途和使用强度为依据的，因此对于建筑物用途和使用强度与土地假定最佳用途和使用强度的差异所造成的价值损失一般以建筑物的功能性贬值体现出来。

（二）建筑物的设计及结构上的缺陷形成的功能性贬值

建筑物不合理的设计及结构可能导致建筑面积较大而有效使用面积却相对较小的情况出现，从而影响了建筑物的有效利用。建筑物有效使用面积与其建筑面积的比例低于其最佳或正常水平所形成的价值损失，也应视做建筑物的功能性贬值。

（三）建筑物的装修、设备与其总体功能的不协调形成的功能性贬值

如果建筑物装修和设备安装超标准投入，在建筑物使用价值增值不明显的情况下，往往形成功能浪费，其超标投入部分价值无法实现；而建筑物装修和设备安装过于落后时，又不能发挥建筑物的主体功能，导致建筑物主体功能不足。这两种情况下的价值损失都是建筑物功能性贬值的体现。

上述各种原因形成的建筑物功能性贬值，在测算过程中要注意与建筑重置成本和成新

率测算一并统筹考虑，避免重复考虑和漏评现象出现。

五、建筑物经济性贬值的确定

建筑物经济性贬值是指由于外界经济环境变化而影响了建筑物效用发挥，导致其价值贬损。从现象上看，建筑物出现经济性贬值，一般是随着宏观经济形势或建筑物区域条件的变化导致利用率下降而产生的；从建筑物出现经济性贬值所造成的后果看，最终都是反映在建筑物的收益下降上面。所以，在测算建筑物经济性贬值时，可参照下列公式进行。

经济性贬值=（建筑物年收益净损失额/建筑物还原利率）×［1-1/（1+r）^{n}］

或

$$\text{经济性贬值} = \sum_{i=1}^{n} R_i\,(1+r)^{-i}$$

式中：R_i——第 i 年的建筑物年收益净损失额；

r——建筑物还原利率；

n——预计建筑物收益损失持续的时间，通常以年为单位。

【例 6-1】 某市一幢八层出租写字楼，位于该市较繁华地段，占地面积为 800 平方米，建筑面积为 3 500 平方米，其结构为钢筋混凝土结构。建筑物于 2002 年 5 月竣工投入使用，投入时其账面成本为 350 万元。已知采用市场法评定的该地产的单位价格为 1 500 元/m^2，现要求评估该房地产在 2007 年 5 月的价格，其中房产的评估使用重置成本法（假定重置成本法所需的技术经济资料均可获得）。

该房地产价格的估算过程如下：

1. 评估确定该建筑物的重置全价

根据收集的资料，该建筑物重新建造的工程量及相关费率与原建筑物决算情况相同且有比较可靠的建筑业价格指数体系，因此可以根据价格指数调整法确定待估建筑物的重置全价。假设 2002 年建筑业定基价格指数为 112. 5，2007 年建筑业定基价格指数为 128. 5，故该待估建筑物的重置全价为：

350×（128. 5÷112. 5）= 399. 78（万元）

2. 确定建筑物的实体成新率

经专家评定打分，该建筑物结构部分得分为 81 分，装修部分得分为 65 分，设备部分得分为 75 分，则该建筑物的实体成新率为：

实体成新率=（81×0. 8+65×0. 1+75×0. 1）÷100×100%

=78. 8%

3. 计算功能性贬值

经专家分析测算，该建筑物由于结构设计不合理，为达到其应有的理想状态需一次性花费 20 万元进行内部改造，该建筑物功能性贬值仅此一项，则应扣除的建筑物功能性贬值额为 20 万元。

4. 计算经济性贬值

该建筑物附近正在实施该市重点交通建设项目，使得该地区交通条件及环境质量严重下降，从而有些租户退租，导致每年 4 万元的净收益损失，该损失额持续的时间将是 3

年，已知建筑物收益率为10%，则该建筑物经济性贬值为：

$$(4÷10\%)×[1-1/(1+10\%)^3]=9.95（万元）$$

5. 计算建筑物的价格

建筑物的价格=（建筑物重置全价×实体成新率-功能性贬值-经济性贬值）

=399.78×78.8%-20-9.95

=285.08（万元）

6. 确定待估房地产的价格

由现有资料可知土地总价格为800×1 500=120（万元）

故该待估房地产的评估价格为：285.08+120=405.08（万元）

第四节　收益法在建筑物评估中的应用

建筑物（又称房产）评估的收益法的原理和程序与地产评估的收益法基本相同，这已在土地使用权评估收益法中作了详细介绍。这里我们主要讨论收益法在实际运用中如何进行建筑物的估价。

房产采用收益法主要适用于收益性房产的评估，并且要能够合理地分解房产和地产各自归属的收益。在评估实践中，一般只需综合评估房地产的整体价格就可以了，这时，只需计算出房地产的整体纯收益，再用房地产的综合还原利率进行还原就可以得到房地产的价格。但有时候要单独估算房产的价格，则需要从房地产整体纯收益中分离出属于房产的纯收益，此时我们可以用建筑物残余法进行建筑物的估价。

建筑物残余法是指根据收益法以外的方法确定土地的价格，并根据其还原利率计算出土地的纯收益，然后从房地产纯收益总额中扣除土地的纯收益，从而得到归属于建筑物的纯收益，再运用建筑物的还原利率对该纯收益进行还原得出建筑物价格的一种估价方法，它本质上是收益法的具体运用形式。该方法用公式表示即为：

$$B=\frac{A-Lr_1}{r_2}\left[1-\frac{1}{(1+r_2)^n}\right]（纯收益为折旧后收益）$$

或

$$B=\frac{A-Lr_1}{r_2+d}\left[1-\frac{1}{(1+r_2+d)^n}\right]（纯收益为折旧前收益）$$

式中：A—— 房地产纯收益；

L—— 根据收益法以外的方法确定的土地价格；

r_1—— 土地还原利率；

r_2—— 建筑物还原利率；

d—— 建筑物的折旧率；

n—— 建筑物与土地使用年限中较短的一个；

B—— 待估建筑物的价格。

值得注意的是，在评估实务中，一般采用第二个公式计算房产价格，因为第一个公式中的纯收益是从折旧前收益中扣除折旧费后得到的，而在建筑物价格本身尚需评估时，折旧费的计算并没有可靠的基础，而采用折旧前纯收益并配合建筑物还原利率和折旧率计算房产价格正好可以回避这个问题，从而使评估结果的准确性更高。

【例 6-2】 某物业公司经营一座综合商用大厦，用地总面积为 10 000 平方米，建筑总面积为 60 000 平方米。建筑物为钢筋混凝土结构，地上层高 12 层。自 1999 年 1 月 1 日起，土地使用年限为 50 年，用其他方法评估的土地使用权价格为 2 000 元/平方米。评估基准日为 2008 年 12 月 31 日。要求根据以下资料确定该大厦的评估值：

大厦可供经营出租的净使用面积占总建筑面积的 70%，即 42 000 平方米，其余部分为建筑墙体、公用楼道和公司自用房。月租金按使用面积算，每平方米为 80 元。根据资料统计，常年平均空房率为 15%。大厦总造价为 7 500 万元，设备与家具总投资为 600 万元。建筑物寿命受土地使用年限所限，按 50 年折旧。设备与家具可按 10 年折旧。因钢筋混凝土结构清理费用高，不计建筑物净残值，设备与家具净残值率为 5%，经营期间，每月的经常性支出为 12 万元，房产税按建筑物造价的 70%计征，税率为每月 0.5%。其他税费按每月总收入的 8%交纳。假设建筑物适用的还原利率为 12%，土地适用的还原利率为 10%。

该建筑物价格的评估过程如下：

（1）计算总收入：

年总收入＝42 000×（1－15%）×80×12＝34 272 000（元）

即 3 427.2 万元/年。

（2）计算年总费用：

①家具设备年折旧费＝［600×（1－5%）］÷10＝57（万元）

②年经常性支出＝12×12＝144（万元）

③年房产税＝7 500×70%×0.5%×12＝315（万元）

④年其他税费＝34 272 000×8%＝274.176（万元）

年总费用＝①+②+③+④＝790.176（万元）

（3）计算年纯收益

年纯收益＝年总收益－年总费用

＝3 427.2－790.176＝2 637.024（万元）

（4）计算土地年纯收益

土地年纯收益＝2 000×10 000×10%＝200（万元）

（5）计算建筑物年纯收益（折旧前）

建筑物年纯收益＝2 637.024－200＝2 437.024（万元）

（6）计算大厦的评估值

因该大厦的土地使用年限只有 50 年，自 1999 年 1 月 1 日算起至评估日已有 10 年，故剩余有效期为 40 年。由于建筑物的耐用年限大于土地使用权年限，故折旧年限只能以土地使用权年限为准，折旧率 $d=1/40=2.5\%$，在折现率为 12%的情况下，建筑物的评估值为：

$$B=\frac{A-Lr_1}{r_2+d}\left[1-\frac{1}{(1+r_2+d)^n}\right]$$

$$= \frac{2\,437.024 - 200}{12\% + 2.5\%}\left[1 - \frac{1}{(1 + 12\% + 2.5\%)^{40}}\right]$$

$$= 15\,359.870\text{（万元）}$$

该建筑物在 2008 年 12 月 31 日的评估值为 15 359. 870 万元。

第五节 市场法在建筑物评估中的应用

建筑物评估的市场法的基本原理和程序与地产评估的市场法基本相同，在介绍地产评估的市场法时我们已附带介绍了市场法的基本原理，这里不再做具体介绍。

在用市场法评估地产价格时，我们需进行交易情况修正、交易日期修正、区域因素修正、个别因素修正、容积率修正以及使用年限修正，而在评估房产价格时，对于地产评估中已修正的土地价格特有因素原则上不纳入房产评估的修正因素，但由于房地不可分割性及房地价格互动性的特点，在评估房产价格时仍需考虑地产价格因素对房产价格的连带影响。

一般来讲，在选择了房产的参照实例之后，我们需进行以下几个方面的修正：

（1）交易情况修正。该项修正同样是为了剔除不正常交易对价格所造成的影响，把非正常交易下的参照实例修正为正常交易情况的可比实例。非正常交易情况的类型：①有利害关系的人之间发生的交易；②急于出售或急于购买情况下的交易；③受债权债务关系影响的交易；④对市场行情缺乏了解的交易；⑤有特别动机或者偏好的交易；⑥相邻房地产的合并交易；⑦特殊交易方式下的交易。进行交易情况修正的一般步骤为：①测定各特殊因素对房地产交易价格的影响程度，分析比较相对于正常交易情况而言，特殊情况下的房地产交易价格可能产生的偏差大小。测定方法可以利用已掌握的同类型房地产交易分析计算，确定修正比例或系数，也可以由估价人员根据长期的实践经验，判断确定修正比例或系数。②利用修正系数，修正求得可比实例的正常价格。

（2）交易日期修正。该项修正是为了剔除交易时间间隔所产生的物价变动的影响。交易日期修正的方法一般有：①采用房地产价格变动率进行修正；②利用房地产价格指数进行修正；③在无法取得房地产价格指数或变动率的情况下，估价人员可以根据当地房地产价格变动情况和发展趋势以及自己的经验进行判断。此外，房地产价格还可以通过分析房地产价格随时间而变动的规律，采用时间序列分析方法，建立房地产价格-时间模型来求取。

（3）一般因素修正，主要是指为了体现土地因素、经济地理因素、市场因素以及政治因素对于房产价格的不同影响而进行的价格差异修正。

（4）微观因素修正。影响房产价格的微观因素主要是指建筑物的物理因素（造型、风格、结构、用料等）、房屋装修标准、设备完善状况、房屋附属设施、采光通风条件、房屋折旧程度等。微观因素是运用市场法评估房产价格时的重要修正因素，因此可以利用多因素综合评分法对待估房产的这些因素进行分析比较，从而确定合理的修正率。

经过上述几项因素修正后，我们可以根据下列公式确定待估房产的评估价格：

房产价格=参照实例单位面积房价×交易情况修正率×交易日期修正率

×一般因素修正率×微观因素修正率

需要注意的是，影响房产价格的基本因素，如建筑成本、开发商利润、税金、配套费用等，在运用市场法评估房产价格时无需将其作为修正项目，这些因素只是在运用重置成本法时才会被考虑到。

第六节　在建工程的评估

一、在建工程的含义及其特点

（一）在建工程的含义

本章所讲的在建工程主要是指在评估时日尚未完工或虽已完工但尚未交付使用的房地产建筑工程和安装工程以及为该建设项目所准备的材料、设备等工程物资。房地产在建工程反映了房地产建设项目在尚未交付使用之前所支出的所有工程物资价格和相关工程费用。

就房地产在建工程而言，一般可以分为基础工程、结构工程和装饰工程三个基本组成部分。其中基础工程是指为实施建筑物地上框架结构工程而进行的地面平整和地基浇注等奠基工程；结构工程是指为树立建筑物主体框架而实施的梁柱和墙体等工程项目；装饰工程是指在建筑物结构工程完成之后所进行的地面、墙面粉饰和其他相关设备安装等工程项目。这三项工程一般具有时间上的先后顺序，但对于由多个子项目构成的整体项目，这三项工程有可能同时进行，因此在评价在建工程的形象进度时要综合考虑这三项工程各自的进度。所谓在建工程的形象进度是指用工程量或工程造价衡量的已完工部分与全部工程预算的比例。

（二）在建工程的特点

在建工程不同于一般的固定资产，也不同于一般的长期投资，在建工程资产属于一种长期投资，但在建工程有其自身的特点，房地产在建工程更是如此，一般来说，房地产在建工程的特点有以下几点：

（1）房地产在建工程涉及的工程项目、工程材料物资和相关工程税费种类繁多。房屋在建工程所涉及的子工程项目包括道路工程、地基工程、梁柱工程、墙体工程、内部装修工程、设备安装工程、门窗安装工程、外部装饰工程等；在施工过程中，涉及的建筑材料、专业设备及附属设备等工程物资也是名目繁多、价格各异；而进行房屋建设工程所需要支付的税费则主要有土地使用税、营业税、建筑工人工资、建筑专业费用、管理费用、贷款利息等。

（2）房地产在建工程建设工期一般较长。房屋建设项目的建设工期一般少则一两年，长则五六年。建设工期长短的差别，直接与建造期间材料、工费价格变化及相关贷款利息相联系，因而对在建工程的估价有很大影响。

（3）房地产在建工程的价值投入额与实际完成工程量存在一定的差异。一般情况下，房地产在建工程造价的投资额与实际完成工程量是基本一致的，但有时候由于各建筑材料及设备的单价差异较大或者相关材料和设备的提前储备，这二者反映的进度并不一致，因此在确定在建工程进度时，要结合实际情况合理选择。

二、在建工程价值评估

(一) 已完工在建工程的评估

在建工程可分为已完工程和未完工程两大类，已完工在建工程是指已完成施工项目，具备相对完整的服务能力，但未进行竣工结算和交付使用的在建工程；未完工在建工程是指尚未完成施工项目的在建工程。对于这两类在建工程，其具体评估方法是不同的。

对于已完工在建工程，因其已形成相对独立完整的收益能力，因此宜采用收益法。具体来讲，只有当房地产在建工程预计在交付使用后是作为收益性房地产时，该方法才是适用的，而当房地产在建工程在交付使用后是作为非收益性房地产或企业生产用房而不能合理准确地确定房地产的纯收益时，重置成本法是最好的选择。因为工程项目完工不久，其各项技术经济指标与评估时日变化不大，正适合于重置成本法应用的环境。也正是由于这个原因，我们在运用重置成本法评估已完工在建工程时无需逐项核算各工程项目的重置成本，而只需根据刚刚完成不久的工程决算的有关资料作一定的调整即可得出在建工程的价值，用公式表示即为：

已完工在建工程价格=工程决算总支出额×（1+调整系数）

其中：工程决算总支出额主要是指列入工程决算范围内的工程直接费用和间接费用等。直接费用由人工费、材料费、机械费、措施费等组成，间接费用包括管理费等内容；而调整系数则是反映工程材料差价、间接费用标准差异的综合修正系数。

(二) 未完工在建工程的评估

对于未完工在建工程，由于其并未形成相对独立完整的服务或收益能力，因此不适宜选用收益法进行评估，而主要采用重置核算法和形象进度法，下面分别介绍这两种方法。

1. 重置核算法

未完工在建工程评估的重置核算法是指根据实际已经发生的工程直接费用和间接费用按现行物价水平进行适当调整，再加上实际已发生的不可预见费用和预算外费用的重置价值得出未完工在建工程的重置成本的一种评估方法。这种方法需要按照现行物价水平和费率标准对各项直接费用进行调整核算，其核算的基础是未完工程的用料和用工记录，因此该方法要求有能够反映工程实际投入的翔实的工程进度资料。间接费用的重置核算是先根据直接费用按一定比例计提得出间接费用，然后再根据现行费率标准做出适当的调整。实际发生的不可预见费用和预算外费用也应根据现行标准和时间间隔做出相应的调整从而得出其重置值。上述三项经调整后的重置值的加总即构成了未完工在建工程的重置成本，用公式表示如下：

未完工在建工程重置成本 = $\sum$[（各项直接费用项目消耗量 × 单位价格标准）×（1 + 相应的调整系数）] + $\sum$[（应计提间接费的直接费用）×（适用间接费率）×（1 + 相应的调整系数）] + 实际发生的不可预见费用和预算外费用 ×（1 + 相应的调整系数）

采用重置核算法评估未完工程项目，其所属的较完整的工程用料和用工的记录资料一般较易取得，但需收集的资料很多，工作量大；该法在应用中的另一个难点是各具体费用项目的"相应的调整系数"的确定，因为在每一个调整系数上的微小的误差可能累积成评估结果上很大的偏差，因此在运用该方法评估未完工在建工程时，要特别注意调整系数的精确度。

2. 形象进度法

形象进度法，又叫预算调整法，它是根据未完工程的总预算及工程的形象进度，将未完工程已发生的预算投入调整为重置成本，再加上根据未完工程的预算与决算的差异所套算的预算外费用而得出未完工程的重置成本的一种估价方法。与重置核算法基于实际投入的工程量不同，该方法主要是建立在工程总预算的基础上。由于工程预算在实施建设项目之前已经编制好了，所以运用该方法的关键是工程形象进度和预算调整系数的确定。

形象进度有两种表示方法，一种是用工程量表示，另一种是用工程造价表示，用公式分别表示如下：

$$\text{工程形象进度（\%）} = \text{实际完成工程量/总预算工程量} \times 100\%$$

或
$$\text{工程形象进度（\%）} = \text{实际已发生工程造价/工程总预算造价} \times 100\%$$

上述两个公式计算的形象进度是不同的，实际评估中，往往将两个公式结合使用，但在运用形象进度法评估未完工工程时，应该使用以价值形式而非实物量形式表示的形象进度，因为工程总预算是以价值形式表示的一定的货币量，只有使用造价形象进度才能保持二者口径一致。

如前文所述，房屋建筑工程一般可分为基础工程、结构工程和装饰工程，所以，当这三部分工程在一项综合工程中各自的形象进度不一致时，应根据各部分工程的形象进度（个别形象进度）以及它们各自造价占工程总预算的比例加权计算该综合工程的形象进度，用公式表示就是：

$$\text{工程形象进度} = \sum_{i=1}^{3} [\text{第 } i \text{ 部分的个别形象进度(\%)} \times \text{对应部分造价占工程总预算造价的比例}]$$

至于各部分造价构成比例可参照表 6-2 确定。

表 6-2 **工程造价构成表**

部位名称	建筑结构类型（%）			
	混合结构	现浇框架结构	预制装配构架结构	预制吊装结构
基础工程	13	15	25	15
结构工程	60	60	55	60
装饰工程	27	25	20	25

预算调整系数是指对材料价差等因素造成的工程决算和预算的差异进行调整的系数。在运用形象进度法时需要进行调整的差异主要包括工作量差异、建设标准差异、材料和设备等物耗的量差和价差、间接费用适用费率的差异等。运用形象进度法的基本公式对未完

工程进行估价时，预算调整系数应该为各差异项目的综合调整系数，这需要评估人员在充分考察各差异大小及其占总差异额的比重后综合确定。

经过上述分析，我们可以得出形象进度法评估未完工程的基本公式如下：

未完工在建工程价格=未完工程造价总预算×工程形象进度×（1+预算调整系数）+预算外费用

下面举例说明形象进度法的具体的应用。

【例 6-3】 某企业正建设一个混合结构厂房，工程总预算造价为 800 万元，建筑面积为 2 500 平方米。现企业清产核资欲评估该厂房价值，评估时，该厂房尚未完工，根据评估人员现场勘察和施工单位提供的资料，该未完工厂房中基础工程已完成 95%，结构工程完成 80%，装饰工程尚未开始。据有关资料数据，已完工程造价高于预算造价 10%。据施工单位的施工进度资料，该工程到目前为止已发生预算外费用 25 000 元，试评估该未完工程的现行重置成本。

估算过程如下：

（1）测算该未完工程的形象进度

根据表 6-2 可知，混合结构建筑物中基础工程的造价构成为 13%，结构工程的造价构成为 60%，装饰工程的造价构成为 27%，则该待估未完工程的形象进度为：

$$95\%\times13\%+80\%\times60\%=60.35\%$$

（2）估算该未完工程的重置成本

待估未完工程的重置成本=800×60. 35%×（1+10%）+2. 5=533. 58（万元）

思考题

1. 建筑物有哪些特性？
2. 为什么要进行房地分估合一？
3. 影响房产价格的因素有哪些？
4. 简述建筑物评估的残余法的基本原理。
5. 简述未完工在建工程的评估方法。

练习题

1. 某专用仓库，总建筑面积为 6 500 平方米，建成于 1991 年 10 月底，为钢筋混凝土结构，现决定评估其于 2009 年 10 月 31 日的价格。经了解，现时（评估基准日）与评估对象类似的建筑物的造价为每平方米建筑面积 1 200 元，类似建筑物的层高比评估对象高 10 厘米，估计影响造价的 5%。参照有关规定并经评估人员判断，该仓库建筑物的经济寿命为 60 年，该仓库已用了 18 年。试评估该仓库于 2009 年 10 月 31 日的价格。

2. 某房地产建筑面积为 500 平方米，占用范围内土地面积为 800 平方米，已评估出的土地价格为每平方米 1 000 元。月租金为 10 000 元，土地还原率为 8%，建筑物还原利率为 10%，年折旧率为 2%，空租率为 10%。房产税、营业税分别占年租金收入的 12% 和 5%，土地使用税按每平方米土地面积 2 元缴纳。管理费、维修费分别按年租金收入的

3%、4%计算，保险费每年为 1 500 元。试用残余法评估该建筑物价值（假设收益期限为无限年期）。

3. 某建筑物为钢筋混凝土结构，总使用年限为 50 年，实际使用年限为 10 年。经调查计算，现在重新建制全新状态的该建筑物的建造成本为 800 万元，建设期为 2 年，假定第一年投入建造成本的 60%，第二年投入 40%（均为均匀投入），管理费用为建造成本的 3%，1 年期基本建设贷款利率为 6%，销售税费为 50 万元，开发年利润率为建造成本的 25%。该建筑物的墙、地面等局部损坏的修复费用为 18 万元；装修更新重置成本为 200 万元，平均寿命为 5 年，已使用 3 年；设备的更新重置成本为 110 万元，平均寿命为 10 年，已使用 8 年，试估测该建筑物的价值。

4. 某砖混结构住宅建筑面积为 1 000 平方米，其建筑工程预算金额为 200 000 元，设备安装工程预算为 50 000 元，专业费用预算为 6 000 元，建设税费预计为 20 000 元。该住宅建安工程投资中基础工程、结构工程和装饰工程分别占 13%、60%、27%。评估基准日该基础工程已完工，结构工程完成了 30%，设备安装工程、装饰工程尚未进行，工期已进行了 6 个月（总工期为 1 年）。专业费用和建设税费支出分别为 4 000 元和 20 000 元。另外，年利息率为 6%，年投资利润率为 10%。现拟转让，试评估其价值。

第七章　长期投资及金融不良资产评估

第一节　长期投资评估概述

一、长期投资的概念及分类

资产评估中的长期投资是指企业不准备随时变现、持有期在一年以上的投资性资产。长期投资通常可以理解为企业通过分配来增加收益，或为谋求其他利益，而将资产让渡给其他单位所获得的另一项资产。

（一）长期投资根据其投资方式分类

长期投资根据其投资方式可以分为货币资金投资、实物资产投资、无形资产投资和混合资产形式的投资。

①货币资金投资，即以现金、存款、可兑付票据等货币性资产购买有价证券入股投资，并直接以货币单位计价交付。

②实物资产投资，即以实物资产形式，如厂房、机器设备、存货等作为资本进行投资。

③无形资产投资，即以企业自己拥有的无形资产，如专利权、专有技术、商标权、土地使用权等作价出资。

④混合资产形式的投资，即以上述三种投资方式的混合形式进行出资。

（二）长期投资按其投资性质分类

长期投资按投资的性质可以分为持有至到期投资、长期股权投资和混合投资。

①持有至到期投资。即企业为取得债权而进行的长期投资，如购买其他公司的债券、购买国库券、购买金融债券等。持有至到期投资一般有明确的投资期限和约定的投资报酬率。

②长期股权投资。长期股权投资是为获取其他企业的权益或净资产所进行的投资，如对其他企业的股票投资、为获取其他企业股权的联营投资。当投资完成后，投资企业与被投资企业就形成了一种所有权关系，也就是投资企业拥有被投资企业一定比例的所有权，由于投资企业实质上是被投资企业的所有者，所以它要按投资比例的大小享有被投资企业的经营管理权。一般地，长期股权投资的收益率是不固定的，股权投资的风险较持有至到期投资大。长期股权投资有直接投资和间接投资两种形式。直接投资是指企业以现金、有形资产或无形资产等资产形式直接投入其他企业，从而取得投资证明或是股权证明。间接投资是指企业通过证券市场购买其他企业的股票，从而投资于其他企业。

③混合投资。即兼有长期股权投资和持有至到期投资双重性质的投资。这种投资通常表现为混合性证券投资，如购买的优先股股票、购买的可转换公司债券。

二、长期投资评估的特点

长期投资是以对其他企业享有的权益而存在的，因此，长期投资评估主要是对长期投资所代表的权益进行评估。其主要特点如下：

（1）长期投资评估是对资本的评估。尽管从出资形式看，用于长期投资的资产可能是货币资产、实物资产、无形资产，但它们都是把自身拥有的各类资产当做资本金投入其他企业或特殊资产项目，都发挥着资本金的功能。因此长期投资的评估实际上是对资本的评估。

（2）长期投资是对被投资方偿债能力和收益能力的评估。长期投资的目的在于能够获利，所以其价值取决于长期投资在未来的收益，因而，其价值在很大程度上由被投资方持续经营下去的必要条件，即偿债能力和收益能力决定。显然，长期投资评估已经超出了对投资方自身的评估。

（3）长期投资评估要针对具体情况，分别采取不同的评估方法和计价标准。长期投资有不同的具体目的、方式、类型，被投资方的情况也不尽相同，对其评估不能一概而论。如可上市债券由于可以自由流通，一般采用市场法评估，而非上市债券则一般采用收益法评估。

三、长期投资评估的程序

长期投资评估一般按如下程序进行。

（1）明确长期投资项目的具体内容，它一般包括投资种类、原始投资额、评估基准日余额、投资收益的计算方法、历史收益额、长期投资占被投资企业实收资本的比重以及相关的会计核算方法等。

（2）根据相关资料，分析审核评估项目的合法性和合理性，并判断长期投资投入和收回金额计算的合理性和正确性，判断被投资企业财务报表列示的相关项目的准确性。

（3）根据某项具体的长期投资选择合适的评估方法。上市交易的股票和债券一般采用市场法进行评估，按照评估基准日的收盘价格确定评估价格；非上市交易的股票和债券一般采用收益法评估，根据综合因素确定合适的折现率，以确定其评估价格。

（4）评定测算长期投资，得出评估结论。

第二节　债券价值评估

一、债券的概念、分类及特点

（一）债券的概念

债券是政府、公司、金融机构等债务人为筹集资金，按照法定程序发行，向债权人承诺在指定时间内支付利息和偿还本金的有价证券。它是反映投资者与筹资者之间债权与债务关系的书面凭证。通常债券具有以下三个基本要素：

①票面价值，也叫到期价值或面值。它是债券上所记载的金额，亦是发行人同意在到期日支付的金额。

②债券到期日或到期期限。债券发行者按约定支付最后一笔款项的日期称为债券到期日，或简称到期日。到期期限是指距到期日的年数。

③票面利率。债券利息是指债务人在发行日和到期日之间进行的有规律的现金支付。票面利率又叫息票利率，指债券上标明的利率。例如，票面利率为10%表示发行人每年要向债券持有人支付的利息额等于债券面值的10%。有些债券是不带息票的（如国库券），称为无息票债券，在债券到期日债券持有者一次性取得债券面值的现金额。

（二）债券的特点

与长期股权投资相比，长期债券投资具有以下特点：

①投资风险较小。这是因为国家对发行债券有严格的规定，发行债券必须满足一些基本要求。因此，债券投资风险相对较小，安全性较强。其中，政府债券安全性最高。

②收益相对稳定。债券收益主要受两大因素影响：债券面值和票面利率。这两大因素是债券的要素，一经确定就不能随意变动，所以只要受资人不发生较大变故，债券利率通常比较稳定并且正常情况下要高于同期存款利率。

③流动性较强。发行的债券中相当部分是可流通债券，如国库券，可以随时在证券市场上交易变现。

（三）债券的分类

1. 按发行主体分类

根据债券的发行主体不同，可将债券分为政府债券、公司债券与金融债券。这三类债券的风险程度各有不同。政府债券又可以分为中央政府债券和地方政府债券，一般会保证本息的返还兑付，信誉高、风险小，有“金边债券”之称。公司债券一般期限长，风险比政府债券及金融债券要大，因此利率也高于政府债券和金融债券。金融债券期限一般为1~5年，其利率略高于同期定期存款。金融债券的风险在很大程度上取决于发行主体的性质，信誉好的银行发行的债券风险较低，若是非国有银行或金融机构发行的债券，其风险则与公司债券相当。

2. 按偿还期限分类

按照偿还期限的不同，可以将债券分为短期债券、中期债券和长期债券。其中短期债券是指期限在1年以下的债券，中期债券是指期限在1年以上5年以下的债券，而长期债券指的是期限在5年以上的债券。

3. 按利息的支付方式分类

按利息的支付方式，债券可以分为付息债券和贴现债券。付息债券是指在债券票面上带有支付利息联票的债券，在指定的地点和规定的日期内，凭联票领取利息。付息债券是债券的基本形式，一般都是不记名的。

贴现债券是指一种表面上不支付利息，其实也是具有固定收益率的债券，这种债券在发行时按小于面值的发行价格出售，按债券面值偿还，发行价格与偿还金额之差就是发行者支付的利息。

（四）债券风险评估

债券的预期收益和合适的资本化率是债券价格的两个决定因素，而债券的风险又是确定其资本化率的重要因素，因此风险也就成为决定债券收益现值的重要因素。在证券市场上，常用信用评级来反映债券的信用风险，根据债务人违约的可能性、债务的性质和条款、债务的法律保障等条件，将债券信用划分为若干个等级。目前世界上较权威的债券评级标准是美国的穆迪（Moody's）投资服务公司和标准普尔（S&P）公司制定的信用等级标准，如表 7-1 所示。穆迪投资服务公司从 A 到 C 的分类评级都缀以数字（1，2，3）。如缀以 1，即表示该债券属于高档次级别；缀以 2，即表示中档次级别；若缀以 3，则表示属于低档次级别。标准普尔公司用“+”和“-”表示评级的档次。两种评级间的等价关系如表 7-2 所示。

表 7-1　**穆迪投资服务公司与标准普尔公司信用评级标准**

穆迪投资服务公司		标准普尔公司	
信用等级	解释	信用等级	解释
Aaa	质量最好	AAA	最高级别
Aa	质量较好	AA	高级别
A	超过平均水平	A	超过一般水平
Baa	平均水平	BBB	一般水平
Ba	存在投机因素	BB	低于一般水平
B	总体上缺乏投资所要求的质量	B	有投机性
Caa	质量差，可能违约	CCC	可能违约
Ca	高度投机，经常违约	CC	违约的可能性较高
C	最差等级，前景差	C	通常是违约

表 7-2　**穆迪投资服务公司和标准普尔公司划定的债券信用评级标准等价表**

	穆迪投资服务公司	标准普尔公司
投资级：		
最佳（Exceptional）	Aaa，Aaa1，Aaa2，Aaa3	AAA，AAA-，AA+
高质量（Excellent）	Aa，Aa1，Aa2，Aa3	AA，AA-，A+
良好（Good）	A，A1，A2，A3	A，A-，BBB+
中等（Adequate）	Baa，Baa1，Baa2，Baa3	BBB，BBB-，BB+
投机级：		
下等（Questionable）	Ba，Ba1，Ba2，Ba3	BB，BB-，B+
有问题（Poor）	B，B1，B2，B3	B，B-，CCC+
问题较多（Very Poor）	Caa，Caa1，Caa2，Caa3	CCC，CCC-，CC+
问题很多（Extremely Poor）	Ca，Ca1，Ca2，Ca3	CC，CC-，C+
最差（Lowest）	C	C

对于风险评级在评估债券中的应用常常是按债券评级来确定相应的风险报酬率，加上无风险报酬率就是相应债券使用的资本化率了。

二、债券价值的评估

长期债券投资主要采用市场法和收益法进行价值评估。对于未到期的上市交易债券，应依据实际可变现的现行市价确定其评估值；对于未到期的非上市交易债券，应将可以得到的利息连同本金进行折现。市场法是指当评估对象本身具有现行市场价格或与评估对象基本相同的参照物具有现行市场价格的时候，可以直接利用评估对象或参照物在评估基准日的现行市场价格作为评估对象的评估价值的方法。收益法是指通过估算评估对象的未来预期收益并折算成现值来确定评估对象价值的方法。

（一）上市交易债券的评估

上市交易债券是指可以在证券市场上自由流通、交易的债券。上市交易的债券具有高度流动性，当满足不存在有意操纵市场的力量，不存在垄断和过度投机行为时，上市交易债券采用市价法进行评估，按照评估基准日的收盘价确定评估值。一般债券可流通量越大，持有越分散，市价作为评估价值就越准确。如果在特殊情况下，某种可上市交易的债券市场价格严重扭曲、不能代表实际价格时，则应采用其他的评估方法评估其价值。

采用市场法评估债券价值，要求评估人员熟悉市场行情，并对价格走势、不同品种债券的比较关系有透彻的了解。即使在没有该种债券的现货交易时，同样能够根据近期价格和相关债券价格确定被评估债券价格。

采用市场法评估债券，计算公式为：

债券评估价值=债券数量×评估基准日债券的市价（收盘价）

另外，采用市场法评估债券价值，应在评估报告说明书中说明所用评估方法和结论与评估基准日的关系，并说明该评估结果的时限性。

【例 7-1】 某企业欲评估其持有的某销售公司发行的 3 年期可上市流通债券 200 张，每张面值 1 000 元，年利率为 8.2%，按单利计息，评估时距到期日还有 1 年。据调查，该债券在评估基准日的市场收盘价为每张 1 250 元。经综合分析，此牌价属正常的合理价格。求该公司债券的评估值。

评估值为：1 250×200=250 000（元）

（二）非上市交易债券的评估

非上市交易债券是指不能在证券市场上自由流通、交易的债券。由于非上市交易的债券不能直接根据市价进行评估，因此应选择相应的评估方法进行价值评估。对距评估基准日 1 年内到期的债券，可以根据债券本金加上持有期间的利息确定其评估值；超过一年到期的债券，可以根据本利和的现值确定其评估值；对于不能按期收回本金和利息的债券，评估人员应在调查取证的基础上，通过分析预测，合理确定评估值。

通过本利和的现值确定其评估值的债券，一般采用收益法进行评估。收益法中评估债券价值所用的贴现率是必要收益率，它包括名义无风险利率和债券的风险溢价。其中名义无风险利率可以用国库券利率表示。假设到期期限为 N 个时期的债券，每期支付一次利息，其现值的计算公式为：

$$债券现值=\sum_{t=1}^{N}\frac{C_t}{(1+r)^t}+\frac{F}{(1+r)^N}$$

其中：C_t——第 t 期债券的利息；

F——债券面值；

N——持有债券的年限；

r——贴现率。

根据上述方法，各种不同形式的债券有其具体的计算方法。

（1）纯贴现债券。该债券为债券中最简单的一种。该债券承诺在未来某一确定的日期支付债券的面值，如果从现在开始一年以后支付，则该债券被称为一年期贴现债券；如果支付发生在两年之后，则被称为两年期债券，以此类推。纯贴现债券经常被称为零息债券，以突出该债券持有人到期前不能得到任何现金支付的特性。其评估公式如下：

$$债券的评估价值=\frac{F}{(1+r)^N}$$

其中：F——债券面值；

N——持有债券的年限；

r——贴现率。

（2）平息债券。即分期付息，到期一次还本的债券。有些由企业发行的债券不仅要在到期日支付现金，在发行日和到期日之间还要定期支付利息。故平息债券的价值为利息支付现金流的现值与本金支付现金流的现值之和。其评估公式如下：

$$债券的评估价值=\sum_{t=1}^{N}\frac{C}{(1+r)^t}+\frac{F}{(1+r)^N}$$

其中：C——每期的等额利息；

N——持有债券的年限；

F——到期收回的本金；

r——贴现率。

【例 7-2】某企业于 2009 年 1 月购买某公司的 4 年期债券，总额为 10 000 元，债券票面利率为 13%。当时国库券利率为 2.8%，债券发行企业的风险报酬率是 5.2%，债券的评估价值为多少？

【分析】该债券年收益相等，均为 10 000×13%＝1 300（元），期末收回本金 10 000 元，贴现率，即投资者要求的必要报酬率，为国库券利率与风险报酬率之和，等于 8.0%。

$$\begin{aligned}债券的评估价值&=\sum_{t=1}^{4}\frac{1\,300}{(1+8.0\%)^t}+\frac{10\,000}{(1+8.0\%)^4}\\&\approx 1\,300\times 3.312\,127+10\,000\times 0.735\,030\\&\approx 11\,656.07(元)\end{aligned}$$

若上例中债券每年 6 月和 12 月各付息一次，则债券的评估价值为多少？

分析：半年利率为 6.5%，从 2009 年 6 月到 2012 年 12 月共分 8 期支付，名义贴现率为 8%，但由于付息次数增多，实际贴现率变为：

$$(1+8\%/2)^2-1=8.16\%$$

各期付息情况如表 7-3 所示。

表 7-3 各期付息情况 单位：元

2009. 6	2009. 12	2010. 6	2010. 12	2011. 6	2011. 12	2012. 6	2012. 12
650	650	650	650	650	650	650	650

$$\text{债券的评估价值} = \sum_{t=1}^{8} \frac{650}{(1+4\%)^t} + \frac{10\ 000}{(1+4\%)^8}$$
$$\approx 650 \times 6.732\ 745 + 10\ 000 \times 0.735\ 030$$
$$\approx 11\ 726.58(\text{元})$$

（3）永久性债券。它是指从不停止支付票面利息的长期债券。这类债券无还本期限，其评估公式为：

$$\text{债券的评估价值} = \sum_{t=1}^{\infty} \frac{C_t}{(1+r)^t}$$

当每期利息固定为 C 时，

$$\text{债券的评估价值} = \sum_{t=1}^{\infty} \frac{C}{(1+r)^t} = C/r$$

其中：C_t ——第 t 期利息；

C ——每期的固定利息；

r——贴现率。

【例 7-3】 某企业购买的永久性政府债券，总额为 50 000 元，票面利率为 3.8%，市场利率为 6%，试计算该债券的评估价值。

债券每期收益相等，为 5 000 × 3.8% = 1 900（元）

$$\text{故，债券的评估价值} = \sum_{t=1}^{\infty} \frac{1\ 900}{(1+6\%)^t} = \frac{1\ 900}{6\%} \approx 31\ 666.67(\text{元})$$

（4）到期一次还本付息债券。其评估公式是：

$$\text{债券的评估价值} = \frac{F + C \times \mathrm{N}}{(1+r)^N}$$

其中：F ——债券面值；

C——每期的利息；

N——债券期限；

r——贴现率。

【例 7-4】 某评估公司受托对 B 企业拥有的 A 公司债券进行评估，被评估债券面值为 50 000 元，系 A 公司发行的三年期一次还本付息债券，年利率为 5%，单利计息，评估基准日距到期日为两年，当时国库券利率为 4%。经评估人员分析调查，发行企业经营业绩尚好，财务状况稳健。两年后具有还本付息的能力，投资风险较低，取 2% 的风险报酬率，求该债权的评估价值。

到期企业可以收到债券本利和为：50 000+50 000×5%×3 = 57 500（元）

折现率为：2%+4%=6%

$$债券的评估价值=\frac{57\ 500}{(1+6\%)^2}=\frac{57\ 500}{1.123\ 6}\approx 51\ 175(元)$$

第三节 长期股权投资的价值评估

企业的股权投资有直接投资和间接投资两种形式。这两种投资都是对其他企业或者附属企业的产权投资，在权利和义务方面基本相似，但在具体操作方法上存在较大的差异，因此下面分别讨论其评估方法。

一、直接投资形式的股权投资评估

直接投资是指企业以货币资产、有形资产或无形资产对被投资企业进行股权投资，这主要是为了组建联营、合资、合作企业。

对股权投资的评估，首先必须了解具体投资形式、收益获取方式和占被投资企业实收资本或所有者权益的比重，根据不同情况，采取不同方法进行评估。其中投资收益的分配形式，比较常见的有如下几种类型：

①按投资额占被投资企业实收资本的比例，参与被投资企业净利润的分配；

②按被投资企业销售收入或利润的一定比例提成；

③按投资方出资额的一定比例支付资金使用报酬等。

投资合同或协议一般规定了投资期限，有期限的投资在投资届满时投资资本的处理方式通常有：按投资时的作价金额以现金返还；以实物资产返还；按期满时的实投资产的变现价格作价以现金返还等。

（一）非控股型股权投资（少数股权）评估

①对于非控股型股权投资评估，可以采用收益法，即根据历史上的收益情况和被投资企业的未来经营情况及风险，预测未来收益，再用适当折现率折现得出评估值。

②对于合同、协议明确约定了投资报酬的长期投资，可将按规定应获得的收益折为现值，作为评估值。

③对到期收回资产的实物投资情况，可按约定或预测出的收益折为现值，再加上到期收回资产的现值，计算评估值。

④对于不是直接获取资金收入，而是取得某种权利或其他间接经济收益的，可通过了解分析，测算相应的经济效益，折现计算评估值。

⑤对于明显没有经济收益，也不能形成任何经济权利的投资则按零价值计算。在未来收益难以确定时，可以采用重置价值法进行评估，即通过对被投资企业进行评估，确定净资产数额，再根据投资方所占的份额确定评估值。

⑥如果进行该项投资的期限较短，价值变化不大，被投资企业资产账实相符，则可根据核实后的被投资企业资产负债表上的净资产数额以及投资方所占的份额确定评估值。

非控股型股权投资在某些特殊情况下可以采取成本法评估。但不论采用什么方法评估非控股型股权投资，都应考虑少数股权因素对评估值的影响。

（二）控股型股权投资评估

对于控股型的股权投资，应对被投资企业进行整体评估后再测算股权投资的价值。整体评估应以收益法为主，也可以采用市场法，对被投资企业进行整体评估，基准日应与被投资方的评估基准日相同。

评估控股型和非控股型股权投资，都要单独计算评估值，并记录于长期股权投资项目下，不能将被投资企业的资产和负债与投资方合并处理。

评估人员评估股东部分权益价值时，应在适当及切实可行的情况下考虑控股权和少数股权等因素产生的溢价或折价。资产评估人员应当在评估报告中披露是否考虑了控股权和少数股权等因素产生的溢价或折价。

二、间接投资形式的股权投资评估

间接投资是指股票投资。股票是股份有限公司发行的、用以证明投资者、股东身份及权益并据以获得股息和红利的有价证券。其收益性体现在公司的红利分配以及股票买卖过程中的差价。与债券不同的是，股票不仅具有收益性，而且可按投资者所持股份参与被投资公司的经营管理，行使相应权利。此外，由于股票投资不能要求还本，并且其收益根据股票发行公司的盈利水平和股市行情来确定，因此，股票投资具有较大风险，收益变动性大。

（一）股票的分类

股票可以从不同的角度进行分类，但从资产评估的需要出发，根据股票持有人享有权利和承担风险的大小分为普通股和优先股；根据股票能否上市发行流通，分为上市股票和非上市股票。

1. 普通股

它是指股东完全平等地享受一般财产所有权的基本权利和义务的股票。其特点是股利随公司利润的变化而变化。普通股股东是企业收益的最后分享者，也是企业经营风险的最终承担者。普通股投资主要有以下两种风险：

（1）经营风险。经营风险是指被投资公司不盈利的可能性。很显然，如果被投资公司管理者不能使公司赢利，那么将会对股票价格产生负效应。同时被投资公司还面临经营环境带来的风险，即使经营最有效率的公司也可能因所属行业的不景气而陷入困境。

（2）流动性风险。它是股票投资的二级市场所引入的不确定性。可以购买或卖出一项投资的迅速程度的不确定性或价格不确定性的存在增加了流动性风险。

2. 优先股

它是指股东相对于普通股东享有某些特定优先权的股票，它既类似于普通股又类似于债券。其特点是：股息一般固定，且较债券收益高，但同时不享受公司利润增长的收益；它比普通股优先分配股息，在公司解散时优先于普通股分配公司剩余财产；优先股可以由公司赎回或按一定条件换成普通股；只有在特殊情况下优先股股东才有权参加股东大会。

尽管优先股规定有固定的股利，但实际上，公司对这种股利的支付却带着随意性，并非公司必须履行的义务。而且如果公司破产了，优先股股东的受偿顺序位于债券持有者之后，即不能优先受偿。此外，不能支付优先股股利并不意味着公司就破产了。因此，从获取稳定的收益看，优先股的风险比债券大得多。有时候公司甚至可以用赎回优先股的方式来避免支付较高的股利，而当公司收益状况良好时，优先股（除了参与优先股）一般不能参与公司增加的盈利的分配。可见，优先股的投资也是要冒一定的风险的。

优先股股票按其所包含的权利不同，有以下几种分类：

（1）累积优先股股票和非累积优先股股票。累积优先股股票是指本年未支付的股利，可累积到下年或以后的盈利年度支付，而非累积优先股股票指的是只按当年盈利分派股息，对累积下来的未支付的股息不能得到补偿的优先股。

（2）参与优先股股票和非参与优先股股票。参与优先股股票是指不仅能按规定分得额定股息，而且还有权与普通股一并参与公司剩余利润分配的一种优先股股票。而非参与优先股股票是指只能分得额定股息，不能参与公司剩余利润分配的一种优先股股票。

（3）可转换优先股股票和不可转换优先股股票。可转换优先股股票是指股票持有人可以在规定条件下把持有的股票转换成普通股股票或公司债券的一种优先股股票。反之，不可转换优先股股票是指不能转换成普通股股票或公司债券的优先股股票。

（4）可赎回优先股股票和不可赎回优先股股票。可赎回优先股股票指的是发行公司可以按一定价格赎回的优先股股票，赎回价格一般高于股票面额，按规定不能赎回的优先股股票就是不可赎回优先股股票。

（二）股票的价格

股票的价格种类很多，主要包括以下五种：

（1）票面价格。所谓股票的票面价格就是公司在发行股票的同时在票面载明的金额。对于无票面价格的股票来说，它的面值是以每股占公司所有权的一定比例来表示的。面值的大小取决于股份公司所需要的资金数额和发行股票的张数。

（2）账面价格。所谓股票的账面价格就是指公司股票在账本上的价值，它是一个会计概念。

（3）清算价格。所谓股票的清算价格就是指公司的净资产与公司股票总数的比值，即每股股票所代表的真实价格，因此清算价格一般小于账面价格。对股票清算价格的评估实质上是对公司净资产清算价格的评估。

（4）内在价格。所谓股票的内在价格是一种理论价格，就是指众多投资者和证券分析家对股票价值的判断，虽然他们得到的结果不同，方法却是相同的，即根据公司财务、前景以及外部因素计算公司未来收益贴现值。这些因素具有一定程度的不确定性，数据的选择也带有评估人员的主观性，因此会影响结果的可信度。

（5）市场价格。所谓股票的市场价格就是指证券市场上买卖的价格。在证券市场发育成熟，并且较稳定的情况下，股票市场价格就是市场对公司股票的客观评价。股票的市场价格可以克服内在价格的局限性，但其本身波动较大，尤其是在股票市场发育不够成熟健全的情况下。

以上五种价格，与股票投资评估有密切关系的主要是市场价格、清算价格和内在价格。在评估时选择哪一种价格标准，要结合具体情况来确定。一般说来，在发育较为成熟且稳定的证券市场环境下，股票的市场价格就是市场对股票内在价值的客观评价，可以直接作为股票的评估值。但是，在发育不够成熟的证券市场环境下，需要评估股票的内在价值。另外，仍需要考虑投资者的持有目的与持有期限、市场发育程度以及评估目的。短期投资的股票可以市场价格评估，长期投资的股票则应以股票的内在价格进行评估。

（三）股票的收益

1. 股利收益

股利收益是投资者从股份公司的税后利润中获得的投资报酬，其实质就是股份公司支付给股东的部分税后利润。

公司发放股利的形式主要有现金股利和股票股利两种。现金股利是以现金形式支付给股东的投资报酬。优先股的现金股利是根据优先股的面值乘以其固定的股息率求得的。而普通股的现金股利是根据各股东所有的股份比例派发的。股票股利是以股票形式支付给股东的投资报酬。公司发放股票股利，实质上是无偿增资的一种形式，它可使公司减少现金支出，以利于公司生产经营，股东则可通过出售股票获取收益。

衡量股利收益的指标主要有每股股利和股利收益率，每股股利为股东所拥有的每一股股票所实际分得的公司税后利润额。股利收益率是指股份公司以现金分派的股利与目前股票的市场价格的比率，其公式为：

$$股利收益率=\frac{年现金股利}{每股市场价格}$$

2. 资本利得收益

资本利得收益是指投资者的股票买入价格与卖出价格之差，即低买高卖而得到的收益，又称做资本收益。衡量资本收益的高低，可用资本收益率表示：

$$资本收益率=\frac{卖出价-买入价}{买入价}\times\frac{365}{持股天数}\times 100\%$$

3. 总收益

投资者购买股票所能获得的总收益，包括股利收益和资本收益两部分。衡量总收益高低的指标一般是持有期收益率。持有期收益率是指投资者在持有股票的一定期间内（通常为一年）的投资收益率，计算公式为：

$$持有期收益率=\frac{卖出价-买入价+现金股利}{买入价}\times 100\%$$

持有期收益率要比单独计算股利收益率和资本收益率更能完整地反映出投资者所获得的收益水平。

（四）股票的价值评估

1. 上市交易股票的评估

在正常情况下，对于公开上市的股票一般采用市场法进行评估。这里的“正常情况”是指股市发育正常，股票能自由交易，有较完备的相关法规体系和健全的信息网络与管理体系，不存在非法炒作现象。这样的市场价格可以代表评估时的股票价值，否则，股票交易不正常时，市场价格就不能作为评估的依据，这时应采用收益法对其进行评估。另外，以控股为目的而持有的上市公司股票一般采用收益法评估。

用市场法对上市股票进行评估的公式是：

$$股票评估值=股票股数\times该股票评估基准日每股价格$$

对于这个公式首先要确定评估基准日的股票价格。股票买卖的行情价格有开盘价、收盘价、最高价、最低价、成交价，股市行情波动较大时这些价格之间的差异也较大，从公平合理的角度看，应采用评估基准日该股票的市场收盘价。

【例 7-5】 某企业进行评估，其拥有一家上市公司的股票 10 000 股，评估基准日股票收盘价为 16 元，计算股票在评估基准日的价值。

$$股票的评估价值 = 10\,000 \times 16 = 160\,000\ (元)$$

股票是一种特殊的商品，其价格不仅仅取决于该股票的未来收益，还受市场以及人们的心理预期等因素的影响，因此对于股票价格必须冷静判断，必要时应对评估结果作适当的调整。此外，依据市场价格得出的评估值，应该在评估报告书中说明所用方法，并声明该评估结果应随市场价格变化而予以调整。

2. 非上市交易股票的评估

非上市股票的评估可以不考虑股票的市场因素，一般采用收益法评估。另外，如果市场是不正常的，上市股票公开价格严重偏离其内在价值，则评估时也应采用收益法。

投资者购买股票，通常期望获得两种现金流：持有股票期间的股利和持有股票期末的预期股票价格。由于持有期末股票的预期价格是由股票未来股利决定的，所以股票当前价值应等于无限期股利的现值：

$$股票每股价值 = \sum_{t=1}^{\infty} \frac{D_t}{(1+r)^t}$$

其中：D_t ——每股预期股利；

r——贴现率。

（1）普通股的评估

在对股票预期红利进行具体估算之前要全面、充分地了解和分析企业的经营情况、财务状况、发展前景和相关的信息资料。这就需要对股票发行企业进行全面综合的分析，这相当于对企业价值的评估，具体的评估方法参见企业价值评估一章。投资者对投资收益的期望、对投资风险的态度都将综合反映在贴现率的确定上。股票投资者由于风险厌恶程度的不同而使各自的必要收益率即折现率出现差异。折现率的高低在根本上取决于未来现金流量所隐含的风险程度的大小。具体而言，企业的经营风险与财务风险越大，投资者要求的报酬率就会越大。对折现率进行评估时要掌握社会平均利率、行业平均收益率、银行利率、国库券利率等参考资料，分析和确定被评估股票的风险程度和相应风险报酬率水平。一般地，贴现率由以下公式确定：

$$贴现率 = 无风险债券利率 + 风险报酬率$$

式中无风险债券利率可以用短期国库券利率代替。

因为不可能对现金股利做无限期的预测，所以人们根据对未来增长率的不同假设构造出了几种不同形式的股利贴现模型：固定红利模型、固定增长模型以及非固定增长模型。其中非固定增长模型包括超常增长后的固定比率增长模型和超常增长后的零增长模型两种。

①固定红利模型。固定红利模型是假设企业今后分发的红利稳定地保持在一个相对固定的水平上。它适用于生产经营一直较稳定，红利派发也较稳定的企业普通股的评估。其

计算公式如下：

$$P=\sum_{t=1}^{\infty}\frac{D}{(1+r)^t}=\frac{D}{r}$$

其中：D——每期的固定股利；

r——贴现率。

【例 7-6】A 企业持有 100 股 B 企业非上市股票。评估人员根据 B 企业未来收益比较稳定的情况，决定按固定红利模型对 A 企业 100 股股票进行评估，据分析测算，B 企业未来 5 年每年的红利如表 7-4 所示。

表 7-4 **每年红利** 单位：元

年　度	第一年	第二年	第三年	第四年	第五年
红　利	80	90	75	80	85

B 企业的风险系数为 3%，评估时国库券利率为 5%，计算 A 公司持有的股票价值。

分析：实际上，每年派发的红利不可能完全相等，只可能是相对稳定。所以要先将预期的红利换算为一个确定的值，之后方可按固定红利模型来评估其价值。显然，这样处理隐含着一个假设，即 5 年以后，红利将继续稳定下去，这里，评估人员已经作了确定的估计。

$$D'\times(p/A,5\%+3\%,5)=\frac{80}{(1+8\%)}+\frac{90}{(1+8\%)^2}+\frac{75}{(1+8\%)^3}+\frac{80}{(1+8\%)^4}+\frac{85}{(1+8\%)^5}$$

$$\Rightarrow D'=\left[\frac{80}{(1+8\%)}+\frac{90}{(1+8\%)^2}+\frac{75}{(1+8\%)^3}+\frac{80}{(1+8\%)^4}+\frac{85}{(1+8\%)^5}\right]\div(p/A,8\%,5)$$

$=327.424\div3.992\ 7$

$=82$(元)

$$P=\frac{D'}{r}=82\div8\%\approx1\ 025(\text{元})$$

故每股评估价值 $=1\ 025\div100=10.25$(元)

②固定增长模型。固定增长模型是假设股票发行企业并未能将企业的全部剩余以红利的形式分给股东，而是将一部分用于追加投资以扩大生产经营规模，增加企业获利能力，从而使股东的潜在获利能力增大，使红利呈增长趋势。它适用于对成长型企业的股票评估。但对未来红利的估计是很困难的，一种简化的办法是认为红利以某一恒定增长率 g 递增，模型用公式表示为：

$$P=\frac{D_1}{1+r}+\frac{D_1(1+g)}{(1+r)^2}+\frac{D_1(1+g)^2}{(1+r)^3}+\cdots$$

$$=\frac{D_1}{r-g}，\text{其中}(r>g)$$

其中：D_1——第一年的预期股利；

r——贴现率；

g——永续的股利增长率。

【例 7-7】甲厂持有乙厂非上市法人股为 100 股，每股面值为 100 元。某评估所评估人员根据甲厂评估前各年从乙厂获得的股票收益和对乙厂未来经营情况及外部环境的分析，认为乙厂发行的股票红利呈增长趋势。在可预见的年份，红利的增长率约为 2%。乙厂的风险报酬率为 2%。无风险报酬率按国库券利率 5%计算。据测算乙厂股票下一年的红利增长率为 6%，根据上述资料，评估甲厂的每股股票价值。

$$每股股票价值=\frac{100\times 6\%}{5\%+2\%-2\%}\approx 120(元)$$

关于固定增长模型有以下几点需要说明：

第一，固定增长模型是对股票进行估价的一种简单而快捷的方法，但是只有当增长率 g 小于贴现率 r 时，这个模型才成立。当模型选用的增长率收敛于贴现率的时候，计算出的价值会变得无穷大。

第二，增长率 g 不可能长期高于预期名义经济增长率。预期名义经济增长率等于预期通货膨胀率与预期经济实际增长率之和。

第三，因为公司预期的红利增长率是永久持续下去的，所以公司其他的经营指标(包括净收益)也将预期以同一速度增长。当公司真正处于稳定状态时，可以用收益的预期增长率来代替模型中的预期红利增长率。

第四，增长率的确定。一般而言，使用公司历史增长率的平均值作为预期未来增长率。增长率可以使用算术平均值与几何平均值。算术平均值是历史增长率的中值，而几何平均值则考虑了复利计算的影响。显然后者更加准确地反映了历史盈利的真实增长，尤其是当每年增长是无规律的时候。

【例 7-8】甲企业持有乙企业的普通股票 10 000 股，每股面值为 1 元，乙企业正处在收益增长阶段，过去几年有关数据如表 7-5 所示，市场利率为 5%，乙企业风险报酬率为 2%，试计算这批股票的评估值。

表 7-5 **有 关 数 据**

项目＼年份	第 1 年	第 2 年	第 3 年	第 4 年	评估年度	评估下一年
每股红利(元)	0. 15	0. 19	0. 19	0. 20	0. 23	0. 24
环比增长率(%)	100	109	112	107	114	105

【分析】本例适用固定增长模型。固定增长比率可以依据历史数据得出。

算数平均数 $g_1=(9\%+12\%+7\%+14\%+5\%)/5=9.4\%$

几何平均数 $g_2=\sqrt[5]{109\%\times 112\%\times 107\%\times 114\%\times 105\%}-1=9.3\%$

评估价值 $P_1=\dfrac{0.24\times 10\ 000}{6\%+5\%-9.4\%}\approx 150\ 000(元)$

评估价值 $P_2 = \dfrac{0.24 \times 10\ 000}{6\% + 5\% - 9.3\%} \approx 141\ 176.47$(元)

③非固定增长模型。在现实生活中，有的公司股利是不固定的。例如，在一段时间里高速成长，在另一段时间里正常固定成长或固定不变。在这种情况下要分段计算，才能确定股票的价值，用公式表示如下：

股票价值=超常增长阶段股票股利的现值+期末股票价格的现值

$$P_0 = \sum_{t=1}^{n} \frac{D_0(1+g)^t}{(1+r)^t} + \frac{P_n}{(1+r)^n}$$

其中：D_0——第0年每股红利；

r——超常增长阶段公司的必要收益率；

P_n——第 n 年末公司股价；

g——超常增长阶段的股利增长率。

股利的非固定增长按照第二阶段股利增长率的不同可以分为：超常增长后的固定比率增长模型与超常增长后的零增长模型。以下分别介绍它们各自的评估方法。

第一，超常增长后的固定比率增长模型。这种情况下超常增长阶段期末股价用固定增长模型进行估计，即：

$$P_n = \frac{D_0(1+g)^n(1+g_n)}{r_n - g_n}$$

所以，股票的评估值为：

$$P_0 = \sum_{t=1}^{n} \frac{D_0(1+g)^t}{(1+r)^t} + \frac{D_0(1+g)^n(1+g_n)}{(r_n - g_n)} \times \frac{1}{(1+r)^n}$$

其中：D_0、g、r、P_n 含义同前；

g_n——超常增长阶段后的股利固定增长率；

r_n——固定增长阶段公司的必要收益率，且一般小于 r。

第二，超常增长后的零增长模型。这种情况下超常增长阶段期末股价用零增长模型进行估计。由于第二阶段(零增长阶段)各期股利固定，均为 $D_0(1+g)^n$，所以超常增长期末股价为：

$$P_n = \frac{D_0(1+g)^n}{r_n}$$

则股票的评估值为：

$$P_0 = \sum_{t=1}^{n} \frac{D_0(1+g)^t}{(1+r)^t} + \frac{D_0(1+g)^n}{r_n} \times \frac{1}{(1+r)^n}$$

【例 7-9】一个投资人持有 ABC 公司的股票，他的投资最低报酬率为 15%。预计 ABC 公司未来 3 年股利将高速增长，成长率为 20%。在此以后转为正常增长，增长率为 12%，公司最近支付的股利是 2 元。计算该公司股票的价值。

首先，计算非正常增长期的股利现值，如表 7-6 所示。

表 7-6　**股 利 现 值**

年份	股利(D_1)	现值系数(15%)	现值(PVD_1)(元)
1	2×1.2=2.4	0.870	2.088
2	2.4×1.2=2.88	0.756	2.177
3	2.88×1.2=3.456	0.658	2.274

其次，计算其在评估基准日股价值：

$$P_3=\frac{D_0(1+g)^3(1+g_n)}{r_n-g_n}\times\frac{1}{(1+r)^n}=\frac{3.456\times1.12}{15\%-12\%}\times\frac{1}{(1+15\%)^3}=84.90(\text{元})$$

最后，公司股票价值 $P=2.088+2.177+2.274+84.90=91.439$(元)

非固定增长模型清晰地定义了两个增长阶段——超常增长阶段和固定增长阶段(或零增长阶段)，所以它适合于具有下列特征的公司：公司当前处于高增长阶段，并预期在今后一段时期内仍将保持这一较高的增长率，在此之后，支持高增长率的因素消失。例如，该模型适用下列情形：一家公司拥有一种在未来几年内能产生较多盈利的产品专利权，在这段时期内，预期公司将实现超常增长。一旦专利到期，预计公司将无法保持超常增长率，从而进入稳定增长阶段。

④另外，常用的还有市盈率法。市盈率法是一个反映股票收益与风险的重要指标，它等于当前股票的每股市场价格除以该公司股票的每股税后利润。用市盈率进行估价的理论模型如下：

$$P=R\times G$$

其中：P——股票评估价；

R——市盈率；

G——每股盈利。

【例 7-10】某公司购买甲企业刚刚上市的股票 1 000 股，每股面值为 1 元，需要用相关估价法对股票价格进行估计。该企业当期每股盈利 1.5 元，经过对同行业企业市盈率的分析与计算可知同行业企业的市盈率的平均值是 18，则该公司股票投资评估值为：1.5×18×1 000=27 000(元)

除了上述方法外，有时还会采用市净率法。市净率指的是每股股价与每股净资产的比率。当企业资产大量为实物资产时这种方法比较适用。

(2)优先股的评估

①普通优先股的评估。普通优先股的收益是额定股息和未来出售价格或清算时的可分配财产。额定股息是指在派发之前按额定股息率付给优先股的股息。如果股票发行企业资本构成合理，实现的利润可观，具有很强的支付能力，那么优先股就基本上具备了“准企业债券”的性质，可参照债券价值评估，计算公式如下：

$$P=\sum_{t=1}^{\infty}\left[D_t\cdot(1+r)^{-t}\right]$$

其中：D_t ——第 t 年股息；

r——适用的折现率。

②累积优先股的评估。累积优先股的收益是额定股息，其评估公式如下：

$$P=\sum_{t=1}^{\infty}\frac{D}{(1+r)^t}=\frac{D}{r}$$

其中：r——折现率；

D ——优先股的年等额股息收益。

【例 7-11】A 企业持有 B 公司发行的累积优先股 400 股，每股面值为 500 元，股息率为 16%。若市场利率为 8%，B 公司风险报酬率为 2%，A 企业打算持有三年后将这些优先股出售，若出售时市场利率上升了 2%，其他情况不变，试评估这批累积优先股。

【分析】此例关键是确定累积优先股 3 年后的出售价格。累积优先股的收益是额定股息，在企业盈利相对稳定的情况下，与债券有相同的性质。

三年后每股累积优先股价值：

$$P=\frac{D}{r}=\frac{500\times16\%}{8\%+2\%+2\%}=666.67(\text{元})$$

评估日累积优先股价值：

$$P'=P\times\frac{1}{(1+8\%+2\%)^3}=500.88(\text{元})$$

③参与优先股的评估。参与优先股除按固定股息率分得额定股息外，还可分得额外股息，对参与优先股的评估，可将其额定股息、额外股息、未来出售价格分别折现并汇总得出。额外股息类似于普通股息，可参照普通股评估方法评估其现值。参与优先股的评估公式如下：

$$P=\sum_{t=1}^{n}\left(\frac{D_t}{(1+r)^t}+\frac{D'_t}{(1+r')^t}\right)$$

其中：D_t ——第 t 年额定股息；

D'_t ——第 t 年额外红利；

r ——额定股息适用的贴现率；

r' ——额外红利适用的贴现率，一般大于 r。

④可转换和可赎回优先股的评估。以上介绍的评估公式都假设优先股不具备可赎回或可转换条款。若优先股带有可转换或赎回条款，评估时除将年收益折现外还要将预期的由优先股转换成股票（或债券）的价格或者预计的赎回价格进行资本化，并且评估期限是有限的。其公式如下：

$$P=\sum_{t=1}^{n}\frac{D_t}{(1+r)^t}+\frac{P_n}{(1+r)^n}$$

其中：D_t ——第 t 年股息；

r——适用的折现率；

P_n ——优先股转换成普通股（或债券）的价格或者预计的赎回价。

【例 7-12】甲公司 2 年前购入乙公司可转换优先股股票 150 股，每股面值为 100 元，乙公司发行时承诺5年后优先股持有者可按1∶30转换成乙公司的普通股股票。优先股股息率为15%，乙公司风险报酬率为2%，乙公司股票现行市价为每股5元，预计股价上涨率为10%，市场利率为9%，试评估这批可转换优先股的价值。

【分析】假设该企业持满5年后将优先股转换成普通股，那时普通股股价为：

$$5\times(1+10\%)^3=6.655(元)$$

优先股转换成普通股的每股价格为：

$$P_n=30\times 6.655=199.65(元)$$

则可转换优先股的价格应为：

$$\begin{aligned}P&=\sum_{t=1}^{5}\frac{150\times 100\times 15\%}{(1+11\%)^t}+\frac{150\times 199.65}{(1+11\%)^5}\\&\approx 2\,250\times 2.443\,7+29\,947.5\times 0.593\,5\\&=23\,272.17(元)\end{aligned}$$

第四节　其他长期性资产的评估

一、其他长期性资产的构成

其他长期性资产是指除流动资产、长期股权投资、持有至到期投资、固定资产、无形资产等资产以外的资产，主要包括长期待摊费用和其他长期资产。

长期待摊费用是指企业已经支出，但摊销期在一年以上(不包括一年)的各项费用。主要包括摊销期在1年以上的固定资产大修理支出、租入固定资产改良支出、股票发行费用、筹建期间费用(开办费)等。其他长期资产主要包括特准储备物资、银行冻结存款、冻结物资以及涉及诉讼的财产等。长期待摊费用本质上是一种费用，而不是资产，只是这种费用的影响不仅体现在本年度，而且延续到以后若干会计年度。

二、其他长期性资产的评估

由于其他长期性资产除特种储备物资、冻结存款、冻结物资以及涉及诉讼的财产外，主要是已发生费用的摊余价值，这些未摊销的费用不能单独对外交易或转让，只有当企业发生整体产权变更时，才可能涉及对其价值的评估。所以，其他长期性资产能否作为评估对象取决于它能否在评估基准日后带来经济利益。

在了解其他长期性资产的合法性、真实性、合理性和准确性之后，还要了解其费用支出和摊余情况以及新资产的形成和权利尚存情况，然后对其他长期性资产进行评估。根据评估目的实现后资产的占有情况和尚存情况对其评估，并且要保证其评估值与其他评估对象不存在重复计算的情况。根据这个原则，对其他长期性资产的不同构成内容，要采取不同的评估和处理方法。

(一)开办费

开办费是指企业在筹建期间发生的、不能计入固定资产或无形资产价值的费用，主要包括：筹建期间人员的工资、员工培训费、差旅费、办公费、注册登记费以及不能计入固定资产或无形资产构建成本的汇兑损益、利息支出等。根据现行会计制度的规定，企业筹建期间发生的费用，应于开始生产经营时一次计入开始生产经营当期的损益。因此，如果企业不是在筹建期间评估，则不存在开办费的评估问题。如果企业是在筹建期间评估，由于开办费的尚存资产和权利的价值难以准确计算，故可按其账面价值计算其评估值。

（二）其他长期待摊费用

其他长期待摊费用，如股票发行费用，其影响可能延续到若干年以后，从理论上说，对这类项目的评估，应依据企业的收益状况、收益时间及货币的时间价值以及现行会计制度的规定等因素确定评估值。货币的时间价值因素因受益时间长短而定。一年内的一般不予考虑，超过一年时间的要根据具体内容，市场行情的变化趋势处理，但从实践上看，由于这些费用在未来产生收益的能力和状况并不能准确界定，如物价总水平波动不大，可以将其账面价值作为评估价值，或者按其发生额的平均数计算。

第五节 金融不良资产的评估

一、金融不良资产的概述

近年来，随着我国金融体制改革的不断深化，金融不良资产处置已成为一项十分重要的工作，以金融不良资产处置为目的的资产评估业务也随之得到了很大发展。因此，规范金融不良资产评估已成为当务之急。中国资产评估协会于 2005 年 3 月 21 日发布了《金融不良资产评估指导意见(试行)》。本节以该指导意见为基础，简述金融不良资产的评估。

（一）金融不良资产的概念

金融不良资产是指银行持有的次级、可疑及损失类贷款，金融资产管理公司收购或接管的金融不良债权以及其他非银行金融机构持有的不良债权。主要表现为不良贷款和以物抵贷资产以及资产处置过程中由于对部分不良贷款实施了债转股，或以资抵债等形成的资产。从总体上看，此类资产具有分布广、质量差、权利瑕疵较多、有一定的处置价值等特点。

（二）金融不良资产的分类

金融不良资产评估业务中，根据项目具体情况和委托方的要求，评估对象可能是债权资产，也可能是用以实现债权清偿权利的实物类资产、股权类资产和其他资产。

债权资产主要是指银行持有的次级、可疑及损失类贷款，金融资产管理公司收购或接管的金融不良债权以及其他非银行金融机构持有的不良债权。从评估的角度看，一般债权类资产具有非公开市场价值基础的资产评估特性，表现为特定、不可比较、不能完全替代、不存在市场、不能假定其在市场上公开出售及处于最佳使用状态等。内在的风险性与时效性对资产评估提出了较高的要求。

实物类资产主要包括收购的以物抵贷资产、资产处置中收回的以物抵贷资产、受托管理的实物资产及其所产生的权益以及其他能实现债权清偿权利的实物资产。借款人无力偿还银行贷款的行为发生在贷款后的若干年，因此，这类资产还存在权属不明确、资产形态不完整、基础资料缺乏的特点，具体评估时需要考虑的特殊因素较多。

股权类资产主要包括商业性债转股、抵债股权、质押股权等。

其他资产主要包括土地使用权、商标权等无形资产以及收益凭证等其他相关资产。

注册资产评估师执行金融不良资产评估业务，应当关注评估对象的具体形态，充分考虑评估对象特点对评估业务的影响。本节主要讨论的是债权资产的评估。

(三)金融不良资产评估业务中的价值类型及其使用范围

在执行金融不良资产评估业务时，应当根据评估目的和评估对象等具体情况明确价值类型，并对具体价值类型进行定义。金融不良资产评估业务中的价值类型包括市场价值和市场价值以外的价值。市场价值以外的价值包括但不限于清算价值、投资价值、残余价值等。

(1)市场价值。市场价值是指自愿买方和自愿卖方在各自理性行事且未受任何强迫压制的情况下，某项资产在基准日进行正常公平交易的价值估计数额。委托方在金融不良资产处置过程中，为了解相关资产在通常条件下能够合理实现的价值并以此作为处置决策的追求目标，可以委托注册资产评估师评估市场价值。

(2)市场价值以外的价值，包括清算价值、投资价值、残余价值等。

清算价值是指资产在强制清算或强制变现的前提下，变现资产所能合理获得的价值。委托方在需要将持有的金融不良资产在短时间内强制清算或变现时，可以委托注册资产评估师评估清算价值。

投资价值是指资产对于具有投资目标的特定投资者或某一类投资者所具有的价值。委托方在准备持有金融不良资产或采取融资等手段对金融不良资产进行再开发时，可以委托注册资产评估师评估投资价值。

残余价值是指机器设备、房屋建筑物或其他有形资产等在非继续使用前提下，将其零部件或结构进行拆除、回收所能实现的价值。委托方在准备将特定资产进行拆除、回收时，可以委托注册资产评估师评估残余价值。

二、金融不良资产的评估方法

债权资产价值分析是对债权资产在基准日的价值或价值可实现程度进行分析、估算并形成专业意见的行为或过程。根据《金融不良资产评估指导意见(试行)》，其分析方法主要基于两种途径：一种是以债务人和债务责任关联方为分析范围的途径，主要包括假设清算法、现金流偿债法和其他适用方法；另一种是以债权资产本身为分析范围的途径，主要包括交易案例比较法、专家打分法和其他适用方法。

以债务人和债务责任关联方为分析范围的途径，实际上是从债权资产涉及的债务人和债务责任关联方偿还债务能力的角度进行分析，主要适用于债务人或债务责任关联方主体资格存在、债务人或债务责任关联方配合并能够提供产权证明及近期财务状况等基本资料的情况。其操作思路主要是通过对企业(含债务人、债务责任关联方)的资产质量进行分析评价，清查核实企业负债，判断企业的财务状况、经营能力和发展前景，从综合考察债务人和债务责任关联方偿还债务能力的角度来分析债权的可能受偿程度，并适当考虑其他影响因素，揭示和评价某一时点的债权资产价值。

以债权资产本身为分析范围的途径是指注册资产评估师基于债权人所掌握的材料，通过市场调查、比较类似交易案例以及专家估算等手段对债权资产价值进行综合分析的一种途径。这一途径主要适用于得不到债务人、债务责任关联方配合或债务人、债务责任关联方不具备相关资料的情况。注册资产评估师应当根据债权资产的实际状况选用适当方法对债权资产进行分析，最终确定债权回收价值。

对债权资产进行价值分析时可能存在多种适用的分析方法，不同的分析方法由于分析思路和相关假设条件、限制条件不同，得出的结论可能不同。因此债权资产价值分析应当综合考虑债权价值能够得到体现的各种分析途径与方法，选用一种或多种适用的分析方法，对各种分析方法形成的价值分析结论进行对比分析，从而形成最终价值分析结论。

(一)假设清算法

1. 假设清算法的定义、适用范围及局限性

假设清算法是指在假设对企业(债务人或债务责任关联方)进行清算偿债的情况下，基于企业的整体资产，从总资产中剔除不能用于偿债的无效资产，从总负债中剔除实际不必偿还的无效负债，按照企业清算过程中的偿债顺序，考虑债权的优先受偿，以分析债权资产在某一时点从债务人或债务责任关联方所能获得的受偿程度。

假设清算法主要适用于非持续经营条件下的企业以及仍在持续经营但不具有稳定净现金流或净现金流很小的企业。企业资产庞大或分布广泛的项目和不良债权与企业总资产的比率相对较小的项目，不宜采用假设清算法。因此，对于严重资不抵债或关停倒闭的企业，但是有证据表明有有效资产存在且能够取得比较齐全的、真实有效的财务资料的情形，可以采用假设清算法评估该债权价值。

但是假设清算法有一定的假设条件，因此评估结果和债权的真实价值之间很可能存在偏差。所以，在大多数情况下这一方法得出的结果只能作为债权资产处置的一种参考依据，而不能直接作为处置的价格。

2. 评估程序

①对债权人的债权资料进行分析；

②剔除债务人(或债务责任关联方，下同)企业的无效资产，确定有效资产；

③对债务人企业的有效资产进行评估分析；

④剔除债务人企业的无效负债，确定有效负债；

⑤根据债务人的经营状态和分析目的采用适当的价值类型，对企业的有效资产进行评估，对负债进行确认；

⑥确定优先扣除项目，包括资产项优先扣除项目以及负债项优先扣除项目，优先扣除项目应当有确切的证明依据；

⑦确定一般债权受偿比例；

一般债权受偿比例=(有效资产-资产项优先扣除项目)/(有效负债-负债项优先扣除项目)

⑧确定不良债权的优先受偿金额；

⑨确定不良债权的一般债权受偿金额，其计算公式如下：

一般债权受偿金额=(不良债权总额-优先债权受偿金额)×一般债权受偿比例

⑩分析不良债权从担保方企业预计可获得的补充受偿金额；

⑪分析不良债权的最终受偿金额，其计算公式如下：

不良债权受偿金额=优先债权受偿金额+一般债权受偿金额+担保受偿金额

受偿比例=不良债权受偿金额/不良债权总额

⑫分析或有收益、或有损失等其他因素对受偿比例的影响；

⑬确定不良债权从该企业可以获得的受偿比例；

⑭对特别事项进行说明。

3. 注意事项

在实务中，运用以上具体程序时，要特别注意以下几个方面：

①假设清算法操作思路中，由于许多因素难以量化界定(主要表现为或有负债的不确定性、优先扣除项目金额难以把握以及资产变现的可能性等)，价值分析结论可以是区间值。

②使用假设清算法的关键是债务人能够提供真实的会计报表、界定准确的资产负债范围，注册资产评估师应当对企业提供的资产负债表履行相应的分析程序。

③对可能影响债权资产价值的信息应当在特别事项说明中充分披露。如查封资产，根据我国《担保法》和《破产法》的规定，查封资产的债权人与其他债权人的地位是相同的，在企业全部破产财产不足清偿债务时，需按比例清偿，所以查封资产不可作为无效资产扣除，应作为特殊事项在评估报告中进行披露。

④注册资产评估师应当准确把握企业在持续经营和非持续经营情况下有效资产和有效负债的范围。例如，对于或有负债，评估师应该给出一个合理的区间，而不应该将全部或有负债作为企业的有效负债；对于仍在正常经营并且破产清算可能性很小的企业，划拨土地应列入有效资产评估范围，并按照出让土地对其价值进行评估。

⑤确定优先债权受偿金额时，如果对应的资产价值小于优先债权，则剩余的优先债权并入一般债权参与受偿；如果对应的资产价值大于优先债权，则超过部分并入有效资产参与清偿。

⑥注册资产评估师应当合理考虑土地使用权、职工安置费等重大因素对偿债能力的影响，在评估报告的特殊说明事项中披露。

4. 应用举例

(1)案例背景

某资产管理公司拟处置特定金融不良资产 3 600 万元，其中抵押贷款 1 500 万元、担保贷款 500 万元，其余均为信用贷款。为了尽快盘活该笔资产，资产管理公司与债务企业多次协商，决定采用债务重组方式处置该债权。为了确定债务企业的实际偿还能力，特委托 ABC 评估公司对债务企业进行偿债能力分析评估，作为重组的参考依据。

(2)评估过程

ABC 评估公司接受委托后，对债务企业进行调查，该企业为有限责任公司，已处于停产状态，短期内企业的生产难以恢复正常运行，故采用假设清算法对该债务企业进行评估，选取强制清算价格。担保贷款的担保方已破产，无代为偿债能力。

截至评估基准日，债务企业资产的账面状况及评估结果如表 7-7 所示。

表 7-7 **债务企业资产的账面价值与评估价值** 单位：元

科目名称	账面价值	评估价值
货币资金	214 497.03	214 497.03
应收账款	6 179 473.44	2 317 947.34
预付账款	18 212	18 212
其他应收款	803 386.9	795 338.69
存货	1 487 983.67	956 495.35
待摊费用	178 667.6	178 667.6
长期投资	20 000	20 000
设备	3 241 506.63	2 214 358.25
建筑物	18 424 484.39	13 391 220.4
土地	17 150 000	15 359 424
资产总计	47 718 211.66	35 466 160.56
短期借款	42 100 000	15 359 424
应付账款	7 188 486.63	7 188 486.63
其他应付款	5 228 993.83	5 228 993.83
应付职工薪酬	556 321.7	556 321.7
应付福利费	64 063.08	64 063.08
应交税金	46 473.82	46 473.82
其他未交款	14 836.64	14 836.64
负债合计	55 199 175.7	59 099 175.7

上述评估结果中不具备处置条件的福利性固定资产 300 万元(无对应的福利性负债)和待摊费用 178 667.6 元应作为无效资产予以扣除。

另经查询，债务企业以自有的全部设备抵押给其他金融机构获得贷款 250 万元，本次设备评估价值小于贷款金额，应全部用于优先偿还其他债务，不足偿还的部分作为一般债务。

在拟处置的债权中，有 1 500 万元债权为土地抵押贷款，应作为委托方优先受偿债务，土地评估价值超出贷款金额部分用于偿还一般债务。在其他应付款评估值中包含养老统筹金 12 万元，应用于优先偿还一般债务。

经过上述分析，分析结果如表 7-8 所示。

表 7-8　**债权综合偿债能力系数计算过程**　单位：元

序号	项　　目	金　　额
1	资产总额	35 466 160. 56
2	无效资产	3 178 667. 6
2. 1	福利性资产	3 000 000
2. 2	待处理流动资产	
2. 3	待处理固定资产	
2. 4	待摊、递延资产	178 667. 6
2. 5	其他	
3	有效资产=1-2	32 287 492. 96
4	负债总额	59 099 175. 7
5	无效负债	
5. 1	与福利性资产对应的负债	
5. 2	长期挂账无需支付的负债	
6	有效负债=4-5	59 099 175. 7
	抵押债务：对应抵押资产评估价值	2 500 000. 00：2 214 358. 25 15 000 000. 00：15 359 424. 00
7	优先偿还抵押债务	17 214 358. 25
8	优先偿还一般债务	786 858. 6
8. 1	其中：应付职工薪酬	556 321. 7
8. 2	应付福利费	64 063. 08
8. 3	养老统筹金	120 000
8. 4	住房公积金	
8. 5	应交税金	46 473. 82
8. 6	其他	
9	优先扣除的费用项目	645 749. 86
9. 1	其中：清算及中介费(有效资产 2%)	645 749. 86
9. 2	职工安置费	
9. 3	其他	
10	可用于偿还一般债权人的资产=3-7-8-9	13 640 526. 25
11	一般负债总额	41 097 958. 85
12	一般偿债能力系数=10/11	0. 33
13	被评估债权金额	36 000 000

续表

序号	项目	金额
14	特定债权：对应抵押资产评估价值	15 000 000：15 359 424
15	特定债权优先受偿额	15 000 000
16	特定债权一般债权部分=13-15	21 000 000
17	特定债权一般受偿额=16×12	6 969 900
18	剩余未受偿债权由保证人所获受偿额及其他	
19	特定债权综合受偿额=15+17+18	21 969 900
20	特定债权综合偿债能力系数=19/13	0.61

即某资产管理公司拟处置特定金融不良资产3 600万元(其中抵押贷款1 500万元、担保贷款500万元)可变现价值在61%左右。

(二)现金流偿债法

1. 现金流偿债法的定义、适用范围及局限性

现金流偿债法是指依据企业近几年的经营和财务状况，考虑行业、产品、市场、企业管理等因素的影响，对企业未来一定年限内可偿债现金流和经营成本进行合理预测分析，考察企业以未来经营带来的现金流量及资产变现所产生的现金流量清偿债务的一种方法。

现金流偿债法主要适用于有持续经营能力并能产生稳定可偿债现金流量的企业，它要求企业经营、财务资料规范，注册资产评估师能够依据前三年财务报表对未来经营情况进行合理分析预测。因此，对于资不抵债或其他原因导致企业不能按约还债，但企业有增长潜质、仍在持续经营、能够取得连续几年且真实可靠的财务报表的情形，可以采用现金流量法评估该债权价值。

但是由于现金流偿债法的分析基础是财务报表，因此，财务报表中所存在的局限性将会在该方法中反映出来。这一局限性包括财务报表的真实程度、会计政策选择的影响等。

2. 评估程序

①收集企业财务资料和经营情况资料。

②分析企业历史资料，合理预测企业未来现金流量。

③结合资产处置方式和企业实际情况，合理确定企业未来现金流量中可用于偿债的比例(偿债系数)和预期偿债年限。

④确定折现率。折现率为基准利率(国债利率)与风险调整值之和。风险调整值应当考虑到不良贷款损失率、不良贷款企业使用资金的成本、预期企业利润率及企业生产面临的各类风险等因素。

⑤将企业预期偿债年限内全部可用于偿债的现金流量折现，测算偿债能力。

⑥对特别事项进行说明。

3. 注意事项

①企业未来现金流量应包括预期偿债年限内由经营带来的现金流量以及预期偿债期末

由资产变现带来的现金流量；

②预期偿债年限、偿债系数、折现率的确定应当具有依据或能合理解释；

③在预测中应当分析抵押物对企业现金流的影响；

④应当适当考虑企业非财务因素对偿债能力的影响，或在特别事项说明中予以披露。

4. 应用举例

某持续经营企业，具有连续 3 年的财务报表及相关资料。资产负债表显示，2004 年年底企业资产总额为 3.5 亿元，负债总额为 3 亿元(均为有效负债)，其中某资产管理公司享有的债权为 1.2 亿元。根据财务报表分析和市场分析，企业在 2005 年度通过经营活动产生的净现金流量为 1 000 万元，并且预计未来 5 年按 5%的年增长率均匀增长(不考虑自由现金流量与现金流量的差别)。

评估计算过程：

未来 5 年偿债能力可以通过如下方法测算。如表 7-9 所示。

表 7-9　**未来偿债年限新增偿债收益折现值的计算过程**　单位：万元

年份	2005	2006	2007	2008	2009	期末资产净值
净现金流量	1 000	1 050	1 102. 5	1 157. 63	1 215. 51	
可偿债净现金流量	750	787. 5	826. 88	868. 22	911. 63	10 000
折现系数	1	0. 909 1	0. 826 4	0. 751 3	0. 683	0. 683
折现值	750	715. 92	683. 33	652. 29	622. 64	6 830

步骤一，预测未来 5 年净现金流量。

步骤二，确定偿债系数。根据企业生产和发展对现金流量的需求，预测企业每年可以拿出净现金流量中的 75%用于偿债。

步骤三，确定折现率。按照基准利率和风险调整贴现率确定折现率，考虑的因素包括不良贷款损失率、不良贷款企业使用资金的成本等因素，确定折现率为 10%。

步骤四，现金流量折现及期末企业资产变现估计。折现至 2005 年的现值为 10 254. 18 万元。

步骤五，计算偿债能力。

偿债能力 = 未来偿债年限新增偿债收益的折现值 ÷ 企业一般债务总额
= 10 254. 18 ÷ 30 000
= 34. 18%

特定债权回收价值 = 特定债权额 × 偿债能力
= 12 000 × 34. 18%
= 4 102(万元)

(三)交易案例比较法

1. 交易案例比较法的定义、适用范围及局限性

交易案例比较法是首先通过定性分析掌握债权资产的基本情况和相关信息，确定影响

债权资产价值的各种因素，然后选取若干近期已经发生的与被分析债权资产类似的处置案例，对影响债权资产处置价格的各种因素进行量化分析，必要时可通过适当方法选取主要影响因素作为比较因素，与被分析债权资产进行比较并确定比较因素修正系数，对交易案例的处置价格进行修正并综合修正结果得出被分析债权资产价值的一种分析方法。当可获取的样本量足够大时，可以运用数理统计的方法（如回归分析、方差分析等）对样本进行分析，以此为基础测算债权资产价值。

交易案例比较法主要适用于可以对债权资产进行定性分析以及有可供比较的债权资产交易案例的情形。因此，对非持续经营甚至关停倒闭且财务资料严重缺失，但有证据表明该债权仍有潜在的出售价格的情形，可以采用交易案例比较法评估该债权价值。

但是在交易案例比较法中，寻求与选取近似交易案例都比较困难，比较因素的量化也比较困难。

2. 评估程序

（1）对债权资产进行定性分析。定性分析主要借助如下资料进行：债权债务关系形成及其维权情况的全部档案资料；损失原因、企业经营状况、商业银行五级（或四级）分类资料；从当地政府相关部门（如工商、土地、房产等部门）或债务人主管部门获取的有关债务人或债务责任关联方的信息；现场实地勘察情况和债权处置人员市场调查、询价资料等。通过分析这些资料，确定影响债权资产价值的各种因素。这个环节主要是用简洁、明确的语言对债权历史状况做出定性描述。实务中，这一环节可以借助填写债券价值定性分析表（如表 7-10 所示）的方式进行。

表 7-10 **债权价值定性分析表（参考格式）**

债务人名称					企业性质		
剥离时贷款本金		表内利息		表外利息		孳生息	
截至评估基准日债权总额				拟处置方式			
贷款分类：四级分类：				五级分类：			
债务人基本情况							
（注册地址、注册资金、经营范围、年检情况）							
贷款基本情况							
（贷款合同号、发放时间、贷款期限、贷款用途、贷款方式、抵押和担保情况）							
贷前调查评价情况							
贷后调查评价情况							
原银行贷款分类理由							
贷款实际用途							
贷款偿还记录							
贷款剥离时债务人经营状况							
债务人信用状况初步评价							

续表

贷款抵押担保情况	
抵押情况	（抵押物名称、数量、类别、登记情况）
担保情况	担保人名称、是否有效、担保能力初步评价
市场交易情况	
同类资产交易案例、拍卖、招标投标、挂牌等情况，债权人（尤其是项目经理组）掌握的其他影响债权价值分析的信息	
分析结论	
根据上述资料情况，评估人员分析如下： 1. 2. … 综合上述分析，并考虑不良资产处置的特殊性，评估人员判断该项债权可变现价值在　%或　%~　%的弹性区间；或无法判断可变现价值	
备注	其他需要说明的问题

（2）选择交易案例。选择三个以上（含三个）债权形态、债务人性质和行业、交易条件相近的债权资产处置案例作为参照。注册资产评估师应当确信参照物与分析对象具有合理可比性。

（3）在分析对象和参照物之间进行比较因素调整。比较因素包括但不限于：债权情况（包括贷款时间、本息结构、剥离形态等），债务人情况（包括行业、性质、规模、地域等），不良资产的市场状况，交易情况（处置方式、交易批量、交易时间、交易动机等）。交易案例样本比较多时，可以通过统计分析方法确定主要比较因素，剔除影响较弱的因素。

值得注意的是，这个环节应将比较调整因素按对债权回收价值影响的大小设立不同的标准分值，每个调整因素再根据实际情况进行分类，明确调整分值的标准，依次进行列表分析。标准分值的划分和调整分值的确定非常关键，这是做好因素调整的基础，不同地区可以根据交易案例情况设定一套比较因素调整参数表（如表 7-11 所示），再根据具体评估对象进行调整。

表 7-11　　**交易案例比较法因素调整参数表（参考格式）**

因素项目	分　类	标准分值	调整分值
贷款时间	年度	10	每早、晚 1 年加、减 0.5 分
本息结构	债权中利息占本金的百分比	10	每升、降 5 个百分点加、减 0.5 分
剥离形态	1. 呆滞、可疑；2. 呆账、损失	10	每低、高 1 档加、减 9 分

续表

因素项目	分类	标准分值	调整分值
所属行业	1. 纺织、机械、电子、矿冶、制药 2. 建材、化工、建筑、修理、运输 3. 商业、物资、外贸、餐饮、其他 4. 农业、林业、牧业、渔业	5	每低、高1档加、减0.5分
企业性质	1. 国有；2. 集体；3. 合资；4. 私营	7	每低、高1档加、减1分
企业规模	1. 大型；2. 中型；3. 小型	7	每低、高1档加、减1分
目前经营状况	1. 自营；2. 出租；3. 改制；4. 关停	6	每低、高1档加、减1分
历史信用状况	1. 差；2. 较差；3. 极差	5	每低、高1档加、减2分
所处地域	1. 中心城市；2. 县城；3. 乡镇； 4. 农村(城郊按下一类级计算)	10	每低、高1档加、减1分
不良资产市场状况	1. 发达；2. 一般；3. 不发达； 4. 极不发达	10	每低、高1档加、减1分
交易批量	1. 打包；2. 单个	5	每低、高1档加、减2分
交易时间	年度	10	每早1年减2分
交易动机	1. 自用、抵债；2. 追索、再转让	5	级差1分
特殊因素调整	1. 特殊因素调整另加文字说明 2. 如有抵押、担保因素单独分析		

(4)指标差异比较、量化。

(5)合理分析估测债权资产价值。

3. 注意事项

(1)注册资产评估师应当通过尽职调查获取必要的资料信息；

(2)能够获得类似或具有合理可比性的债权资产处置案例作为参照物，这些案例应当是近期发生的并且具备一定数量；

(3)由于债权资产情况比较复杂，债权资产之间的可比性较弱，注册资产评估师应当予以高度关注，避免误用、滥用交易案例比较法；

(4)债权资产如有抵押、担保等因素，应当单独分析。

4. 应用举例

(1)案例背景

某债务企业系20世纪50年代成立的集体企业，由于历史包袱重，经营管理不善，目前已关停，职工全部下岗，自谋职业。某资产管理公司对该债务人的债权合计为448.69万元，为了解该项债权的可转让价值，某资产管理公司特委托ABC评估公司对该项债权价值进行评估咨询。

(2)评估咨询过程

根据调查，该债务人系20世纪50年代设立的集体企业，在册职工57人，离退休26人，主要经营生产资料、土产杂品等。和其他经济组织一样，债务人在计划经济时期为当时的经济发展起过一定的积极作用。随着改革开放和市场经济的确立，该企业机制不活、观念陈旧、包袱沉重等弊端日益显现出来，在激烈的市场竞争中，最终导致亏损严重，资不抵债，被迫关停，职工全部下岗，自谋职业。

负债情况：经调查了解，该债务人在某银行一办事处借款6笔，本金合计263.5万元，用于购进商品。至本次分析咨询基准日2002年12月10日累计欠表外息135.89万元，孳生息49.3万元。除欠委托人债务外，尚欠养老保险金2.42万元、失业保险金8.7万元、职工工资76.2万元、其他金融机构贷款40多万元、应付款项210万元。企业资产有限、负债巨大且信用极差，故某银行将该项债权转让给某资产管理公司。

资产情况：经调查发现该债务人现有资产为经营用旧场房1 000m^2，该房屋因建筑年限早，状况较差，变现价值不大，初步评估价值在4万元左右；土地使用权涉及宗地一块，地处A区铁道南，面积6 667m^2(10亩)，由于当地土地交易市场极不发达，现无土地交易案例，初步评估土地价格每亩在1.5万元左右。假定在可以交易的情况下，除交纳土地部门的出让金外，可获净收入9万元左右。上述有效资产价值合计在13万元左右。

债务企业借款的担保、抵押情况：债权全部由该区生产资料公司担保，该公司因经营不善、严重资不抵债，已经破产，银行向资产管理公司剥离时按信用借款剥离。

针对上述情况，评估人员认为：由于担保企业已经破产，只有对债务企业现有有效资产进行追偿才能最大限度地保全国有资产，应尽快采取公开拍卖的方式转让债权为宜。

根据调查，某资产管理公司在该地区前不久已成功地拍卖了一批债权，本评估公司选取了债权形态相同、债务人性质和交易条件相近的三个债权处置交易案例作为参照物进行因素比较和调整分析。三个交易案例分别为：

例1：A区乡供销社，债权额113.9万元，处置回收额5万元，回收比例4.39%。

例2：A区日杂公司，债权额1 588.16万元，处置回收额59.5万元，回收比例3.75%。

例3：A区果品蔬菜公司，债权额450.6万元，处置回收额7万元，回收比例1.55%。

通过被评估对象与这三家债务人基本情况的对比分析，计算出交易案例法因素调整表、指标差异调整表如表7-12和表7-13所示。按上述三个交易案例调整后的加权平均回收率计算，委托债权人某资产管理公司该项债权的平均回收率为2.72%。

表 7-12 **交易案例法因素调整表**

项目	交易案例一		交易案例二		交易案例三		待评估债权	
	具体情况	打分	具体情况	打分	具体情况	打分	具体情况	打分
贷款时间	1993 年	10.5	1992 年	11	1993 年	10.5	1994 年	10
本息结构(%)	30.17	2	69.4	10	51.56	7	70.04	10
剥离形态	呆滞	1	呆滞	1	呆账	10	呆账	10
所处行业	商业	5	商业	5	商业	5	商业	5
企业性质	集体	7	集体	7	集体	7	集体	7
企业规模	小型	7	小型	7	小型	7	小型	7
目前经营状况	关停	6	关停	6	关停	6	关停	6
历史信用状况	较差	3	较差	3	极差	5	极差	5
所处地域	农村	10	县城	8	农村	10	农村	10
不良资产市场状况	不发达	10	一般	11	不发达	10	不发达	10
交易批量	打包	3	打包	3	打包	3	单个	5
交易时间	2002	10	2002	10	2002	10	2002	10
交易动机	追索、再转让	5	追索、再转让	5	追索、再转让	5	追索、再转让	5
分值合计		79.5		85		95.5		100

表 7-13 **指标差异调整表**

项　目	交易案例一	交易案例二	交易案例三	备注
调整前回收比例(%)	4.39	3.75	1.55	
因素调整分值(%)	79.5	85	95.5	
调整后回收比例(%)	3.49	3.19	1.48	
调整后加权平均比例(%)	(3.49+3.19+1.48)/3=2.72			

崔志彪．试论金融不良资产评估中交易案例比较法的因素调整．中国资产评估，2007(3).

(四)专家打分法

1. 专家打分法的定义、适用范围及局限性

专家打分法是指通过匿名方式征询有关专家的意见，对专家意见进行统计、处理、分析和归纳，客观地综合多数专家的经验与主观判断，对大量难以采用技术方法进行定量分析的因素做出合理估算，经过多轮意见征询、反馈和调整后，对债权价值和价值可实现程度进行分析的方法。

专家打分法适用于存在诸多不确定因素、采用其他方法难以进行定量分析的债权。因此，对于资不抵债、或其他原因导致债务企业不能按约还债，但估计企业可能仍有增长潜

质或仍在持续经营或有证据表明有有效资产存在，然而债务企业不配合或由于其他原因找不到债务人的情形，可以采用专家打分法评估该债权价值。

但是在采用专家打分法时，通常会受到专家选择范围和专家水平参差不齐的限制。

2. 评估程序

①选择专家。

②确定影响债权价值的因素，设计价值分析对象征询意见表；在实际实施中，需要根据债务企业的经营情况、财务状况、资产状况和企业特征等指标设计各项指标的分值，见表 7-14。

表 7-14 专家打分法中对债务企业的各项打分指标

序号	项目	调查情况	标准分值	打分分值	取值说明
一	经营情况（权重 20%）		100		根据企业的三种经营情况设定良好、正常、不佳三个标准，其分值分别为 100、60 和 30，停业的标准分值为 10，破产的标准分值为 0，然后根据企业具体情况定分值
二	财务状况（权重 20%）		100		分值为以下分项值之和
1	资产负债率		60		比率大于 100%取 0 分，低于 50%取满分
2	流动比率		15		比率大于 100%取满分，低于 50%取 0 分
3	净资金流量		25		净资金流量为正数取 0~25 分，负数取 0 分
三	资产状况（权重 30%）		100		总分值为以下分项之和，1~4 项的比率是资产账面价值经调整并扣除抵质押物后的价值与总负债账面价值经调整并扣除相同抵质押物金额后的余额的比率
1	货币资金及存货的比率		45		比率大于 20%取满分，低于 5%取 0 分
2	企业债权、长期投资与非土地使用权的无形资产的比率①		15		比率大于 20%取满分，低于 5%取 0 分
3	固定资产及土地的比率		35		比率大于 50%取满分，低于 10%取 0 分

① 在企业债权、长期投资与非土地使用权的无形资产对总负债账面价值经调整并扣除抵质押物金额后的余额的比率中，企业债权是指债务企业的应收账款、其他应收款与待摊费用三项的账面价值经调整后的价值之和。

续表

序号	项目	调查情况	标准分值	打分分值	取值说明
4	其他资产的比率		5		比率大于10%取0分，低于2%取满分
四	企业特征		100		分值为以下分项值之和
1	所属行业		20		朝阳行业取满分，受限制行业及行政事业单位取0分
2	企业性质		20		公司制企业取满分，国有企业及行政事业单位取0分
3	企业规模		30		大型企业取满分，小型、个体取0分
4	还款情况		30		从未还款的取0分
五	其他因素（权重15%）		100		分值为以下分项值之和
1	拖欠工资、保险和税金状况		40		拖欠半年以下取满分，二年以上取0分
2	职工安置		40		需企业安置职工的取0分
3	委估债权比率		20		委估债权比率是企业总债务的比率，大于50%取满分，小于10%取0分
六	分值总计		100		为第一项至第五项各项分值乘以权重系数后的合计值
七	具有抵押物的债权所增加的受偿率分值①				根据债权的有效抵押率与抵押物的状况确定。该有效抵押率为涉及委估债权的抵押物账面价值经估计调整后的价值与委估债权金额的比率。得出这一比率后，再根据该抵押物的状况以该比率的0~70%确定所增加受偿率的分值
	债权受偿率		100		债权受偿率为第六项和第七项的合计值，最高不应超过100

③向专家提供债权背景资料，以匿名方式征询专家意见。

④对专家意见进行分析汇总，将统计结果反馈给专家。

⑤专家根据反馈结果修正自己的意见。

⑥经过多轮匿名征询和意见反馈，形成最终分析结论。

---

① 当企业贷款抵押物相关资料比较齐全，能够以一般的成本、市场与收益的价值评估途径评估其价值时，则对抵押物不进行专家评分。此时债权的总受偿价值是根据第六项的分值确定的所评估债权受偿价值与抵押物评估价值之和。

3. 注意事项

①选取的专家应当熟悉不良资产市场状况，有较高权威性和代表性，人数应适当；

②对影响债权价值的每项因素的权重及分值均应当向专家征询意见；

③多轮打分后统计方差如果不能趋于合理，应当慎重使用专家打分法。

(五)批量评估

当同一批被评估不良资产的户数或笔数相当大的时候，如按照一般资产评估的通行做法，工作量就非常大，从而耗时费力，成本高昂，这时就要用到批量评估了。对金融不良资产进行批量评估，除了对“资产包”的价值进行评估外，还可能有其他的目的。比如要了解资产的价值以便在未来灵活组包，或为摸清某一个局域与某个层次的资产家底从而制订相应的处置战略等。

根据现有的经验和初步探索，金融不良资产的批量评估有下述几种方法。

方法一：统计抽样法。统计抽样法是按照统计学上的方法，在待评估总体资产中选取一定量的样本进行评估，然后依次推断总体资产的评估价值。

方法二：经验抽样法。经验抽样法是按照经验分析的方法，在待评估总体资产中选取一定量的样本进行评估，然后依次推断总体资产的评估价值。此方法运用时比较灵活，比如“二八法”以及其演化的类似方法。“二八法”是抽取金额比占80%左右但资产户数(笔数)比仅占20%左右的资产作为样本，其关键在于经验抽样的合理性。

方法三：分类逐户法。分类逐户法是按照一定标准，对资产包内的资产进行分类，并逐户进行评估。该方法适用于资产量较小的批量不良资产。分类逐户法可以按照价值评估或价值分析等评估业务类型分类，也可以按照资产价值高低分类，还可以按照地区、行业分类等。要根据资产的具体情况和处置安排等选择恰当的分类。

方法四：回归模型法。回归模型法是通过对金融不良资产处置的历史数据或样本数据进行分析，建立回归模型，依次计算总体不良资产的评估价值，此方法可以与上述其他方法结合使用。

思考题

1. 简述债券特点及上市债券的评估方法。
2. 长期债券投资用市场法评估的前提条件是什么？
3. 简述股票收益的组成和计算方法。
4. 运用股票固定增长模型要注意哪些问题？
5. 简述优先股的种类及相关评估方法。
6. 简述金融不良资产的类别和评估方法。

练习题

1. 某企业购买永久性政府债券，总额为10 000元，票面利率为2.8%，市场利率为5%，试计算该债券投资的价值。

2. 某企业购买甲公司到期一次还本付息的20年期非上市债券，总额为10万元，票面利率为6%（以单利计算利息），当时国库券利率为2%，甲公司的风险报酬率为2%，在购买债券日，评估该项债券投资的价值。

3. 某企业持有甲、乙两公司的债券各50 000元，其中甲公司债券每半年支付一次利息，利率为10%，3年后还本。乙公司的债券为10%，每年末付息一次，3年后到期还本付息。两公司的风险报酬率都为2%，市场利率为5%，分别计算债券的评估值。

4. 甲公司持有乙公司发行的优先股100股，每股面值为500元，股息率为15%，假设贴现率为10%，并且甲公司打算永久持有，以保证投资的多元化，计算甲公司的股票投资价值。

5. 某企业拥有非上市普通股票，面值共80万元。股票发行公司每年以净利润的70%发放股利，30%用于扩大再生产。公司业务稳定，发展潜力大，预计股本利润率将保持在25%的水平。每年股利分派相当于面值的10%。假设折现率为16%。试运用红利增长模型评估企业拥有的股票的价格。

6. 某评估公司受托对D企业进行资产评估。D企业拥有某非上市公司的普通股股票20万股，每股面值为1元，在持有股票期间，每年股票收益率在12%左右。股票发行企业每年以净利润的60%发放股利，其余40%用于追加投资。根据评估人员对企业经营状况的调查分析，认为该行业具有发展前途，该企业具有较强的发展潜力。经过分析后认为，股票发行企业至少可保持3%的发展速度，净资产收益率将保持在16%的水平，无风险报酬率为4%，风险报酬率为4%，求该股票的评估值。

第八章　无形资产评估(一)——概述、程序与方法

当前随着科学技术迅速地更新和发展，无形资产已逐步成为现代企业资产中重要的经济资源，为推动企业发展、树立企业良好的社会形象起到了举足轻重的作用。科学地对无形资产价值进行评估，不仅可以客观地反映资产交易的价值量及其变动，而且有利于无形资产在市场经济中的合理流动和优化配置，维护无形资产各相关利益方的合法权益。对无形资产价值进行评估不仅是经济体制改革和市场经济发展的需要，而且是促进无形资产转化，完善知识产权保护制度，建立现代企业制度的重要环节。

第一节　无形资产概述

一个企业所拥有无形资产的数量及价值也代表着该企业的技术实力和竞争能力。无形资产能为企业带来超额利润，是企业的重要经济资源。西方发达国家的企业中无形资产占总资产的比重越来越大。许多世界知名的公司依靠其专利、专有技术和商标权等无形资产，获得了丰厚的经济利益，为公司的长远发展奠定了坚实的基础。美国咨询公司 Interbrand2010 年 9 月 16 日发布了全球企业品牌价值排行榜，美国可口可乐在所有品牌中排名榜首，品牌估值高达 704. 52 亿美元。排名第二的是美国国际商用机器公司(IBM)，品牌估值高达 647. 27 亿美元。微软公司排在第三位，品牌估值高达 608. 95 亿美元，谷歌排在第四位，品牌估值为 435. 57 亿美元，通用电气排在第五位，品牌估值为 428. 08 亿美元。

在我国社会主义市场经济体制建立以前，人们没有认识到企业的无形资产是企业资产的重要组成部分，在进行产权交易、股份制改造以及设立中外合资、合作经营企业时，国有企业无形资产的价值往往被低估甚至被忽略，从而造成国有资产的大量流失，给国家带来了巨大损失。特别是近几年资本市场中企业之间的并购、重组、资产置换、融资等活动都离不开无形资产评估，无形资产评估已成为当前理论界和实务界一个重要的研究领域。

一、无形资产的含义与特征

(一)无形资产(Intangible Assets)的含义

资产是指企业过去的交易或事项形成的，由企业拥有或者控制的、预期会给企业带来经济利益的资源。① 从上述定义可知，资产主要具有如下特征：①资产的实质是能在未来给主体带来经济收益的经济资源；②资产必须能以货币计量，否则它不能成为会计反映和控制的对象。③资产必须由特定的主体拥有和控制，即主体对资产内含的经济利益具有排

① 财政部注册会计师考试委员会办公室．会计．北京：中国财政经济出版社，2009.

他性。④主体拥有和控制的这种含有未来经济利益的资源是主体过去已经发生的交易和事项的结果。按有无实物形态划分，资产可分为有形资产和无形资产。

国内外许多知名学者和会计职业团体都曾对无形资产的含义和特征进行过讨论，但到目前为止，无形资产尚未形成统一的概念。从国内外有关的文献资料来看，主要有以下几种不同观点：

《国际会计准则第38号——无形资产》，将无形资产定义为“无形资产指为用于商品或劳务的生产或供应、出租给其他单位或行政管理目的而持有的、没有实物形态的、可辨认的非货币性资产”。

国际评估准则委员会《国际评估指南(四)》对无形资产的定义为无形资产是以经济特性而显示其存在的一种资产，无形资产无具体的物理形态，但为其拥有者获取了权益和特权，而且通常为其拥有者带来收益。

我国2006年颁布的《企业会计准则——无形资产》规定，无形资产是指企业拥有或控制的没有实物形态的可辨认非货币性资产。无形资产主要包括：专利权、非专利技术、商标权、著作权、土地使用权、特许权等。商誉是企业合并成本大于合并取得被购买方各项可辨认资产、负债公允价值份额的差额，其存在无法与企业自身分离，不具有可辨认性，不属于准则所规范的无形资产。

我国2008年颁布的《资产评估准则——无形资产》将无形资产定义为“特定主体所拥有或者控制的，不具有实物形态，能持续发挥作用且能带来经济利益的资源”。可见，我国企业会计准则与资产评估准则对无形资产的规定存在差异。

上述定义说明，会计中无形资产被认为是企业资产的一种形式，强调货币计量和带来经济利益；资产评估中所称的无形资产更多地强调无形资产的经济特性，是一种广义资产概念。因此，资产评估中对无形资产的解释要比会计中广泛得多，一些在会计中不予确认的无形资产，在资产评估中则被认为是不可忽视的无形资产。

(二)无形资产的特征

无形资产具有资产属性，除了满足前述的资产的四个基本特征之外，无形资产还具有以下一些基本特征：

(1)依附性。无形资产区别于其他有形资产的标志性特征就是它没有具体的实物形态，值得注意的是无形资产是隐性存在的资产，它必须依附于一定的物质实体并以其为载体来发挥作用。例如土地使用权必须依附于土地，专利权和专有技术要与一定的设备、生产线等相结合，商标权以注册登记的商品或服务标志形式存在，而商誉则内含于企业整体资产组合之中，只有在某个特定企业范围内才存在。这里需要注意的是，企业的应收账款、应收票据等资产也没有物质实体，但它们不属于无形资产。因此，仅仅将无形资产的本质概括为没有实物形态的资产是不正确的。

(2)受益的长期性及不确定性。无形资产能够在多个生产经营期内使用，使企业长期受益，因而属于一项长期资产。企业为取得无形资产所发生的支出属于资本性支出。无形资产区别于有形资产的特征之一就在于它能在其经济寿命期内为企业提供超额经济利益，但无形资产的经济寿命及所提供的经济利益往往受到技术进步、市场供求状况、保密程度及可多次转让性等因素的影响而产生较大的不确定性。

(3)成本的弱对应性。无形资产的研制是一种创造性活动，风险较大。无形资产特别是技术型无形资产的开发，通常要经历一系列的失败才能取得成果，其开发过程中所发生的支出与无形资产的成本并不总是一一对应的。无形资产的这一特性为准确测定出其成本增加了难度。

(4)独创性。无形资产中的专利权、专有技术、计算机软件等是科研劳动的成果，具有独创性，在社会上不会出现相同的无形资产，因而其价值不可能由社会必要劳动时间来决定，只能由无形资产使用后所节约的社会劳动来衡量。此外，无形资产所具有的独创性使得各项无形资产之间可比性较差，因此在进行无形资产评估时，难以在市场上找到参照物，这在很大程度上限制了市场法的适用范围。

(5)可辨认性。可辨认性是指非货币性资产必须满足下列条件之一，即能够从企业中分离或者划分出来，并能单独或者与相关合同、资产或负债一起，用于出售、转移、授予许可、租赁或者交换；或源自合同性权利或其他法定权利，无论这些权利是否可以从企业或其他权利和义务中转移或者分离。

综合考虑无形资产的上述特性，我们将无形资产定义为，为特定主体拥有或控制的、不具有独立的物质实体、能在较长期间内对生产经营或服务持续发挥作用并带来不确定经济利益的可辨认的经济资源。

二、无形资产的内容及分类

(一)无形资产的内容

对无形资产内容的界定具有动态性。随着科学技术的进步，无形资产包含的具体内容将不断发生变化，而且，由于政治和经济制度的不同，世界各国和地区对无形资产包括的具体内容所作出的规定也有所不同。

美国评值公司副总裁海克特先生1994年4月在深圳无形资产评估国际研讨班上介绍，美国评值公司评估的企业无形资产包括：促销型资产，包括商标、顾客名单、包装、订单、广告资料、特许权、货架空位、许可证和经销网等；制造型资产，包括专利、配方、经营秘密、专有技术、非专利技术、图纸、供应合同和新产品开发等；金融型资产，包括优惠融资、配套员工、软件、版权、核心存款、不竞争合同条款、租赁权、雇佣合同、数据库、超额年金计划、解雇率和商誉等。

美国学者鲁弗斯·威尔森认为无形资产包括：专利权、版权、商标权及商号、特许权、特许租赁合同、开办费、秘密公式和程序、租赁权及租赁改良工程、创立期间的利息、继续经营价值和开发成本。

英国财务报表上列示的无形资产包括“开发成本、特许权、专利权、许可证、商标权以及诸如此类的权利和资产、商誉、暂付款”。① 荷兰财务报表上列示的无形资产包括“股份发行费用、研究开发费、特许权和许可权、著作权、商誉、暂付款”。②

我国2008年颁布的《资产评估准则——无形资产》中规定，无形资产包括可辨认无形

---

① C.W.诺比斯，R.H.帕克．比较国际会计．北京：中国商业出版社，1991.

② C.W.诺比斯，R.H.帕克．比较国际会计．北京：中国商业出版社，1991.

资产和不可辨认无形资产。可辨认无形资产包括专利权、商标权、著作权、专有技术、销售网络、客户关系、特许经营权、合同权益等。不可辨认无形资产是指商誉。

(二)无形资产的分类

对无形资产进行科学合理的分类，有利于确定无形资产的评估范围和选择适当的评估方法。由于观察问题的角度不同，无形资产存在着不同的划分方式，目前主要有以下几种常见的分类：

(1)按取得渠道不同，无形资产可分为企业自创无形资产、外购无形资产和股东投入的无形资产。自创无形资产是企业自行开发、设计、研制的无形资产，如专利权、著作权、商标权、厂商名称等；外购无形资产是企业从外部购入的无形资产，如购买专利权、商标权、技术秘密等；股东投入的无形资产是企业股东以各类专利、技术秘密、商标权、特许权等作为投入资本投入企业的。

(2)按是否具有明确的使用期限，无形资产可分为有期限无形资产和无期限无形资产。前者是指法律或合同等明确规定了使用期限的无形资产，如专利权、著作权、租赁权和土地使用权等；后者是指无法确定或无需确定使用期限的无形资产，如商誉等。

(3)按是否能被辨认，无形资产可分为可辨认无形资产和不可辨认无形资产。前者是指可以独立辨认和个别取得的无形资产，如专利权、商标权、租赁权、专有技术以及土地使用权等；后者是指无法独立被辨认和个别取得的无形资产，如商誉。

(4)按不同的存在形式，无形资产可分为超收益能力的资本化价值，如商誉；法律、契约或政府特许的特殊权利；具有无形资产特征的经济资源，如专有技术。

(5)按自身性质和内容构成，无形资产可分为技术型无形资产和非技术型无形资产。前者是指有赖于一定的技术载体才能展现的无形资产，如专利权、专有技术、计算机软件等；后者是相对于前者而言的，主要包括商标权、租赁权、商誉、土地使用权等。

(6)从评估角度按不同的内容，无形资产可分为知识型无形资产、权利型无形资产、关系型无形资产和其他型无形资产。知识型无形资产主要包括专利权、专有技术、计算机软件等，一般都属于技术型无形资产；权利型无形资产主要是指由契约或政府授权形成的无形资产，包括对物的权利(如土地使用权、矿产开采权、租赁权等)和行为权利(如专营权、出口许可证、生产许可证等)；关系型无形资产主要指企业在长期经营过程中与外界或内部员工之间形成的可以获得赢利条件的关系，如顾客关系、销售网络及雇员关系等；其他型无形资产主要包括商誉。

《国际评估指南 NO. 4》规定，无形资产可以是可辨认的或不可辨认的。可辨认的无形资产应该是可分离的，即不论其实体是否打算将它分离，它都能够单独地或连同有关的合同、确定的资产或负债分离，或从实体中分割出来，销售、转让、许可、出租或交换；或者源自合同或其他合法权利的资产，无论这些权利可否被转让或可从实体或其他权利和义务中分离均属于可辨认资产。任何与企业相关的不可辨认无形资产通常被称为商誉。商誉依附于企业未来的经济利益。企业不能用商誉来抵押，而且商誉不能从企业分离。可辨认的无形资产可能是契约型的或非契约型的。《国际评估指南 NO. 4》将无形资产分为市场关系类、客户或供应商关系类、技术类、艺术类四类，具体分类如下：

(1)市场关系类无形资产主要在市场营销或提升产品或服务中使用。例如：商标、商业名称、服务商标、集体商标和证明商标；商业外观(独特的颜色，形状或包装设计)；报纸标题；互联网域名；非竞争条款。

(2)客户或供应商关系类无形资产源于与客户或供应商的关系和专业知识。例如：广告、建筑、管理、服务或供货合同；许可，使用和停止的协议；服务合同；订单；雇佣合同；使用权，如钻井、水、空气、木材切割和机场降落位置；特许经营协议；客户关系；客户名单。

(3)技术类无形资产是指权利和技术使用权(专利技术和非专利)，数据库、公式、设计、软件、流程和制作方法。

(4)艺术类无形资产是指获取利益的权利，例如从戏剧、书籍、电影和音乐等艺术作品中获得特许权使用费以及从非合同性质的版权保护中获得收益。

(三)无形资产的使用价值及其特征

与其他资产相同，无形资产具有使用价值能够满足使用者的需求。无形资产的使用价值可以依据使用无形资产所产生的效果来衡量，这种效果主要体现为无形资产的使用能够提高企业的劳动生产效率和获利能力，为企业带来超额收益。但不同于其他资产，无形资产的使用价值具有其特殊性：

(1)可分享性。有形资产的使用价值一般为其所有者独享，如与其他人分享，由于该项资产的使用价值总量不变，则每个使用者得到的使用价值仅为总量的一部分。相比之下，无形资产特别是技术型无形资产的使用价值却不会因为使用者的增多或使用次数的增多而降低，而且由于使用者自身条件以及所处的地理、经济环境存在差异，同一无形资产的不同使用者得到的使用价值也会有所不同。

(2)可增值性。无形资产必须依附于一定的有形资产才能发挥作用，因而无形资产的使用价值是通过一定的实物资产间接实现的。无形资产往往可以提高其所依附的有形资产的使用价值。例如，专利权和专有技术的应用可以在节约能源和原材料、提高产品数量和质量等方面取得明显的效果。因此，依靠无形资产带动有形资产增值是实现企业资产增值的有效途径之一。

(四)无形资产的价值及其特征

无形资产是价值与使用价值的统一体，无形资产的价值是其内在规定性，无形资产的使用价值是其外在的表现形式。

1. 无形资产价值的决定

最早提出发明、技术等具有价值的经济学家是英国的亚当·斯密，他在《爱尔兰的政治解剖》(1961 年版)中指出：思维是生产的，因为它节约了劳动，从而它是有价值的。马克思在其创造的劳动价值论学说中指出，商品的价值量由其所耗费的社会必要劳动时间决定。西方的许多经济学家则从效用决定论的角度提出了边际效用价值论，如杰文斯认为“所谓价值是指一种商品的最后效用程度”，庞巴维克认为“价值取决于边际效用”。①

那么，无形资产的价值到底应由什么决定呢？社会必要劳动时间是指“在现有的社会正常的生产条件下，在社会平均的劳动熟练程度和劳动强度下制造某种使用价值所需要的

① 宗刚等. 资产评估理论与方法. 北京：中国审计出版社，1995：84.

劳动时间”。由于无形资产是创造性劳动的成果，具有独创性和不可重复性，因而很难运用马克思在劳动价值论中提出的社会必要劳动时间来决定无形资产的价值。部分学者进而提出无形资产的价值应由个别劳动时间来决定，即以某项无形资产研制开发的个别成本为基础，加上适当的利润计量其价值。然而事实上，许多无形资产的价值与其研制开发成本并不具有正比关系。即使是耗费巨资研制而成的无形资产，如果没有良好的市场前景，也不会有很高的价值。相反，世界上许多知名商标并未耗费大量研制成本，却可以为其持有人带来巨大的经济利益。由此可见，这种观点是不正确的。

我们认为，无形资产的价值应由使用无形资产所节约的社会劳动来决定。无形资产之所以具有价值，就是因为企业使用无形资产后，可以提高产品质量和生产效率，提高企业知名度，扩大企业市场份额，为企业带来超额经济利益。由于无形资产的使用，企业投入与无形资产使用前相同的生产要素，可以得到更大的产出。换句话说，企业要得到与无形资产使用前相同的产出，只需投入较少的生产要素就可以了。从理论上讲，如果企业投入的物化劳动和活劳动不变，使用无形资产后创造的价值量与使用前相比，两者的差额就是无形资产的价值量。从实务上看，无形资产的价值量体现为企业所获得的超额收益。

2. 无形资产价值的特征

与有形资产价值相比，无形资产价值主要具有以下一些特征：

(1)价值形成的渐进性

无形资产的价值形成往往需要企业长期、连续不断地投资，一般要经历从低到高逐步形成与发展的过程。例如无形资产中的商标，企业在创建商标后还必须为商标的信誉作进一步的投资，这些投资主要用在产品质量、技术开发、广告宣传、产品售后服务以及商标知名度等方面，最终逐步转化为无形资产的价值。美国可口可乐公司的发展壮大就经历了近百年的历史，在“可口可乐”商标价值高达数百亿美元后，该公司年平均广告费用仍保持在一亿美元左右。

(2)价值的不稳定性

无形资产的技术成熟程度、市场前景、转让方式和转让次数等因素都会对其价值产生影响，因此无形资产的价值将不断发生变化。某些无形资产的价值甚至会在一年内出现大幅度波动。例如 IBM 公司在 1994 年时其品牌价值非常低，而在 1995 年却跃居世界第三位，品牌价值高达 171 亿美元，到 2010 年达到 647.27 亿美元。与此相反，丰田品牌价值从 2009 年的 313 亿美元跌至 2010 年的 218 亿美元。由此可见无形资产价值变动幅度之大。

(3)价值计量的主观性

无形资产是创造性劳动的结晶，具有独创性与不可重复性，再加上影响无形资产价值的因素众多，难以制定出一套适用于各种情况的评估标准，因此无形资产的价值往往容易受到主观因素的影响。导致同一无形资产的评估价值存在差异的原因是多方面的，例如不同的评估主体、同一评估主体采用不同的评估体系以及不同的评估目的等。

(4)价值与成本弱对应性

无形资产的价值并不完全取决于其成本，也就是说，无形资产的价值与其成本之间并不存在某种比例关系。许多无形资产特别是技术资产要经历一系列研制失败才能获得成功，研制失败时所耗费的支出，会计上并未计入该项无形资产的成本，而是列入费用计入当期损益。此外，无形资产中的商标权在创建时所耗费的成本并不多，但维持和提升商标的信誉和知名度却需要企业长期大量的投入，因此不能简单地采用成本标准来衡量无形资产的价值。

第二节　无形资产评估概述

一、无形资产评估的特点及原则

(一)无形资产评估的特点

无形资产评估一般是指专门机构依据一定的程序和方法，对特定主体所拥有的无形资产价值的评定估算。专门机构是指政府主管部门批准认可的具有评估无形资产能力的资产评估事务所、会计师事务所等。依据一定的程序和方法，是指无形资产不能仅凭评估人员的主观想象随意作价，而是要按照规定的程序和科学的方法进行。这样，才能保证评估结果准确和可靠，才能满足无形资产交易各方的要求。特定主体，是指拥有某项无形资产的企事业单位、社团法人及自然人。

无形资产评估与有形资产评估一样，具有资产评估的基本特点。但是，由于无形资产的依附性、预期收益的不确定性、成本的弱对应性和独创性，无形资产评估又具有其自身的特点，这些特点主要表现在以下几个方面：

1. 评估工作的复杂性

评估工作的复杂性主要表现在：(1)无形资产种类繁多，而且彼此之间可比性差，对每一项待评估的无形资产都需要分析研究其性能、特点、经济技术参数等。(2)宏观经济环境与无形资产作用的发挥关系密切，正确把握和估计宏观经济环境对无形资产作用的发挥的影响难度很大，需要从各个方面、各个角度运用多种方法对各种情况进行综合、系统的分析与测算。这项工作不仅收集资料困难，而且计算的工作量也很大。(3)大多数无形资产评估项目需要预测出评估对象的经济寿命和预期收益，但影响这两项指标的因素存在较大的不确定性，因而难以把握其准确程度。(4)由于技术更新周期的缩短，大多数无形资产特别是技术资产的无形损耗、使用风险等难以确定。总之，无形资产评估要综合考虑无形资产自身的各种内在因素和经济、技术、政治等多种外在因素，评估工作十分复杂。

2. 评估工作的动态性

从动态而非静态的角度来评估无形资产的价值是无形资产评估的又一特点。科学技术的飞速发展和社会政治、经济环境的不断变化都会影响无形资产的价值。此外，无形资产自身也可能发生变化。例如商标，既有可能因为更加良好的产品售后服务而增值，也有可能由于产品质量的降低而贬值。因此，只有把握相关无形资产的发展进程，了解外部环境对无形资产价值的影响，才能有效地提高无形资产评估价值的准确性。

3. 评估对象的单一性

无形资产具有独创性，这一性质既是区别各项无形资产的客观依据，也是决定评估对象的单一性的基础。无形资产评估应根据不同评估对象、不同评估目的和不同交易方式，结合考虑评估时间和评估地点等因素来进行，从而正确反映该评估对象的真实价值，提高评估的准确性。

(二)无形资产评估的原则

除了应遵循前述资产评估的基本原则外，无形资产评估还必须遵循以下几个原则：

1. 经济利益可靠性原则

无形资产能在未来为企业带来经济利益，无形资产评估的重点就在于科学合理地预测出该项资产所能带来的预期收益。因此，为了真实客观地反映无形资产的价值，无形资产评估应建立在可靠的经济利益基础之上。如果一项技术成果尚未经过中试或生产定型鉴定，尽管这项成果具有一定的先进性和良好的市场前景，但预测其经济利益仍存在相当大的风险。

2. 安全保密性原则

无形资产是科研劳动的成果，没有具体的实物形态，在其开发研制过程中往往面临巨大的风险。然而无形资产一旦研制成功，其再生产或投入使用的过程则十分简单，最典型的例子就是计算机软件的复制。无形资产所涉及的技术失去保密性后会大大降低其经济价值，因而在进行无形资产评估工作时必须严格遵循安全保密性原则。

二、影响无形资产评估价值的因素

由于无形资产的成本具有明显的弱对应性和不完整性，而且无形资产在未来能给企业带来的经济收益也存在较大的不确定性，因而准确评估无形资产的价值具有一定的难度。为了能科学合理地确定无形资产的评估价值，必须对影响无形资产评估价值的主要因素加以了解，这些因素包括以下几个方面：

1. 成本

对于外购无形资产，一般都有购置价款和购置费用的原始记录。而对于自创无形资产，由于其形成过程的特殊性，成本往往难以计量。一般来说，无形资产的研制开发成本应为其评估价值的下限，即无形资产评估价值至少不低于其研制开发成本。无形资产研制过程中的物质耗费的计量较为简单，关键在于确定活劳动的耗费。由于无形资产是科研劳动的成果，因而在确定开发过程中的人工费用时，应采用倍加系数计量研究人员的科研劳动。

2. 效益

这里所说的效益主要指无形资产的经济效益和社会效益。经济效益是指某项无形资产所具有的获利能力，社会效益是指使用某项无形资产后所产生的非货币效益。一项无形资产的获利能力越强，其市场竞争力就越强，相应的评估价值也就应该越高；反之亦然。如果一项无形资产的使用能给社会带来积极的效果，它将会对其评估价值产生正面影响，而且这种正面影响越大，评估价值越高；如果该项无形资产给社会带来了不良后果，造成环境污染，影响了生态系统的平衡，这将会对其评估价值产生负面影响，而且所产生的负面影响越大，其评估价值越低。

3. 技术的经济寿命

在评估技术型无形资产的价值时，要特别关注这一因素。技术的经济寿命长短会直接影响技术资产的获利时间。一般来说，技术的经济寿命越长，表明技术资产的获利时间越长，其评估价值就越高；技术的经济寿命越短，表明同类技术的发展速度越快，技术资产的无形损耗越大，其评估价值就越低。

4. 技术成熟程度

任何一项技术都会经历从发展、成长、成熟到衰退的过程，在评估无形资产时，科学地把握某项无形资产所处的阶段，对于合理准确地评估出其价值十分重要。某项技术处于发展和成长阶段时，由于技术上的先进性，该无形资产可提供的未来经济收益较大，因而其评估价值通常也较高。随着成熟阶段的到来，此时的评估价值将明显低于前两个阶段的评估价值。不同的技术有着不同的经济寿命，因此在评估时应具体分析每项技术的成熟程度，合理确定无形资产的评估价值。

5. 市场供求

市场供求包括两方面，即无形资产的适用程度和无形资产的市场供求状况，两者相互关联。一般来说，一项无形资产的适用程度越高，其市场需求越大，评估价值就越高；反之亦然。此外，同类无形资产的市场供求状况也会影响到该项无形资产的评估价值。若该项无形资产供小于求，且无同类无形资产可以替代，则其评估价值就应该高一些；若该项无形资产供大于求，或者市场上有同类无形资产可以替代，则其评估价值就会低一些。

6. 转让条件和转让方式

无形资产的转让条件和转让方式也是影响评估价值的重要因素。无形资产的转让分为所有权转让和使用权转让。一般来说，所有权转让的价格要高于使用权转让的价格。无形资产的转让方式不同，其评估价值也各不相同。独占许可的评估价值高于普通许可，因为前种方式下无形资产受让方获得的权益更大，对技术的垄断性更强。此外，转让次数的增加不仅会使该项技术的垄断程度降低，而且还会导致该项技术所生产产品的市场缩小，从而影响到无形资产的评估价值。

除了上述因素以外，无形资产特别是技术资产转让的提成比率、价款的支付方式等都会对无形资产的评估价值产生影响，评估时应对这些因素加以综合考虑，提高评估的准确性。

三、无形资产评估的内容

一般来说，无形资产评估的内容应根据评估目的和评估对象来确定，在实践中必须紧紧围绕评估无形资产价值这项中心任务来展开评估工作。无形资产评估主要涉及以下几个方面的内容：

1. 鉴定无形资产的性能

鉴定无形资产的性能是无形资产评估的基础工作，直接影响到评估结果的科学性与合理性。只有在证实无形资产真实存在并掌握其主要经济技术指标后，才能确定其评估价值。这项工作主要包括：①确定无形资产的先进性。在评估时应通过对无形资产相关经济技术指标进行分析来确定其先进性。②了解无形资产的可靠性。通过掌握无形资产的实验、评价及实际应用效果，分析无形资产的优缺点及使用中的安全程度，从而了解无形资产的安全可靠性。③鉴定无形资产的适用性。通过分析无形资产使用所要求的与之相适应的特定的技术条件和经济条件，鉴定其适用性和获取经济利益的情况。

2. 确定无形资产的成本

确定无形资产的成本是无形资产评估的一项重要内容，也是影响无形资产评估价值的重要因素之一。自创无形资产的成本主要是指研制开发成本，包括为研制新产品、改进老产品，改进工艺、设备、技术，提高产品质量和生产效率，增强获利能力等目的而发生的支出，这些支出可以有效地改进企业的生产方法和制造技术。外购无形资产的成本主要包括购入无形资产时实际支付的价款和购入后为保证该项无形资产正常投入使用而追加的其他投入。

3. 确定无形资产的有效使用年限或经济寿命

由于无形资产的特殊性，在确定其有效使用年限时应考虑到下列因素：①经济寿命是指无形资产能够为其控制主体带来超额收益的持续时间，与自然寿命无关；②无形资产的损耗主要是无形损耗，它与无形资产所依附的实物载体的有形损耗无关；③无形资产的剩余经济寿命与其实际使用状态和使用强度无关。导致无形资产经济寿命缩短的因素主要包括新的、更加先进适用的无形资产研制成功并投入使用和因传播面扩大而致使某项无形资产丧失其在价格、成本上的优势等。与无形资产相比，有形资产的剩余经济寿命受使用强度和保养状态的影响相当大。

确定无形资产有效使用年限或经济寿命的方法一般有如下几种：根据国家法律法规来确定；按照合同或协议规定的期限来确定；依照国内外惯例确定；以无形资产设计时预计的使用年限为基础，考虑相关因素加以确定；根据有关资料和相关的经济技术指标分析研究确定。

4. 预测无形资产的未来经济收益

无形资产的评估价值主要取决于其所带来的未来经济收益。无形资产的所有者或使用者关注的是无形资产的使用价值，即无形资产能为他们带来多大的经济收益。一项无形资产所提供的未来经济收益越大，其评估价值就越高；反之，一项无形资产所提供的未来经济收益越小，其评估价值也就越低。因此在进行无形资产评估工作时，评估人员应科学合理地分析预测出被评估无形资产在剩余经济寿命期内所能提供的经济收益。

5. 选择适用的评估方法进行评定估算

评估人员应在上述各项工作的基础上，根据无形资产评估目的、评估对象及转让方式等具体情况选择适用的评估方法。选定评估方法后，对该评估方法涉及的各项指标或参数进行分析处理，最终通过计算和修正得出无形资产的评估价值。无形资产评估中主要采用的是收益法和成本法。

此外，我国2008年颁布的《资产评估准则——无形资产》中规定，注册资产评估师在进行无形资产评估时，应当考虑下列事项：(1)无形资产权利的法律文件、权属有效性文件或者其他证明资料；(2)无形资产是否能带来显著、持续的可辨识经济利益；(3)无形资产的性质和特点，目前和历史发展状况；(4)无形资产的剩余经济寿命和法定寿命，无形资产的保护措施；(5)无形资产实施的地域范围、领域范围、获利能力与获利方式；(6)无形资产以往的评估及交易情况；(7)无形资产实施过程中所受的国家法律、法规或者其他资产的限制；(8)无形资产转让、出资、质押等的可行性；(9)类似无形资产的市场价格信息；(10)宏观经济环境；(11)行业状况及发展前景；(12)企业状况及发展前景；(13)其他相关信息。

第三节　无形资产评估程序与方法

一、无形资产评估程序

按照无形资产评估工作规范的要求，我们将无形资产评估过程分为七个阶段：

1. 了解无形资产评估的目的与动机

无形资产评估首先必须详细了解委托方评估无形资产的目的与动机，对资产业务的合法合规性进行验证，了解产权主体变动是所有权变动还是使用权变动，是单方使用权还是多方使用权转让。它关系到下面的评估工作资料如何收集，参数如何选取，评估方法如何选择。评估目的是评估工作的起点。

2. 收集评估资料

根据评估目的、待评估无形资产的种类，收集有关资料。各种无形资产评估需要收集的资料的内容，见资产评估协会颁发的《资产评估准则——评估程序》。但由于目前企业对无形资产的管理规范性差，增加了资料收集的难度，往往需要邀请不同部门的管理人员多次座谈，反复收集才能取得，有些资料还要通过社会调查、专家咨询等方式才能取得。

3. 无形资产的判断与评价

在对收集的资料的真实性作出鉴别后，根据这些资料对被评估无形资产作出判断，确定其种类和名称，确定其是否有价值及在哪些方面体现其价值。如对技术型无形资产，可以从以下几个方面进行判断与评价。

(1)法律方面。无形资产是否受法律保护，保护类别，保护年限等。

(2)经济方面。使用该技术后能否提高劳动生产率，是否引起成本降低并提高产品质量，产品价格能否提高，销量能否增加以及对企业竞争力的提升是否有作用。

(3)技术方面。无形资产技术的先进性、适用性、可靠性，它的理论水平、难度、创新度、处于国内外同类技术的水平层次等。

(4)社会贡献方面。无形资产是否符合国家科技发展方向，对环境有无影响，对国民经济发展及人民生活水平提高有无贡献等。

4. 评估假设

无形资产评估是通过分析得出的价值，分析是有一定的假设前提的，评定估算前要提出评估的假设前提，评估假设一般有两个方面：

(1)一般性假设。指进行评估应具备的基本条件，应从委托企业提供资料的真实可靠性，企业所处的社会经济环境有无变化，企业所遵照的法律、法规、政策有无变化，企业能否持续健康发展等方面进行假设。

(2)特殊性假设。指直接影响评估计算的假设条件。比如，评估计算考虑的范围，预测实现的程度，经济收益计算年限，无形资产损耗的量化，基本参数的选取等。特殊性假设需要根据被评估无形资产的特性，资料占有情况及评估的估算方法来假定。这类假设可以帮助我们了解从分析到产生估值的因果关系，有利于对评估价值的合理性辨识。

5. 评定估算

根据评估目的、占有的资料，选取最合适的评估方法，在进行评估基础数据处理和参数正确选用的基础上，得出评价价值的初步结果。

6. 评估结果分析

(1)评估结果的一致性分析

主要检查评估目的、所获得的资料、判断评价、评估假设、评定估算这一系列工作在处理上是否连贯，是否存在相互矛盾，有没有遗漏和错误，要保证这些工作的一致性。

(2)评估结果的数值分析

敏感性分析：选取评估计算可能变化较大的数据与参数为敏感性因素，确定变化范围并计算评估结果的敏感性程度，如果敏感性强，需对评估结果作出可能变化的说明；概率分析：对评估结果的可信程度作出概率评价。

7. 评估报告

对评估价值发表意见，并作出恰当说明。对无形资产进行评估时，在有些情况下可给出区间评估价值，即无形资产价值最可能出现的范围。

无形资产的评估是评估人员在对被评估无形资产逐步认识的基础上完成的，对许多技术性复杂、价值量大的无形资产的评估，需进行反复论证、修改、调整，无形资产评估活动是一个动态过程，要加强评估过程中的信息反馈，通过必要的循环，使评估结果尽量做到科学、客观、公正。

二、无形资产评估方法

(一)无形资产评估的收益法

无形资产的价值体现为企业所获得的超额收益，无形资产收益法可表示为如下公式：

$$P=\sum_{t=1}^{n}\frac{R_t}{(1+i)^t}$$

其中，R_t 为第 t 年的预期超额收益。

由上式可知，采用收益法评估无形资产价值的关键是确定以下三个基本参数：预期超额收益(R_t)、收益期限(n)和折现率(i)。

1. 预期超额收益

确定无形资产的预期收益必须预测出使用无形资产所获得的新增利润。由于无形资产不具有独立的物质实体，它只有与企业的有形资产相结合才能发挥作用，因此通常无法直接计量使用某项无形资产所获得的收益。下面介绍一些常用的方法：

(1)直接估算法

直接估算法是通过比较分析无形资产使用前后的收益情况，以确定无形资产带来的超额收益。在实践中，按无形资产为特定持有主体带来的经济利益分类，无形资产主要分为收入增长型和成本费用节约型。

收入增长型无形资产是指无形资产应用于生产经营过程，能够使得产品的销售收入大幅度增长。增长的原因在于：生产的产品能够以高出同类产品的价格销售；在生产的产品采用与同类产品相同的价格的情况下，销售数量大幅度增加，市场占有率扩大，从而获得超额收益。

在销售量和单位成本不变的情况下，超额收益可表示为：

$$R = (P_2 - P_1)Q(1 - T)$$

式中：P_2—— 使用无形资产后单位产品的价格；

P_1—— 使用无形资产前单位产品的价格；

Q—— 产品销售量；

T—— 所得税税率。

在单位价格和单位成本不变的情况下，超额收益可表示为：

$$R = (Q_2 - Q_1)(P - C)(1 - T)$$

式中：Q_2 ——使用无形资产后产品的销售量；

Q_1 ——使用无形资产前产品的销售量；

P——产品单位价格；

C——产品单位成本；

T——所得税税率。

成本费用节约型无形资产，是指无形资产的应用，使得生产产品中的成本费用降低，从而形成超额收益。在销售量、价格不变的情况下，超额收益可表示为：

$$R = (C_1 - C_2)Q(1 - T)$$

式中：C_1—— 使用无形资产前的产品单位成本；

C_2—— 使用无形资产后的产品单位成本；

Q—— 产品销售量；

T—— 所得税税率。

实际上，收入增长型和成本费用节约型无形资产的划分，是假定在其他资产因素不变的情况下，为了明晰无形资产形成超额收益的来源情况的人为划分的方法，通常在实践中无形资产使用后，其他资产因素也会发生变化，超额收益是各资产因素共同作用的结果。评估人员在评估过程中应综合进行分析和运用，科学地测算超额收益。

(2)差额法

当无法获取和对比无形资产使用前后的收益情况时，可采用无形资产和其他类型资产在经济活动中的综合收益与行业平均水平进行比较，以得到无形资产所产生的超额收益。

首先，收集有关使用无形资产的产品生产经营活动的财务资料，进行盈利分析，得到经营利润和销售利润率等基本数据。

其次，对上述生产经营活动中的资金占用情况(固定资产、流动资产和已有账面价值的其他无形资产)进行统计。

再次，收集行业平均收益率等资料。

最后，计算无形资产带来的超额收益。

无形资产的超额收益=经营利润-资产总额×行业平均资金利润率

或

无形资产的超额收益=销售收入×销售利润率-销售收入×每元平均占用资金

×行业平均资金利润率

使用这种方法，应注意这样计算出来的超额收益，有时不完全由被评估无形资产带来(除非能够认定只有这种无形资产存在)，而可能是一种组合无形资产超额收益，因此还需进行分解处理。

(3)分成率法

通过分成率来获得无形资产收益，是目前国际和国内技术交易中常用的一种实用方法。即：

无形资产收益额=销售收入(利润)×销售收入(利润)分成率

从上述公式可知，分成率包括利润分成率和销售收入分成率两种形式。实际上，由于销售收入与销售利润有内在的联系，可根据销售利润率来推算。

收益额=销售收入×销售收入分成率

=销售利润×销售利润分成率

销售利润分成率=销售收入分成率÷销售利润率

在评估实践中，一般是确定一定的销售收入分成率，俗称"抽头"。例如，在国际市场上，一般技术转让费不超过销售收入的3%~5%，如果按社会平均销售利润率10%推算，则技术转让费为销售收入的3%。从销售收入分成率本身很难看出转让价格是否合理，但是换算成利润分成率，则可以加以判断。

利润分成率的计算方法主要有以下两种：

①边际分析法。边际分析法是指利用企业使用某项无形资产后实现的利润增量与企业使用该项无形资产后实现的总利润的比例来确定利润分成率的一种方法，其关键就在于科学地分析预测使用无形资产后所实现的利润增量，计算公式如下：

$$\text{利润分成率}=\frac{\sum \text{无形资产使用后的利润增量} \times \text{折现率}}{\sum \text{无形资产使用后的总利润} \times \text{折现率}}$$

②约当投资分析法。约当投资分析法是指在成本的基础上考虑一定的成本利润率折合成无形资产约当投资，再按无形资产折合的约当投资额与受让方投入资产的约当投资额的比例确定利润分成率的一种方法，计算公式如下：

$$\text{利润分成率}=\frac{\text{无形资产约当投资额}}{\text{受让方约当投资额}+\text{无形资产约当投资额}}$$

其中：

无形资产约当投资额=无形资产重置成本×(1+适用的成本利润率)

受让方约当投资额=受让方投入资产的重置成本×(1+适用的成本利润率)

(4)综合评价法

综合评价法首先对分成率的取值有影响的各个因素，即法律因素、技术因素及经济因素进行评测；其次，根据多位专家确定的各因素权重，得到分成率的调整系数；再次，根据国际技术贸易中已被众多国家认可的技术提成率范围，确定被估技术类无形资产分成率的取值范围；最后，通过对取值范围的调整，获得被估无形资产的分成率。其计算公式为：

$$K=m+(n-m)\times a$$

式中：K——待估专利技术的分成率；

m——分成率的取值下限；

n——分成率的取值上限；

a——分成率的调整系数。

随着国际技术市场的发展，分成率的取值范围已趋于一个规范的数值。联合国工业发展组织对各国的技术贸易合同的分成率作了大量的调查统计，结果显示，分成率的一般取值范围为0.5%~10%(分成基数为销售收入)，分行业的统计数据如下：

石油化工行业：0.5%~2%

日用消费品行业：1%~2.5%

机械制造行业：1.5%~3%

化学行业：2%~3.5%

制药行业：2.5%~4%

电器行业：3%~4.5%

精密仪器行业：4%~4.5%

汽车行业：4.5%~6%

光学及电子产品：7%~10%

由于上述分成的数值是得到世界公认的，而且在技术贸易实践中得到了验证，因此，特许专利技术收益分成率分析及评价研究可借鉴上述数值作为确定分成率的基础数据。在评估实践中，经常使用利润分成法，此时，可根据国家有关的统计数字，确定待估技术应用行业的平均利润率，用上述的分成率除以这个平均利润率，就可以得到待估技术的利润分成率的取值范围。

在具体业务中，引进方的销售利润是较难确定的因素，因为技术转让是一项连续性的业务，在实施技术的过程中，由于各种条件或因素的影响，引进方所能获得的利润是不确定的，当事双方不可能在交易前进行精确计算。另外，在实际交易过程中，出于保守商业秘密或少支出使用费的考虑，引进方一般不愿意提供利润数或允许对方查账，即使同意许可方检查，由于对利润的解释不一致也难以查到确切的引进方利润，对引进方实施技术所获利润只能大致估算，难免会出现偏差。一般以引进方的销售收入为基数，双方商定一个销售收入分成率来计算技术转让价格。

对这一指标，国际技术贸易及国内技术转让实务中，已有一些经验数据和惯例。如：根据1975年国际许可证工作者协会日本分会的研究成果，美国各个行业最普遍的分成率为净销售价的5%，其中化学工业为2%~5%，石油化工小于1%，木材加工业为4%~5%，光学电子产品为5%，汽车工业小于5%。德国的电器工业为0.5%~5%，机械制造业为0.33%~10.7%，化学工业为2%~10%。各国技术贸易中专利的使用费率遵循以下惯例：

美国：机电领域为4%~5%，化学领域为4%~8%，无线电通信为2%~3%。

德国：电气领域为0.5%~4%，机械器具领域为0.33%~10%，制药业为2%~10%，化学领域为2%~5%。

日本：机床业为0.5%~3%，电缆业为0.5%~5%，制药业为2%~5%，金属工业为

1%~4.4%，精密机械为0.33%~10%，制药业为2%~10%。

联合国贸易和发展会议对各国技术贸易合同分成率做了大量调查统计，认为分成率一般在产品净销售价的0.5%~10%，绝大多数控制在2%~6%。其中，石油化学工业为0.5%~2%，日用消费工业为1%~2.5%，机械制造工业为1.5%~3%，化学工业为2%~3.5%，制药工业为2.5%~4%，电气工业为3%~4.5%，精密电子工业为4%~5.5%，光学和电子产品为7%~10%。

在我国技术引进实践中，如以净销售价为分成基础，分成率一般不应超过5%。日本的专利使用费计算方法，是将发明的价值分为上、中、下三等，采用技术收益分成法计算时以销售额为基础，分别为4%，3%，2%（以利润额为基础时分别为30%，20%，10%）左右。

2. 收益期限

一般来说，无形资产的收益期限由其剩余经济寿命决定，但无形资产的法律保护期限也会对其收益期限产生影响。在无形资产评估中应遵循剩余经济寿命与法律保护期限孰短原则。除此之外，还应充分考虑技术成熟程度与其所处生命周期、无形资产的转让期限以及市场供求状况等因素对收益期限的影响。

3. 折现率

折现率是指将无形资产预期的未来经济收益折算成现值的比率，通常由无风险利率和风险报酬率两部分组成，即

$$折现率=无风险利率+风险报酬率$$

其中，无风险利率是投资者应获得的最低报酬率，一般以政府国库券利率为基准。在我国，通常不能简单地将政府国库券利率作为无风险利率，因为我国国债利率往往高于同期居民储蓄存款利率且国债的流动性较差。风险报酬率的确定则要综合考虑无形资产自身及其使用的外部环境，例如技术的先进性、技术的成熟程度、企业的管理水平以及宏观经济政策等因素。无形资产投资的风险性较大，由此确定的风险报酬率也较高。另外，在通常情况下确定折现率可以不考虑通货膨胀的影响，只有当通货膨胀对预期收益的影响较大时，才应将通货膨胀率包含在折现率中。

我国2008年颁布的《资产评估准则——无形资产》规定，评估人员使用收益法时应注意下列事项：(1)在获取的无形资产相关信息的基础上，根据被评估无形资产或者类似无形资产的历史实施情况及未来应用前景，结合无形资产实施或者拟实施企业经营状况，重点分析无形资产经济收益的可预测性，恰当考虑收益法的适用性；(2)合理估算无形资产带来的预期收益，合理区分无形资产与其他资产所获得的收益，分析与之有关的预期变动、收益期限，与收益有关的成本费用、配套资产、现金流量、风险因素；(3)保持预期收益口径与折现率口径一致；(4)根据无形资产实施过程中的风险因素及货币时间价值等因素合理估算折现率，无形资产折现率应当区别于企业或者其他资产折现率；(5)综合分析无形资产的剩余经济寿命、法定寿命及其他相关因素，合理确定收益期限。

（二）无形资产评估中的成本法

当无形资产的获利能力难以量化，不能满足收益法的适用条件时，应以无形资产的现行重置成本为基础来评估其价值。

如前所述，重置成本法是指在评估无形资产时，按该无形资产的现行重置成本扣减各种损耗后的余额确定其评估价值的一种方法。因此，采用成本法的关键在于合理确定无形资产的重置成本和贬值。

1. 无形资产的重置成本

由于自创无形资产和外购无形资产的重置成本所包含的内容和计量方法存在较大差别，因此在确定重置成本时应分别考虑。

(1)自创无形资产的重置成本

自创无形资产的重置成本主要包括无形资产研制开发过程中实际发生的物化劳动和活劳动支出。由于无形资产是创造性劳动的成果，考虑到这种复杂劳动所创造出的价值远远超过简单劳动所创造出的价值，因而在计算活劳动支出时应设置一个创造性劳动的倍加系数α。另外，无形资产在研制开发过程中面临较大的风险，往往在经历无数次的失败之后才得以研制成功，因此在评估自创无形资产的重置成本时应引入适当的风险系数β。自创无形资产的重置成本评估公式如下：

$$C = (C_0 + \alpha V)/(1 - \beta)$$

其中，C_0为物化劳动支出，V为活劳动支出，α为创造性劳动的倍加系数，β为风险系数。

(2)外购无形资产的重置成本

外购无形资产一般都有购置时的原始记录，因而相对于自创无形资产而言比较容易计量。外购无形资产的重置成本主要包括购买价格与购买费用。购买费用是指购买过程中发生的各种费用，包括技术资料费、技术服务费、交易过程中的差旅费以及有关的手续费等。

2. 无形资产的贬值

资产的贬值包括实体性贬值、功能性贬值和经济性贬值。由于无形资产本身不具有独立的物质形态，因而也就不存在实体性贬值。无形资产贬值的主要表现形式为功能性贬值和经济性贬值。

功能性贬值计算的是无形资产在剩余经济寿命期内因功能落后所导致的销售利润的减少或生产成本的上升。经济性贬值是指由于外部客观条件的变化而造成的无形资产贬值。由此可见，直接确定无形资产的功能性贬值和经济性贬值往往存在一定的难度。考虑到评估无形资产的重置成本主要是为了摊销成本，上述两种贬值都可体现为无形资产经济寿命的缩短，因此无形资产贬值率可用下列公式计算：

$$\text{无形资产贬值率}(d) = \frac{\text{无形资产已使用年限}}{\text{无形资产已使用年限} + \text{无形资产尚可使用年限}} \times 100\%$$

(三)无形资产评估中的市场法

1. 市场法主要包括直接法和类比法两种方法

类比法在西方国家无形资产评估中应用较为广泛。特别是在技术进步快、产品更新换代周期短的情况下，首先在市场上可找到的往往只是换型、换代的参照物，然后经过对被评估资产和参照物的比较、分析，最终评定被评估对象的价值。目前我国尚未形成充分发育的、活跃的资产交易市场，因此类比法的应用范围受到较大的限制。

2. 市场法评估无形资产应注意的问题

(1)确定合理的参照物

作为参照物的无形资产与被评估无形资产至少要满足形式相似、功能相似、载体相似和交易条件相似的要求。形式相似是指参照物与被评估资产按照无形资产分类原则，应该并为同一类。功能相似是指尽管参照物与被评估资产的设计和结构不可避免地存在差异，但它们的功能和效用相同或相近。载体相似是指参照物与评估资产所依附的产品或服务应满足同质性要求，所依附的企业则应满足同业与同规模的要求。交易条件相似，是指参照物的成交条件与被评估资产模拟的成交条件在宏观、中观、微观层面上都应大体接近。参照物与被评估无形资产必须处于同一行业，或处于对相同经济变量有相似反应的行业。

(2)对交易资料的收集和分析

收集类似无形资产交易的市场信息是为横向比较提供依据，而收集被评估无形资产以前的交易信息是为纵向比较提供依据。对于前者，评估人员在参照物与被评估无形资产在形式、功能和载体方面满足可比性的基础上，应尽量收集致使交易达成的市场信息，即要涉及供求关系、产业政策、市场结构、市场行为和市场绩效等内容。其中对市场结构的分析尤为重要，即要分析卖方之间、买方之间、买卖双方之间、市场内已有的买方和卖方与正在进入或可能进入市场的买方和卖方之间的关系。对于后者，评估人员既要看到无形资产具有的依法实施多元和多次授权经营的特征，使得过去交易的案例成为未来交易的参照依据，又要看到时间地点、交易主体和条件的变化也会影响被评估无形资产的未来交易价格。

(3)基础价格信息应该满足相关、合理、可靠和有效的质量要求

相关是指所收集的价值信息与需要作出判断的被评估无形资产的价值有较强的关联性；合理是指所收集的价格信息能反映被评估无形资产载体结构和市场结构特征，不能简单地使用行业或社会平均价格信息；可靠是指所收集的价格信息经过对信息来源和收集过程的质量控制，具有较高的置信度；有效是指所收集的价格信息能够有效地反映评估基准日的被评估资产在模拟市场条件下的可实现的价格。

(4)必要调整的合理选择

无论是横向比较还是纵向比较，参照物与被评估无形资产都会因时间、空间的变化而产生差异，评估人员应对此作出科学、合理的调整。所以，国际资产评估委员会颁布的《无形资产评估指南》规定，当以被评估无形资产以往的交易记录作为评估的参照依据时，可能需要根据时间的推移、经济、行业和无形资产的市场环境的变化进行调整。

练习题

1. 甲公司以某项无形资产与乙公司共同组建一家新公司。该无形资产的重置成本为300万元，适用的成本利润率为300%。乙公司为使用该无形资产所投入资产的重置成本为1 000万元，适用的成本利润率为15%。试采用约当投资分析法确定该无形资产的利润分成率。

2. 甲公司以某项无形资产与乙公司联营，该无形资产的剩余使用寿命为4年。经预

测，在今后4年内乙公司使用该无形资产后每年的预期利润分别为800万元、850万元、920万元、1 000万元。假设该无形资产的利润分成率为25%，折现率为15%。试评估该无形资产的价值。

3. 甲公司拟向乙公司转让一项无形资产，该无形资产可提高产品生产线上零部件的检测效率，其剩余经济寿命为4年。经调查分析，该无形资产在今后4年内每年可带来的利润增量分别为50万元、60万元、70万元和80万元，且占当年利润总额的比例分别为40%、30%、25%和20%。假设折现率为15%，试采用边际分析法确定该无形资产的利润分成率。

第九章　无形资产评估(二)
——技术资产与非技术资产的评估

控股股东套取上市公司巨额现金是我国证券市场上控股股东掠夺上市公司现金资源的一种惯用的道德风险行为。其中，上市公司与其母公司之间通过交易无形资产实现资金掠夺是我国证券市场所特有的现象。2000年中期，粤宏远、万家乐、粤美雅巨资受让控股股东无形资产事件在证券市场上引起了极大反响和高度关注。这些案例的共性是：大股东为偿还拖欠上市公司的巨额债务，将所谓由集团公司持有的商标、品牌所有权等无形资产转让给上市公司抵偿债务，转让金额占上市公司净资产额的比重达到了举足轻重的地位。上市公司付出的是动辄数亿计的资金，换回的却是难以估算预期效益的无形资产，上市公司为此每年还要增加上千万元的摊销成本，这种行为无疑是对上市公司利益和其他中小股东利益的直接侵犯。由于监管部门对上市公司受让无形资产行为尚未有明确的法规政策条文规范，以致这些行为屡次发生，投资者尽管疑虑重重却又无能为力。我们在认清控股股东侵占上市公司资金这一现象的同时，还需要思考如何确定无形资产交易价格，本章将讲述技术资产与非技术资产的评估。

第一节　技术型无形资产评估概述

一、技术型无形资产的定义及特点

(一)技术型无形资产的定义

技术型无形资产，也称技术资产(Technological Assets)，是指本身不具有独立实体，有赖于一定的技术载体才能展现的，在一定时期内能对特定主体的市场经济行为产生显著影响并带来经济利益的一切经济资源。它是由软、硬载体来展现的技术产品或商品、智能形态的技术成果和其他与技术相关的权利构成的。在科学认识技术资产的本质之前，首先应了解技术资产与技术产品、技术商品以及科技成果之间的联系和区别。

1. 技术产品与技术资产

技术产品一般是指具有使用价值、能够满足人们的物质需要或精神需要的智力劳动成果，包括物质资料、劳务和精神产品等，它们通常都能以物化形态载体和信息载体来展现。技术产品主要具有载体明确、成熟配套、效用性强以及优势突出等特征。

技术产品属于技术资产的范畴，但技术产品一般仅指载体明确的技术，而那些以智能形态存在、没有明确载体的技术成果，如知识、技能、秘诀、管理方法以及与技术有关的各种合法权利等虽不是技术产品，但仍然属于技术资产。技术产品与技术资产的区别在于：技术资产的实质是一组权益，一切技术及其载体以及与技术有关的各种权利只要归某一主体控制，具有获利能力，就可以成为该主体的技术资产。而技术产品的实质是劳动产品，它不包括与技术产品相关的各种权利。

2. 技术商品与技术资产

技术商品是以交换为目的、具有使用价值和价值的技术成果，这种技术成果通过交换实现由劳动产品向技术商品的转化，并且能在生产实践和经营活动中为技术转让双方带来经济利益。技术商品除了具备技术产品的基本特征以外，还具有可交换性、垄断性强、价值量高、风险大等特征。与技术产品一样，技术商品也属于技术资产的范畴，但它只是技术资产商品化的一种形式。

3. 科技成果与技术资产

科技成果是科技人员及广大劳动者通过考察、分析、试验、研究或生产实践等创造性劳动取得的，在科学技术上有理论意义和实用价值的成果。技术成果是指“利用科学技术知识、信息和经验作出的产品、工艺、材料及其改进等技术方案”。显然，技术成果是科技成果的组成部分，它强调的是载体明确、实用性较强的应用科技成果。

科技成果中的以下四类不能被视为技术资产：一是基础研究成果；二是社会公益成果；三是众所周知的技术成果；四是不成熟的、阶段性的技术成果。

与技术资产相比，科技成果并不是都可以为其受控主体在未来期限内带来经济利益的。由于科技成果的内涵过于广泛，已超出技术资产的概念，因而在技术资产评估中要注意区分科技成果与技术资产。

(二)技术型无形资产的特点

除了具有无形资产的基本特点外，技术资产还具有以下一些突出特点：

1. 劳动成果的创造性

一般资产的生产是以重复性劳动为主的生产，而技术资产的生产投入的是复杂劳动，是以创造性劳动为主的生产，因此技术资产的劳动比一般的劳动具有更大的增值效应。一般来说，技术资产越复杂，技术水平越高，其潜在的价值增值性也越强。

2. 风险性

技术资产的生产是一项探索未知、创新发明的脑力劳动过程。技术资产的风险性包括两个方面：第一，从技术生产方的角度来说是指技术研制过程中的风险，如研制不成功或虽研制成功但由于别人先取得专利权或已研制出更先进的同类技术，而使自己的研究成果失去意义；第二，从技术使用者的角度来说是指技术使用过程中的风险，如技术使用者消化吸收能力差，迟迟掌握不了技术，导致技术过时失效。因此，无论对技术开发者还是对技术使用者来说，技术资产都存在较大的风险。

3. 研制与生产的一次性

作为知识或信息，技术资产的生产具有一次性，新技术一旦发明成功，仅仅依靠知识的传播就可满足社会的需要，再重复发明则毫无意义。技术资产生产的一次性使得其在研制过程中所耗费的劳动不具有横向可比性。

4. 垄断性

技术资产是知识型的资产，是以信息的形式存在的。如果没有法律或其他保密措施的保护，一旦信息公开，为众人所采用，那么尽管该项资产的载体还崭新如初，但其无形损耗将使技术资产的价值销蚀殆尽。因此技术资产常常利用法律保护使其具有垄断性，这种垄断性是专利权和专有技术成为资产的必要条件。

5. 时效性

技术资产的垄断性是有一定时限的，例如专利权超过保护期则不再具有垄断性，专有技术也会随着时间推移和科学技术的进步逐渐失去其垄断性。但地区间经济、技术发展的不平衡，使得技术资产的寿命周期往往随地区不同而存在差异，在一个地区失去垄断性的普通技术可能在另一个地区仍然具有价值。

6. 流通过程的复杂性

技术资产商品化的过程是一个复杂的交易过程，不同于有形资产的商品交换。一般来说，只有在技术资产的买卖双方经过技术评价、市场调研、可行性研究、价格协商等过程后，技术资产的转让才能够顺利进行。在转让技术资产时，通常还需要卖方提供技术咨询、技术培训和技术服务以协助买方尽快掌握该技术。此外，由于技术资产的所有权和使用权可以分离，因而在技术资产交易中商品化的往往是其使用权，技术资产所有者可以根据不同的形式将使用权转让给一个或多个需求者。而一般商品成交后，所有权和使用权同时转移，买方一旦购进商品，就获得其所有权和使用权。

7. 价值形成与补偿的特殊性

由于技术资产具有研制与生产的一次性、劳动成果的创造性以及研制与使用的风险性等特点，其价值形成及补偿有别于一般商品。对技术资产而言，不存在平均部门成本，不存在平均部门的研制费，因此难以用社会必要劳动时间来衡量其价值。技术资产的价值不能用一般商品的一一对应方式进行补偿，因为技术资产的生产成功率不是100%，许多研究不一定能取得研究成果或取得成果但不能直接商品化。然而由于知识的积累性和相关性，这些没有取得效益的劳动消耗应该通过研制成功的技术资产的商品化得到补偿。因此，技术资产的商品化价值一般不能仅仅依据其研制费来确定。

二、技术资产评估参数的确定

在无形资产特别是技术资产评估实务中，当评估价值类型和评估方法确定之后，所采用评估方法中各项参数的确定问题就成为其最为重要和复杂的一项工作，它也是影响资产评估工作成败的关键因素之一。

(一)重置成本法中评估参数的确定

1. 历史成本

历史成本又称原始成本，是技术资产开发、创建或购置时实际发生的全部费用，它是成本法评估的基本依据之一。

外购技术资产的历史成本包括购置价格和购置费用，自创技术资产的历史成本包括在创建该资产过程中实际发生的物化劳动和活劳动支出。历史成本的计算公式如下：

$$历史成本=\sum(物料实际消耗\times实际价格)+\sum(工时实际消耗\times实际费用标准)$$

2. 重置全价

重置全价是按现行价格重新购置、建造或形成与被评估技术资产完全相同的全新技术资产所发生的全部成本。在评估技术资产时应考虑的成本主要包括以下几个方面：

(1)研制开发成本

技术资产的研制开发成本可分为直接成本和间接成本两类。直接成本主要由材料能源费(C_1)、工资(V)、专用设备折旧费(C_2)、信息资料费(C_3)、外协费(C_4)、差旅费(C_5)、咨询鉴定费(C_6)、培训费(C_7)以及其他费用等构成。间接成本主要由管理费(C_8)、折旧费(C_9)以及摊销费(C_{10})等构成。

研制开发成本的计算公式如下：

$$C_{总} = \sum C_i + V$$

(2)交易成本

交易成本(T)主要由技术服务费(T_1)、交易中的差旅费及管理费(T_2)、手续费(T_3)、税金(T_4)、广告宣传费(T_5)及其他费用(T_6)等构成，其计算公式如下：

$$T = \sum T_i$$

(3)机会成本

机会成本(M)是指技术转让使得转让方可能失去受让方所在地的全部或部分产品投资或销售机会而造成的损失。

因此，重置全价的计算公式如下：

$$重置全价 = \sum C_i + V + \sum T_i + M$$

除上述方法外，还可采用物价指数法确定技术资产的重置全价，其计算公式如下：

$$\begin{aligned}重置全价 &= 原始成本 \times 物价指数调整系数 \\ &= 原始成本 \times \frac{评估基准日定基物价指数}{购建日定基物价指数}\end{aligned}$$

3. 功能性贬值

如前所述，技术资产的贬值主要体现为功能性贬值。从技术资产的获利能力角度而言，功能性贬值表现为使用技术资产所生产的产品的成本相对较高或收入相对较低。在技术资产评估实务中，通常用成新率来表示技术资产的贬值，其计算公式如下：

$$成新率 = \frac{剩余使用年限}{已使用年限 + 剩余使用年限} \times 100\%$$

上式中的剩余使用年限不能简单界定为法定年限与已使用年限的差额，而应由技术专家评议确定。

(二)收益法中评估参数的确定

收益法中的评估参数主要包括预期收益、剩余经济寿命和折现率。

1. 预期收益

在资产评估实务中，预期收益包括净利润和净现金流量两种表现形式。国内外评估界一般认为应选择净现金流量作为预期收益，这是因为：①净现金流量是根据收付实现制计算而来的，排除了固定资产折旧的主观因素影响；②净现金流量是税后指标；③净现金流量考虑了收益的时间和货币的时间价值。因此，净现金流量比净利润更能客观反映技术资产的获利能力。

当待评估技术资产虽已成熟，但其所依附的有形资产需要的建设投资较大、建设期和投产期较长时，应选择投资活动的净现金流量作为预期收益；当待评估技术资产仅需少量改建投资且改建周期较短时，可选择经营活动的净现金流量作为预期收益。此外，当技术资产剩余经济寿命较长（5 年以上）时应以净现金流量作为预期收益，而当剩余经济寿命较短（3 年以下）时净现金流量和净利润均可作为预期收益。

2. 剩余经济寿命

影响技术资产剩余经济寿命的因素主要包括技术资产的法定年限、技术保密性、产品更新周期、技术更新周期和市场竞争等。技术资产剩余经济寿命的确定方法有以下几种：

（1）依据技术资产的法定年限或合同规定的年限确定

在预测技术资产的剩余经济寿命时，可以依据法律法规和合同中所规定的技术资产的保护期限，结合考虑技术资产的实际使用状况、技术更新周期等因素来确定。

（2）依据技术资产的更新周期确定

技术资产的更新周期包括产品更新周期和技术更新周期。在采用该方法时，通常根据同类技术资产的历史经验数据，运用统计模型加以分析，从而确定技术资产的剩余经济寿命。

（3）直接确定技术资产的剩余经济寿命

该方法采用专家讨论评议的形式，根据市场竞争状况、技术进步和更新趋势等因素预测技术资产的剩余经济寿命。

3. 折现率

折现率主要有以下几种计算方法：

（1）加权资本成本法

加权资本成本是指以某种融资方式所融资本占资本总额的比例为权数，对各种融资方式的个别资本成本进行加权平均得到的资本成本，其计算公式如下：

$$\text{WACC} = \sum_{j=1}^{n} K_j W_j$$

其中，WACC 为加权平均资本成本，K_j 为第 j 种融资方式的个别资本成本，W_j 为第 j 种融资方式所融资本占资本总额的比例，n 为融资方式的总数。

（2）无风险利率加风险报酬率法

$$R = R_f + bV$$

其中，R 为投资报酬率，R_f 为无风险利率，b 为风险报酬系数，V 为变异系数。

（3）资金利润率法

资金利润率可分为社会资金利润率、行业资金利润率和企业资金利润率。在采用该方法确定折现率时，资金利润率的选取要与预期收益的计算口径一致。

（4）资本资产定价模型法

$$R = R_f + \beta(R_m - R_f)$$

其中，R 为投资报酬率，R_f 为无风险报酬率，R_m 为市场报酬率，β 为贝塔系数，反映某种证券或证券组合的报酬率对整个市场报酬率的波动程度。

(三)收益分成法中评估参数的确定

收益分成法中评估参数的确定主要是指分成率的确定。分成率包括销售收入分成率和销售利润分成率两种表达形式，两者的关系可以用下列公式表示：

$$销售利润分成率=销售收入分成率\div 销售利润率$$

确定技术资产价格的国际惯例是遵循利润分享原则，即 LSLP (Licensor's Share of Licensee's Profits) 原则。其计算公式如下：

$$\mathrm{LSLP}(\%)=\frac{技术转让方取得的转让收入(P)}{技术受让方使用该技术所获得的利润(M)}\times 100\%$$

因此，由上式可得：

$$P=\mathrm{LSLP}(\%)\times M$$

销售利润分成率的确定前章已经讲述，此处不再讲述。

第二节　技术资产的评估

一、专利权的评估

(一)专利权的概念、特点及其保护对象

专利权(Patent)是指由国家专利局或代表几个国家的地区机构认定，根据法律批准授予专利所有人在一定期限内对其发明创造享有的独占使用权、转让权、许可权等权利。①专利权赋予专利权人依法创造、使用及出售专利的权利。

与其他技术资产相比，专利权主要具有如下特征：

1. 地域性

任何一种专利只能在授予专利权的国家或地区内有效，超出这个地域范围，专利权就失去了法律保护。

2. 专有性

专有性又称独占性或垄断性，即同样的发明创造只能授予一次专利，而且专利的所有者在保护期限内拥有排他性运用该专利的特权。任何单位和个人未经专利权人许可，都不得实施其专利。如果要实施其专利，必须与专利权人签订书面合同，向专利权人支付专利使用费。否则，专利权人有权提出诉讼，依法要求侵权人停止侵权行为并赔偿损失。

3. 可转让性

专利权的转让包括所有权转让和使用权转让。在转让专利权的所有权时必须签订书面合同，并经原专利登记机关变更登记和公告后才能生效。专利权的所有权一经转让，原专利权人就不再拥有该专利权。专利权使用权的转让是指专利权人通过许可合同，以一定的条件允许被许可方实施该项专利，被许可方因而获得该项专利的使用权，但专利权的主体并不发生变更。

4. 时间性

---

① 汪海粟等．无形资产评估．北京：中国人民大学出版社，2002：251.

专利权只在法定时间内有效，当专利权保护期满后，任何人都可以使用该项专利。我国法律规定，发明专利的保护期限为20年，实用新型专利和外观设计专利的保护期限为10年。

我国专利权的保护对象即专利权的客体，包括发明、实用新型和外观设计三种。

发明是专利权的主要保护对象，主要指对产品、方法或者其改进提出的新的技术方案。它分为两种类型：①产品发明，即以先进的技术为基础而直接生产出的产品，包括一切有形的物体的发明，例如发明机器、设备、仪器、用具等；②方法发明，即以先进的技术创造出的操作方法和技术过程，包括制造工艺、加工方法、测试方法等。以产品发明申请所获得的专利称为产品专利，而以方法发明申请所获得的专利则称为方法专利。

实用新型是指对产品的形状、构造或者其结合所提出的适于实用的新的技术方案。实用新型首先必须是一种产品，是具备实用性的物品，而不能是方法，这是不同于发明的；其次，实用新型必须是具有一定形状和结构的物品，液体、气体、粉状物等不属于实用新型，作为产品原材料的玻璃、陶瓷以及化学物品、药品也不属于实用新型。我国法律规定：授予专利权的发明和实用新型，应当具备新颖性、创造性和实用性。

外观设计是指对产品的形状、图案、色彩或者其结合所作出的富有美感并适于工业上应用的新设计。与实用新型相比，外观设计是以富有美感为标准，而实用新型是以实用性为标准。具体来说，外观设计应具备以下特点：①形状、图案、色彩或者其结合的新设计；②与产品相结合，并能在工业上应用，即外观设计必须应用于具体产品上，纯美学的艺术设计不能作为外观设计申请专利保护；③必须富有美感。

(二)专利许可证贸易和专利权的转让

1. 专利许可证贸易

专利许可证贸易是专利权使用权转让的主要形式，指专利权人通过与被许可方签订实施许可合同，按一定的条件在一定的范围内许可使用或实施其专利的一种技术交易。一般情况下，被许可方要向许可方支付相应的报酬或使用费。

专利许可证贸易有以下几种形式：

①独占实施许可。独占实施许可给予被许可人在规定的期限和地区内利用专利技术的独占权利。许可人授予这种实施许可后，不仅不能再与第三人就同一专利技术订立任何实施许可，而且自己在规定期限和地区内也丧失了制造、使用或者销售该专利产品的权利。它实际上是许可人与被许可人就该专利技术划分市场的协议，许可人将合同规定地区的市场转让给被许可人，因此在这种情况下，被许可人需要支付的专利使用费相应也较高。

②独家实施许可，又称排他实施许可，是指专利权人在规定的期限和地区内给予被许可人独占实施专利技术的权利，专利权人不能许可第三人在相同的期限和地区内实施该专利技术，但专利权人自己仍然享有实施该专利技术的权利。

③普通实施许可。普通实施许可是指专利权人允许被许可人在规定的地区内实施专利技术，同时保留自己使用该专利技术以及与第三人签订许可合同的权利，但专利权人只能与第三人签订普通实施许可合同，不得签订独占实施许可合同。

④分许可实施许可。分许可实施许可是指专利权人除允许被许可人在规定的地区内实施专利技术外，还允许被许可人与第三人签订实施许可合同。在这种许可方式下，被许可

人在规定的地区内几乎与专利权人享有相同的权利。同时，被许可人要对第三人的行为向专利权人负法律责任。

⑤交叉实施许可，又称互换实施许可，是指双方专利权人就各自价值相当的专利，相互交换使用权或实施权的许可。这种许可方式多用于改良发明的专利权人与原基础发明的专利权人之间，因为改良发明专利权人使用其技术时，通常会涉及原专利发明，而原专利权人要发展其技术也要用到被许可人的改良发明。

⑥强制实施许可。强制实施许可是指不管专利权人是否愿意，专利机关强制专利权人许可第三人使用专利技术。如果专利权人在规定时间内不实施其专利技术，而且在无正当理由的情况下也不允许他人实施其专利技术，那么专利机关根据具备实施条件的单位的申请，可以给予其实施该专利的强制许可。获准强制实施许可的单位也应向专利权人交纳使用费，其权利和义务与普通实施许可中被许可人的权利和义务相似。

2. 专利权的转让

这里所说的转让是指所有权的转让，即专利权人作为出让方，通过与受让方签订转让合同向其转让该专利权，同时依照合同规定收取一定转让费用的行为。专利权转让与专利许可证贸易有着本质的区别：在专利许可证贸易中，专利权的主体并不发生变更，而在专利权转让中，专利权的主体发生了变更，受让方获得了该专利的所有权成为专利权人。

(三)专利权的评估方法

在专利权评估过程中应了解的事项主要有以下几方面：

(1)专利的法律保护状况，包括专利号、专利证书颁发部门和时间、专利公告文件、专利的类型、专利权人、有效期、续展时间及条件等。

(2)专利权的具体内容，包括专利名称、类别、具体内容、适用领域，专利的使用和转让等权属，专利技术的先进性、垄断性、成熟程度等。

(3)专利的使用情况，包括使用专利需要具备的经济、技术、设备、工艺、原材料、环境等方面的前提或基础条件，专利启用时间，使用范围，专利使用人数量，使用权转让情况等。

(4)专利的成本费用和历史收益，包括专利申报或购买、持有、续展等过程发生的各项支出，专利使用、许可使用及转让所带来的历史收益。

(5)专利的收益期和预期收益额，包括专利的保护期、专利权人经营管理能力、专利技术的经济寿命、使用专利技术所生产产品的单位售价、销售量、市场占有率和盈利情况、主要竞争对手的市场占有率和盈利情况、专利权的获利能力和收益水平等。

在评估专利权价值时，通常采用的评估方法有重置成本法和收益法。下面举例说明如何采用收益法对专利权价值进行评估。

【例 9-1】某公司于 2004 年 12 月取得某项技术的专利权，于 2007 年 1 月 3 日要求对该专利权进行评估。经过市场调查后，预测该公司 2007—2010 年的净利润分别为 600 万元、750 万元、900 万元、和 1 060 万元。折现率确定为 15%，该专利技术的技术分成率为 30%。

$$P = \alpha \cdot \sum_{t=1}^{n} \frac{M_t}{(1+i)^t}$$

$$= 30\% \times \left[\frac{600}{1+15\%} + \frac{750}{(1+15\%)^2} + \frac{900}{(1+15\%)^3} + \frac{1\ 060}{(1+15\%)^4}\right]$$

$$= 686.01(\text{万元})$$

二、专有技术的评估

(一)专有技术的概念与特征

专有技术(Know-how),又称非专利技术,是指未公开或未申请专利但能为拥有者带来超额经济利益或竞争优势的知识和技术,主要包括设计资料、工艺流程、配方、图纸数据、特殊的产品存储方法以及质量控制管理经验等。

与专利权、商标权等无形资产相比,专有技术具有如下特点:

1. 保密性

凡是众所周知的或公众能够轻易知道的技术、经验、知识和方法,都不能成为专有技术,这是专有技术区别于专利权最重要的特点。

2. 先进性

采用专有技术后,某一特定企业可以成功地解决该企业在生产、管理过程中遇到的同行业其他单位不存在的某些特殊问题,或解决同行业其他企业不能解决的共性问题,从而为企业带来高于同行业其他企业的一般水平的经济利益。

3. 实用性

专有技术必须是能在生产经营中使用,能给企业带来经济利益的技术。专有技术的实用性是经过实践检验过的,不能应用的技术不能称为专有技术。

4. 可传授性和可转让性

专有技术可以传授和转让给他人,其传授方式除书面形式外,还可采用实际操作演示等形式。

5. 没有明确的保护期限

专有技术没有明确的保护期限,但这并不意味着它的保护期无限长。理论上讲,只要技术没有泄露,它就可以无限期地使用下去。然而实际上许多因素,例如技术进步和市场供求状况的变化都会影响专有技术的收益能力,进而影响专有技术的保护期限。

6. 不能提出侵权诉讼

从法律角度来讲,专有技术不是一种法定的权利,其持有人对该技术并不享有所有权。一旦技术泄露,专有技术持有人不能依照侵权行为法起诉。专有技术通过保密方式进行自我保护,我国可引用的保护法律主要有《中华人民共和国技术合同法》和《中华人民共和国反不正当竞争法》。

(二)专有技术评估应注意的问题

专有技术评估就是对专有技术的价值进行的评定估算。由于专有技术有其自身的特点,因此,在对其评估时要注意以下几个问题:

(1)专有技术的独立性。如果有同样或类似的技术,则专有技术不具备保密性和垄断性，不能成为专有技术。

(2)专有技术的认定。专有技术具有保密性，导致对专有技术的认定具有一定的困难。评估人员需和企业管理当局、技术人员进行交流，邀请专家讨论，从而认定能够给企业带来超额收益的专有技术的存在。

(3)专有技术所处生命周期和技术成熟度。技术产品从开发研制到投入市场直至最终被新技术所淘汰，一般需要经过发展阶段、成熟阶段和衰退阶段。在发展和衰退阶段，因其经济效益比较低，市场需求不足，在评估时就要对其进行调整。而在成熟阶段，专有技术能为企业带来较高的超额收益，评估值应相应地高一些。

(三)专有技术的评估方法

根据专有技术价值构成的特点，专有技术评估主要采用成本收益法、收益法和相对值计价法等方法。在评估时除应考虑上述专有技术评估时应注意的问题外，还要考虑评估目的、委托方提供的资料以及该专有技术的获利能力，选择适用的评估方法。

(1)成本收益法

该方法同时考虑专有技术的成本和获利能力两方面因素。当某项专有技术处于发展阶段尚未成熟，且其获利能力一般，技术开发成本不容忽视时，成本收益法较为适用。

成本收益法的计算公式如下：

$$P = C + V + \alpha \cdot \sum_{t=1}^{n} \frac{M_t}{(1+i)^t}$$

其中，P 为专有技术评估价值，C 为物化劳动支出，V 为活劳动支出，M_t 为第 t 年的预期收益，α 为利润分成率，n 为专有技术剩余使用年限，i 为折现率。

(2)收益法

收益法是评估专有技术价值时经常采用的一种方法，其计算公式如下：

$$P = \alpha \cdot \sum_{t=1}^{n} \frac{M_t}{(1+i)^t}$$

【例 9-2】某空调生产厂为扩大生产，拟采用一项专有技术入股与国内厂家合资。由于该专有技术的应用，空调制冷性能得到加强，成为畅销产品。现预测该专有技术收益期限为 5 年，每年获利 5 000 万元，折现率为 15%，利润分成率为 25%。试评估该专有技术的价值。

$$P = \alpha \cdot \sum_{t=1}^{n} \frac{M_t}{(1+i)^t} = 25\% \times \sum_{t=1}^{5} \frac{5\ 000}{(1+15\%)^t} = 4\ 190.25(\text{万元})$$

(3)相对值计价法

相对值计价法是指通过交易双方协商后确定的无形资产利润分成率或销售收入分成率和分成年限以及无形资产的获利能力来确定其评估价值的方法。该方法适用于待转让的无形资产可使用若干年，或者受让方使用该无形资产所获得的收益难以预测的情况，其计算公式如下：

$$P = \beta \sum_{t=1}^{n} \frac{N_t}{(1+i)^t}$$

其中，β 为专有技术在利润或销售收入中的分成率，n 为协商的分成年限，N_t 为第 t 年的预期利润或销售收入，i 为折现率。

分成率一般可以按照历史统计资料，以销售收入或利润为依据来确定。国际上通常以销售收入为依据，分成率取 0.5%～3%。在我国，按照新增销售收入确定的分成率为 1%～5%，按照新增利润额确定的分成率为 5%～30%。

【例 9-3】A 企业将某生产工艺技术转让给 B 企业。双方商定，技术转让后，A 企业每年从 B 企业预计新增销售收入中分成 3%作为技术转让费，分成年限为 5 年。该技术剩余经济寿命期内新增销售收入如表 9-1 所示，技术转让费一次性支付。假设折现率为 15%，试评估该生产工艺技术的价值。

表 9-1 **新增销售收入**

年　份	2003	2004	2005	2006	2007
销售收入(万元)	300	350	440	520	650

$$P = \beta \sum_{t=1}^{n} \frac{N_t}{(1+i)^t}$$

$$= 3\% \times \left[\frac{300}{1+15\%} + \frac{350}{(1+15\%)^2} + \frac{440}{(1+15\%)^3} + \frac{520}{(1+15\%)^4} + \frac{650}{(1+15\%)^5}\right]$$

$$= 42.44(\text{万元})$$

三、计算机软件价值的评估

(一)计算机软件的概念与分类

国际标准化组织将计算机软件定义为：电子计算机程序及运用数据处理系统所必需的手续、规则及文件的总称。我国《计算机软件保护条例》规定计算机软件为“计算机程序及其有关文档”。

计算机程序是指为了得到某种结果而可以由计算机等具有信息处理能力的装置执行的代码化指令序列，或者可被自动转化成代码化指令序列的符号化指令序列或者符号化语句序列。计算机程序包括源程序和目标程序。

文档是指用自然语言或者形式化语言所编写的文字资料和图表，用来描述程序的内容、组成、设计、功能规格、开发情况、测试结果及使用方法，如程序设计说明书、流程图、用户手册等。

计算机软件按其功能的不同，可以分为系统软件和应用软件两类。

系统软件是指管理、控制和维护计算机与外部设备以及提供计算机与用户界面等的软件，如操作系统、各种语言及处理程序、数据库管理系统等。系统软件又可分为：①控制程序。控制程序是计算机系统的中枢，它用以控制和管理计算机系统内的所有资料，其主要功能是进行处理器管理、存储器管理、设备管理、文件管理和作业管理，各种操作系统就由这些程序模块所组成；②语言处理程序。它将各种程序设计语言翻译成计算机机器语言，包括汇编程序、编译程序、解释程序和生成程序等；③数据库管理程序。它专门负责处理数据库中所有数据的存储、检索、修改以及安全保护等；④通信程序。它对网络结构各层次间的通信规程、通信故障进行处理，并对网络进行控制；⑤软件开发的支撑程序。支撑程序与软件开发过程的各个阶段相对应，可以给软件开发提供良好的环境，从而提高软件开发的效率和质量。

应用软件主要用于解决一些实际的应用问题，它可分为两类：①公用应用软件。它包括进行数值分析、统计分析、模拟、仿真等的数值处理软件，进行声音、图形、图像、文献等信息处理的软件，进行信息检索的软件，关于自然语言处理、模式识别、专家系统等人工智能方面的应用软件以及CAD、CAI、CAM、DSS等能通用于各种应用领域的软件系统；②专门应用软件。它包括在工业企业、服务业方面的应用软件(如工厂管理系统、商业信息系统、广告制作系统等)，在教育方面的应用软件(如学籍管理系统、教学软件包等)，在医疗保健方面的应用软件(如医疗诊断系统、医院管理系统等)，在公共服务方面的应用软件(如交通调度系统、环境评测系统、政策咨询系统等)以及在个人理财方面的应用软件。

(二)计算机软件的特点

计算机软件除了具有无形资产的独创性、依附性等特点外，还具有如下特点：

1. 智力成果性

软件是人的智力成果，其经济价值是由软件中凝聚的知识决定的，这主要体现在软件中非物质的内容，如思想、方法、算法、诀窍等。

2. 复制极其简单

计算机软件是人类的智力成果，其开发过程存在较大的风险。然而一旦开发成功，计算机软件的复制就极其简单，而且复制成本与开发成本相比几乎可以忽略不计。

3. 更新周期短

计算机软件技术的迅速发展使得软件产品的经济寿命日趋缩短，从而加快了产品更新换代的速度。由于更新周期较短，计算机软件的价值与时间高度相关，因此在评估计算机软件价值时要充分考虑这一因素。

4. 可改编性

可改编性又称应用的延伸性。软件改编比较容易，只要掌握了计算机程序设计的基础知识就能予以改编。例如将他人的源程序改编形成一个实质内容完全一样的新程序，比独立开发一个程序要容易和简便得多。

5. 侵权的隐蔽性

由于计算机软件的技术特征只体现在计算机运行的过程中，而不表现在运行的结果上，再加上许多计算和设计方法是软件设计人员共享的知识，因此计算机软件的侵权具有极大的隐蔽性。

6. 维护的特殊性

计算机软件几乎没有有形损耗而只有无形损耗，对计算机软件的维护可以减少其无形损耗。所谓软件维护是指在软件已经交付使用之后，为了改正错误或满足新的需要而修改软件的过程。软件维护分为三类：①改正性维护。由于软件自身的复杂性，在软件开发和维护中难以避免会隐藏一些错误，诊断和改正错误的过程称为改正性维护；②适应性维护。它是指为适应不断变化的硬、软件环境而对软件所作的修改；③完善性维护。它是指为增强软件功能和提高软件性能而对软件进行的修改，是软件维护的主要形式。以不断升级的新版本代替旧版本是计算机软件的一个显著特点。

(三)计算机软件的法律保护

计算机软件作为人类智力劳动成果，它的开发难度大且开发过程中的风险也较大，但其复制却极其简单。正是计算机软件的这一特性决定了其知识产权保护问题成为软件开发者和使用者特别关注的焦点。

1. 计算机软件的著作权保护

计算机软件的著作权保护是国际上对计算机软件最主要的保护方式之一，它对计算机软件的保护主要是禁止他人在未经许可的情况下抄袭、复制计算机源程序。也就是说，与著作权相关的法律所保护的是计算机软件构思的表现方式、表达形式，而不是保护计算机软件的构思。

2. 计算机软件的专利权保护

与著作权法着重于保护计算机软件的形式不同，专利权法保护的是以计算机程序流程为基础、以人类自然语言描述的完整方案，是软件开发者的发明思想及其所蕴含的实质内容。因此，专利权法对计算机软件的保护较之其他相关法规更为有效。

3. 计算机软件的商标权保护

从某种意义上讲，计算机软件的商标权保护是软件专利权的延伸，它不仅延长了软件的保护期限，而且扩展了软件的保护范围，使不具备专利条件或丧失专利权的软件产品也能受到法律保护。

由于商标是扩大企业产品市场份额、提升企业知名度的一种重要工具，因此软件商标权保护的重点是软件产品的市场。软件产品商标的主要作用就在于防止其他企业生产假冒产品，侵犯商标权人的权益。实际上，在计算机软件的众多法律保护中，商标法对软件的保护相对较弱。

除了上述几种法律保护外，计算机软件还受到商业秘密法、反不正当竞争法以及海关法等法律的保护。然而究竟采用何种法律法规才能更为有效地对计算机软件进行保护，至今尚无定论。

(四)计算机软件价值评估的特殊性

在评估实践中，计算机软件价值评估的特殊性主要反映在如下几个方面：

①可行性研究报告和软件技术鉴定书是评估的重要依据。待评估的计算机软件通常具有立项申请书、项目可行性研究报告和软件技术鉴定书等技术经济类报告书，这些可以提供计算机软件的技术可行性论证结果、计划采取的可行方案及技术水平等资料。

②明确计算机软件的法律状态和归属是评估工作中很重要的一个基础性环节。在评估以投资、转让为目的的计算机软件价值时，需要明确权属关系和法律上的稳定程度，需要有相关的法律文件和证明文件(如计算机软件登记证书、软件产品登记证书、鉴定书、专利证书、海关备案公告、商标权证书等)。同时，在相关协议中应有软件整体转让的内容、方式、时间等的明确规定。

③计算机软件的新颖性、创造性和实用性是评估中应予关注的核心内容。对计算机软件的技术判定是评估其价值的基础和前提，不仅要借助软件评审和专家鉴定意见，还要充分了解软件技术实施的可行性、市场前景及其经济效益，以有效地保护投资者权益并减少评估的盲目性和失误。

④通常是在有一定的经济行为发生时，如有交易(或使用)对象、有一定的生产规模和明确的用途时才进行计算机软件价值评估，这一点有别于其他无形资产价值评估。

(五)计算机软件的评估方法

与其他资产相同，计算机软件的评估方法主要有市场法、收益法和重置成本法。计算机软件所具有的特性，使得这些评估方法在具体应用中存在许多特殊的地方。下面举例说明如何对计算机软件价值进行评估。

【例 9-4】设有一个财务软件，其全新参照软件的市场价格为 3 万元，被评估财务软件预期寿命为 5 年，现刚使用 2 年，预计残值为 5 000 元，考虑到全新参照软件的功能、兼容性好于被评估软件，从而将调整系数设定为 0.75。试评估该软件价值。

该待评估软件有可参照的市场交易，故可采用市场法，待评估软件价值计算方法为：

被评估软件价值=[全新参照软件的市场价格-(全新参照软件的市场价格-预计残值)/预计软件寿命×待评估软件已使用年限]×调整系数

$=[30\ 000-(30\ 000-5\ 000)/5\times2]\times0.75$

$=15\ 000$(元)

【例 9-5】某评估机构拟对某商业资料有限公司所拥有的商业资料数据库进行评估，具体采用的评估方法为收益法。

在详细分析了该公司自 2001 年 12 月至 2004 年 4 月的经营业绩后，评估人员对企业未来 5 年经营期间(2004—2008 年)的收益和风险作了预测并进行资本化，以此反映该公司商业资料数据库在整个经营业务上的公平市场价值。

由于 2001 年 12 月至 2004 年 4 月该公司资信调查报告的年度收费增长率分别为 192.1%、57.6%及 48.3%，因此，对未来 5 年的年度收费按下列增长率测算是可行的，如表 9-2 所示。

表 9-2 **年度收费增长率**

年 份	2004	2005	2006	2007	2008
年度收费增长率		27.80%	23.10%	18.10%	15.50%

基于上述增长率，资信报告的销售收入、内部资信调查报告的销售收入、代客户收账服务的年度收费及市场研究收入等如表 9-3 所示。在经营成本费用上，分别列入工资、福利费、直接人工费用、差旅费、间接人工费用、外协费用及数据处理费、租金、运营费用等。此外，所得税税率为 33%，该数据库剩余经济寿命为 5 年。无风险利率为 8%，风险报酬率为 2%，故折现率为 10%。

表 9-3 单位：万元

年份	2004	2005	2006	2007	2008
总销售额	634.58	819.64	1 011.55	1 198.89	1 387.24
直接人工费	121.37	157.38	192.76	229.82	266.27
间接人工费	30.13	33.62	33.53	24.26	34.95
其他费用	187.87	282.42	370.83	467.74	560.45
运营费总计	339.37	473.42	597.12	721.82	861.67
税前利润	295.21	346.22	414.43	477.07	525.57
所得税	97.42	114.25	136.76	157.43	173.44
税后利润	197.79	231.97	277.67	319.64	352.13
净现值	1 017.10				

由上表可知，该公司数据库在评估基准日的公允市价为 1 017.10 万元。

【例 9-6】钣金展开 CAD 软件价值评估。

钣金展开 CAD 软件是应用于机械工业领域的专业性应用软件，包括 40 余种形状的钣金构件的展开，能够有效地满足制造部门对钣金展开的要求。该软件的使用简单方便，设计人员只需选择钣金构件的形状并输入必要的参数，计算机就可自动绘出构件的展开图，生成相应的数据文件，因而能有效提高劳动生产率。

评估人员拟采用成本法对钣金展开 CAD 软件价值进行评估，具体评估过程如下：

1. 软件开发成本的计算

软件源程序的指令行数 $D=11.19$（千行）

社会平均软件生产率参数 $\alpha=3.5$

社会平均规模指数 $b=1.3$

工作量修正因子计算公式为：$\beta=\prod_{i=1}^{8}\beta_i$

各工作量修正因子的各项分因子确定如下：

可靠性高：$\beta_1=1.4$　　复杂性一般：$\beta_2=1$

附加信息量一般：$\beta_3=1$　　硬件环境一般：$\beta_4=1$

软件环境一般：$\beta_5=1$　　开发进度较高：$\beta_6=1.1$

开发能力高：$\beta_7=0.8$　　开发经验一般：$\beta_8=1$

因此，$\beta=1.4\times1\times1\times1\times1\times1.1\times0.8\times1=1.232$

根据工作量计算公式可得：

$$
\begin{aligned}
M &= \beta\alpha D^b \\
&= 1.232\times3.5\times11.19^{1.3} \\
&= 99.57\text{（人日）}
\end{aligned}
$$

据调研，该软件的直接开发人员数 $m=20$ 人，平均工资为 35 000 元/年，因此，直接

成本 FC＝35 000×20＝700 000(元)

间接成本包括需求分析调研费、低值易耗品(0.2 万元/人年)、人员培训费、外协费及修理费(600 元/年万元固定资产),

间接成本 VC＝480 000(元)

软件开发的管理费用、销售费用和财务费用 $F=4\ 150\ 000$(元)

软件开发计划工作量 $n_1=(52\times5-6)\times20=5\ 080$(人日)

软件开发计划外工作量 $n_2=168$(人日)

因此，工作量总和 $n=n_1+n_2=5\ 080+168=5\ 248$(人日)

单位工作量直接成本 $W_{FC}=FC/n=700\ 000/5\ 080=137.80$(元/人日)

单位工作量间接成本 $W_{VC}=VC/n=480\ 000/5\ 080=94.49$(元/人日)

单位工作量期间费用 $W_F=F/n=4\ 150\ 000/5\ 248=790.78$(元/人日)

则单位工作量成本 $W=W_{FC}+W_{VC}+W_F=137.80+94.49+790.78=1\ 023.07$(元/人日)

根据软件开发成本计算公式可得:

$$\begin{aligned}C_1&=MW\\&=99.57\times1\ 023.07\\&=101\ 867.08(\text{元})\end{aligned}$$

2. 软件维护成本的计算

根据该软件实际维护工作量并参照国际上 CAD 系统软件维护工作量，确定该软件维护参数 ACT＝0.15。

因此，软件维护成本 $C_2=C_1\times ACT$

$$\begin{aligned}&=101\ 867.08\times0.15\\&=15\ 280.06(\text{元})\end{aligned}$$

3. 软件价值评估

由上述计算可知，软件总成本 $C=C_1+C_2$

$$\begin{aligned}&=101\ 867.08+15\ 280.06\\&=117\ 147.14(\text{元})\end{aligned}$$

在综合考虑相关行业的收益情况、工业和信息化部系统软件的收益率、北京市民营企业关于软件及计算机行业的收益率和软件行业的各项利润指标后，确定该软件评估中的软件行业平均收益率 $\lambda_k=18\%$，则:

该 CAD 系统软件收益额 $R=C\times\lambda_k=117\ 147.14\times18\%=21\ 086.49$(元)

因此，该 CAD 系统软件的评估价值 $P=C+C\times\lambda_k=138\ 233.63$(元)

第三节　非技术型无形资产的评估

一、商标权的评估

(一)商标的概念和分类

商标(Trademark)是商品的标志，是标明一种商品区别于其他商品而采用的任何文字、图形、符号、设计或其他组合，它是代表商品质量、性能、技术水平和其他特征的标志。

从不同的角度考虑，商标有以下几种分类方式：

(1)按照不同的构成，商标可分为文字商标、图形商标和组合商标。文字商标是指由文字构成的商标，图形商标是指由图形构成的商标，而组合商标是指由文字、图形和其他方式组合而成的商标。

(2)按照不同的使用者性质，商标可分为制造商标、销售商标和集体商标。制造商标又称为生产商标，主要标明商品由谁生产，其使用者为该商品的生产制造者。销售商标是指销售者为推销商品所使用的商标。集体商标是指社团、协会等集体组织所拥有的由其成员共同使用的商标，它表明使用该商标的企业所生产的商品具有相同的质量和特点。我国法律规定，经商标局核准注册的集体商标受法律保护。

(3)按照不同的用途，商标可分为商品商标和服务商标。商品商标是指使用在商品上的商标，服务商标是指使用在商业性质的服务项目上的商标。我国 1993 年 7 月 1 日起施行的修改后的《中华人民共和国商标法》中规定，企业、事业单位和个体工商业者，对其提供的服务项目，需要取得商标专用权的，应当向商标局申请服务商标注册。这表明我国已经对服务商标提供注册保护。

(4)按照不同的使用目的，商标可分为联合商标、防御商标和证明商标。联合商标是指商标所有者在其同一商品上注册的相似商标或在其同类的不同商品上注册的相似商标，这些商标中通常有一个主商标，其他商标则称为联合商标。防御商标是指商标所有者在其不同类商品上将其商标分别注册，以防止他人在不同类别的商品上使用其商标，这种商标一般是具有独创性的驰名商标。证明商标是用来证明商品或服务的来源、原料、制造方法、质量、精密度或其他特点的商标。它一般由商会或其他团体申请注册，申请人对商品具有检验能力并负保证责任。我国法律规定，经商标局核准注册的证明商标受法律保护。

(5)按照有无商标专用权，商标可分为注册商标和未注册商标。注册商标是指依照法定注册程序，经国家有关商标管理部门注册登记，法律对使用者拥有的专用权给予保护的商标。未注册商标是指未经核准注册，使用者不享有专用权的商标。

(二)商标权的主要内容和特点

我国法律规定，对于商标局核准注册的商标，商标注册人享有商标权，受法律保护。商标权主要包括以下几方面内容：①独占权。商标的独占权是一种排他性的专用权，商标经过注册后，受国家法律保护，法律禁止他人在同类商品上使用和注册与某种注册商标相同或近似的商标；②转让权。注册商标的所有者有权依照法定程序，将其注册商标有偿或无偿转让给他人；③使用权。注册商标的所有者有权在其注册商标所核定的商品上使用该商标并从中取得合法经济利益；④许可使用权。注册商标的所有者在保证商品质量相同的前提下，有权将其注册商标有偿或无偿许可他人使用。

从法律角度看，商标权具有如下特点：

(1)商标权必须经过商标注册的法定程序才能取得。

(2)商标权具有可转让性。注册商标的所有者可以向他人转让商标使用权，也可以通过签订许可合同，许可他人使用其注册商标。

(3)商标权具有法定保护期限。我国法律规定，注册商标的有效期为 10 年，自核准注册日起计算。注册商标有效期满，需要继续使用的，应当在期满前6个月内申请续展注册，每次续展的有效期为10年。

(4)商标权具有专用性。商标权是一种排他性的专用权，注册商标的所有者有权向任何侵权人提出停止侵权行为并赔偿损失的要求。

(5)商标权具有地域性。商标权只在一定地域范围内有效，即使某国参加了保护商标的国际公约，其涉外商标权能否得到缔约国的保护仍取决于缔约国的法律。因此，我国在出口商品上使用的商标应当及时在商品销售的国家和地区申请注册。

(6)商标权的价值具有依附性。注册商标必须与特定的商品结合使用才能为其使用者带来经济利益。如果没有与特定商品结合使用，注册商标就不能发挥应有的作用，也无法产生良好的经济效益。

(三)注册商标的转让与使用许可

注册商标的转让是指注册商标所有者在法律允许的范围内，在一定条件下将其注册商标转让给他人所有。注册商标一旦转让，转让方就不再享有注册商标专用权。我国法律规定，转让注册商标的，转让人与受让人应当共同向商标局提出申请。受让人应当保证使用该注册商标的商品质量。

注册商标使用许可是指转让方在不放弃注册商标所有权的前提下，通过签订合同，许可他人使用其注册商标。受让方获得注册商标使用许可后，可以利用该注册商标的声誉，迅速进入市场，降低市场风险，提高市场份额。注册商标许可使用的关键在于有效控制相关商品的质量和销售条件。我国法律规定，商标注册人可以通过签订商标使用许可合同，许可他人使用其注册商标。许可人应当监督被许可人使用注册商标的商品质量。被许可人应当保证使用该注册商标的商品质量。经许可使用他人注册商标的，必须在使用该注册商标的商品上标明被许可人的名称和商品产地。

(四)商标权的成本构成及其经济价值

与其他无形资产相同，商标权的成本包括自创或取得和持有商标期间的全部物化劳动和活劳动支出。对于外购商标而言，商标权的成本主要包括购置价款和登记费等支出。对于自创商标而言，商标权的成本主要由以下几部分构成：(1)制作商标的费用，包括设计文字、图形以及制作印刷等过程中发生的各种支出；(2)取得商标专用权的费用，包括申请费、注册费、续展费以及持有人在商标使用过程中为维护商标权而发生的其他费用，例如在提起侵权诉讼过程中所发生的支出；(3)为创立名牌，提高本企业产品的市场占有率和知名度而发生的各种支出，例如广告费和公益事业资助费等；(4)为提高使用商标的商品质量和性价比而发生的技术和配方的开发费用以及为改善经营管理、提高营销技能的各种支出。

商标作为代表商品质量、性能、技术水平及其他特征的标志，其基本功能在于标明商品的特征。从这个角度来看，商标本身并没有多大的价值。但是，如果使用某商标的商品具有良好的品质和性能，商品的市场竞争力强，那么该商标就可以为企业带来巨大的经济利益。因此，商标权的经济价值并不是由设计、注册、制作商标的成本决定的，其经济价值主要来源于其成本构成中的最后一项，即企业所拥有的专利、秘诀和经营管理等其他资产的组合效益。由此可知，商标权的主要评估对象是其带来的额外收益而不是成本。

（五）商标权的评估程序

在进行商标权评估时，可按下述步骤进行。

①向委托方收集有关资料。主要包括商标注册情况及使用情况；企业的历史资料，包括有关财务报表及其他相关资料；市场环境情况与发展前景、同行业情况；有关法律性文件、鉴定资料。

②市场调研。主要包括产品市场需求量；分析商标权的现状和前景；分析商标产品在客户中的信誉、竞争情况；分析商标产品在市场上的市场占有率；分析市场环境变化可能带来的风险；其他相关信息资料。

③确定评估方法。

④完成评估报告。

（六）商标权的评估方法

商标权的评估是以商标权转让和商标权使用许可为目的的。商标权之所以能够独立转让，是因为使用商标可以带来额外收益，因此商标不是作为一般商品而是作为一种获利能力进行转让的，商标权的价值应依据其提供的额外收益来确定，商标权价值评估适用于收益现值标准。评估商标权价值时主要采用以下几种方法：

1. 超额收益法

商标权作为一种无形资产，其价值主要体现在商标为企业所提供的超额收益上。采用超额收益法评估商标权价值的关键就在于合理确定商标为企业所提供的超额收益，具体计算公式如下：

$$P = \sum_{t=1}^{n} \frac{M_t}{(1+i)^t}$$

其中，M_t 为年超额收益，年超额收益可按照下列公式计算：

年超额收益（M_t）= 企业年收益-同行业平均年收益

该方法适用于企业的超额收益主要来源于商标的情况。

【例 9-7】甲公司拟将尚可持续使用 8 年的某注册商标转让给乙公司。据调查，甲公司使用该商标的商品比其他企业生产的同类商品单价高 100 元，乙公司每年生产该商品 180 万台。假设折现率为 12%，试对该注册商标价值进行评估。

$$P = \sum_{t=1}^{n} \frac{M_t}{(1+i)^t} = \sum_{t=1}^{8} \frac{100 \times 180}{(1+12\%)^t} = 89\,416.80（万元）$$

2. 成本收益法

成本收益法同时考虑成本和收益两个因素，其计算公式为：

$$P = C + \alpha \sum_{t=1}^{n} \frac{R_t}{(1+i)^t}$$

外购商标的成本应包括购买价款和购买费用，而自创商标的成本可以按照下式计算：

$$C = [C_0 + B_1 V(1 - B_2)] / (1 - B_3)$$

其中，C_0 为物化劳动支出，V 为活劳动支出，B_1 为创造性劳动的倍加系数，B_2 为商标的无形损耗率，B_3 为平均风险率。在我国，创造性劳动的倍加系数 B_1 一般取值为 3~10，平均风险率 B_3 的取值一般在 10%以下。

3. 相对值计价法

如前所述，相对值计价法是指通过交易双方协商后确定的无形资产分成率和分成年限以及无形资产的获利能力来确定其评估价值的方法。该方法适用于待转让的无形资产可使用若干年，或者受让方使用该无形资产所获得的收益难以预测的情况。其计算公式如下：

$$P=\beta\sum_{t=1}^{n}\frac{N_t}{(1+i)^t}$$

其中，β 为第 t 年商标在利润或销售收入中的分成率，n 为协商的分成年限，N_t 为第 t 年的预期利润或销售收入，i 为折现率。

在评估商标权价值时，按新增销售额确定的分成率取值一般为 0.7%～3.5%，按新增利润额确定的分成率取值一般为 5%～30%，分成年限一般为 10～15 年。采用该方法评估，无论受让方是否亏损，转让方都能获得一定比例的转让费用。此外，转让方应长期关注受让方的经济效益，必要时还应给予受让方与商标权相关的技术、管理和其他方面的支持。

【例 9-8】甲公司通过签订许可使用合同许可乙公司使用其拥有的某注册商标，合同约定使用期限为 5 年。经预测，乙公司使用该商标后每台产品可新增利润 30 元，每年的销售量分别为 50 万台、55 万台、60 万台、66 万台和 72 万台。假设分成率为 25%，折现率为 12%，试评估该商标使用权的价值。

$$P=\beta\sum_{t=1}^{n}\frac{N_t}{(1+i)^t}$$
$$=25\%\times\left[\frac{30\times50}{1+12\%}+\frac{30\times55}{(1+12\%)^2}+\frac{30\times60}{(1+12\%)^3}+\frac{30\times66}{(1+12\%)^4}+\frac{30\times72}{(1+12\%)^5}\right]$$
$$=1\ 604.96(\text{万元})$$

二、著作权的评估

(一)著作权的概念

著作权(Copyright)，也称版权，是指著作人对其文学、艺术、科学等作品所享有的专有权利。它包括人身权和财产权两种不同的民事权利，这是著作权最主要的特点。其中人身权又包括发表权、署名权、修改权以及保护作品完整权，财产权又包括使用权和获得报酬权。

在著作权的人身权中：①发表权是指将作品公之于众的权利。作者是否愿意发表作品，以何种方式、在何时何地何种条件下发表作品是著作权的一项重要内容；②署名权是指表明作者身份，在作品上署名的权利。它与其他精神权利不同，永远由作者享有并受到法律保护；③修改权是指修改或授权他人修改作品的权利。所谓修改，是指作品创作完成后，对其添加或删除部分内容而作出的改动；④保护作品完整权是指保护作品不受歪曲、篡改的权利，它主要保护著作权人的名誉和声望以及其他人身权利不受侵害。保护作品完整权与修改权紧密联系，只有作者才有权修改或授权他人修改其作品，若他人擅自修改，则侵犯了作品完整权。

著作权中的财产权主要包括使用权和获得报酬权。按照不同的利用方式，可以分为以下四类：①作品复制权，包括复制权、发行权和录音录像权；②著作再现权，包括表演权、广播权、展示权以及口述权；③演绎权，包括改编权、翻译权和整理、注释、编辑权；④其他权利。

(二)著作权的特点

除了具有专有性、地域性等特点外，著作权还具有以下一些特点：

①著作权既包括精神方面的权利(人身权)，也包括经济方面的权利(财产权)。著作权中的人身权是不能继承和转让的，而著作权中的财产权是可以继承和转让的。

②著作权依自动保护原则无需办理任何法律手续即可受到法律保护。

③著作权保护的是文学、艺术和科学著作的客观表达方式，只承认独创性，不承认新颖性。

④著作权的权利种类较多且权利之间相互交叉。

⑤著作权包括的各种具体权利的法律保护期限不同。

(三)著作权的归属

著作权的归属，即著作权归谁所有，是著作权的核心问题。我国著作权法对著作权的归属作出了相应的规定，其主要内容如下：

①两人以上共同创作的作品，著作权由合作者共同享有。合作作品可以分开使用的，作者对各自创作的部分可以单独享有著作权，但行使部分作品的著作权时不能侵犯合作作品整体的著作权。

②受委托创作的作品，著作权的归属由委托人和受托人通过合同约定；合同未明确规定或没有订立合同的，著作权属于受托人。

③利用原有作品派生出的作品，其著作权由改编、翻译、整理、编辑人享有，但行使著作权时不能侵犯原作品的著作权。

④电影、电视、录像作品的导演、编剧、作曲、摄影等作者享有署名权，著作权的其他权利由制作电影、电视、录像作品的制片人享有。

⑤公民为完成法人或非法人单位工作任务所创作的作品是职务作品，一般情况下，作者仅享有署名权，著作权的其他权利由该法人或非法人单位享有。

(四)著作权的评估方法

由于著作权所包括的具体权利种类繁多且权利之间相互交叉，因此著作权价值的评估具有相当的难度，在实际运用评估方法时表现出一定的特殊性。下面分别介绍几种主要的著作权评估方法。

1. 收益法

考虑社会效益的著作权评估收益法的一般公式如下：

$$V = K\sum_{t=1}^{n}\frac{M_t}{(1+i)^t}$$

其中：

V—— 著作权的资产评估值；

K—— 著作权客体发表后的社会贡献率或经济效益与社会效益的提成比例；

M_t—— 著作权客体发表后第 t 年所产生的效益值(包括经济效益与量化后的社会效益

两方面内容)；

i—— 折现率，也称安全利率，一般可按第 t 年银行一年期利率计算；

n—— 预测的收益有效年限。

【例 9-9】某科技书籍出版后，第一年扣除印刷发行成本后，净获利 4 万元，该科技书由于内容新、知识性强，能解决实际问题而深受读者欢迎。书中所介绍的技术的应用，预计在今后的 5 年内每年能创造经济效益 60 万元，社会效益量化值为 30 万元，该书的社会贡献率为 30%，折现率为 12%，求该作品的无形资产评估值。

①该作品的效益值为：$M_t=4+60+30=94$(万元)

②该著作权的评估值为：

$$V = K\sum_{t=1}^{n}\frac{M_t}{(1+i)^t}$$

$$= 30\% \times 94 \times 3.6048$$

$$= 101.66(\text{万元})$$

2. 成本-收益法

【例 9-10】某电视制作公司拟出售其新完成的一套电视剧的著作权。该电视剧的制作时间为 1 年(自评估基准日前 1 年开始)，经核算其直接成本和间接成本合计 1 600 万元，当年的投资安全利率为 15%，行业风险报酬率为 10%，据在国内市场预测，未来 5 年内，该电视剧每年可获得收益 800 万元。求独家转让该电视剧著作权在评估基准日的评估价格。

①确定评估方法。该电视剧制作投入了大量资金，预测未来收益也非常可观，因而采用成本-收益法进行评估。

评估价格=重置净价+收益现值×利润分成率

②重置成本估算。该电视剧自评估基准日前 1 年开始制作，并在 1 年内完成投资，经核算其直接成本和间接成本合计 1 600 万元，当年的投资安全利率为 15%，行业风险报酬率为 10%。由于电视剧是新制作的，其功能性损耗可以不计。

重置净价=成本总值×(1+投资安全利率+行业风险报酬率)

=1 600×(1+15%+10%)

=2 000(万元)

③收益现值估算。据预测，未来 5 年该电视剧每年可获得收益 800 万元，则：

$$\text{收益现值}=\text{年金收益}\times\frac{1-(1+i)^{-n}}{i}$$

其中 i 为折现率，等于投资安全利率和行业风险报酬率之和，即 $i=15\%+10\%=25\%$，年限 $n=5$。

$$\text{评估基准日的收益现值}=800\times\frac{1-(1+25\%)^{-5}}{25\%}$$

$$=800\times 2.6893$$

$$=2151.44(\text{万元})$$

④分成率的确定。分成率可用约当投资分析法求出，在本例中可认为交易双方的约当

投资额近似相等。

$$无形资产利润分成率=\frac{无形资产约当投资额}{受让方约当投资额+无形资产约当投资额}$$

其中，无形资产约当投资额=无形资产重置净价×适用的成本利润率

受让方约当投资额=受让方投入重置净价×适用的成本利润率

因此，该电视剧利润分成率=1/2=50%

其中，成本利润率=利润/成本=800/1 600=50%

无形资产重置净价=2 000(万元)

考虑到受让方在宣传该电视剧时尚需投入广告成本，该电视剧的利润分成率可取值40%。

⑤评估价格的估算。

评估价格=重置净价+收益现值×利润分成率

=2 000+2 151. 44×40%

=2 860. 58(万元)

三、特许权的评估

(一)特许权的概念及分类

特许权(Franchise)，又称特许经营权或专营权，是政府或企业给予法人或自然人在一定时间和一定地域范围内经营或销售某种特定商品的特殊权利。

作为无形资产的评估对象，特许权可以分为以下六类：

(1)特种行业经营权

特种行业是指要得到特别准许才能开业的行业，在我国是对旅馆业、旧货业、修理业、印铸刻字业、按摩业等行业的总称。经营这类特种行业的企业数量是受限制的，一般来说其获利能力较好。

(2)实施许可制度行业的经营权

实施许可制度行业的经营权主要包括生产许可证、进出口许可证、狩猎许可证以及水产捕捞许可证。

(3)专卖垄断经营权

专卖垄断经营权是指国家对某种商品的生产、销售和进出口依法实行垄断经营的权利，这是一种政府的专卖权。专卖一般由法律确认，较专营更为规范，其目的是调节消费、稳定秩序，增加国家收入。烟草专卖是专卖的一种重要形式。

(4)资源性资产开采特许权

资源性资产是指特定主体所占有的具有排他性的自然资源。资源性资产开采特许权主要指采矿权。

(5)纯商业性的特许经营权

纯商业性的特许经营权主要体现为总公司(店、商号)给予加盟公司(店、商号)以特许生产权或特许营销权，并收取一定的费用。如可口可乐特许经营、现代商业连锁店等。

(6)其他特许权

其他特许权主要包括专用铁路线或公路两侧设施使用权、特别车牌、出租汽车营运牌照等。

(二)特许权的评估方法

特许权评估的基本思路是分别评估特许权所带来的收益和付出的代价,其现值的差额就是特许权的评估价值。评估时采用的方法有收益法和市场法。

【例 9-11】某烟草公司开业 5 年来一直具有良好的经济效益,为扩大企业规模拟设立联营企业,要求评估其烟草专卖许可证的价值。

已知该企业预测出今后 5 年的税后利润分别为 1 500 万元、1 800 万元、2 200 万元、2 800 万元和 3 500 万元。特许权分成率为 30%,折现率为 12%。假设以第 5 年的收益作为永续年金收益,适用的本金化率为 15%。现采用收益法进行评估,具体计算如下:

$$P = \alpha \sum_{t=1}^{n} \frac{R_t}{(1+i_1)^t} + \frac{A}{i_2}$$

$$= 30\% \times \left[\frac{1\,500}{1+12\%} + \frac{1\,800}{(1+12\%)^2} + \frac{2\,200}{(1+12\%)^3} + \frac{2\,800}{(1+12\%)^4} + \frac{3\,500}{(1+12\%)^5}\right] + 30\% \times \frac{3\,500}{(1+12\%)^5} \times \frac{1}{15\%}$$

$$= 6\,403.47(\text{万元})$$

四、租赁权的评估

(一)租赁的概念及形式

租赁是资产业务双方当事人之间以租赁合同的方式,由出租人在取得一定报酬(即租金)的前提下,将特定财产(即租赁财产)在约定期限内交付承租人使用,期满后由承租人返还原物的经济行为。租赁合同属于经济合同,是租赁权评估的重要依据,它一般包括合同当事人的名称、地址,租赁财产的名称、规格、数量、用途,租赁期限、租金标准和支付方式以及违约责任等条款。租赁的主要特点在于租赁期间租赁财产的所有权并未发生转移,承租人只享有租赁财产的使用权。

(二)租赁权的概念及评估方法

租赁权(Leasehold Interests)是指承租人按租赁合同规定向出租人支付一定的租金,在合同期限内所享有的对租赁财产的使用权。

租赁权的价值体现为承租人在租赁期内占有、使用租赁财产所获得的收益超过为占有、使用该租赁财产所支付的租金和维修费等成本的那部分额外经济收益。由此可见,在确定租赁权评估价值时应以承租人在剩余租赁期内占有、使用租赁资产所获得的额外经济利益作为租赁权的评估对象,因而一般采用收益法进行评估。

由于承租人必须按租赁合同向出租人支付一定的租金,因此有人将租赁权的评估价值等同于租金,认为租赁权的评估就是对租金的评估。这种观点显然是错误的。虽然在租赁权的评估中往往离不开租金的评估,但租金实际上只是承租人取得租赁权的成本,租金和租赁权的评估价值在本质上是完全不同的。

租赁权的评估对象一般可分为设备租赁、房屋租赁、土地使用权租赁和企业整体租赁四种。下面分别举例说明如何对其进行评估。

1. 设备租赁权的评估

设备租赁费主要包括租赁设备价格、预计净残值、银行利息、手续费以及保险费等。在正常折旧情况下，

设备租赁费=设备价款-预计净残值+银行利息+手续费+保险费

【例 9-12】某设备租赁公司租用一台运输设备。该设备原价 800 万元，剩余租期为 5 年，预计净残值为 50 万元，利息率为 7%(按复利计算)，手续费为设备原价的 1%。剩余租期内利用该设备所生产产品的年销售收入为 2 400 万元，销售成本为 1 600 万元，其在企业利润中的贡献率为 40%。每期期末支付等额的租金，折现率为 12%。试求该设备租赁权的评估价值。

$$\text{租赁设备所创利润的现值} = (2\,400-1\,600)\times 40\%\times 3.604\,8 = 1\,153.54(\text{万元})$$

$$\text{每年租赁费} = \frac{800 - 50 + 800 \times [(1 + 7\%)^5 - 1] + 800 \times 1\%}{5} = 216.02(\text{万元})$$

假设被评估企业平均资本成本为 8%，则

$$\text{租赁费现值} = 216.02\times 3.992\,7 = 862.50(\text{万元})$$

因此，该设备租赁权的评估价值=1 153.54-862.50=291.04(万元)

2. 房屋租赁权的评估

由于在资产评估中通常将房屋租赁权的评估和土地使用权的租赁权的评估结合起来考虑，因此从理论上讲，房屋租金应包括折旧费、维修费、管理费、房产税、利润、投资利息、保险费和地租等。

【例 9-13】某市有一商场因经营不善，经出租人同意后出让其租赁权。租赁期尚有 15 年，原租赁合同约定剩余 15 年应分摊租金 2 000 万元。承租人追加投资 500 万元继续经营。经预测，该商场今后 5 年内的收益分别为 300 万元、450 万元、630 万元、750 万元和 900 万元。从第 6 年起每年的收益保持在 900 万元不变。承租人的预期投资报酬率为 15%，以此作为折现率。求该商场租赁权评估价值。

采用分段法计算承租人在追加投资 500 万元继续经营情况下的收益：

$$\text{前 5 年的收益现值} = \frac{300 - 500 \times 15\%}{1 + 15\%} + \frac{450 - 500 \times 15\%}{(1 + 15\%)^2} + \frac{630 - 500 \times 15\%}{(1 + 15\%)^3} + \frac{750 - 500 \times 15\%}{(1 + 15\%)^4} + \frac{900 - 500 \times 15\%}{(1 + 15\%)^5} = 1\,640.23(\text{万元})$$

$$\text{后 10 年的收益现值} = (900 - 500 \times 15\%) \times [(P/A,\ 15\%,\ 15) - (P/A,\ 15\%,\ 5)] = 2\,058.54(\text{万元})$$

$$\text{15 年的收益现值} = 1\,640.23+2\,058.54 = 3\,698.77(\text{万元})$$

因此，该商场租赁权评估价值=3 698.77-2 000=1 698.77(万元)

3. 土地使用权的租赁权的评估

【例 9-14】某药材公司租赁某单位土地 500 亩，合同约定药材公司有权在这 500 亩土地上种植药材，经营期为 20 年。按合同约定前 5 年不付租金，其后的 15 年分段对经营收益进行分成，即土地出租人分别获取收益的 10%(第 1、2 年)，20%(第 3、4 年)，30%(第 5、6、7、8、9 年)，40%(剩余年限)。自评估基准日始，租赁经营期限尚有 10 年。由于该药材公司准备进行股份制改造，因此需要对该土地使用权的租赁权进行评估。试求该土地使用权的租赁权的评估价值。

已知药材公司的投资为 200 万元，社会平均投资报酬率为 12%。剩余租赁期限内的预期收益分别为 40 万元、45 万元、50 万元、56 万元、64 万元、70 万元，最后 4 年为高峰期，每年收益为 80 万元。

评估具体计算方法是将药材公司剩余租赁期限内的预期收益扣除机会成本和租金后折现，即得到该土地使用权的租赁权的评估价值。

$$\text{该租赁权的评估价值}=\frac{(40-200\times12\%)\times70\%}{1+12\%}+\frac{(45-200\times12\%)\times70\%}{(1+12\%)^2}+$$
$$\frac{(50-200\times12\%)\times70\%}{(1+12\%)^3}+\frac{(56-200\times12\%)\times70\%}{(1+12\%)^4}+$$
$$\frac{(64-200\times12\%)\times60\%}{(1+12\%)^5}+\frac{(70-200\times12\%)\times60\%}{(1+12\%)^6}+$$
$$\frac{(80-200\times12\%)\times60\%}{(1+12\%)^7}+\frac{(80-200\times12\%)\times60\%}{(1+12\%)^8}+$$
$$\frac{(80-200\times12\%)\times60\%}{(1+12\%)^9}+\frac{(80-200\times12\%)\times60\%}{(1+12\%)^{10}}$$
$$=128.21(\text{万元})$$

4. 企业整体租赁权的评估

企业整体租赁权评估的思路是先用收益法评估出企业整体资产的价值，然后以此价值减去企业整体租赁合同约定的租金。关于企业整体租赁权的评估将在企业整体资产评估中介绍，此不赘述。

五、商誉的评估

(一)商誉的概念及特点

商誉是指企业在从事经济活动中取得的一切有利条件，包括地理位置、商号等有关的与企业经营有联系，并由于它们而使企业受益的一切有利条件。在会计学中，商誉就其本质而言，其无形价值常被表述为企业的整体价值(在收购中指企业的实际购买价格)减去企业账面价值的差额；在经济学中，商誉是一种特殊形态的商品，它的价值源于造就、发展企业过程中部分个别劳动的积累，其使用价值是企业生存、竞争、发展及获利的能力，或者说企业运行的能力，即企业全部经济收益的资本化价值。商誉是一种特殊的无形资产，除具有无形资产的一般特点外，还具有以下几个方面的特点：

1. 商誉依附于企业整体而存在

企业的商誉是企业所有资产共同作用的结果，离开企业的各项资产，也就无商誉可言。商誉不像商标、专利权、特许权那样分割后不影响其使用价值，商誉必须依附企业整体而存在，并且在企业持续经营的条件下才有价值，如不持续经营下去，企业的商誉是没有价值的。

2. 商誉的形成具有长期性

商誉不是一天内形成的，而是企业长期经营管理的结果。一个企业在长期经营中，总会形成一种自己的独具特色的经营管理方式，这种独特的经营管理方式必然会在社会上形成一种形象，使顾客和用户产生信任和好感，企业就会因此取得比一般同行高得多的收益。

3. 商誉的不可确指性

商誉价值的形成原因以及组成成分十分复杂，很难一一分解，加以确认。商誉是否存在的判断标准的唯一性以及商誉评估的结果是对企业未来超额收益按现时价格所进行的反映，决定了商誉评估方法的局限性。

4. 商誉的价值可能为负

商誉的价值依附于企业整体，当企业的获利能力差，在社会公众中的形象很差或经营不善而濒临倒闭时，或各种资源配置不合理而产生负效应时，其商誉的价值可能等于或小于零，可见，企业的商誉价值既可能为正，也可能为负或者为零。

（二）资产评估对商誉的界定

在资产评估中，商誉是企业拥有的不可确指的可预期的未来超额收益能力的资本化价值。还应从评估目的、不同的分析角度等方面对商誉有一个明确的界定，以免评估中商誉内涵的不一致。对商誉的界定应注意以下几点：

1. 商誉是企业未来可预期超额收益的资本化价值

商誉带来的未来超额收益是可预期的，而且，评估中商誉带来的未来超额收益的价值与会计中计量的不同。会计学认为商誉带来的超额收益价值表现为购买价格与账面净值之间的差额，但实际上，这个差额可能是由多种因素形成的，如双方的谈判能力、并购产生协同效应的公允价值等。因此，评估中要对企业能带来的预期超额收益进行具体分析，找出确属于商誉带来的那部分超额收益。

2. 资产评估中无外购商誉和自创商誉之分

会计实务中按有无实证交易数据把商誉分为外购商誉和自创商誉，并只对经实证交易检验的外购商誉进行计量。但无论是外购商誉还是自创商誉都是企业的一项资产。资产评估的目的就是要通过科学的程序和方法对资产的现时公允价值进行估算，评估的商誉对原属企业来说都是自创商誉。

3. 商誉是企业有形资产和可确指无形资产外的不可确指的无形资产

在评估实务中，评估人员有时根据评估的具体目的和要求，用“商誉”代表企业的整体无形资产。例如，当评估不要求了解企业各单项无形资产的价值，只需知道企业整体无形资产价值时，利用差额法评估的商誉价值实际上是企业整体无形资产价值；或者评估出企业主要无形资产价值，其他非主要无形资产全部归集为商誉。

（三）商誉的评估方法

商誉依附于企业整体而存在、形成的长期性以及不可确指性等特点使得商誉的成本很难计量，因此，对商誉很少从成本角度进行评估，一般从收益角度对商誉的价值进行评估，这里介绍商誉评估的割差法和超额收益资本化法。

(1)割差法

割差法的基本思路是将企业总体收益的评估价值与构成企业各单项资产的评估值之和进行比较，其差额就是商誉的价值。其计算公式如下：

商誉的评估值=企业整体资产的评估值-企业各单项资产评估值之和

企业整体资产评估值可通过预测企业未来预期收益并进行折现或资本化获取。企业整体资产价值与企业净资产价值是两个不同的概念。两个企业净资产价值大体相当，但由于经营业绩悬殊，预期收益悬殊，其企业整体资产价值是不同的。构成企业整体资产的各项资产，包括有形资产和可确指的无形资产，由于其可以独立存在和转让，其评估价值在不同企业中趋同。但不同的组合、不同的使用和管理，使其运行效果不同，导致其组合的企业整体资产价值不同。各单项资产组合后产生的超过各单项资产价值之和的价值，即为商誉。

【例 9-15】甲企业拟收购乙企业，经评估确认乙企业的流动资产价值为 100 万元，固定资产为 200 万元，其他可确指的无形资产价值为 120 万元，企业整体资产评估值为 500 万元，试评估确认乙企业商誉的价值。

商誉的评估值=企业整体资产评估值-企业的各单项资产评估值之和
=500-100-200-120
=80(万元)

(2)超额收益资本化法

用超额收益资本化法对商誉进行评估，涉及对目标企业获取的超额经济收益进行量化和本金化。在实际评估中，根据被评估企业的具体情况不同又可分为超额收益本金化价格法和超额收益折现法。

①超额收益本金化价格法。超额收益本金化价格法是将被评估企业的超额收益经本金化还原来确定该企业商誉价值的一种方法，其计算公式如下：

$$\text{商誉的评估值}=\frac{\text{企业预期年收益额}-\text{行业平均收益率}\times\text{该企业的单项资产评估之和}}{\text{适用本金化率}}$$

或：

$$\text{商誉的评估值}=\frac{\text{被评估企业单项资产评价值之和}\times(\text{被评估企业预期收益率}-\text{行业平均收益率})}{\text{适用本金化率}}$$

式中：$\text{被评估企业预期收益率}=\frac{\text{企业预期年收益额}}{\text{企业的单项资产评估价值之和}}\times 100\%$

超额收益本金化价格法主要适用于经营状况一直较好、超额收益比较稳定的企业。

②超额收益折现法。超额收益折现法是将企业的若干年预测超额收益进行折现，将其折现值确定为企业商誉价值的一种方法。其计算公式如下：

$$\text{商誉的评估值}=\sum_{i=1}^{n}\frac{R_i}{(1+r)^i}$$

式中：R_i—— 第 i 年企业预期超额收益；

r——折现率；

n——收益年限。

超额收益折现法适用于超额收益只能维持有限期的企业。

【例 9-16】A 企业预期在未来 5 年内获得的超额收益分别为 130 万元、160 万元、190 万元、240 万元、200 万元，适用的折现率为 12%，试确定 A 企业商誉的价值。

$$商誉的评估值 = \sum_{i=1}^{n} \frac{R_i}{(1+r)^i}$$

$$= \frac{130}{1+12\%} + \frac{160}{(1+12\%)^2} + \frac{190}{(1+12\%)^3} + \frac{240}{(1+12\%)^4} + \frac{200}{(1+12\%)^5}$$

$$= 644.87(万元)$$

练习题

1. 选择题

(1) 在下列无形资产中，不可确指的无形资产是：(　　)

A. 商标权　　B. 专营权　　C. 商誉　　D. 土地使用权

(2) 对无形资产的成新率进行估算时，若要求有关技术领域的专家，对被评估资产的先进性，适用性做出判断，从而确定其成新率的方法是：(　　)

A. 专家鉴定法　　B. 剩余经济寿命预测法

C. 财务核算法　　D. 市价调整法

(3) 某企业预期年收益额为 10 万元，该企业各项单项资产重估价值之和为 80 万元，该企业所在行业的平均收益率为 10%，以行业平均收益率作为适用的资产收益率，则该企业商誉的评估值为：(　　)

A. 10 万元　　B. 20 万元　　C. 80 万元　　D. 100 万元

2. 计算题

(1) 甲公司拟将一饮料生产配方转让给乙公司。由于该配方具有一定的技术先进性，可提高饮料市场份额。预计今后 3 年新增利润分别为 150 万元、220 万元和 270 万元。转让合同约定，乙公司从使用该配方生产饮料的新增利润中分成 30% 给甲公司作为技术转让费。假设折现率为 12%，试对该配方的价值进行评估。

(2) 某企业购买一项专利技术，用于该再生产线。评估人员经过分析认为，其寿命为 5 年，各年度利润总额分别为 500 万元、600 万元、700 万元、800 万元、700 万元，追加利润占各年利润总额的 30%、30%、25%、20%、10%，采用的折现率为 10%。

求：①各年利润总额现值及追加利润和现值。

②该专利技术的分成率。

③该专利技术的评估价值。

(3) 某企业有一新产品设计技术，该技术可节约生产成本，经评估人员分析，该技术经济寿命是 4 年，可以使该企业每件产品在第 1 年内比市场平均成本低 40 元，第 2 年低 30 元，之后分别为 20 元、10 元，并且该产品可维持稳定的年销售量 1 万件。假设其他因素不变，折现率为10%，所得税税率为25%。

求：①该技术各年超额收益。

②该技术的评估价值。

(4)某企业拟转让其拥有的某产品商标使用权，该产品市场售价为1 000元/台，比普通商标同类产品售价高100元/台。被许可方年生产能力为10 000台，许可使用期为4年，约定每年向转让方支付该产品当年销售利润的30%作为商标使用费。假设被许可方的正常销售利润率为12%，折现率为15%。试评估该商标使用权价值。

(5)某待估软件经济寿命为5年，前2年的软件销售收入分别为5 000元和20 000元。经预测，该软件在未来3年的收益分别为25 000元、32 000元和4 800元。假设折现率为12%，试评估该计算机软件的价值。

(6)某电视剧制作公司拟出售其新完成的一套电视剧的著作权。该剧的制作时间为1年(从评估基准日前1年开始)，经核算，其成本总值为500万元，无风险利率为12%，行业风险报酬率为8%。据专家预测，该电视剧在未来3年内每年可获得收益200万元。假设利润分成率为35%，试对该著作权在评估基准日的价值进行评估。

(7)某商场拟出让其租赁权，租赁期尚有20年。原租赁合同约定，该商场每年应交租金350万元。承租方准备追加投资800万元继续经营。经预测，该商场今后4年的收益分别为400万元、480万元、550万元和620万元。从第5年起，每年的收益保持在620万元不变。假设折现率为12%，试评估该租赁权的价值。

(8)评估人员对某企业进行整体评估，通过对企业经营状况进行调查及分析得到：

①企业未来四年的收入分别为200万元、300万元、300万元、200万元，以后将以150万元持续下去；

②企业各项资产评估值之和为1 500万元；

③企业债务资本占20%，资本成本为8%；优先股占10%，资本成本为10%；普通股占70%，资本成本为12%；所得税税率为25%；

求：①求该企业加权资本成本(保留整数)；

②求该企业整体价值；

③求该企业商誉的价值。

第十章 流动资产评估

第一节 流动资产概述

一、流动资产的概念及分类

流动资产是在生产经营活动中，由企业控制的可在一年或超过一年的一个营业周期内变现或被耗用的资产。

在实际评估中，对流动资产的分类主要有以下三种方法。

(一)按照流动资产在企业生产经营活动中的形态和作用划分

①货币资金，包括人民币和外币库存现金、银行存款和其他形式的货币资金。

②应收及预付款项，包括应收票据、应收账款、其他应收款、预付货款和预付费用等。

③生产资产，指从投入到产品制成入库为止处于产品生产过程中的流动资产，通常包括在产品、自制半成品等。

④短期投资，指企业购入的各种能随时变现、持有时间不超过一年的投资，包括不超过一年的股票、债券等有价证券和其他投资。

⑤存货，指企业在生产经营过程中为销售或者耗用而储备的资产，包括产成品、库存商品、在产品、自制半成品、原料及主要材料(包括各种外协件)、辅助材料、燃料、修理用备件、包装物(库存物资)和低值易耗品等。

⑥其他流动资产，指评估基准日不能列入以上各项目，但性质又属于流动资产的各项资产。

(二)按照流动资产在资产评估中表现的不同形态划分

①货币形态的流动资产，指现金和各项存款等具有现金等价物性质的流动资产。它表现为一定的货币金额，评估时无需考虑物价变动的影响和货币购买力变化的影响。

②债权形态的流动资产，包括各种应收预付款项、短期投资和其他费用等具有债权性质的流动资产。它们没有一定的实物形态，且其价值又不能直接以账面价值反映。

③实物形态的流动资产，通常又称为存货资产，指企业在生产经营过程中为销售或者耗用而储备的具有实物形态的资产。在物价变动的情况下，其价值不固定，会随着物价水平的升降而变动，包括产成品、库存商品、在产品、自制半成品、原料及主要材料(包括各种外协件)、辅助材料、燃料、修理用备件、包装物(库存物资)和低值易耗品等。

(三)按照流动资产在再生产过程中所处的领域划分

流动资产不仅存在于企业内部生产领域，还存在于企业外部的社会流通领域。生产领域的流动资产包括储备资产和生产资产。流通领域的流动资产包括成品资产、结算资产和货币资产。

二、流动资产的特点及评估特点

(一)流动资产的特点

流动资产之所以作为单独的评估对象，主要是因为它与固定资产相比，无论是在运动方式上，还是在价值变化的规则上都有很大不同，即流动资产具有自己的特点，这些特点包括以下几个方面：

(1)周转速度快。流动资产的主要特点就是流动性。各种流动资产除包装物和低值易耗品外，均只参加一次生产循环，其形态即发生改变，价值一次性地转移到产品中去，并最终通过销售得到补偿。它们并存在生产经营的不同阶段和领域，进行着不停息的循环和周转，并且每周转一次就会给企业带来增值。

(2)变现能力强。根据定义，企业的流动资产是可以在一年内或者超过一年的一个营业周期内变现或者耗用的资产，它们具有较强的变现能力，是企业对外支付和偿债能力的手段和物质基础。尤其是流动资产中的货币资产，它本身就是各种存款和现金，根本就不存在变现的问题。

(3)形态多样化。流动资产存在的形态多种多样，特别是其实物形态十分复杂。从行业来看，工业、交通、农业、商业、建筑等不同行业的企业中，流动资产的实物形态千差万别。即使在同一行业中，不同企业，甚至于相同企业的不同部门，流动资产的实物形态也差别较大。但从流动资产在企业生产经营过程中的地位和作用来看，流动资产一般存在储备形态、生产形态、成品形态、货币资金形态及结算形态等多种形态。

(4)存量波动大。由于企业的流动资产一般要不断地经历购买和售卖的全过程，因此它受市场商品供求变化和生产、消费的季节性影响较大。另外，还会受到外部经济环境、经济秩序等因素的制约，从而导致其占用总量、不同形态以及构成比例呈现出波动性。

(5)现行市价与原始成本比较接近。由于流动资产除货币以外，从购进到耗用这一期间较短，因而其原始成本与市场价格一般比较接近。在生产经营周期短、物价波动不大的情况下，更是如此。

(二)流动资产的评估特点

流动资产以上独有的特点直接反映到流动资产的评估上，极大地影响着评估事务，使流动资产的评估具有以下特点：

(1)流动资产评估是单项评估。流动资产评估以单项资产为评估对象。因为单项流动资产一般不具有综合获利能力，所以不需要就其综合获利能力进行综合性价值评估。

(2)合理选择评估的基准时间。流动资产与其他资产的显著不同在于其流动性和波动性，这使得资产的构成、数量以及价值总额总是处在高速的变动之中，而评估则是确定其某一时点上的价值，不可能人为地停止流动资产的运转。因此在流动资产评估实务中的技术操作上，一般要求评估基准日尽可能在会计期末，评估结论利用的时点应尽可能与基准日接近。

(3)流动资产种类繁多，资产清查时要分清主次，掌握重点。流动资产评估之前必须进行认真仔细的资产清查，否则会影响评估结果的准确性，但同时又要兼顾评估的时间要求和评估成本。因此，往往必须根据不同企业的生产经营特点，在对流动资产的评估过程中分清主次、重点和一般，选择不同的方法进行清查和评估。

(4)受企业牵制大，对企业流动资产会计核算资料的依赖程度很高。由于流动资产处于企业生产经营过程之中，不便于实地盘点，因而通常需要企业配合，在相对静止的条件下进行清查盘点和检测。另外，流动资产种类繁多、数量巨大，许多价格因素只有通过会计资料才能了解。

(5)流动资产账面价值基本上可以反映其现值。流动资产的周转速度快，变现能力强，在价格水平相对比较稳定的情况下，流动资产的账面价值基本上可以反映其现值，因此在评估时可以直接采用流动资产的账面价值作为评估值。同时在评估流动资产时，不需要考虑资产的功能性贬值因素，而且实体贬值的计算一般也只适用于在用低值易耗品以及滞销、积压存货类流动资产的评估。

三、流动资产的评估程序

(一)确定评估对象和评估范围

进行流动资产评估前，首先要确定资产评估的对象和范围，这是保证评估质量，提高评估效率的重要条件之一。被评估的对象和评估范围应依据经济活动所涉及的资产范围而定。同时，在实施评估前应做好下列工作：

1. 明确流动资产的评估范围

进行流动资产评估，首先应该明确流动资产的范围，必须注意划清流动资产与非流动资产的界限，防止将不属于流动资产的机器设备、专项基金购建的专项物资等作为流动资产，也不得将属于流动资产的低值易耗品等作为其他资产，防止重复评估和漏估。

2. 核查待评估流动资产的产权

进行流动资产评估前，应该核查待评估流动资产的产权是否属于申报企业，如企业中存放的受托加工材料、代保管材料等物资不得列入流动资产评估范围。此外，根据国家有关规定，抵押后的资产不得用于再投资或转让，如该企业的流动资产已作为抵押物，则不能将其转让或投资，这类流动资产也不得列入评估范围。

(二)对被评估资产进行抽查核实，验证基础资料

评估机构在接受委托后，应对委托方提供的被估资产清单所列的资产进行全面清查或抽查，核实清单所列资产是否与实际情况相符。对需要评估的存货进行核实，主要核查各种存货的实存数量与清单所列数量是否一致，如果在清查或抽查中发现短缺或溢出，应对清单进行调整；如果清单所列数量严重失实，应要求委托方重新组织清查工作；对需要评估的各类应收及预付款项进行核实，主要核实有无重复记录和漏记的问题，如有条件，还应采取信函等形式与债务人核对；对需要评估的货币资产进行核实，主要是核实库存现金和各种存款的实有金额。应该注意的是，如果委托方有外币存款，则应按当时的国家外汇市场价折算成人民币金额。

(三)对实物形态的流动资产进行质量检测和技术鉴定

实物形态的流动资产不会像固定资产一样出现磨损，通常也不会大面积地出现技术性、功能性贬值，但是它也有损耗问题。这种损耗除反映在数量短少外，还反映在实体损耗和质量下降上。例如，木材因日晒和雨淋而出现的腐烂或裂口，钢材因氧化而生锈，食品、药品及化学试剂等因存放一定时间而降低效用，有的一过有效期就失去效用等。对实物形态的流动资产进行质量检测和技术鉴定，目的是了解这部分资产的质量状态，以便确定其是否尚有使用价值，并核对其技术情况和等级状态与被估资产清单的记录是否一致，这一程序是正确评估资产价值的重要基础。对各类存货进行技术质量检测，可由被估企业的有关技术人员、管理人员和评估人员合作完成。

(四)调查债权类和分期收款发出商品等流动资产的资信

对企业的债权、应收票据和分期收款发出商品的基本情况应进行调查分析。根据对被评估企业与其债务人经济往来活动中的资信情况的调查了解和每一项债权的经济内容、发生时间的长短及未清理的原因等信息，综合分析确定这部分债权、票据的回收可能性、回收的时间、回收过程中的风险和回收费用，并调查大宗发出商品的情况。这项工作可以与核实债权和债务工作一并进行。

(五)选择评估方法

评估方法的选择，一是根据评估目的，二是根据不同种类流动资产的特点。评估方法的选择如下：

(1)对于实物类流动资产，可以采用市场法或成本法。对存货类流动资产的评估，如果其价格变动较大，则以市场价格为基础，对购入价格较低的存货，按现行市价进行调整，而对购入价格较高的存货，除考虑现行市场价格外，还要分析最终产品价格是否能够相应提高，或存货本身是否具有按现行市价出售的可能性。

(2)对于货币类流动资产，其清查核实后的账面值就是现值，不需要采用特殊方法进行评估，仅仅应对外币存款按评估基准日的国家外汇牌价进行折算。对于债权类流动资产只适宜按可变现值进行评估。

(3)对一些低值易耗品，因提前支付尚未摊销的费用，账面上已无价值记载，但它有递延效益，实际上还在被使用。若低值易耗品价值较高，可采用与固定资产中机器设备相同的评估方法。

(六)做出评估结论

与被评估单位的有关人员进行沟通，并对初步的评估结果进行必要的调整，编辑整理评估明细表和评估汇总表，最后做出评估结论。

第二节 货币类及债权类流动资产的评估

货币类流动资产包括库存现金和各项存款；债权类流动资产包括应收账款、预付账款、应收票据、短期投资及其他费用等。

一、货币类流动资产的评估

货币类流动资产的评估主要包括库存现金和各项存款的评估。

对库存现金的评估，实际上是对库存现金的审查盘点，通过核对库存现金的实有数，以核对后的实有数作为评估值。审查盘点的具体做法，可比照审计的方法进行。对库存外币现金，应按评估基准日国家外汇牌价(钞买价)折算成等值人民币。

对各项银行存款的评估，是对各项银行存款的清查确认，通过与银行对账、函证，核对各项存款的实有数，并将已核实后的实有数作为评估值。在审核中，对银行账款未达账项要重点审核，尤其要注意有无长期未达账项，如未达时间超过三年，应做坏账处理，如有外币存款，应按评估基准日国家外汇牌价(汇买价)折算成等值人民币。

二、应收账款的评估

企业的应收账款主要指企业在经营过程中赊销产品所形成的尚未收回的款项。应收账款属于企业流动资产，由于它的回收具有不确定性，评估时应该以其可变现收回的货币作为评估价值的依据，其计算公式如下：

应收账款评估价值=应收账款账面价值-已确认坏账损失-预计坏账损失

由此可见，应收账款的评估主要涉及账面价值和坏账损失的确定，评估的程序如下：①

(一)清查核实应收账款的账面值是否真实可靠

①核对总账、明细账是否相符，资产负债表与总账科目中的余额是否相符。

②查实应收账款明细账中负债人的姓名、地址，由评估机构协同委托人向负债人逐笔发出询证函，要求负债人对函中所列欠款的真实性鉴证回答，并查明各笔欠款的发生时间。

③根据询证函返回的信息作第二次复查，并在此基础上作出应收账款可靠性的估计。

(二)确认已确定的坏账损失

已确定的坏账损失是指评估时债务人已经死亡或破产倒闭而确实无法收回的应收账款，对于确定的坏账损失，应严格按照经济合同法的相关条款处理。

(三)确定预计坏账损失

对应收账款回收的可能性进行判断，可根据企业与债务人的业务往来和债务人的信用情况，将应收账款进行以下分类：

业务往来较多，对方结算信用度较高。这类应收账款基本都能如期收回；业务往来少，结算信用度一般。这类应收账款收回的可能性大，但收回时间难以确定；一次性业务

---

① 坏账准备是按企业的应收款项(含应收账款、其他应收款等)计提的，是备抵账户。我国《企业会计制度》规定，对其他应收款计提坏账准备时应设置“坏账准备——计提其他应收款准备”科目，以便与应收账款计提的坏账准备区分开来，准确无误地反映其他应收款所计提的坏账准备。对于其他应收款计提的坏账准备与应收账款计提的坏账准备合并，资产负债表中的“应收款项净额”项目以应收账款减去坏账准备的余额列示，“其他应收款”项目也以余额列示。

往来，信用情况不清楚。这类应收账款可能收回一部分；长期拖欠或对方单位已经撤销。这类应收账款，可能无法收回，应作坏账处理。

以上的分类方法既对应收账款坏账损失的可能性作了判断，同时也为定量分析坏账损失作了准备。预计坏账损失定量计算常用的有两种方法：一是坏账估计法；二是账龄分析法。

1. 坏账估计法

坏账估计法也称应收账款余额百分比法。这种方法通过将会计期末应收账款的余额乘以估计坏账率得到当期应估计的坏账损失，据此提取坏账准备，估计坏账率可以按照以往的数据资料加以确定。也可根据国家规定的坏账比率确定坏账百分比，从而计算当期应估计的坏账损失并据此提取坏账准备。但是如果企业应收账目多年未做清理，没有处理坏账损失的账面资料，则无法采用此种方法。

其计算公式如下：

$$坏账百分比=\frac{评估前(3至5年)若干年发生坏账数额合计数}{评估前(3至5年)若干年应收账款余额合计数}\times 100\%$$

$$预计坏账损失金额=评估时应收项目余额\times 坏账百分比$$

【例 10-1】评估公司拟对某企业进行资产评估，根据财务报表获悉，截至评估基准日，该企业应收账款余额为 400 万元。而企业前 5 年应收账款余额合计为 2 000 万元，发生坏账损失合计数为 50 万元，则：

$$坏账百分比=50/2\,000\times 100\%=2.5\%$$

$$预计坏账金额=400\times 2.5\%=10(万元)$$

$$应收账款评估值=400-10=390(万元)$$

2. 账龄分析法

这是根据应收账款入账时间的长短来估计坏账损失的一种方法。一般来说，款项被拖的时间越长，收回的可能性就越小，发生坏账的可能性就越大。因此可以先将应收账款按账龄长短分成几组，例如未到期的、逾期半年以内的、逾期一年以上两年以内的、逾期超过两年的等，再按组分别估计发生坏账损失的可能性，进而计算坏账损失的金额。

【例 10-2】某企业评估基准日应收账款总额为 200 万元，已提取坏账准备 10 万元。该企业应收账款账龄分析如表 10-1 所示：

表 10-1　**应收账款账龄分析表**　单位：万元

项目	金额	估计坏账损失率(%)	估计坏账损失金额
未到期	100	0.5	0.5
逾期 6 个月	40	2	0.8
逾期 1 年	30	10	3
逾期 2 年	20	60	12
逾期 3 年以上	10	100	10
合计	200	—	26.3

评估时根据以上资料得：

坏账损失率＝26.3/200×100%＝13.15%

应收账款评估值＝200×(1－13.15%)＝173.7(万元)

三、应收票据的评估

应收票据是由付款人或收款人签发、由付款人承兑、到期无条件付款的一种书面凭证。应收票据按承兑人不同可分为商业承兑汇票和银行承兑汇票；按其是否带息分为带息商业汇票和不带息商业汇票。商业汇票可依法背书转让，也可以向银行申请贴现。由于商业汇票有带息和不带息之分，所以不带息票据，其评估值即为票面金额；对于带息票据，应收票据的评估值除票据的面值外，还包括票据利息。

应收票据的评估值由票据的本金和利息两部分组成，具体可以采用以下两种方法：

(一)本金加利息法

本金加利息法是指将票据截至评估基准日的本利和作为评估值。用公式表示如下：

应收票据评估值＝本金×(1+利息率×时间)

公式中的时间是指票据签发日至评估基准日之间的这段时间。

【例10-3】某企业持有一张为期一年的应收票据，本金为150万元，利息率为12%，截至评估基准日离付款日还差两个月时间，票据评估值计算如下：

应收票据评估值＝150×(1+12%/12×10)＝165(万元)

(二)贴现法

贴现法是指对企业拥有的尚未到期的票据，按评估基准日从银行可以获得的贴现计算确定评估值。这种方法较为保守，分为无息和有息票据两种情况。其计算公式如下：

应收票据评估值＝到期价值－贴现息

贴现息＝到期价值×贴现率×贴现期

贴现期＝到期天数－持票天数

1. 未到期无息票据贴现的评估

【例10-4】某企业流动资产中含有不带息票据一张，票面金额为100万元，期限为3个月，截至评估基准日已持有1个月，评估基准日的贴现率为6%，则：

贴现期＝3－1＝2(月)

到期价值＝100(万元)

贴现息＝100×6%/12×2＝1(万元)

票据评估值＝100－1＝99(万元)

2. 未到期有息票据贴现的评估

未到期有息票据贴现与无息票据的差异仅在于有息票据的到期价值还应加上利息收入。

【例10-5】同上例，假如应收票据载明票面利率8%，则：

贴现期＝3－1＝2(月)

到期价值＝100×(1+8%/12×3)＝102(万元)

贴现息＝102×6%/12×2＝1.02(万元)

票据评估值 = 102 - 1.02 = 100.98(万元)

如果被评估的应收票据在约定的时间未能收回，则应将其视同应收账款，比照应收账款的评估方法，在调查分析的基础上，确定坏账损失。

第三节　实物类流动资产的评估

实物类流动资产包括各种材料、在产品、产成品及库存商品和包装物等，实物类流动资产评估是流动资产评估的重点和难点。

一、材料的评估

(一)材料评估的对象

材料是企业生产加工的主要劳动对象，是生产经营中不可缺少的一种物质要素，是构成被评估企业流动资产的主要内容。企业的材料按用途可分为两大类：库存材料和在用材料。在用材料在再生产过程中形成产成品、半成品，不再作为单独的材料存在，所以，材料评估主要是对库存材料的评估。按照现行会计制度的规定，库存材料包括原料及主要材料、辅助材料、燃料和修理用备件。

(二)材料评估的步骤

库存材料的特点是品种多、数量大、性质各异，且计量单位、计价方式、购入时间和自然损耗各不相同。根据库存材料的特点，评估可按下列步骤进行：

(1)核实账、表是否与实物数量一致，并查明有无霉烂、变质、毁损等质量问题，有无超储积压的材料等。

(2)根据不同的评估目的和待评估资产的特点，选择适当的评估方法。从评估实践看，根据不同的经济行为，材料评估可以采用的标准有现行市价标准、重置成本标准、收益现值标准和清算价格标准；而在评估方法的应用上，则更多地是采用成本法、市场法和清算价格法。

(3)运用企业库存管理的 ABC 管理法对库存材料进行科学分类。A 类资产品种少，占用资金多；B 类资产品种比 A 类多一些，占用资金比 A 类少一些；C 类资产品种繁多，占用资金少。流动资产评估借用该方法进行资产核实和评估，其目的就是对 A 类材料进行重点核实，重点调查整理现行价格资料。然后根据一定的目的和要求，对材料排队，分清重点，着重对重点材料(A 类)进行评估，对其他材料可适当粗略一些，做到既能保证评估质量，又能节约评估费用。

(三)材料评估的方法

就以上提到的几种方法而言，在某种材料市场畅销、供求基本均衡的情况下，市场法和成本法可以替代使用，但如果不具备上述条件，则应分别使用。如以变现为目的的材料评估，则应采用市场法；如以补偿为目的，则应采用成本法，它们的差异性表现在是否适销和适销程度上。更多情况下两种方法趋同。而当企业停业或破产清算时，则库存材料的评估应采用清算价格法。

1. 近期购进材料的评估——成本法

近期购进的材料，库存时间短，在市场价格变化不大的情况下，其账面价值与现行市价基本接近。评估时，可采用成本法和市场法进行评估，但在评估实务中，为了提高评估效率，多采用成本法。此时，若企业会计资料健全，由于账面成本即反映了材料的历史成本，故可直接采用账面成本作为评估值。

【例 10-6】某企业在评估基准日 1 个月前购进生产原料 15 吨，账面价值是 30 万元(不包含运杂费)，运杂费每吨 200 元，截至资产评估日，尚余库存 10 吨，且这种材料的市场价格近期无较大波动。请确定该原料的评估值。

该材料属近期购进，与现行市价基本接近，可采用成本法进行评估。

$$材料评估值=10\times(300\ 000/15+200)=202\ 000(元)$$

本例中的运杂费主要指外地运杂费，因其数额较大，评估时将其计入评估值；对于从市内购进，发生数额较小的运杂费，评估时可略去不计；但对于体积大、单位价值低的材料的市内运杂费，则应计入材料的评估值之中，因为此时单位材料分摊的相对运杂费较高。

2. 购进批次间隔时间长、价格变化大的材料评估——市场法

若企业库存材料各批次间隔时间较长，且材料价格随时间波动较大，就应采用市场法进行评估，或以最接近市场价格的那批材料的价格或直接以市场价格作为评估值。

【例 10-7】某企业在过去一年分 3 批购进原材料，第一批 1 000 吨购进时间为 2008 年 10 月 10 日，购进价格为 200 元/吨；第二批 800 吨购进时间为同年 11 月 15 日，购进价格为 220 元/吨；第三批 200 吨为年底购进，购进价格为 175 元/吨。以今年 1 月 1 日为评估基准日进行评估时，经核实尚存 500 吨在库，购置费率是 2%。该材料的市场价格波动频繁。依上述材料，确定该材料的评估值。

由于各批次材料购进时价格波动较大，故采用市场法进行评估。因第三批材料于年底购进，与评估基准日接近，一般可以反映基准日的市场价格，故以此作为现行市价测算评估值。

$$材料的评估值=500\times175\times(1+2\%)=89\ 250(元)$$

应该注意的是，若最后一批材料的购进日与评估基准日之间材料价格又发生了重大变化，则不应以最后一批材料的购进价格作为基准日的现行市价，而应查询基准日的实际市价，并以此作为评估价格。或者也可以采用物价指数法，以统一的评估时点为基准日，利用物价指数对不同批次的原材料物资的账面价值加以调整。

此外，材料分期购进，由于各企业采用的核算方法各不相同。如先进先出法，后进先出法，加权平均法等，其账面余额也不尽相同。但核算方法的差异不应影响评估结果，评估时关键就是核查库存材料的实际数量以及选准评估价格。

3. 没有准确的市场现行价格的材料的评估

企业的某些材料可能购进时间较早，市场已经脱销，目前无明确的市价可用来参考和使用。对于这种类型材料的评估，可以通过寻找现行市场上同类材料的平均物价指数来修正原材料的进价；也可以在分析市场供需的基础上，确定该项材料的供需关系，并以此修正材料进价；还可以通过寻找参照替代品的现行市价和相关的历史资料来修正材料进价。用得到的原材料的进价减去保管等原因造成的减值数额，就是最终的评估值。

$$材料评估值=库存数量\times进价\times市场供需升降指数-减值因素$$

【例 10-8】某厂 2009 年 6 月购进某种原材料 200 吨，价格为 2 000 元/吨，由于当时该材料属于紧俏物资，价格较高，而且该种材料的供应有明显的季节性，2009 年 12 月进行评估时，市场上已无大量的交易活动。经清查核实，此种材料的库存尚有 20 吨，保管等原因造成的减值因素占材料原值的 4%。依据不同情况，评估时可选择以下不同评估方法测算。

（1）按照同类商品的物价指数进行评估，据调查，同类商品的物价指数 2002 年 6 月为 100%，2009 年 12 月为 105%，即甲材料的价格上升了 5%左右，则：

$$甲材料的评估值=20×2\ 000×105\%/100\%-2\ 000×20×4\%=40\ 400(元)$$

（2）市场上另有一种乙材料与甲材料功能类似，可作为甲材料的替代品，乙材料的现行市价为 1 500 元/吨，根据历史数据可知甲、乙材料的价格之比为 1：0.8，则：

$$甲材料的评估值=20×1\ 500×1/0.8-2\ 000×20×4\%=35\ 900(元)$$

（3）通过分析市场供需趋势，甲材料价格目前基本稳定，但需求略有上升，使其价格上升了 5%左右，则：

$$甲材料的评估值=20×2\ 000×105\%-2\ 000×20×4\%=40\ 400(元)$$

4. 超储积压物资的评估

超储积压物资是指从企业库存材料物资中清理出的需要进行处理的那部分流动资产。这类物资长期积压，既占用流动资金，又需支付银行利息，有的还因积压时间过长，受自然力的作用被侵蚀，或因保管不善而使使用价值下降。在评估时，首先应对其数量和质量进行鉴定，然后根据不同情况考虑。对其中失效、变质、残损、报废、无用的，应作为废料处理，并可采用清算价格法。对仍有可能使用的物资价值的评估，可在原账面历史成本的基础上，扣减相应的减值因素，并进行适当调整得出评估值。

【例 10-9】某化工企业在进行资产评估时，经核实，发现某些材料为明显的超储积压物资：（1）易变质的化学药剂 0.5 吨，账面价格为 4 000 元/吨，因企业季节性停产而长期积压，预计油桶泄漏和部分变质造成的损耗已达 60%；（2）橡胶管 400 米，价格为 25 元/米，因企业购买时未预见到此种橡胶管使用范围窄，耗用量极少，而一次购入过多，造成长期积压，已有开始氧化的迹象，预计造成的损耗为 40%；（3）电子元器件 1 000 个，账面价格为 50 元/个，因产品升级换代，此种材料已不在产品中使用，属淘汰型号，确定减值率为 70%。依据以上资料，计算这些超储积压材料的评估值为：

$$\begin{aligned}超储积压材料的评估值&=0.5×4\ 000×(1-60\%)+400×25×(1-40\%)+1\ 000×50×(1-70\%)\\&=21\ 800(元)\end{aligned}$$

5. 盘盈、盘亏或毁损材料的评估

盘盈的材料没有历史成本资料，应采用成本法和市场法进行评估。若盘盈材料能取得同种材料的现行市价，则以市价评估；若无法取得现行市价，则应以类似材料的交易价为参照物进行评估。盘亏、毁损材料不存在评估问题，应直接从待估材料申报额中扣除。

【例 10-10】某厂在期末对库存材料进行盘点时，盘盈 A 类材料 1 000 公斤，目前的市价为 30 元/公斤，盘盈 B 类材料 400 公斤，该种材料市场已经脱销，现有一种类似材料可作为它的替代物，现行市价为 20 元/公斤。根据比较鉴定，这种类似材料的性能优于 B 类材料，故引入减值系数 10%。因 A 类材料存放时间较长，质量有所下降，损耗率定为 5%，则：

A 类材料的评估值=1 000×30×(1-5%)= 28 500(元)

B 类材料的评估值=400×20×(1-10%)=7 200(元)

6. 破产企业原材料的评估——清算价格法

当企业停业或破产清算时，根据拍卖其原材料的可变现价格确定其评估值。如果清算期限能满足正常变现的实现，则清算价格与变现价格是等值的。如果某种原材料完全失去其原有使用价值，则一般按废料变价处理，以确定评估价值。破产企业有使用价值的库存材料，主要是以资产拍卖的变现价格为依据，一般情况下，成交价格要低于资产重估价格。此外，企业转让时，对受让方不需用的原材料，除需投放市场销售变现外，还应考虑变现费用和变现时间以及销售概率等因素。

【例 10-11】某企业受让一批材料，现由于资金原因，将其投放市场变现。材料共 100 吨，半年内售出的概率为 40%，一年左右售出的概率为 60%。现行市价为每吨 4 000 元，价格波动不大，变现费用为售价的 5%。一般情况下，半年内脱手可不折现，若一年左右变现则应按贷款利息率(假设为 10%)折现。由于实现销售有一定概率，要按概率计算其期望值。

计算如下：

半年内脱手，变现净值为：P_1=4 000×100×(1-5%)= 380 000(元)

一年左右脱手，变现净值为：P_2=4 000×100×(1-5%)/(1+10%)= 345 454. 55(元)

考虑销售概率，变现净值的期望值之和(P_1×0. 4+P_2×0. 6)即为甲材料的变现净值

$$P=380\ 000\times0.4+345\ 454.55\times0.6=359\ 272.73(\text{元})$$

二、低值易耗品和包装物的评估

(一)低值易耗品的评估

1. 低值易耗品的界定及分类

低值易耗品是指单位价值在规定限额以下或使用年限在 1 年以内，且能多次使用而基本保持其实物形态的劳动资料。如工具、管理用具、劳保用品和玻璃器皿等。低值易耗品种类很多，为了评估需要，可以对其进行分类，其分类方法如下：

(1)按用途分类：一般工具、专用工具、替换设备、管理用具、劳动保护用品和其他。在低值易耗品评估过程中这种分类是为了简化评估工作。

(2)按使用情况进行分类：在库低值易耗品和在用低值易耗品。这种分类考虑了低值易耗品的具体情况，对评估方法选用的影响较大。

2. 低值易耗品评估的特点

低值易耗品是特殊的流动资产，它与典型的流动资产相比，具有周转时间长，不构成产品实体等特点，而且其单位价值低，容易损坏，故在会计核算中归入材料核算，并对领用低值易耗品实行分期摊销。由于低值易耗品的这一特点，在对低值易耗品进行评估时就会遇到“账实不符”的情况。无论是分次摊销法，还是五五摊销法或一次摊销法，都不可能做到账实相符。由此可见，低值易耗品的账面成本与重置成本的差异率很大。因此在评估实践中应特别注意低值易耗品资产的清点造册，以防遗漏账外资产。

3. 低值易耗品评估的方法

(1)在库低值易耗品的评估

在库低值易耗品的评估方法与库存材料的评估方法是相同的，可以根据不同情况分别采用历史成本法、成本法和市场法进行评估。

(2)在用低值易耗品的评估

在用低值易耗品的评估方法，类似于固定资产的评估方法，也可根据不同情况采用历史成本法、成本法或市场法进行评估。它与在库低值易耗品的区别就在于已经发生了一定的损耗，不能按原值进行评估，只能按净值评估。其基本公式如下：

在用低值易耗品的评估价值=在用低值易耗品的重置全价×成新率

在用低值易耗品的重置全价=全新在用低值易耗品的市场价格+购置费用

这种方法的关键在于成新率的确定。由于低值易耗品的摊销方法大多不能反映其实际成新率，故成新率的确定并不能参照账面数据，应根据实际观测确定，或用下式计算：

$$\text{成新率} = \left(1 - \frac{\text{低值易耗品实际已使用时间}}{\text{低值易耗品可使用时间}}\right) \times 100\%$$

对购进时间不长，价格变化不大的在用低值易耗品，可以用账面历史成本确定全新成本价值；对购进时间较早，或价格变化较大的在用低值易耗品，可以采用重置成本或现行市价确定全新成本价值。

【例 10-12】某企业于 2008 年 8 月购进 10 个保险柜，单价为 800 元，同时划归各科室使用。2009 年 4 月企业与外单位联营，需进行评估，经核实鉴定，预计可以使用 10 年，迄今已使用 1 年，由于市场价格变动不大，采用历史成本法确定其全新成本价值。这批保险柜的评估价值为：

$$\text{保险柜评估值} = 800 \times 10 \times (1 - 1/10) = 7\ 200(\text{元})$$

(二)包装物的评估

1. 包装物的界定

评估中所指的包装物，与会计制度规定的口径一样，是为包装本企业产品而储备的各种包装容器，如桶、箱、瓶、坛、袋等。但是各种包装材料和作为固定资产或低值易耗品使用的包装物不在此列，不对外出租、出售、出借的包装物也不在此列。故包装物评估对象是专为本企业产品包装，并随商品出售而出租、出售、出借的各种包装容器。

2. 包装物价值评估的特点

包装物评估不同于材料评估。包装物评估必须考虑其周转性。出租和出借包装物，在形式和实际上都是可以收回的，因而它需要进行价值的摊销，从而就可能因摊销程序引起账实不符，这种情况类似于低值易耗品。但是，包装物与低值易耗品又不一样，如反映包装物本身价值的资产账户可能变得并不代表包装物的价值；而与它相关联的负债账户或许是包装物价格的准确体现。因为我们为了保证包装物的安全，对出租、出借均要收取包装物押金，金额通常高于其成本，并作为负债记入“其他应付款”科目，一旦包装物不能收回，押金就归企业所有，此时押金的金额也就成了包装物的价值。

3. 包装物价值评估的方法

(1)在库未用包装物的评估，与典型的材料评估方法相同。

(2)在库已用包装物的评估，与低值易耗品的评估方法相同。

(3)出售、出借包装物的评估，主要是根据经验数据分析测算各类出售、出租、出借的包装物的回收率，再根据回收率与押金分别计算能回收部分与不能回收部分的价值，二者之和就是相应的包装物的价值。

【例 10-13】某厂进行破产清算，共有 80 万元的包装物，其中库存未用包装物 10 万元，库存已用包装物 20 万元，出租、出借包装物 50 万元。全新包装物重置成本上涨了 10%，已用包装物成新率为 70%，出租、出借包装物根据经验分析一般只能回收 40%，贬值率为 10%，假设原加收包装物押金是按摊余价值的 1 倍收取的，则其评估价值为：

库存未用包装物的重置成本：10×(1+10%)= 11(万元)

库存已用包装物的重置成本：20×(1+10%)×70% = 15.4(万元)

出租、出借包装物的评估值：

能回收部分：50×40%×(1-10%)= 18(万元)

不能回收部分：50×60%×1 = 30(万元)

因此，该厂包装物的评估值总额为：11+15.4+18+30 = 74.4(万元)

三、在产品的评估

(一)在产品的界定

在产品是指原材料投入生产后，尚未最后完工的产品。广义的在产品指从原材料投入到产成品完工入库，这期间的一切产品，它包括各生产阶段正在加工或装配的产品以及已经完成一道或几道生产工序，还未完成整个生产过程，等待加工或装配的库存半成品。狭义的在产品不包括自制半成品。外购半成品(即外协件)视同材料评估，对外销售的半成品视同产成品评估。

(二)在产品评估的特点

①在产品的数量不易清查核实；

②在产品由于尚未加工或装配完成，需要估计完工程度。

(三)在产品评估的方法

1. 成本法

由于企业的半成品一般并不对外销售，它的价值主要体现在企业内部，故而主要采用成本法对其进行评估。即根据技术鉴定和质量检测的结果，按评估时的相关市场价格及费用水平重置同类同等级在产品所需投入的合理的料、工、费计算评估值。具体的计算方法主要有以下几种。

(1)按价格变动系数调整原成本

按价格变动系数调整原成本的评估方法，主要适用于生产经营正常，会计核算水平较高的企业的在产品、自制半成品的评估。可参照实际发生的原始成本和备料截至评估日市场价格的变动情况，调整成重置成本，其基本计算公式如下：

在产品的评估值 = 原合理材料成本×(1+材料价格变动系数)+原合理工资×(1+工资变动系数)+原合理制造费用×(1+制造费用变动系数)

【例 10-14】某企业准备继续生产已入库的某系列在产品，截至评估日该系列在产品账面累计总成本为 250 万元，该系列中有一种在产品报废，其账面成本为 15 000 元，估计可回收的废料价值为 1 500 元，该系列在产品的材料成本占总成本的 60%，所有材料为有色金属材料。从其生产准备开始截至评估日有半年时间，据市场价格看，同类材料在半年内价格上涨 10%；另有前期漏转费用 6 万元计入本期成本，其他费用在半年内未变化。

试用按价格变动系数调整原成本的评估方法对该系列在产品进行评估。

$$评估值=250-100\times0.015-6+(250-1.5)\times60\%\times10\%+0.15=257.56(万元)$$

(2)按社会平均工艺定额和现行市价计算评估值

这种方法是按重置同类资产的社会平均成本确定被评估资产的价值。采用这一方法，要求掌握比较齐全的资料：被评估在产品的完工程度；被评估在产品有关工序的工艺定额；被评估在产品耗用原材料的近期市场购买价格；被评估在产品的合理工时费率(指在正常生产经营条件下生产的工时费率)等。计算评估值的基本公式如下：

$$某种在产品评估值=在产品实有数量\times(该工序单件材料工艺定额\times单位材料现行市价+该工序单件工时定额\times正常小时工资、费用)$$

其中：工艺定额，如果有行业的平均物料消耗标准，可按行业的标准计算；如果没有行业统一标准的可按企业现行的工艺定额计算；

【例 10-15】甲钢铁厂某型号产品的在产品经核实为 40 件。每件钢材消耗定额 200 公斤，每公斤平均单价为 3 元，在产品累计单位工时定额为 100 小时，工资及福利费为每小时 2 元，其他费用为每小时定额 4 元(假设此种产品不存在变现风险)。根据以上资料评估该产品的在产品的定额成本如下：

原材料成本 = 40×200×3 = 24 000(元)

工资及福利费 = 100×2×50 = 10 000(元)

其他费用 = 40×100×4 = 16 000(元)

该产品的在产品评估价值 = 24 000+10 000+16 000 = 50 000(元)

(3)按在产品的完工程度计算评估值——约当产量法

约当产量法是将清查核实后的在产品数量，按照完工程度调整为约当产量，然后在计算产成品重置成本的基础上，按在产品的完工程度计算其评估值。但是应该注意的是在产品的投料方式，若在产品的材料是在生产过程开始时一次性投入，那么材料成本应按照在产品的实际数量而不是约当产量进行计算。其计算公式如下：

$$在产品评估值=产成品重置成本\times在产品约当产量$$

其中：在产品约当产量 = 在产品数量×在产品完工率

【例 10-16】甲企业评估时，库存某在产品 40 件。该在产品的材料已投入 80%，完工程度为 25%，该产品的单位定额成本资料为：材料定额 4 000 元，工资定额 1 000 元，制造费用定额 1 400 元。该在产品的评估值如下：

在产品材料的约当产量 = 40×80% = 32(件)

在产品工资和制造费用的约当产量 = 40×25% = 10(件)

在产品的评估值 = 32×4 000+10×(1 000+1 400) = 152 000(元)

2. 市场法

市场法是指按照资产业务的需要，直接以在产品的市场价格作为评估值或者以在产品的可变现净值作为估价值的方法。这种方法适用于因产品下马，在产品和自制半成品只能按评估时的状态向市场出售的情况下进行的评估。一般情况下，被估资产通用性好，能够用于维修，评估价格可按市场现行可接受价格确定。而对不继续生产、又无法通过市场调剂出去的专用配件和需报废的在产品，只能按废料回收价格进行评估。其基本计算公式如下：

某在产品评估值=该种在产品实有数量×可接受的不含税单价

某在产品评估值=该种在产品实有数量×可接受的不含税单价-预计在销售过程中发生的费用

报废的在产品评估值=可回收废料的重量×单位重量现行的回收价格

【例 10-17】某企业有关评估资料如下：

在产品的账面成本为 350 万元，按在产品状况及通用性的好坏分为三类；

一类：已从仓库中领出但尚未进行加工的原材料，可按实有数量、技术鉴定情况、现行市场价格计算评估值。评估结果为 100 万元。

二类：已加工成部件，可通过市场调剂、流动性较好的在产品，可根据市场可接受价格、调剂过程中的费用、调剂的风险确定评估值。本例中在半年内能直接销售的在产品为 73 万元，预计销售费用为 2 万元。

三类：加工过程中无法调剂出去又不能继续加工，只能报废处理的在产品，分别按报废的在产品名称、实有数量、可回收废料数量、单位回收价格计算总回收价格为 44 万元。

在产品的评估价值=100+(73-2)+44=215(万元)

四、产成品和库存商品的评估

(一)产成品和库存商品的界定

产成品是指企业加工生产并已完成全部生产过程，可以对外销售的制成品；库存商品是指企业为销售而购入的物品。已经销售或准备销售的半成品，可以视同产成品看待。库存商品还应包括已完工并经过质量检验但尚未办理入库手续的产成品。

(二)评估特点

对于产成品、库存商品，尽管所处生产过程不同，使用目的不同，但仍具有一定的共性：其一是都具备完整的实物形态，其二是都具备完整的价格形态。一般以其完全成本为基础，根据其变现的可能性和市场可接受的价格，即产品市场销售情况的好坏决定是否加上适当的利润，或是以低于成本的价格进行评估。

(三)评估方法

1. 成本法

此种方法主要适用于企业承包、租赁、联营等资产业务中，不发生资产的所有权变动的情况以及生产周期超过一年，而且在一年里生产资料价格和劳动力价格均发生了较大变化的企业产成品的评估。至于生产加工周期不到一年的企业，其产品的重置价可以实际发生成本为依据，根据物价变动等重大因素调整而得，无需进行每项产品成本的重新计算。具体应用过程中，可分以下两种情况进行：

(1)当评估基准日与产成品完工时间较接近，成本升降变化不大时，可以直接按产成品账面成本确定其评估值。其计算公式如下：

产成品评估值=产成品实有数量×单位产成品账面成本

(2)当评估基准日与产成品完工时间相距较远，制造产成品的成本费用变化较大时，产成品评估值可按下列公式计算：

产成品评估值=产成品实有数量×(合理材料定额×材料单位现行价格
+合理工时定额×合理单位小时工资费用)

或：

产成品评估值=产成品实际成本×(材料成本比例×材料调整系数
+工资费用成本比例×工资费用综合调整系数)

其中产成品实际成本是指经审核后扣减不合理的报废产品成本，调整非正常因素而一次性计入或扣减成本后的数字。

【例10-18】某事务所对企业进行资产评估。经核查，该企业产成品实有数量为1 000件，根据该企业的成本资料，结合同行业成本耗用资料分析，合理材料工艺定额为200公斤/件，合理工时定额为20小时。评估时，由于生产该产成品的材料价格上涨，由原来的40元/公斤涨至45元/公斤，单位小时合理工时费用不变，仍为15元/小时。请确定该企业产成品的评估值。

产成品评估值=1 000×(200×45+20×15)= 9 300 000(元)

2. 市场法

此方法适用于涉及所有权变动的资产交易。一般的产成品资产评估也大多采用此种方法。它是以不含价外税的可接受的市场价格为基础，扣除相关费用后，计算被评估企业产成品评估值的一种方法。

产成品的价值只有通过市场销售才能实现，故而，评估人员在进行评定估算时，应根据情况对产成品的销售情况进行分类，按不同类型进行评估，具体来说就是在使用市场法评估产成品时，需特别注意正确处理现行市价中待实现的利润和税金。其计算公式如下：

(1)十分畅销的产成品评估值=核实后实有数×不含税的出厂销售价-(销售费用+销售税金及附加+所得税)

(2)正常销售的产成品评估值=核实后实有数×不含税的出厂销售价-(销售费用+销售税金及附加+所得税+适当税后利润)

(3)勉强能销售的产成品评估值=核实后实有数×不含税的出厂销售价-(销售费用+销售税金及附加+所得税+税后利润)

(4)滞销、积压、降价销售的产成品评估值=核实后实有数×不含税的出厂销售价×(1-折扣率)

【例10-19】某厂转让的产成品，分为A、B、C、D四个系列的产品：A系列十分畅销，库存共100件，出厂价(含增值税)为117元/件；B系列正常销售，库存共500件，出厂价(含增值税)为234元/件；C系列勉强能够销售，库存共100件，出厂价(含增值税)为351元/件；D系列属积压产品，库存共200件，出厂价(含增值税)为234元/件。

假设所有产品的销售费用率均为2%，销售税金及附加占销售收入的比例为1%，利润率为15%。计算该厂产成品的评估值。

A产品畅销：

评估值=100×117/1.17×(1-2%-1%-15%×25%)=9 325(元)

B 产品正常销售，假设只保留 60%的税后利润：

评估值=500×234/1.17×(1-2%-1%-15%×25%-15%×75%×40%)=88 750(元)

C 产品勉强能够销售：

评估值=100×351/1.17×(1-2%-1%-15%×25%-15%×75%)=24 600(元)

D 产品积压，预计折扣率为 80%：

评估值=200×234/1.17×(1-80%)=8 000(元)

故该厂全部产成品的评估值=9 325+88 750+24 600+8 000=130 675(元)

思考题

1. 流动资产评估的特点表现在哪几个方面？
2. 存货中的材料评估和产成品评估在评估方法的选用上有何异同？
3. 试述存货中材料评估的不同情况及其采用的不同评估方法。
4. 进行包装物评估时应注意哪些问题？
5. 在产品评估有哪些方法？分别应注意哪些问题？
6. 采用市场法评估产成品时，应如何正确处理现行市价中待实现的利润和税金？
7. 如何评估应收款项？

练习题

1. 某企业对库存化工原料 A 进行评估，经查，库存量为 5 万吨，经过技术鉴定没有发生质量变化，能满足生产需要。该原料近期的市场价格为每吨 2 万元，合理的分装入库费为每吨 100 元，假定运输保管中不会发生损耗，则 A 原料的评估值是多少？

2. 某企业原材料评估时账面价值为 240 000 元，共分三批购进，第一批购进 40 000 元，当时物价指数为 100%；第二批购进 60 000 元，当时的物价指数为 140%；第三批购进 140 000 元，当时的物价指数为 200%；资产评估时物价指数为 180%。损耗不计。据此计算库存原料的评估值是多少？

3. 某企业于 2008 年 9 月购进甲材料 100 吨，价格为 25 000 元/吨，由于当时市场供应紧张，价格较高，而且该种材料的供应有季节性。2009 年 4 月进行评估时，市场已经没有大量的购销活动。经清查核实，甲材料评估时尚库存 45 吨，保管等原因造成的有形损耗占结存材料原值的 2%，因供需紧张，抬级收购引起质量上的损耗占结存材料原值的 2%。根据以下资料，评估时选择不同方法对甲材料进行评估：

(1)市场上乙材料的现行市价为 30 000 元/吨。并且乙材料与甲材料功能类似，可以作为甲材料的替代品。根据经验，甲、乙材料的价格之比为 1∶1.4。

(2)据调查，同类商品物价指数，2008 年 9 月为 100%，2009 年 4 月为 110%。

(3)经市场供需分析，估计甲材料价格上升 10%左右。

4. 某企业欲转让不需要的外购材料共 100 吨，现行市价为 3 万元/吨，变现成本为售价的10%，半年内卖出的概率为40%，一年内转让成功的概率为60%。已知该材料价格较稳定，试对该材料进行评估(假设市场利率为8%)。

5. 某企业在评估基准日之前半年购入乙种材料共600吨，价格为2 880元/吨，共支付运杂费76 800元。该种材料现已用去350吨，评估时物价指数已上升了8%。所余材料的评估值是多少？

6. 某甲产品原材料在第一道工序投入。评估时，完工产品400件，每道工序均有40台在产品，共有五道工序，从第一道工序到第五道工序的完工率分别为20%、40%、65%、80%、95%。甲产品的单位定额成本数据为：材料2 100元，工资及福利费800元，其他各项费用450元。材料价格上涨幅度为9%。甲在产品的评估值是多少？

7. 某企业准备继续生产已入库的A系列在产品，经调查了解，关于该系列在产品的资料如下：

(1)截至评估基准日，该系列产品账面累计总成本为200万元，该系列中有一种在产品150件报废，账面单位成本为100元/件，估计可收回的废料价值为3 500元。

(2)该系列在产品的材料成本占总成本的70%，所用材料为某种贵金属材料，从其生产准备开始截至评估基准日有半年时间，据了解，同类生产材料在半年内价格上涨了10%。

(3)关于该系列在产品的费用分析表明，本期在产品的单位产品费用偏高，主要是前期漏转费用5万元计入了成本，其他费用在半年内未变化。

要求：按照价格变动系数调整该产品的原始成本，确定该系列在产品的评估值。

8. 某企业进行股份制改造，现有100万元包装物需要评估。其中库存未用包装物20万元，库存已用包装物50万元，出租、出借包装物30万元。全新包装物重置成本上涨了10%；已用包装物成新率为40%；出租、出借包装物一般只能回收5%，贬值率为10%。假设原加收包装物押金是按摊余价值的1.2倍收取的。这批包装物的评估值是多少？

9. A公司经核实在评估基准日的应收账款余额为500 000元。前5年的应收账款项目余额合计为2 500 000元，发生坏账损失180 000元。A公司应收账款的评估值是多少？

10. 某企业在评估时核实有应收账款35 000元。根据表10-2提供的资料计算应收账款的评估值。

表10-2　**应收账款账龄分析表**

应收账款账龄	余　额	估计坏账(%)
未到期	18 000	5
逾期3个月以上	10 000	10
逾期6个月以上	4 400	30
逾期1年以上	1 000	50
逾期2年以上	1 600	80
合计	35 000	—

11. 某企业拥有一张期限为一年的票据，其本金为75万元，利息率为10‰，截至评估基准日离付款期尚差三个半月的时间。试确定其评估值。

第十一章　企业价值评估

第一节　企业价值评估及其特点

一、企业及企业价值

(一)企业的性质

企业是什么？企业为什么存在？企业与市场的边界在哪里？这是我们在评估企业价值时首先要明确的问题。传统的厂商理论认为，企业是一个将投入转化为产出的组织，企业存在的价值就是营利，其目的是通过有效率的生产实现利润最大化。这种定义强调企业的生产功能，把企业看做提供社会所需产品的技术集合体。然而，随着企业规模由小到大、组织形式由简单到复杂的演变，特别是以股份制为特征的现代企业制度的发展，人们对企业的认识由生产转向深层次的组织形式。现代企业理论的开山鼻祖科斯(R. Coase)认为，交易费用的存在是企业机制取代市场机制的根本原因。按照斯密的理论，分工越细，效率越高。但科斯在对实际经济情况的考察中发现，不少企业尤其是大型企业，其生产所需的零部件并非按分工原则购自外部，许多是自己生产的，因为自己生产比外购便宜。他认为，这时市场失败了，市场的效率低于企业组织效率，因为市场的交易费用大于企业自产的交易费用。这样，通过企业内部化实现了市场分工。换言之，企业替代了市场。于是，企业产生了。这一替代，意味着市场的契约形式被企业的权威形式所取代。另一位经济学家威廉姆森(D. E. Williamson)进一步丰富、发展了科斯的企业理论。他认为，企业和市场是两种不同的管制机构，可以各自处理特定类型的交易。例如，资产专用性(Asset Specificity)高的交易为了降低交易费用，需要在企业内部自行生产。随着资产专用性的降低或消失，买者与卖者之间的依赖度也随之降低，外购比自产便宜，这时交易就会由企业转向市场。按照他的分析，作为两种不同的管制机构，市场机制与企业机制各有优缺点，至于采用哪种机制，完全取决于交易的类型。

阿尔钦(A. Alchian)和德姆塞茨(H. Demsetz)则以团队生产(Term Production)概念丰富了企业理论。他们认为，企业与市场并不像科斯认为的那样在交易费用方面具有巨大的差异，企业的实质在于采用了团队生产的方式。团队生产的效率也就是企业的效率。为了避免“免费搭车”现象，必须设立一个能够享受剩余索偿权的角色，这就是企业家。企业的规模则取决于对团队生产的计量能力的大小。换言之，在能够准确计量各项投入的生产率(收益性)，而且能够确定一种使各项投入所获得的报酬与其生产率密切相关的分配方案(流动性)的前提下，企业可以无限地扩展规模。

从以上企业理论的发展演变中可以看出，虽然企业从形式上表现为按照法律程序建立起来的经济实体，是在固定地点的相关资产的有序组合，但从本质上来说，企业存在的前提乃是企业效率高于个体生产的效率。而企业效率就是企业通过经营活动满足企业各类投资者对企业收益索偿权要求的程度。评价企业效率问题，实质上就是评价企业对于投资者的效用问题。

(二)企业价值及其决定

企业价值是企业属性、功能能够满足主体需要的关系，是企业对主体的一种效用，是企业效率的一个最好的评判指标。企业价值可以从不同的角度来看待和定义。按照劳动价值论的观点，企业价值是由凝结在企业中的社会必要劳动时间决定的。按照效用价值论的观点，企业的价值是由企业对投资者的效用，即企业的获利能力所决定的。

在企业的评估中，企业的价值到底由谁决定，要从企业评估的目的这个大前提来考虑。企业评估从根本上讲是服从或服务于企业的产权转让或产权交易。企业作为一种特殊的商品，之所以能在市场中进行转让和交易，不仅因为企业也是劳动产品，有社会必要劳动时间凝结在其中，更重要的是企业具有获利能力，这种获利能力是企业具有价值和交换价值的根本所在。

应该注意的是，我们这里所讨论的企业价值评估，其假设前提是持续经营。非持续经营条件下的企业价值评估，比如破产清算中的企业评估，则不能以其获利能力作为决定其整体价值的根本要素。

二、企业价值评估的特点

在前面的章节中，我们主要是从单项资产评估角度介绍各类资产评估的基本原理和方法，例如一项固定资产(如机器设备)、一项流动资产(如原材料)以及一项无形资产(如专有技术)的评估原理和方法。但当把企业作为一个整体来评估其价值时，其评估原理和方法与单项资产的评估原理和方法有着相当大的差异，其评估价值不能简单地被看做所有单项资产的评估价值的加总。企业价值评估具有以下几个特点。

(1)从评估对象来看，企业价值评估的对象是多个或多种单项资产组成的企业，它是按特定生产工艺或经营目标有机组合起来的资产综合体，而不是单个的资产。企业价值评估的对象通常是指企业整体价值、股东全部权益价值和股东部分权益价值。中国资产评估协会 2004 年 12 月 30 日颁布的《企业价值评估指导意见(试行)》第三条中明确指出："本指导意见所称企业价值评估，是指注册资产评估师对评估基准日特定目的下企业整体价值、股东全部权益价值或部分权益价值进行分析、估算并发表专业意见的行为和过程。"

(2)从质的规定性来看，企业价值评估是将企业作为一个不可分割的、能够带来一定收益的有机整体资产，通过对其未来获利能力的分析而获得企业的评估价值。其经济含义是企业的收益现值。对企业各单项资产的价值进行评估，然后利用加总的方法所获得的企业全部资产的重估价值，其经济含义或质的规定性，仅仅是指在现行价格水平基础上重新购建此企业所有单项资产所需花费的成本是多少，而不能真正反映出企业对于各类收益索偿权人的效用，即企业价值量。

(3)从评估的方法来看，单项资产评估可以根据被评估对象的基本特点采用多种方法进行评估，如市场法、成本法、收益法等。但企业价值评估则一般采用收益法和市场法进行评估。

(4)从评估结果来看，企业评估和单项资产评估值加总在评估对象、评估考虑的因素等方面存在差异，所以两种评估结果也会有很大的差别。这突出表现在企业价值评估中包括组织资本等不可确指的无形资产。

第二节　企业价值评估的范围界定

评估范围界定是任何一项资产评估的必要程序。一般而言，企业价值评估比绝大部分单项资产评估的范围界定要复杂一些，因而也就要求评估人员必须格外谨慎、细致。企业评估的范围至少包括以下两个层次：第一，企业资产范围的界定，我们称之为企业评估的一般范围的界定，主要以产权为依据划分。第二，企业有效资产的界定，我们称之为企业评估具体范围的界定，一般以资产的获利性为依据确定。

一、企业价值评估的一般范围

从产权角度界定，企业价值评估的一般范围应该是企业的全部资产。包括企业产权主体自身占用及经营的部分，企业产权所能控制的部分，如全资子公司、控股子公司以及非控股公司中的投资部分。在具体界定企业评估的资产范围时，应根据以下有关数据资料进行：

①企业的资产评估申请报告及上级主管部门批复文件所规定的评估范围；

②企业有关产权转让或产权变动的协议、合同、章程中规定的评估范围；

③涉及国有资产的企业评估，可参照其评估立项书中划定的范围。

二、企业价值评估的具体范围

企业价值评估的具体范围，是指评估人员具体实施评估的资产范围，即有效资产范围。它是在评估的一般范围的基础上，经合理必要的重组后的评估范围。前面已经提到，企业的价值及其高低取决于企业的获利能力，而企业的获利能力是企业中有效资产共同作用的结果。将企业中的有效资产与非有效资产进行合理必要的划分，是进行企业价值评估的重要前提。

有效资产是指企业中正在运营或虽未正在运营但具有潜在运营经营能力，并能对企业盈利能力作出贡献、发挥作用的资产。无效资产是指企业中不能参与生产经营、不能对企业盈利能力做出贡献的非经营性资产、闲置资产以及虽然是经营性资产，但在被评估企业中已失去经营能力和获利能力的资产的总称。

在划定企业价值评估的具体范围及有效资产和无效资产时，应注意以下几点：

(1)对于在评估时点一时难以界定的产权或因产权纠纷暂时难以得出结论的资产，应划为“待定产权”，暂不列入企业评估的资产范围。

(2)产权界定范围内，对企业中存在的生产能力闲置或浪费以及某些局部资产的功能与整体企业的总体功能不一致等情况，按照效用原则，应提醒委托方进行企业资产重组，重新界定企业评估的具体范围，以避免造成委托人的权益损失。

企业的资产重组主要有两种形式：其一是“资产剥离”，即将企业的闲置资产、无效资产在进行企业评估以前剥离出去，不列入企业评估的范围。其二是对企业生产经营能力的“填平补齐”，即针对影响企业生产经营能力的薄弱环节，进行必要的改进，以保证企业生产的协调和平衡，使企业形成一个完整的生产能力和获利能力的载体。但应注意的是，不论是“资产剥离”，还是“填平补齐”，都应以企业正常的设计生产经营能力为限，不可以人为地缩小或扩大企业的生产经营能力和获利能力。

第三节　收益法在企业价值评估中的应用

《企业价值评估指导意见(试行)》规范了我国企业价值评估的具体方法，明确指出："注册资产评估师执行企业价值评估业务，应当根据评估对象、价值类型、资料收集情况等相关条件，分析收益法、市场法和成本法三种资产评估基本方法的适用性，恰当选择一种或多种资产评估基本方法。”从企业价值评估的概念看，收益法是评估企业价值的最佳方法。收益法从企业获利能力的角度衡量企业的价值，它建立在经济学的预期效用理论基础上，将企业价值视做企业未来收益的折现值，评估结果非常适合投资者作为“经济人”所具有的投资理念。

一、收益法的适用范围与应解决的关键问题

在第三章中我们已经介绍了资产评估方法中的收益法。一般而言，收益法只适用于具有持续盈利能力企业的价值评估。在具体评估项目中是否适用收益法，往往需要根据评估目的、企业财务状况等多方面因素综合考虑，判断该项目在理论上、操作上是否满足收益法的适用条件。

运用收益法评估企业价值，关键在于对以下三个基本问题的解决：

首先，要对企业的收益予以界定。企业的收益能以多种形式表现，包括净利润、净现金流量(股权自由现金流量)、息前净现金流量(企业自由现金流量)等。选择以何种形式的收益作为收益法中的企业收益，在一定程度上会直接或间接地影响评估人员对企业价值的最终判断。

其次，要对企业的收益进行合理的预测。要求评估人员对企业的将来收益进行精确预测是不可能的，但是，由于企业收益的预测直接影响对企业盈利能力的判断，是决定企业评估值的关键因素，所以，在评估中应全面考虑影响企业盈利能力的因素，客观、公正地对企业的收益作出合理的预测。在企业价值评估实务中，企业收益通常采用期望收益率或期望收益额。

最后，在对企业的收益作出合理的预测后，要选择合适的折现率。合适的折现率的选择直接关系到对企业取得未来收益面临的风险的判断。由于不确定性的客观存在，对企业取得未来收益的风险进行判断至关重要。能否对企业取得未来收益的风险作出恰当的判断，从而选择合适的折现率，对企业的最终评估值具有较大影响。

二、企业收益的界定与预测

预期收益是运用收益法评估企业价值的一个关键参数。对企业未来收益的界定和预测是否准确，将直接影响运用收益法评估企业价值的有效性。

(一)企业收益的界定

企业收益是指企业在日常的生产经营及投资等活动中产生的经济利益的总流入与总流出配比后的纯收入，它反映企业一定时期的最终经营成果。因此，在对收益进行具体界定时，应注意两方面的问题：一是企业创造的但不归企业权益主体所有的收入，不能作为企业价值评估中的企业收益。如税收，无论是流转税还是所得税，均不能视做企业收益。二是凡归企业权益主体所有的企业收支净额，无论是营业收支、资产收支，还是投资收支，只要形成净权益流入，均可视为企业收益。

在企业收益形式的选择上，一般而言，应选择企业的净现金流量作为企业价值评估的收益基础。实证研究表明，企业利润虽然与企业价值高度相关，但企业价值最终是由其现金流量而非利润决定的。此外，从可靠性的角度看，净现金流量比利润更适合作为企业价值评估的收益形式。

由于投资人对企业收益索偿权的差别，净现金流量也有不同的内容，如属于普通股东的现金流量，属于债权人的现金流量。而企业价值评估中，毫无疑义应该明确的是企业现金流量。

在确定企业现金流量之前，有必要了解自由现金流量(Free Cash Flow)这一概念。1986年詹森(Jensen)教授在研究代理冲突时对自由现金流量进行了较为深入的探讨①。按照他的定义，所谓自由现金流量是指在满足全部净现值为正的项目之后的剩余现金流量；如果企业的目标为追求企业价值最大化，则这种自由现金流量必须支付给企业的股东。自由现金流量越大，股东财富也越大。具体而论，自由现金流量是企业经营活动产生的现金流量扣除资本性支出之后的余额。自由现金流量的所谓“自由”即体现为管理当局可以在不影响企业持续增长的前提下，将这部分现金流量自由地分派给企业所有索偿权持有人，包括短期、长期债权人以及股权持有人等。企业价值评估中的预期现金流量即是指预期的自由现金流量。

由于企业经营所需资金是由企业的各类收益索偿权持有人来提供的，既包括股权资本投资者，也包括债权人和优先股持有人。因此，经过经营所获得的企业自由现金流量也应当支付给企业全部的索偿权持有人，而绝不仅仅是普通股股东。所以，属于企业的自由现金流量应是在扣除经营费用和所得税后，向各类收益索偿权持有人支付前的现金流量，即：

企业自由现金流量=股权投资者自由现金流量+利息费用+偿还本金-发行新债+优先股股利

其中，债权人现金流量=利息费用×(1-所得税税率)+偿还本金-发行新债，优先股股利是属于优先股股东的现金流量。

---

① MICHAEL C. JENSEN. Agency costs of free cash flow, corporate finance and takeovers. *American Economic Review*, 1986, 76: 323-329.

企业自由现金流量也可按下式进行计算：

企业自由现金流量=纳税付息前盈利×(1-所得税税率)+折旧-资本支出
-营运资本变动(需求)

企业自由现金流量通常高于有负债企业的股权资本投资者现金流量，而等于无负债企业的股权资本投资者现金流量。

应该指出的是，虽然企业自由现金流量为债务支付前的现金流量，不受企业运用负债数额大小的影响。但这并不意味着由企业自由现金流量贴现而得的企业价值与负债金额没有关联。因为过高的负债会导致企业加权平均资本成本提高，从而引起企业价值的变动。

（二）企业收益的预测

1. 企业收益预测的基础与原则

在对企业收益进行预测时，预测的出发点和所遵循的基本原则不同会使评估结论产生很大差异。根据"以资产的现实为基础反映未来"的资产评估特点，在对企业未来收益进行预测时应遵循的主要原则应是：以被评估企业的现实资产（存量资产）为出发点，预测企业在未来正常经营中可以产生的收益。因此，企业价值评估的预期收益的基础，应该是在正常的经营条件下，排除影响企业盈利能力的偶然因素和不可比因素之后的企业正常收益。既不能以评估基准日企业的实际收益为出发点，也不能以产权变动后的实际收益为出发点。

企业之所以以存量资产为出发点，是因为在客观上企业预期收益既是企业存量资产运作的函数，又是未来新产权主体经营管理的函数。但评估人员对被评估企业价值的判断，只能基于对企业存量资产运作的合理判断，即可以考虑对存量资产的合理改进乃至合理重组，但不能基于对新产权主体行为的估测。新产权主体的行为对收益的影响，无论是正面的还是负面的，都应归属于其自身。

企业不能以评估基准日企业的实际收益为出发点预测未来收益，是因为实际收益往往受到偶然因素的影响。而这些偶然因素在企业未来经营中很可能不存在。因此，企业价值评估的预期收益的基础，应是在正常经营条件下的正常收益。

2. 企业预期收益预测的基本步骤

企业预期收益的预测大致可分为以下几个步骤：评估基准日审计后企业收益的调整；企业预期收益趋势的总体分析和判断；企业预期收益的预测。

第一步，评估基准日审计后企业收益的调整。评估基准日审计后企业收益的调整包括两部分工作。一是对审计后的财务报表进行非正常因素的调整。将一次性、偶发性，或以后不再发生的收入和费用进行剔除，把企业评估基准日的利润和现金流量调整到正常状态下的数量，为企业预期收益的趋势分析打好基础。二是研究审计后报表的附注和相关揭示，对在相关报表中揭示的影响企业预期收益的财务因素进行分析，并在该分析的基础上对企业的收益进行调整，使之能反映企业的正常盈利能力。表11-1概括了收益额调整的主要因素。

第二步，企业预期收益趋势的总体分析和判断。企业预期收益趋势的总体分析和判断，是在企业评估基准日审计后企业收益调整的基础上，结合企业提供的预期收益预测和评估机构调查收集到的有关信息和资料进行的，其目的是从总体上判断企业预期收益的变化规律及趋势，为具体预测企业预期收益界定一个收益量的变化区间。要注意的是，在这个过程中，尽管对企业在评估基准日的财务报表进行了必要的调整，并掌握了企业提供的预期收益预测，但评估人员仍应深入企业现场进行实地考察和现场调研，与企业的核心管理层进行充分的交流，了解企业的生产工艺过程、设备状况、生产能力和经营管理水平，再辅之以其他数据资料对企业预期收益趋势作出合乎逻辑的总体判断。

表 11-1 **收益额调整的主要因素**

收入和支出项目	调　整　事　项
营业收入	产品售价的非正常波动；产品换型期压价促销的收入损失； 一次性销售收入(如几年一度的一次性处理积压产品)； 其他非正常的重大影响因素
产品成本	按重置成本基础调整成本水平；应提未提的费用；应摊未摊的费用；原材料、在产品、自制半成品、产成品的亏空与盘盈；非正常收入项目的成本开支；偶发性、一次性的非正常成本项目；其他非正常的重大影响项目
营业外收入	偶发性、一次性的大额收支；几年一度的大修理停工损失；其他非正常的重大影响项目
资产收支和投资收支	重大技术改造投资；中长期投资到期一次性收入；有价证券巨额价差；大量退役设备的变现收入；一次性处理闲置设备收入；计入生产经营成本的更新改造投资；其他影响资产、投资流量的非正常的重大因素
税收和补贴	非正常的一次性税收减免；非常规的一次性财政补贴
其他影响现金净流量的非正常的重大因素	

第三步，企业预期收益的预测。企业预期收益的预测是在前两个步骤完成的基础上，用具体的技术方法和手段进行测算。在持续经营的假定前提下，企业的生命周期是无限长的，其收益在未来的变动特征如何，是永久不变，还是稳定增长？这直接影响企业价值评估结果的准确度。由于估价人员不能无限期地进行逐年的收益预测，所以，必须采用一种简单的原则估算后续时期企业的持续经营价值。

在长期投资评估一章中，我们介绍了普通股估价的四种模型，即零增长模型、固定比率增长模型、超常增长后的零增长模型、超常增长后的固定比率增长模型。从理论上来说，企业收益的变动也具备同样的特征。然而，实际情况是股票收益的变动主要是取决于公司所奉行的股利政策，因而会有零增长模型和固定比率增长模型。但就整个企业而论，在发展过程中，其增长状况很难始终保持一致。比如，在初始发展阶段，企业按较高的增长率发展，即其盈利或现金流量的增长速度大大超过整个经济系统的增长率。经过一段时间(如 3 年、10 年)之后，企业进入零增长或固定比率增长时期。这样，企业价值就可分解为两部分：超常增长时期的价值和后期持续经营的价值，持续经营价值有零增长和固定比率增长两种状况，这样，企业收益的预测也就划分为前期和后期两个阶段。一般通行的做法是，对前期(通常为 3~5 年)超常增长阶段的收益，逐年详细预测，对于后期持续经营期间的收益，则在企业前期预期收益测算的基础上，从中找出企业预期收益变化的方向和趋势，并借助某些手段，诸如采用假设的方式来把握企业未来长期收益的变化区间和趋势。比较常用的方法是保持假设，即假定企业未来若干年以后各年的收益维持在一个相对稳定的水平上不变。当然也可以根据企业的具体情况，假定企业收益在未来若干年以后将在某个水平上，每年保持一个递增比率等。但是，不论采用何种假设，都必须建立在合乎逻辑和客观实际的基础上，以保证企业预期收益预测的相对合理性和准确性。

此外，在对企业预期收益进行预测时，还需注意以下两个问题：第一，对企业预期收益前提条件的设定。企业未来可能面临的各种不确定性因素对预期收益的影响是无法估测的，因此，科学合理地设定预测企业预期收益的前提条件是必需的，这些前提条件包括：国家的政治、经济等政策变化对企业预期收益的影响，除已经出台尚未实施的以外，只能假定其将不会对企业预期收益构成重大影响；不可抗拒的自然灾害或其他无法预期的突发事件，不作为预测企业预期收益的相关因素考虑；企业经营管理者的某些个人行为也不可能在预测企业预期收益时考虑等。当然，根据评估对象、评估目的和评估的条件，还可以对评估的前提作出必要的限定。但是，评估人员对企业预期收益预测的前提条件的设定必须合情合理，否则，这些前提条件不能构成合理预测企业预期收益的前提和基础。第二，注意预测结果的检验，以判断所作预测的合理性。一是将预测结果与企业历史收益的平均趋势进行比较以判断预测的合理性；二是对影响企业价值的敏感性因素加以严格的检验，如对决定销售收入预测的各种假设反复推敲；三是对所预测的企业收入与成本变化的一致性进行检验；四是比较各种评估方法的评估结论以检验在哪一种评估假设下能得出更为合理的评估结果。

3. 企业收益预测中销售收入预测要注意的问题

在预测企业收益时，特别要注意做好销售收入预测，这是收益预测的基础和前提。但是，预测销售收入往往是最困难的一项工作。

进行销售收入预测应注意以下几个问题：

第一，评估师首先要对待评估的公司进行深入具体的了解，包括公司所在的行业，公司的产品，公司与客户、供应商及服务商的关系，公司所面临的竞争的性质。

第二，销售收入的预测应该与公司的以往表现和行业的历史情况相符合。一个公司的发展常常会出乎人们的意料，所以未来的情况可能不同于过去的情况，过去的情况并非预测未来的最好的依据。但是，如果没有特殊的理由，评估师按照与历史情况显著不同的预测做价值评估是令人怀疑的，特别是那种改变过去趋势的预测。因此，销售收入的预测应建立在公司以往的表现和行业历史情况这一基础上。如果评估师的预测中出现趋势的改变，就应该描绘出相应的促成这一改变的各种必要的行为。

第三，销售收入预测和依赖于销售收入的某些项目的预测应该具有内在的一致性。销售收入预测与其他一些现金流量项目的预测往往是相互关联的。其他现金流量项目的预测，即使不是从销售收入预测中直接推导出来的，也一定与销售收入预测保持一致，比如，如果没有营运资本的大幅度增加，销售量的高速增长通常是难以实现的。因此，如果一项评估预测出销售收入快速增长，而没有相关资本支出的增加，则这项评估是值得怀疑的。另外，成本也应该与销售收入有着合理的关系。随着销售量的增加，单位产品的成本自然会下降的趋势假设并不见得正确，除非在该行业中，评估师确实发现了有说服力的证据证明存在这样的情况。

三、折现率的确定

1. 折现率的性质

折现率(Discount Rate)是将未来收益还原或转换为现值的比率。运用收益法评估企业价值，折现率的确定是一个关键因素。同样的收益会由于折现率的高低不同而使企业的评估价值出现巨大差异。其实，折现率的本质即是投资报酬率，是企业各类收益索偿权持有人要求报酬率的加权平均数，也就是加权平均资本成本。按照现代财务理论，任何一项投资的报酬率均由两部分组成，一是无风险报酬率，二是风险投资报酬率。无风险报酬率取决于资本的机会成本。这个机会成本通常以政府发行的国库券利率和银行储蓄利率作为参照依据。而风险报酬率的高低则主要取决于投资的风险。根据经济学的假设，所有的投资者都是风险厌恶者。对于风险厌恶者而言，如果有两个收益水平相同的投资项目，他会选择风险最小的项目；如果有两个风险水平相同的投资项目，他会选择收益水平最高的项目。风险厌恶者不是不肯承担风险，而是会为其承担的风险提出足够补偿的报酬率水平，即所谓的风险越大，报酬越高。同时风险厌恶者还有着程度上的不同。比如，当收益标准升高1个百分点的时候，甲要求报酬率提高2%，乙则可能要求报酬率提高5%，否则将不予以接受。就整个市场而言，由于投资者众多，且各自的风险厌恶程度不同，因而对同一个投资项目会出现水平不一的要求报酬率。而从企业投资的角度而言，不同性质的投资者的各自不同的要求报酬率共同构成企业对投资项目最低的总的要求报酬率，即加权平均资本成本。在企业价值评估中，由于评估的是整个企业的价值，因此，折现率应当涵盖企业所有收益索偿权持有人的报酬要求。加权平均资本成本就是这样的折现率。

加权平均资本成本(Weighted Average Cost of Capital，WACC)的计算公式如下：

$$\text{WACC} = \sum_{i=1}^{n} W_i r_i$$

式中，W_i=各类资金来源在全部资金来源所占的比重；r_i=各单项资本成本。

在确定各类资金来源在全部资金来源中的比重时，应特别注意两个问题。第一，由于决定企业价值的主要是企业经营活动所创造的企业自由现金流量，因此折现率应当是能够反映对企业经营活动予以支持的资金的成本，也即与经营活动的现金流量没有直接关系的资金不应纳入加权平均资本成本的计算中。比如，企业运用现金进行证券投资，则该项资金的成本不应计入加权平均资本成本的计算当中。在这种情况下，应按折现现金流量法计算出企业的持续经营价值，然后加上投资证券的市场价值，求得总的企业价值。第二，由于企业价值的大小取决于未来现金流量及隐含于其中的风险程度的大小。投资者向企业进行投资关注的也是企业未来可向他们提供的报酬。因此，加权平均资本成本应该按企业未来时期资本成本及单项边际资本成本加权平均计算。这一点与资本预算技术中对加权平均资本成本的计算的要求是基本一致的。

2. 风险报酬率的测算

在加权平均资本成本的计算中，债务资本的成本计算是比较简单的。权益资本的成本计算相对复杂一些。前已述及，任何投资者所要求的报酬率均由两部分组成：一是无风险报酬率；二是风险报酬率。无风险报酬率通常是以政府发行的国库券利率和银行储蓄率作为参考依据。那么，接下来，关键问题就是测算风险报酬率了。风险报酬率的测算主要有 β 系数法和风险累加法。

(1) β 系数法。β 系数反映某一证券的报酬相对于市场组合报酬的波动幅度，并以此衡量该证券的风险程度。根据资本资产定价模型(CAPM)，某一证券的报酬率与风险之间的关系可由证券市场线(Security Market Line)来描述。其公式如下：

$$r_i = r_{Rf} + (r_m - r_{Rf})\beta_i$$

式中，r_i 为第 i 种股票的要求报酬率；r_{Rf} 为无风险报酬率；r_m 为市场上所有股票的组合即市场的要求报酬率；$(r_m - r_{Rf})$ 为市场风险补偿；β_i 为第 i 种股票的 β 系数；$(r_m - r_{Rf})\beta_i$ 为第 i 种股票的风险补偿。

不难看出，按照资本资产定价模型，投资者所要求的风险报酬率取决于被选股票的 β 系数的大小。β 系数越大，表明投资者承担的风险越大，要求的风险补偿也就越高，β 系数越小，表明投资者承担的风险越小，要求的风险补偿就越低。

β 系数的计算较为复杂，幸运的是，许多中介机构会计算 β 系数并定期发布，美国有许多证券服务公司计算并公布有关各个股票的 β 系数资料。绝大部分股票的 β 系数在 0.5 到 1.5。中国也有一些中介机构定期计算并公布深沪两股市有关股票的 β 系数。而对于 r_m，理论上应包括均衡条件下的全体证券，但操作起来几乎是不可行的，故通常用某种股票指数来代替。在美国，普遍使用标准普尔(500 家)合成指数。

(2)风险累加法。企业在其持续经营过程中可能要面临许多风险，主要有行业风险、经营风险、财务风险等。将企业可能面临的风险对报酬率的要求予以量化并累加，便可得到权益资本成本中的风险报酬率。可用公式表示如下：

风险报酬率＝行业风险报酬率＋经营风险报酬率＋财务风险报酬率＋其他风险报酬率

行业风险主要指企业所在行业的市场特点、投资开发特点以及国家产业政策调整等因素造成的行业发展不确定给企业预期现金流量所带来的影响。

经营风险(Business Risk)是假设在不运用负债的情况下，企业资产的风险程度。影响企业经营风险大小的因素很多，主要有市场需求的变化、销售价格的波动、生产要素供给条件的变化等。

财务风险是指运用负债(包括优先股)而给普通股股东增加的风险。就企业的两类投资者(债权人与普通股股东)而言，如果企业运用负债，则其中普通股股东除了要承担经营风险之外，还要承担财务风险。

其他风险是指国民经济景气状况、通货膨胀等因素的变化对企业预期现金流量的影响。

对于企业经营风险和财务风险的大小，人们通常运用经营杠杆和财务杠杆来进行分析和度量。经营杠杆是指企业固定成本占总成本的比重。在相同的营业额的条件下，固定成本比重越高，则经营杠杆程度越高，企业的经营风险也就越大。在这种情况下，产品销售价格的些微变动就会引起息税前利润的巨大波动。财务杠杆是指资本结构中长期负债包括优先股占总资本的比重。资本结构中债务比例越高，财务杠杆程度越高。因为这时需要支付的利息和优先股股利会越多，企业的财务风险也就越大。一旦息税前利润出现波动，税后净收益及每股盈利就会以更大的幅度发生波动，即企业运用杠杆程度越高，每股盈利对息税前利润的变动越敏感。很显然，企业的经营风险和财务风险越高，投资者所要求的风险报酬也就越高。

对于行业风险和其他风险所要求的风险报酬补偿，主要是采取经验判断。它要求评估人员充分了解国民经济的运行态势、行业发展方向、市场状况、同类企业竞争状况等，客观合理地确定风险报酬率。

四、收益法应用举例

某企业为一商业行业上市公司，拟定向增发收购其控股子公司(一购物中心)剩余49%的股份(已签订意向书)，需要了解此购物中心整体资产的现实价格，因此需要进行企业价值评估。评估基准日为2010年5月31日。评估过程和结果如下：

1. 被评估企业有关历史资料的统计分析

根据被评估企业的财务决算和有关资料整理分析，2007年至2010年5月的主要财务及收益指标见表11-2。

表11-2 **××企业2007—2010年5月的主要财务及收益指标** 单位：万元

项目	2007年	2008年	2009年	2010年5月
资产总额	80 261.66	78 338.87	88 279.69	90 477.90
负债总额	70 889.56	70 803.25	80 344.53	82 061.21
净资产	9 372.10	7 535.63	7 935.16	8 416.69
销售(营业)收入	8 565.75	10 949.29	13 409.70	5 913.03
销售(营业)成本	6 235.19	6 822.61	7 089.17	2 871.76
净利润	-2 569.11	-1 836.47	399.53	481.53
营业利润率	-29.84%	-15.62%	2.88%	8.22%
总资产报酬率	1.15%	2.78%	4.83%	2.31%
净资产收益率	-23.99%	-20.24%	4.99%	5.94%
营业收入增长率	31.59%	27.83%	22.47%	
资产负债率	88.32%	90.38%	91.01%	90.72%
流动比率	88.32%	90.38%	91.01%	90.72%
利息保障倍数	26.02%	56.34%	110.61%	130.66%
总资产周转率	10.94%	13.81%	16.10%	6.61%
毛利率	30.91%	43.43%	53.30%	66.51%

评估人员对被评估企业近4年的盈利能力进行分析，结果如下：

(1)被评估单位近4年的业务毛利率分别为：2007年，30.91%；2008年，43.43%；2009年，53.30%；2010年1—5月，66.51%，呈上升趋势。

(2) 近 4 年被评估企业的净资产收益率分别为：2007 年，-23.99%；2008 年，-20.24%；2009 年，4.99%；2010 年 1—5 月，5.94%，盈利能力获得显著改善。

2. 分析、预测企业未来发展情况

分析及预测情况如下：

(1) 被评估企业于 2005 年建成并投入使用，建立之初受初始投资额高和财务费用高等因素的影响，历史业绩持续亏损，至 2009 年首次实现盈利 399.53 万元。但由于被评估企业是当地唯一成熟的购物中心，根据整个行业的发展态势，其未来的发展将享有先发优势，其行业龙头地位将难以动摇，呈现良好的发展态势。

(2) 对该企业未来市场的预测。该企业拥有产权的商业地产和门店位置优越，其品牌具备了较高的社会影响力和知名度。它还拥有签约商户 500 余家，有覆盖消费者群体最广的丰富的零售业态，已形成了强大的销售网络，客流量大。因此，公司与承租商谈判时相对其他企业更具优势，更容易获得知名品牌的青睐，具有更大的谈判和议价能力。

(3) 从目前的情况分析，在今后一段时间里，国家主要经济政策不会有太大变化。

3. 评定估算

(1) 企业自由现金流量的测算。评估单位认为通过未来年度的更新改造和经常性维护，被评估企业可以基准日的资产规模保持原有业务类型持续经营，并把本次评估分为两个阶段：

①第一个阶段为基准日到 2022 年。根据被评估企业的预测，从评估基准日到 2022 年，企业的营业收入将持续上升，达到目前资产规模下的最大租赁能力。

②第二个阶段为 2023 年到永续年。被评估单位在第一阶段最大租赁能力及经营水平的基础上，随着市场租金水平的增长及业态转变，企业自由现金流量按稳定比例保持增长。

据此预测出企业未来自由现金流量。测算结果见表 11-3。

表 11-3　**××企业未来自由现金流量测算结果**　单位：万元

序号	项　目	2010 年 6—12 月	2011 年	2012 年	2013 年	2014 年	2015 年	2016 年
1	营业收入	9 125.60	16 395.20	17 904.82	18 929.60	20 285.87	21 178.71	23 007.20
2	减：营业成本	4 596.24	7 824.59	8 563.25	8 645.71	8 693.98	8 743.27	8 953.36
3	营业税金及附加	456.69	824.84	911.24	968.54	1 044.54	1 094.83	1 199.05
4	销售费用	67.25	187.40	237.40	287.40	337.40	337.40	337.40
5	管理费用	1 048.49	1 821.76	1 991.32	2 109.77	2 248.24	2 335.57	2 432.75
6	财务费用	2 538.40	4 436.40	4 436.40	4 436.40	4 436.40	4 436.40	4 436.40
7	营业利润	418.53	1 300.21	1 765.21	2 481.79	3 525.31	4 231.24	5 648.24
8	利润总额	418.53	1 300.21	1 765.21	2 481.79	3 525.31	4 231.24	5 648.24
9	减：所得税					881.33	1 057.81	1 412.06

续表

序号	项目	2010年6—12月	2011年	2012年	2013年	2014年	2015年	2016年
10	净利润	418.53	1 300.21	1 765.21	2 481.79	2 643.98	3 173.43	4 236.18
11	加：财务费用×（1-所得税税率）	2 539.50	4 441.40	3 331.05	3 331.05	3 331.05	3 331.05	3 331.05
12	加：非付现费用	2 273.35	3 896.34	3 898.20	3 898.20	3 898.20	3 885.83	4 025.67
13	减：运营资本增加额	—	—	—	—	—	—	—
14	减：资本性支出	18.56	31.82	31.82	31.82	31.82	31.82	3 781.63
15	企业自由现金流量	5 212.82	9 606.14	8 962.64	9 679.22	9 841.41	10 358.49	7 811.27

序号	项目	2017年	2018年	2019年	2020年	2021年	2022年	2023年至以后
1	营业收入	23 476.18	23 964.59	25 090.17	25 377.59	25 735.59	40 958.87	
2	减：营业成本	9 324.50	9 704.38	10 081.95	10 463.83	10 694.13	10 766.20	
3	营业税金及附加	1 225.55	1 253.13	1 317.69	1 333.73	1 353.71	2 203.17	
4	销售费用	337.40	337.40	337.40	337.40	337.40	337.40	
5	管理费用	2 512.94	2 578.05	2 675.35	2 750.23	2 834.30	4 115.95	
6	财务费用	3 815.00	3 495.00	3 195.00	2 995.00	2 695.00	2 695.00	
7	营业利润	6 260.79	6 596.64	7 482.78	7 497.40	7 821.05	20 841.16	
8	利润总额	6 260.79	6 596.64	7 482.78	7 497.40	7 821.05	20 841.16	
9	减：所得税	1 565.20	1 649.16	1 870.70	1 874.35	1 955.26	5 210.29	
10	净利润	4 695.59	4 947.48	5 612.09	5 623.05	5 865.79	15 630.87	15 943.49
11	加：财务费用×（1-所得税税率）	2 865.00	2 625.00	2 400.00	2 250.00	2 025.00	2 025.00	2 025.00
12	加：非付现费用	4 340.81	4 655.94	4 969.75	5 283.56	5 441.13	5 441.13	5 495.07
13	减：运营资本增加额	—	—	—	—	—	—	
14	减：资本性支出	3 781.63	3 781.63	3 781.63	3 781.63	31.82	31.82	4 315.55
15	企业自由现金流量	8 119.77	8 446.79	9 200.21	9 374.98	13 300.09	23 065.18	19 148.01

（2）折现率的确定。采用无风险报酬率加风险报酬率的方法，确定折现率为9.60%。

（3）所得税税率的确定。被评估企业无税收优惠。但其从2009年开始才有盈利，故评估预测其2009—2013年的利润按税法规定可以弥补以前年度的亏损，从2014年开始缴纳企业所得税，企业所得税税率为25%。

4. 评估结果。按收益法进行评估，企业评估价值为151 596.29万元。企业估价的步骤为：

(1)计算2010年6月至2022年企业净现金流量的折现值之和。

$$P=\sum_{i=1}^{n}\frac{R_i}{(1+r)^i}=70\ 695.24(\text{万元})$$（R_i 为各年企业自由现金流量，r 为折现率9.60%）

(2)从2023年起净利润在2022年的基础上按2%的比例递增，从而计算2023年以后的企业净现金流量的现值之和。

(3)将上述两步结果加总，得到被评估企业经营性资产价值，计算如下：

$$P=\sum_{i=1}^{n}\frac{R_i}{(1+r)^i}+\frac{R_i(1+g)}{(r-g)(1+r)^i}=151\ 032.02(\text{万元})$$

（R_i 为各年企业自由现金流量，r 为折现率9.60%，g 为从2023年起的增长率2%）

(4)评估对象基准日存在的其他非经营性资产的价值，经测定，评估值为564.27万元。

(5)计算企业的总评估价值。把企业的经营性资产的评估价值和其他非经营性资产的评估价值加总即可得企业的总评估价值，计算如下：

151 032.02+564.27=151 596.29万元

五、折现现金流量法的应用举例

美国福特公司是世界第二大汽车制造商，生产阿斯顿·马丁、福特、捷豹、林肯、马自达和水星等各类汽车。其主要优势在美国是皮卡，在欧洲是小型与中型车。沃尔沃是一家瑞典汽车公司，主要生产豪华的中型轿车、运动型车和旅行车。福特公司在1999年提出收购沃尔沃的意向，其意图是通过沃尔沃为欧洲和美国提供豪华车，以弥补其产品线的不足；而沃尔沃之所以愿意出售是因为它难以负担今后开发新车型所需要的巨额资金，它希望找到一个能使沃尔沃长期生存下去的买方。福特公司收购捷豹后继续维护捷豹的品牌和形象的做法打动了沃尔沃。福特公司收购沃尔沃后可以降低经营成本和开发成本、开拓新的市场、获得更广泛的销售渠道，从而获得大的经济效益。

福特公司聘请财务顾问采用折现现金流量法对沃尔沃进行了估值，其依据的基本数据和评估的主要过程如表11-4所示。

表11-4　**沃尔沃的主要财务报表与收购价格范围的确定**　单位：百万美元

年份	1993	1994	1995	1996	1997	1998	1999	2000	2001	2002	2003	2004
损益表	76 659	107 494	118 283	107 628	126 638	145 634	167 479	192 600	221 491	254 714	292 921	336 859
净销售	59 200	79 374	88 641	83 620	95 855	110 233	126 768	145 784	167 651	192 799	221 719	254 977
销售成本	12 814	10 814	14 156	8 266	15 114	19 352	22 061	25 150	28 671	32 685	37 261	42 477
经营费用	2 605	3 522	3 901	3 690	4 687	5 484	6 416	7 507	8 783	10 276	12 023	14 067
折旧	2 039	13 783	11 586	12 051	10 982	10 564	12 233	14 160	16 386	18 955	21 919	25 339
EBIT	3 861	2 488	2 591	2 256	1 895	3 404	3 782	4 210	4 694	5 244	5 868	6 577

续表

年份	1993	1994	1995	1996	1997	1998	1999	2000	2001	2002	2003	2004
债务利息	(1 822)	11 295	8 995	9 795	9 087	7 161	8 451	9 950	11 691	13 710	16 051	18 762
税前收入	323	1 919	2 580	1 259	1 866	2 045	2 366	2 786	3 274	3 839	4 494	5 253
所得税	(2 145)	9 376	6 415	8 537	7 211	5 116	6 085	7 164	8 418	9 872	11 557	13 509
资产负债表												
流动资产	48 452	54 051	52 511	56 406	62 890	72 817	83 739	96 300	110 745	127 357	146 461	168 430
流动负债	45 666	43 038	33 460	33 460	38 536	50 972	58 618	67 410	72 522	89 150	102 522	117 901
营运资本	2 787	11 013	19 051	19 051	24 354	21 845	25 122	28 890	33 224	38 207	43 938	50 529
总资产	92 770	95 574	95 654	95 654	112 617	131 900	147 439	165 300	185 835	209 446	236 599	267 827
长期债务	28 423	22 652	26 884	26 884	32 405	34 133	35 931	37 835	39 840	41 952	44 175	46 517
权益	18 681	29 884	35 310	35 310	41 690	46 806	52 891	60 055	68 473	78 344	89 901	103 410
股票数	78	444	464	464	442	442	442	442	442	442	442	442
估值现金流												
EBIT(1-t)	1 678	16 126	14 909	13 600	13 237	13 581	15 658	18 125	20 974	24 262	28 056	32 434
折旧	2 605	3 522	3 901	3 690	4 687	5 484	6 416	7 507	8 783	10 276	12 023	14 067
资本支出	2 390	2 948	4 477	5 655	6 802	8 843	11 495	14 944	19 427	25 256	32 832	42 682
运营资本变化	1 930	(8 226)	(8 038)	(5 319)	16	2 509	(3 277)	(3 768)	(4 334)	(4 984)	(5 731)	(6 591)
估值现金流	3 824	8 474	6 296	6 316	11 137	12 731	7 302	6 919	5 995	4 298	1 516	2 772
PV(WACC=11.52%)												18 644
终值(2004—)												3 652
总 PV												14 992
收购价格的下限												14 992
收购价格的下限+25%的协同效应												15 273
收购价格的下限+全部协同效应												16 117

注：EBIT(1-t)为税后收入；PV 为现值；WACC 为加权平均资本成本。

表 11-4 中的数据是根据以下原则得到的：

(1)根据历史年平均增长率，确定净销售、销售成本和折旧每年增长 15%；

(2)根据债务历史平均利率，确定债务平均利率为 4%；

(3)沃尔沃的所得税税率为 28%；

(4)根据过去流动资产与净销售的平均比例，确定流动资产大约为净销售的 50%；

(5)根据过去流动负债与净销售的平均比例，确定流动负债为净销售的 35%；

(6)根据过去长期债务增长率的平均数，确定长期债务增长率为 3.5%；

(7)根据过去资本支出增长率的平均数，确定资本支出增长率为 30%；

(8)权益资本成本为 8.19%($k_e=0.05+0.58\times0.055$)，国库券利率为 5%，$\beta=0.58$，风险溢价为

5.59%（β值来自雅虎市场指南）；

（9）预测期间的长期与短期债务的平均成本为6%；

（10）计算中运用的汇率为1瑞典克朗兑换1.45美元；

（11）为计算现值，福特公司的加权资本平均成本为11.54%；

（12）用来计算终值的现金流增长率为-20%。由此计算得出的沃尔沃的现值为149.92亿美元，预期收购的协同效应为11亿美元，这显示公司的价值应在150亿~160亿美元。由于沃尔沃急于寻找买家，因此收购价格确定为152亿美元，是估计值加25%的协同效应之和，而当时沃尔沃的市值是119亿美元，用沃尔沃发行在外的4.42亿股去除，得出34.0~34.5美元的每股收购价格。1999年3月，福特与沃尔沃达成收购协议，以64.5亿美元的价格收购沃尔沃的轿车业务，沃尔沃则集中精力于卡车、公共汽车、建筑设备、船用发动机和航空设备等方面的业务。

资料来源：唐纳德·德帕姆菲利斯．兼并、收购和重组：过程、工具、案例和解决方案综合指南．北京：机械工业出版社，2004：388-397.

第四节　企业价值评估的其他方法

一、成本法

成本法是通过对企业资产负债表的项目逐个进行考察、评估，然后加总评估企业总价值的一种方法，它也叫资产加和法。通常的做法是用估计的重置成本取代各项资产的账面净值。

基于一个公司的价值是公司所有的投资人对于公司资产要求权价值的总和这一认识，人们最初是根据公司提供的资产负债表来评估一个公司的价值的，即把投资人要求权的账面价值，包括债务、优先股和普通股的价值直接相加。这种方法由于没有考虑通货膨胀、技术进步引起的资产功能性贬值，尤其是没有考虑组织资本①的价值，因而不能准确反映公司的市场价值。最明显的例子是绝大多数股票公开上市公司的普通股每股账面价值与其市场价格大相径庭。比如，1998年3月中旬，IBM公司的股票市值是其账面净值的4.96倍，微软公司此项比例更高，其股票市值是其账面净值的18.47倍。

为了依据资产负债表来更准确地评估公司价值，人们就使用公司资产的重置成本来代替账面价值。如前所述，一项资产的重置成本是在现时条件下重新购置或建造与被评估资产功能相同或相似的新资产的支出减去被评估资产的各项损耗和贬值的价值。显而易见，重置成本考虑了通货膨胀和技术进步对资产价值的影响，因而使得调整后的资产账面价值更加近似于市场价值。但是，成本法只能依据各个单项资产的重置成本进行企业价值的调整，仍然忽略了组织资本，而组织资本在持续经营假设下通常是公司价值的一个重要组成部分，对高科技公司和服务性公司尤其如此。因此，在许多情况下，成本法显得很不

---

① 组织资本这一概念最早由康纳尔和夏皮罗提出，它指将职员、客户、供应商和管理者组织在一起，形成一个协调的统一体所产生的价值．见 B. CORNELL，A. SHAPIRO. Corporate stakeholders and corporate finance. *Financial Management*，1987：16.

适用。

在某些情况下，即使是根据账面价值评估也能得到令人满意的公司价值数据。例如，政府管理当局通常力图使公共设施经营企业，包括供电供气公司，获得一个接近公正的回报率。它们的收费标准通常都以公司资产的账面净值为依据。在这种情况下，根据历史成本法也许会得出有效的价值评估数据，由于干预的缘故，公司未来的获利能力与公司现有资产的账面净值紧密相关，然而，即使是公共设施经营企业，账面净值与市场价值也有可能不一致。干预措施并非完美无缺，而且也不一定能够保证没有突破政策规定的做法。不仅如此，投资人也许会相信干预政策在未来会有所改变，从而公共设施经营企业会有意想不到的发展。因此，人们普遍认为，对公共设施经营企业，使用历史成本法评估其价值或许有偏差，但使用重置成本法应能得出较为准确的评估结论。

二、市场法

市场法是根据替代原理，在市场上找出若干个与被评估企业相同或相似的参照企业，以参照企业的市场交易价格及其财务数据为基础测算其价值比率，通过分析、比较、修正被评估企业的相关财务数据，在此基础上确定被评估企业的价值比率，并通过这些价值比率得到被评估企业的初步评估价值，最后通过恰当的评估方法确定被评估企业的评估价值。

运用市场法评估企业价值存在两个障碍。一是被评估企业与参照企业之间的"可比"性问题。企业不同于普通的资产，企业间或多或少都存在着个体差异。每一个企业都存在不同的特性，不仅它们所处的行业、规模大小等可确认的因素各不相同，而且影响企业形成盈利能力的无形因素也是纷繁复杂。因此，几乎难以找到能与被评估企业直接进行比较的类似企业。二是企业交易案例的差异。即使存在能与被评估企业进行直接比较的类似企业，但要找到能与被评估企业的产权交易相比较的交易案例也相当困难，因此，运用市场法对企业价值进行评估，不能基于直接比较的简单思路，而要通过间接比较分析影响企业价值的相关因素，对企业价值进行评估。市场法中常用的两种具体方法是参考企业比较法和并购案例比较法。

参考企业比较法是指通过对资本市场上与被评估企业处于同一或类似行业的上市公司的经营和财务数据进行分析，计算出适当的价值比率或经济指标，在与被评估企业比较分析的基础上，得出评估对象价值的方法。

并购案例比较法是指通过分析与被评估企业处于同一或类似行业的公司的买卖、收购及合并案例，获取并分析这些交易案例的数据资料，计算出适当的价值比率或经济指标，在与被评估企业比较分析的基础上，得出评估对象价值的方法。

无论是参考企业比较法，还是并购案例比较法，其应用中的核心问题是确定适当的价值比率，价值比率的测算思路可用公式表示如下：

$$V_1/X_1 = V_2/X_2$$

即：

$$V_1 = X_1 \times (V_2/X_2)$$

式中：V_1—— 被评估企业价值；

V_2—— 参照可比企业价值；

X_1—— 被评估企业与企业价值相关的可比指标；

X_2—— 参照可比企业与企业价值相关的可比指标。

V/X 通常又称为可比价值倍数。式中 X 参数通常选用以下财务变量：(1)利息、折旧和税前利润；(2)无负债净现金流量，即企业自由现金流量；(3)净现金流量，即股权自由现金流量；(4)净利润；(5)销售收入；(6)净资产等。

基于成本和便利的原因，目前运用市场法对企业价值进行评估主要是在证券市场上寻找与被评估企业可比的上市公司作为参照企业，即采用参考企业比较法。在运用参考企业比较法时，最常见的方式是以行业平均市盈率为依据，通过对同行业上市公司与被估企业的相关因素进行对比分析得出被评估企业价值。市盈率是上市公司每股股票市价与其年收益额之比，它可以反映投资者将要为每元报告利润付出多少。其计算公式如下：

$$\text{市盈率}=\frac{\text{每股股票市价}}{\text{每股股票盈利(EPS)}}$$

市盈率常被用于估价是因为：第一，它反映了普通股票市场价格与企业报告利润之间的相关关系。第二，对于绝大多数股票而言，市盈率计算简单，获取渠道较多，便于比较。第三，市盈率包含的内容较充实，可以包含企业经营的风险、增长、当期盈利与期望未来盈利的差异、不同的会计政策等。通过对市盈率的计算，可以了解市场价格与报告利润之间的关系，从而能简便地对企业的价值予以估计。在存在大量可比较企业且市场可正确定价的情况下，这种估价方法的优势尤其明显。

三、期权定价法

按照收益法中的折现现金流量法，企业价值是未来预期现金流量的现值。预期现金流量通常都起源于已经实施或者正在规划中的投资项目。但对于高水平的管理当局而言，应该能够结合客观形势的变化，不断发现并实施新的投资项目，或放弃没有前景的业务，以促使企业价值最大化。事实上，经营管理水平越高，这种发现新机遇、充分运用新机遇的能力就越强。企业也就越能在更高的水平上适应新的环境，获得持续稳定的发展。但人们在运用折现现金流量法等方法对企业价值进行评估时，没有也无法对这个可能增加企业价值的机会进行分析和评价，而期权定价法则能比较成功地解决这个问题。

(一)期权及期权交易

所谓“期权”(Option)，是一种能在未来某特定的时间以特定的价格买进或卖出一定数量的某种特定商品的权利，期权交易即是这种权利的交易，期权交易的合约标的物可以是股票、外汇、商品等，在期权合约所规定的时间或期权合约所规定的某一特定的履约日，期权购买者(从而成为期权持有者)，既可以行使他所拥有的这一权利，也可以放弃这一权利。这就是说，期权合约赋予了他可以行使的权利，而未规定他必须履行的义务。期权有两种基本类型：看涨期权(Call Option)，即期权的持有者有权在某一确定的时间内以某一确定的价格购买标的资产；看跌期权，即期权的持有者有权在某一确定的时间以某一确定的价格出售标的资产。期权合约中的价格通常被称为执行价格(Exercise Price)，这一价格一经确定，则在期权有效期内，无论其标的物的市场价格上涨到什么水平或下跌到什么水平，只要期权购买者要求执行该合约，期权出售者都必须以此执行价格履行其必须履行的义务。合约中的时期称为到期日(Expiration Date)。根据对履约时间的不同规定，期权有欧式期权和美式期权之分。前者的持有者只能在期权到期日这一天行使其权利，既不能提前，也不能推迟，而后者的持有者则可以在到期日内的任何一个营业日行使其权利。目前国际上交易所中交易的期权多数为美式期权。然而，在数学处理方面，欧式期权通常比美式期权更为容易。

(二)期权定价的 Black-Scholes 模型

人们购买期权是为了其标的资产保值或从中获利。以一个半年期欧式看涨股票期权为例。若其现行价格也为 50 元，其执行价格也为 50 元，那么如果半年后此股票市价涨至 60 元，则期权持有者就可以按执行价格买入，并以市场价格卖出，从而获利 10 元，由此可以看出期权是有潜在价值的。要获得它，就必须支付一定的费用，这就是期权价格。自 20 世纪 70 年代初，在美国开始股票期权交易起，期权定价便成为金融研究中最活跃的一个领域。1973 年，布莱克和斯科尔斯提出了第一个期权定价模型，在学术界和金融实务界引起了强烈的反响，两个月后，莫顿独立地提出了同样的模型。1997 年诺贝尔经济学奖授予了斯科尔斯和莫顿(布莱克不幸于 1995 年逝世)，以奖励他们在期权定价理论方面的杰出贡献。

为了获得他们最终的期权定价模型，布莱克与斯科尔斯首先提出了如下几个重要的假设：

①买权契约下的基础股票在整个期权有效期内既不提供股利，也不做其他分派；

②在买卖股票或者期权的过程中，不会发生交易成本；

③在期权有效期内，短期、无风险利率已知且固定不变；

④投资者可按短期、无风险利率借入任何数额的债务；

⑤允许卖空，且卖空者可立即获得现金流入；

⑥买权为欧式买权，只能在到期日行使；

⑦所有证券交易均在一连续时间里发生且股票价格呈现随机游走态势。

运用无风险套利技术，布莱克与斯科尔斯推导出了他们的期权定价模型。即投资者可以通过同时买进一定数额的股票与卖出一定数额的以此股票为基础资产的买权来构建一个无风险组合，使得无论股票价格怎样变化，该组合的最终价值都是一个确知的数值。因此，该组合所获得的报酬率为无风险报酬率。

Black-Scholes 模型(OPM)包括如下三个等式：

$$V = P[N(d_1)] - xe^{-r_{RF}t}[N(d_2)]$$

$$d_1 = \frac{\ln(P/x) + [r_{RF} + (\sigma^2/2)]t}{\sigma\sqrt{t}}$$

$$d_2 = d_1 - \sigma\sqrt{t}$$

其中：V—— 买权的现行价值；

P—— 基础股票的现行价格；

$N(d_i)$——标准正态分布自 $-\infty$ 到 d_1 的累计概率。$N(d_1)$ 与 $N(d_2)$ 各自表示在标准正态分布下的面积；

X—— 期权的执行价格；

e—— 约等于 2.7183；

r_{RF}—— 无风险利率；

t—— 期权有效期；

σ^2—— 股票报酬率方差。

莫顿教授对该模型进行了进一步的扩展，推导出在金融工具支付红利条件下的 Black-Scholes 模型：

$$V = P_0 e^{-dt} N(d_1) - X e^{-rt} N(d_2)$$

其中：$d_1 = \{\mathrm{Ln}(P/K) + (r - d + \sigma^2/2)t\}/(\sigma\sqrt{t})$；

$d_2 = d_1 - \sigma\sqrt{t}$；

d 为股票的红利率。

在考虑红利支付的 Black-Scholes 模型中总共涉及 5 个评估参数：金融工具的初始价格(P_0)、执行价格(X)、无风险收益率(r_{RF})、期权有效期(t)和价格的波动(σ)。其中：金融工具的初始价格(P_0)可以从市场上直接得到或者通过权益工具的评估间接得到；执行价格(X)和期权有效期(t)可以参考期权合同条款；无风险收益率(r_{RF})可以参考相应的政府债券到期收益率；金融工具的价格波动(σ)可以通过金融工具历史价格的计算或其他方法得到。

(三)期权定价的 Black-Scholes 模型在企业价值评估中的应用

我们知道，企业价值取决于企业的未来现金流量。而未来现金流量源于未来的一个或多个投资业务。运用期权定价理论，我们可以把企业业务的每一个未来的投资机会看做一种买权，分别计算其价值并加总，然后按照现金流量折现方法计算业务现有部分的价值，最后将业务期权价值与现有部分的价值相加就得到了企业总价值。

下面用期权定价模型对海湾石油公司进行估价。

1984 年初，海湾石油公司成为一起收购事件的对象，收购价格为每股 70 美元(该公司共发行股票 1.653 亿股，总债务为 99 亿美元)。估计该公司的石油储备为 30.38 亿桶，这些储备的平均开采成本估计为每桶 10 美元(现值，开采时滞期大约为 2 年)。石油储备的平均期限为 12 年。原油价格为每桶 22.38 美元，生产成本、所得税和特许权税等约为每桶 7 美元。分析时的无风险债券利率为 9.00%。海湾石油公司每年的净生产收入约为储备价值的 5%。石油价格波动的方差为 0.03。

标的资产的价值 = 储备的价值根据开采时滞期进行贴现后的现值

$= 30.38 \times (22.38 - 7) / 1.05^2$

$= 423.8044$(亿美元)

执行价格 = 预期的开采成本 $= 30.38 \times 10$

$= 303.8$(亿美元)

期权的期限 = 油田平均到期期限 = 12(年)

资产价值的方差 = 石油价格波动的方差 = 0.03

无风险利率 = 9%

股票红利率 = 净生产收入/储备的价值 = 5%

基于上述各输入量，运用 Black-Scholes 模型计算得到：

$$d_1=1.6548 \quad N(d_1)=0.9510$$
$$d_2=1.0548 \quad N(d_2)=0.8542$$

$$看涨期权价值=(423.8044e^{-0.05\times 12}\times 0.9510)-(303.8\times e^{-0.09\times 12}\times 0.8542)$$
$$=133.06(亿美元)$$

上面的数字代表了海湾石油公司所拥有的未开采石油储备的价值。此外，公司从其已开采油田的石油和天然气生产中还可获得每年9.15亿美元的自由现金流。估计该现金流还将持续10年(已开采油田的剩余期限)。选用公司的资本加权平均成本12.5%为贴现率，这些已开采油田的现值为：

$$已开采油田的价值=9.15(1-1.125^{-10})/0.125$$
$$=50.6583(亿美元)$$

将已开采和未开采的石油储备的价值加起来，就得到了公司的价值：

$$公司总价值=未开采石油储备的价值+已开采油田的价值$$
$$=133.06+50.66$$
$$=183.72(亿美元)$$
$$股权的价值=公司总价值-债务$$
$$=183.72-99$$
$$=84.72(亿美元)$$
$$每股价值=84.72/1.653=51.25(美元)$$

以上分析表明海湾石油公司的股票每股70美元是被高估了。

期权估价理论为企业价值评估提供了一种崭新的思路和方法，尤其对高科技、高风险经营企业的估价更为适用。因为对高风险企业而言，预测并规划其数年后的现金流量及其风险程度是极为困难的，运用折现现金流量法评估这类企业往往会严重低估它的价值。但与一般企业相比，高科技高风险企业的强大生命力在于它们具备及时把握市场机遇的能力，同时也具备充分运用这种机遇的实力。要么不成功，丧失掉初始投资；要么取得巨大成功，获得极高水平的报酬率。这种状况与期权估价方法所适用的条件非常吻合。可以预见，期权定价模型在企业价值的评估中将得到广泛的应用。

思考题

1. 谈谈你对企业及企业价值的认识。
2. 运用折现现金流量法评估企业价值时，怎样确定持续经营价值？
3. 运用折现现金流量法评估企业价值时，怎样选择折现率？
4. 试述期权定价法评估企业价值的基本原理。

练习题

1. 经预测，某企业今后5年的年现金净流量分别为400万元、450万元、520万元、580万元、670万元。企业加权平均资本成本为10%，试评估其企业价值。

2. 某企业未来5年的预期现金流量如下：100万元、120万元、160万元、190万元、230万元。第6年开始年预期现金流量为250万元。假设折现率为15%，求企业整体评估值。

3. 某金矿估计黄金储备为100万盎司，年开采能力为50 000盎司。黄金价格估计每年增长3%。该企业的开采权有效期为20年。金矿初始投资为1 000万元，每盎司的平均生产成本为250元，且每年增长5%。红利收益假设为延缓一年生产的损失。金价波动的标准差为20%，当前每盎司金价为375元，无风险利率为9%，请用期权定价法评估该企业的价值。

第十二章 资源资产评估

第一节 资源资产概述

1995年10月，世界银行依据衡量国家财富净值的新制度，首次计算了世界上大多数国家的财富。新制度是依据自然资本、创造的资产和人力资源(劳动生产力水平，如教育、营养等)等方面综合估算各国的实际财富的，而不再将各国每年的经济产值作为唯一标准。按新经济指标计算出来的结果出人意料，澳大利亚和加拿大是最富有的国家，美国排名第12位。这些结果告诉我们，在确定国家经济增长指标时，不应只看到收入，而应重视整体财富，特别应考虑自然资本(资源资产)的价值和劳动者素质。我国是一个发展中国家，在几十年的发展过程中，是以大量消耗自然资源、牺牲环境为代价求得经济快速增长的。我国今后的发展仍然需要依靠自然资源的可持续利用，通过消耗财富——开发石油、煤和森林等自然资源——来增加收入。因而，在未来的发展中必须转变人们已根深蒂固的“资源无价”、“取之不尽，用之不竭”的传统观念，改变以牺牲或大量消耗资源和破坏环境为代价来求得经济“虚幻增长”的现实，使经济发展建立在自然资源的可持续发展的基础上。世界银行的计算重点放在了财富和真正保存的财富上，我们把“可持续发展”的概念从理念的表达落实到行动中去，“既要满足当代人的基本需要，又不危及子孙后代满足其需求的能力”，“把自然资源和环境因素纳入国民经济核算体系”。①

一、自然资源与经济资源

(一)自然资源及其分类

资源是人类赖以生存和发展的物质基础，是可供人类利用的宝贵财富。资源包括自然资源、经济资源和人文社会资源。

自然资源(Natural Resources)，是指一切能为人类提供生存、发展、享受的自然物质与自然条件及其相互作用而形成的自然生态环境和人工环境。它超出了经济资源的范围，包括社会经济内容。其中，自然物质与自然条件，是在一定社会经济条件和一定科学技术水平下人类社会不同发展阶段所需要的自然物质与自然条件，而不是其全部，即能为人类和人类社会的发展提供使用价值前提和基础的自然物质与自然条件。自然生态环境，是自然物质在一定自然条件下，相互作用，相互影响，相互制约所形成的具有生态结构与属性

① 国务院. 中国21世纪议程——中国21世纪人口、环境与发展白皮书. 北京：中国环境科学出版社，1994.

的、遵循生态平衡规律的有机的自然环境。它是自然物质与自然条件的综合形态，也可称为生态环境资源。人工环境，是经过人工干预的自然生态环境，即其中注入了人类的物化劳动，所以此种环境又可称为人工环境资源。自然物质、自然条件、生态环境资源和人工环境资源，共同构成自然资源。它是人类和人类社会赖以生存、发展的物质基础。

自然资源按照其属性有以下几种分类方式。

1. 可再生资源与不可再生资源

在自然资源中，有些资源例如生物资源，它吸收了太阳能和水资源，并消耗了土壤里的养分。在一定的太阳能、生物繁殖能力以及人类自我约束的条件下，这种具有很强生命力的生物资源，是可以再生的。对这类资源，我们称为可再生资源。相反，矿产资源受地质作用及生成空间的限制，数量是有限的，人类利用和开采它，使它的数量逐渐减少，最终耗竭，在人类生命期间内，是无法恢复的。这类资源被称为不可再生资源。

2. 耗竭性资源与非耗竭性资源

对于人类社会而言，可以被用尽的自然资源被称为耗竭性资源，如矿产资源；可以永续利用的自然资源是非耗竭性资源，如土地，无论人类如何利用它，土地都会永远存在。但是，人类如不能合理地利用它，土地就会沙化或盐碱化，变成不能利用的土地。如果人类加强治理，沙化、盐碱化了的土地便可恢复利用。所以，土地是可恢复的非耗竭性资源。

3. 现时可利用资源与潜在资源

在现时技术经济条件下可以开发利用，并在经济效益、社会效益和生态效益上是有利的资源，称做现时可利用资源，反之则称为潜在资源。现时可利用资源与潜在资源是相对的，随着科学技术的发展和提高，暂时不可利用的潜在资源也会变成可利用资源。

4. 无机资源与有机资源

自然资源又分为无机资源与有机资源。由氧化物、酸、碱和盐四大类无机物构成的资源称做无机资源，如地质资源、矿产资源、气候资源等。由含碳有机物构成的资源称做有机资源，这一般是指构成动植物体的化合物，泛指生物资源，如地表水资源、陆地生物资源、海洋资源、土地资源等。

另外，自然资源还可分为生态资源和非生态资源。生态资源来源于生态系统或生物圈(生物圈、水圈、土壤圈)，包括土地资源、淡水资源、生物资源(动物、植物、微生物资源)、海洋资源等；非生态资源来源于非生态系统或非生物圈(岩石圈、大气圈)，包括矿产资源、大气资源等。此外，旅游资源是介于自然资源和人文资源之间的一种资源，是以生态资源为载体的特殊资源。根据上述自然资源的属性，可将自然资源划分为若干种类，详见图 12-1。

(二)经济资源

经济资源，是指自然资源经过人类劳动的投入和改造，成为对人类社会具有使用价值的物质与条件(即社会财富)。人工环境(资源)，具有经济资源的特性。

自然资源是经济资源的前提与基础，经济资源是人类对自然资源加工、改造的结果。

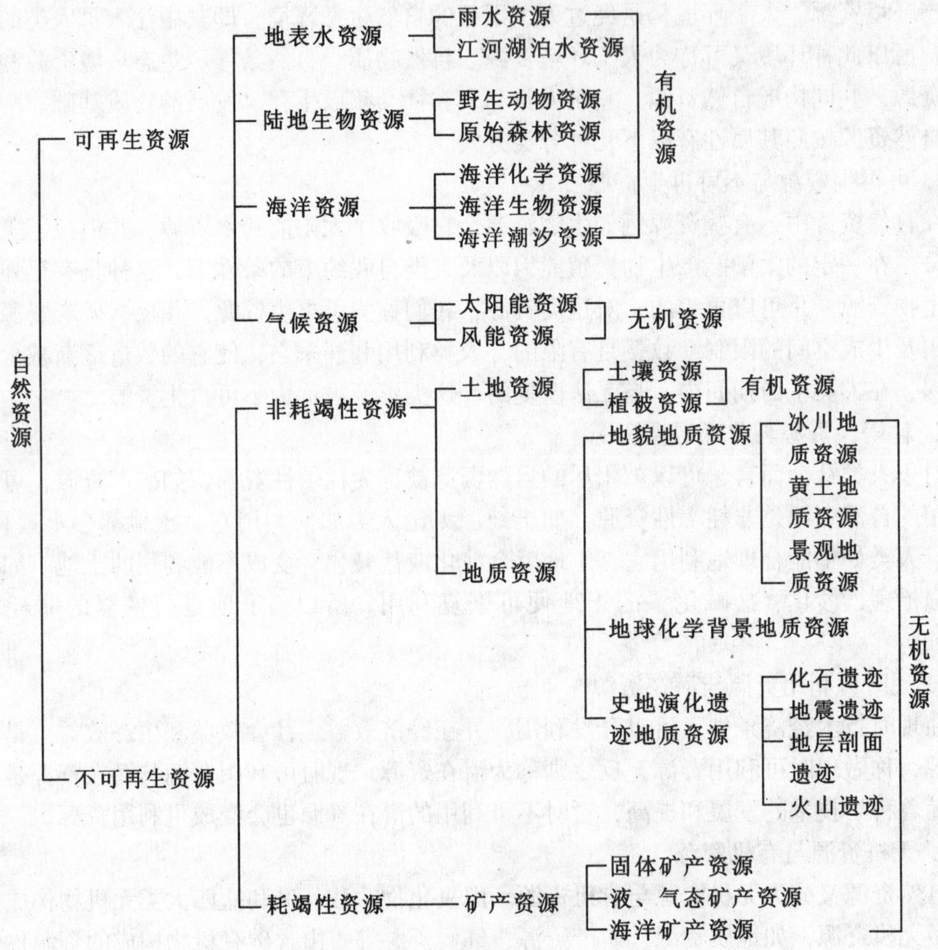

图 12-1　自然资源分类

二、资源资产(Resource Assets)的基本概念

自然物无论发现与否，都是自然存在的。但只有已被人类确认为具有使用价值的自然物，才被称为自然资源。在生产过程中，人类可以投入这些自然力作用下所生成的自然资源，并在未来获得更大的利益。如果我们把这些资源再赋予权利，它就会成为资产，即资源资产。然而，并不是所有的自然资源都能成为资产，能够成为资源资产的自然资源必须同时具备下面六个条件：

(一)必须是处于静态的存置空间

任何一项资产都必须处于一定的静态的存置空间，以便为人们提取使用。如果人们不知道自然资源的存置空间，尽管它客观上存在，但它是处在隐形的动态存置空间，这时它只能是自然资源而不是资源资产。当人们查明并确定了其静态存置空间，并被人们所拥有和控制时，它才成为资源资产。

（二）必须是处于使用状态

没有探明的矿产资源，没有开发利用的原始森林，没有捕捞上来的海洋鱼类等自然状态下的资源，因其不能进入社会生产过程，不处于使用状态而不能成为资产。只有进入社会再生产过程而被利用的自然资源，才能成为资源资产。

（三）必须是能用货币计量

资源在自然状态下既不能以实物进行计量，也无法以货币进行计量，所以，它只能是自然资源而不是资源资产。只有当查明了资源的蕴藏量、潜在实物量，并且人们可以用特殊方法计算出其以货币反映的价值量，资源才成为资产。

（四）必须能为特定主体所拥有和控制

资源资产必须能为特定主体所拥有和控制。拥有和控制赋有权利的含义，凡是能被拥有和控制的自然资源，一定是处于静态的存置空间和可以使用的状态，任何产权主体都不会拥有没有被控制的自然资源。

（五）可为特定主体的未来经营带来收益

自然资源作为自然生产要素原先并没有耗费或很少耗费，但当它以自身的自然力和自然有用要素同劳动相结合时，将会产生特别高的劳动生产力，创造超过自身价值的超额收益，为特定主体带来未来收益。

（六）能够用现代科学技术取得

这里专指矿产资源。已经探明了的矿产资源，若由于矿物组合成分复杂，选冶性能差，不能用现代科学技术取得，就不能成为人类的财富。相反，现代科学技术越先进，取得可供使用的矿产资源就越多。所以，只有能用现代科学技术取得的自然资源，才能称为资源资产。

综上所述，资源资产是指在现行技术经济条件下，能够进入社会生产过程并能给特定主体带来经济效益的自然资源。

三、资源资产的特性

资源资产与自然资源相比，其物质内涵是一致的，除了具有自然资源的基本特性外，根据资产的含义，它还具有经济属性和法律属性。

（一）自然属性

(1)天然性。资源资产的实体是自然资源，是大自然赋予人类的天然财富。随着人类改造能力的加强，部分资源资产表现为人工投入与天然生长的共生性。

(2)有限性(或稀缺性)。人类认识自然、利用和改造自然是有阶段性和渐进性的。一切自然资源在一定范围、一定时间上都具有有限性，如矿产资源；部分物种具有稀缺性和贵重性，非再生资源还具有枯竭性。对于森林资源，如果人们不进行培植补充，长期无节制地利用，也会逐渐耗竭。

(3)区域性。任何一种自然资源在地球上都不是均衡分布的，它们在品种、数量、质量等方面都存在明显的地区差异，即具有明显的地域性。每一种资源都具有其特有的分布规律。自然资源的区域性，不论表现为自然地理的不同，还是表现为经济地理的不同，都是形成级差地租的重要原因。

(4)生态性。各种资源如太阳、大气、地质、水文、生物等构成了一个复杂的体系，形成了特定的生态结构，组成了不同的生态系统。不同的资源间互相依存，具有一定的生态平衡规律。如果毫无顾忌地开采和获取资源，使消耗的速度超过补偿的速度，就会导致这些资源毁灭；向陆地圈、水圈、大气圈以超过自然净化能力的速度排放废物，就会破坏生态系统的平衡，从而导致某些自然资源难以持续利用。

(二)经济属性

(1)自然资源具有使用价值，是经济发展的基础。由于自然资源具有使用价值与物质效用，自然资源能够转化为经济资源，成为人类的生活资料和生产资料。经济增长与经济发展必然要耗费一定的资源，所以自然资源是人类发展的物质基础，全部物质财富必须以自然资源为基础，其相对丰度影响着经济发展速度。

(2)资源资产能够以货币计量。资源资产除了能够用实物单位计量以外，还可以用价值量表示，这是资源资产评估的基础。无法用货币计量的自然资源，如空气、太阳光等就不能成为资产。

(3)资源资产具有获益性。只有具有经济价值的自然资源才能成为资产。没有经济价值或在当今知识与技术条件下尚不能确定其有经济利用价值的资源不能成为资产。

(三)法律属性

(1)资源资产必须能够为特定的产权主体所拥有和控制。资源资产产权在法律上具有独立性。

(2)资源资产的使用权可以依法交易。我国实行资源资产的所有权和使用权相分离的制度，法律不允许资源资产的所有权转让，但是使用权可以依法交易。

第二节　资源资产评估概述

一、资源资产的价值理论

传统的经济和价值观念认为自然资源特别是天然的自然资源没有价值。自然资源的无价观造成了人们对自然资源的不合理利用，降低了自然资源的效用，造成资源浪费、生态破坏和环境恶化，降低了人类社会发展的可持续性。对自然资源的价值，理论界经过了长期的争论，现在人们已基本形成共识，认为自然资源具有价值。但自然资源为什么具有价值，价值体现在哪里，目前人们的认识还不尽一致，基本上是以马克思劳动价值论作为理论依据，同时也有以效用价值论、稀缺价值论和垄断价值论为依据的。

(一)马克思劳动价值论

马克思劳动价值论指出：抽象劳动是价值(抽象财富)的唯一源泉。价值量的大小是由社会必要劳动时间决定的，并且每一种商品的价值，都不是由这种商品本身包含的必要劳动时间决定的，而是由它的再生产所需要的社会必要劳动时间决定的，劳动并不是它所生产的使用价值即物质财富的唯一源泉。因此，在理解马克思劳动价值论时，需要把握好以下几个问题才能准确理解自然资源的价值。

(1)劳动是价值的唯一源泉，那些不需要付出劳动就可以为人类所用的物质没有价值，但是每一种商品的价值都不是由这种商品本身包含的必要劳动时间决定的，而是由它的再生产所需要的社会必要劳动时间决定的。

(2)劳动创造的价值量是以社会必要劳动时间来衡量的，所以一个能充分反映社会需要的经济运行机制是有效率的，它能使资源得到合理的开发、利用，从而创造出相对更大的价值。

(3)人类在改变物质形态的劳动中，还经常要靠自然力的帮助，因而对自然力的充分利用能节约劳动。

在过去，自然资源虽然和人类密切相关，是人类生存、发展的一种必不可少的物质基础，但是它似乎极其丰富，好像取之不尽，用之不竭，不需要人们付出具体劳动就自然存在、自然生成，因而在这一特定的历史条件下自然资源无疑没有价值。可是人类社会发展到今天，许多自然资源再也不能只凭其自然作用就能与社会经济协调发展了。为了保持经济社会长期的稳定发展，人类必须对自然资源的再生产投入劳动，使自然再生成过程和社会再生产过程结合起来。因而当今自然资源的再生过程是自然过程和社会过程的统一，在自然资源的再生过程中伴随着人类劳动的投入，于是整个现存的、有用的、稀缺的自然资源(不管过去是否投入劳动，即是否为劳动产品)都表现为具有价值，其价值量的大小就是在自然资源的再生产过程中人类所投入的社会必要劳动时间。由此可见，当今自然资源具有价值不但不违背马克思劳动价值论，而且完全符合马克思劳动价值论的一般原理。

(二)效用价值论

效用价值论是从物品满足人们欲望的能力或人对物品效用的主观心理评价角度来解释价值及其形成过程的经济理论。19 世纪 50 年代以前，效用价值论主要表现为一般效用论，自 19 世纪 70 年代后，它又主要表现为边际效用论。英国早期经济学家 N. 巴本是最早明确表述效用观点的学者之一。他认为，一切物品的价值都来自它们的效用，物品的效用在于满足人类天生的欲望，无用之物没有价值。19 世纪 30 年代以后，逐渐出现了边际效用价值论。边际效用价值论又称为主观价值论，认为商品的价值只表示人对商品的心理感受，价值取决于人的欲望以及人对物品的估价，人的欲望和估价会随物品数量的变动而变化，并在被满足和不满足的欲望之间的边际上表现出来。

效用价值论认为，一切生产都是创造效用的过程，但人们获得效用并不一定非要通过生产，效用完全可以通过大自然的赐予而获得。价值起源于效用，效用是价值的源泉，是形成价值的必要条件。任何有价值的东西都通过其效用表现出来，即使凝结着人类劳动的商品，如果没有效用，那么该商品也没有价值。

自然资源作为人类生存和发展的物质基础，其有用性是毋庸置疑的，可以使人们获得心理和物质上的享受。按照效用价值论，无论自然资源中是否凝结了人类的劳动，其有用性决定了它具有价值。当资源处于自然赋存状态时，它的价值表现为“潜在的社会价值”。因此，有用性是自然资源具有价值的前提和必要条件。

(三)稀缺价值论

并不是所有具有使用价值的物质都有价值，如空气和阳光，具有很高的使用价值和效用性，但目前人们普遍认为它们没有价值，原因是空气和阳光在目前还可以认为是取之不尽、用之不竭的，不具备稀缺性，并且它们还不被任何一个社会主体所垄断。现代经济学研究的核心问题是稀缺资源的优化配置问题，这对于自然资源同样也是核心问题。稀缺性是资源价值的基础，也是市场形成的根本条件，只有稀缺的东西才会具有经济学意义上的价值，才会在市场上有价格。

随着社会经济的发展，人类对资源的需求和开采强度逐渐地加大，许多资源相应减少，具有了稀缺性。资源之所以有价值，首先是因为其在现实社会经济发展中的稀缺性。资源的稀缺性是资源价值存在的充分条件。但资源的稀缺性又是一个相对的概念，在某个地区或某一时期稀缺的资源，在另一个地区和时期可能并不缺少，这样就可能导致同样资源的价值量不同，资源价值量的大小与其稀缺性成正比。

对于矿产资源价值的认识，也是随着人类社会的发展和对矿产资源稀缺性的逐步认识(矿产资源供需关系的变化)而逐步发展和形成的，矿产资源价值也存在从无到有，由低到高的演变过程。因此，稀缺性是资源价值的首要体现，资源价值的大小也是其在不同地区、不同时段稀缺性的体现。

(四)垄断价值论

资源在其开发利用过程中必然建立权属关系。产权是现代市场经济中的一个重要概念，直观地说，产权就是财产权利。H. 德姆塞茨认为，“所谓产权，就是指自己和他人收益的权利”，“交易一旦在市场达成，两组产权就发生了交换，虽然一组产权常附着于一项物品或劳务，但交换物或劳务的价值却是由产权的价值决定的”。从这一解释可以看出，产权是物品或劳务相关的一系列权利或一组权利。E. G. 富鲁普顿等认为：“产权不是人与物之间的关系，而是由于物的存在和使用而引起的人们之间一些被认可的行为关系。”伊萨克森等认为：“社会中盛行的产权制度可以描述为界定每个人在稀缺资源利用方面的地位的一组经济与社会关系。”因此，产权是经济运行的基础，商品和劳务买卖的核心是产权的转让，产权是交易的先决条件。

资源价值的一个重要方面是其产权的体现。设想在一个没有资源产权的地区，任何人都能以任何方式使用资源，而不支付任何报酬，这样只有在资源无限的情况下，才不会稀缺，那时资源也就没有价值。

《中华人民共和国宪法》明确规定，矿产资源等自然资源属国家所有，禁止任何组织或个人用任何手段侵占或者破坏自然资源。《中华人民共和国矿产资源法》明确规定，矿产资源属国家所有，由国务院行使国家对矿产资源的所有权。任何单位和个人要进行矿产资源的勘察、开采，必须取得矿业权。矿业权是由国家所有权派生出的他物权，是矿业权人依法取得的对矿产资源的使用和部分收益的权利。矿业权具有独占性和排他性，可以依法获得收益和进行转让，并且矿业权的取得和转让都应是有偿的。由此就建立了我国的矿产资源产权关系制度。矿产资源的所有权和使用权都由明确的产权主体所垄断，矿产资源的所有权和矿业权人凭借其对稀缺的矿产资源的垄断性，拥有获得未来收益的权利。因此，资源产权的明确，是资源具有价值的基础，稀缺性和垄断性构成了资源具有价值的充分条件。

二、资源资产评估及其特点

资源资产评估是在现时条件下，对资源资产在某一时点上的有偿使用价值进行评定和估算。资源资产包括资源的实体(有形)资产和由所有权派生出来的使用权(无形)资产。资源资产评估，不仅为国民经济资源价值核算服务，还可以在资源资产产权的出让、转让、资产经营、抵押、环保等经济活动中，为有关权益各方包括国家和企业等提供专业服务。资源资产评估的基本方法也有三种方法，即收益法、成本法、市场法，但在具体方法运用以及参数确定上，不同类型的资源资产具有派生的适合各类资源资产评估的特定方法。

资源资产由于具有独特的自然、经济和法律属性，因而与其他资产相比，资源资产的评估具有一定的特点。

(一)资源资产价值是自然资源的使用权价值

我国自然资源大部分属于国家所有，只有一部分属于集体所有，如矿产资源属于国家所有，大部分森林资源属于国家所有，并实行所有权和使用权相分离的制度。由于法律不允许资源资产的所有权转让，因此资源资产评估的对象，主要是资源资产的使用权，是对资源资产权益的价值评估。

(二)资源资产价值受资源所在区位影响较大

由于资源资产的有限性、稀缺性和区域性，资源资产价值受资源所在区位的影响较大。

(三)资源资产评估需遵循自然资源形成和变化的客观规律

资源条件包括资源的质量品位、资源的赋存开采条件和产地至销地的运输距离和运输条件(运输工具和地貌等)。资源资产类别多种多样，不同资产其资源条件、经营方式、市场供求等都不相同。如矿产资源是经过一定的地质过程形成的，森林资源是一种生物资源，因此，矿山企业对矿产资源的开发利用、对矿业权的经营，森工企业的营林生产过程等都有自身的客观规律。因此在资产评估中要充分了解资源资产实体和资产使用权的专业特点，以合理评估资源资产的价值。

三、资源资产评估的对象与范围

资源资产评估对象是无形资产及其所依托的实物资源资产，具体包括资源资产调查成果、资源资产经营权(如矿业权、土地使用权)、生态效益资产(如森林的水源涵养、防风固沙、水土保持等)以及自然景观旅游资源资产、生物多样性和基因保存等专有技术无形资产。由于有些无形资产计量还不够明确，没有开展评估。目前开展评估的有矿产资源资产、森林资源资产和旅游资源资产。这里只对这三种资产的评估予以介绍。

(一)矿产资源资产

矿产资源资产评估范围包括：矿产资源实物资产、矿业权、地质勘察成果专有权，而主要评估对象为矿业权。矿业权分为探矿权、采矿权、矿产发现权。

(1)探矿权和采矿权。探矿权和采矿权是矿产资源资产所有权派生出来的他物权，是所有者特许勘察出资人勘察矿产资源的权利。勘察出资人成为矿业权人，其法律文件是勘察许可证、采矿许可证。勘察许可证、采矿许可证又是行为产权，当矿业权发生租赁、抵押行为时，“两证”成为独立的评估对象。这里需要指出的是，探矿权和采矿权评估必须依托矿产资源实物资产，而矿产资源实物资产评估在特定的评估目的下，可以不依托矿业权，成为独立的评估对象。

(2)矿产发现权。矿产发现权属于知识产权。地质勘察是对地质规律和地质科学的具体运用，其发现对象可能是某种矿产，或者是某种成因类型的矿床，或者是某个成矿区带。这些对象都是客观自然现象的具体体现。所以，对发现主体应给予享有矿产发现权的权益，从而使矿产发现权成为独立的评估对象。

(二)森林资源资产

森林资源是一种可再生的自然资源，包括森林、林木、林地以及依托森林、林木、林地生存的野生动物、植物和微生物。但由于现阶段野生动物、植物及微生物资源等的价值暂时难以估计，森林资源资产主要包括由投资及投资收益所形成的人工林以及依法认定的天然林、林地、森林景观资产。因而森林资源资产评估通常是对林木资产、林地资产和森林景观资产进行评估。

(1)林木资产。林木资产是指林地内所有的林木，包括幼龄林、中龄林和未成林造林地上的幼树；按林木的用途又可分为用材林、经济林、薪炭林、防护林、特种用途林和竹林。人工林和天然林统一纳入林木资产内评估。

(2)林地资产。林地资产是森林生长的承载体，它是指国家法律确认的用于林业用地中具有货币表现属性的资产。包括林地、疏林地、未成林造林地、灌木林地、采伐迹地、火烧迹地、苗圃地和国家规划的宜林地。

(3)森林景观资产。森林景观资产是指风景林(含森林公园)、森林游憩地、部分名胜古迹和革命纪念林、古树名木等。

(三)旅游资源资产

旅游资源是指所有进入旅游经济范围内的资源。从广义上说，旅游资源包括一切可供游客观赏、休闲、娱乐的各种自然景物、基础设施和历史文化古迹以及对现代社会有重要影响的景物；而从狭义上讲，旅游资源就是指旅游景点的自然景物和人文设施。旅游资源的评估一般是指狭义旅游资源的评估。

四、资源资产的评估原则

资源资产评估除遵循一般资产评估原则外，还应遵循以下原则：

(一)各种假设条件要尊重自然科学及客观规律原则

资源资产具有隐伏或者生长期较长的特点，对未来的收益计算，要作各种参数预测。这种预测是在一定的科学假设条件下进行的。如矿产资源资产开采规模，是在矿产赋存状态探明的基础上，假设储量不会发生变化的条件下作出的；森林资源资产蓄木量，是在科学预测生态环境的基础上，假设生长期一定的条件下作出的。

(二)最佳使用原则

资源资产的用途具有多样性，利用方式不同，获得收益的大小也不同。资源资产的权利人都期望获得最大的收益，这一目的指导着资源资产的利用方式。所以，资源资产评估也应以发挥最大效用的利用方式为前提，确定预期的最大收益。

(三)资源价值递增原则

资源资产估价递增原则，是指在评估资源资产价值时，必须充分考虑自然资源的稀缺性。自然资源估价递增原则的基本含义是，评估时序愈后的资源价格愈高。资源资产评估要坚持价值递增原则的原因如下：其一，这是由特殊的供求矛盾决定的。一方面，随着人类开采活动的继续和发展，自然资源在自然界的绝对量在不断减少；另一方面，由于社会经济的发展，人们的需求量不断增加，使得供给与需求的矛盾日益尖锐化。这一矛盾是无法通过人为方式增加、扩大自然资源的拥有量来解决的，这一矛盾在资源评估上的反映，就是不断提高资源的价格，以刺激人们节约资源，尽可能减少对自然资源的需求和依赖。其二，资源资产价值递增，是由资源环境中人类劳动的积累增多决定的。人类改造自然的活动改变并改善了资源开发的环境和条件，这种追加于资源环境、条件方面的劳动代价，必然要体现在与之相联系的自然资源的价值中，从而使得自然资源的价值呈递增的趋势。

第三节　矿产资源资产评估

矿产资源资产(Mineral Resources Assets)评估的需求很广，但主要需求是产权产易和经营活动，其评估对象多是矿业权(包括探矿权和采矿权)。适合矿业权的评估方法目前有五种，其中适合较低勘察程度矿业权评估的有成本法、地学排序法和联合风险勘察协议法；适合较高勘察程度及生产阶段矿业权评估的有折现现金流量法、市场法。这里只介绍成本法、地学排序法、折现现金流量法和市场法。

一、成本法

成本法评估探矿权的基本方法是，探矿权的价值由已投入的勘察成本及其所取得的效果两个要素决定。成本要素指的是勘察时所采用的各种技术方法所投入工作量和工程量的现值，而不是原始实际成本，因此要对勘察投入进行重置计算。勘察有效性及效用系数是对勘察投入的有效性及今后勘察远景有望程度所做的判断，在具体评估方法中称做“勘察效用系数”，通过地质专家和评估人员的评判加以确定。

根据成本法的原理，得到以下表达式：

$$P_a = P_b \cdot F + \text{探矿权使用费}$$

$$P_a = \left[\sum_{i=1}^{n} U_{bi} \cdot P_{ui} \cdot (1+\varepsilon) \right] \cdot F + \text{探矿权使用费}$$

式中：P_a——探矿权价值；

P_b——探矿权重置全价；

F——勘察效用系数；

U_{bi}——各类地质勘察实物工作量；

P_{ui}——各类地质勘察实物工作量相对应的现行市价；

ε——其他地质工作、综合研究及编写报告、岩矿实验、工地建筑等四项费用分摊系数；

n——地质勘察实物工作量项数($i=1, 2, 3, \cdots, n$)。

公式中勘察效用系数是指在待评估探矿权的勘察区内，已完成的各类勘察工作及其成果对受让方利用价值及今后该地区找矿有望程度的大小。它主要是根据评估对象的蕴藏情况、矿化特征、施工效果以及对后续勘察工作的指导意义等因素，对各类已实施的工程量的价值作出评判，其取值范围一般为0.5~2。

探矿权使用费按勘察登记实际区块面积计算，其计算公式如下：

探矿权使用费 = 勘察区块面积 × 第一年至评估基准日探矿权使用费之和

采用成本法评估矿业权仅适用于已开展过勘察工作(包括前人所做的勘察工作)，但尚未达到可以估算储量的探矿权评估，如预查及普查工作阶段的探矿权评估。

二、地学排序法

地学排序法是由澳大利亚的矿产经济学家在加拿大地质学家基尔伯恩1990年提出的地质工程法的基础上进行改进而形成的。基尔伯恩认为：地质工程、矿产品市场、矿业权市场、金融市场和股票市场五个基本因素影响着探矿权价值。这些因素中，地质工程师或地质学家只能对地质工程因素加以评估，评估该探矿权的找矿技术前景；而后四个因素必须求助于矿产经济学家才可能解决。基尔伯恩将地质工程因素划分成四个主要特征，并将这四个主要特征分为19个亚范畴，依据其重要性加以排序，评估人员可以根据自己的经验确定相应的价值指数。澳大利亚的矿产经济学家在此基础上，对一些价值指数及基础购置成本重新进行了测算，同时对原方法中未考虑到的四个因素——矿产品市场、矿业权市场、金融市场和股票市场进行了研究，弥补了原地质工程法的不足，使地学排序法对探矿权价值评估的运用更加客观、全面。

根据地学排序法的原理，可以得到如下数学表达式：

$$P = \mathrm{CR} \times a$$
$$= \mathrm{CR} \times a_1 \times a_2 \times a_i \times \cdots \times a_8$$

式中：P——探矿权评估价值；

CR——基础购置成本；

a_i——价值指数；

a——调整系数(为探矿权价值指数乘积，即 $a = a_1 \times a_2 \times a_i \times \cdots \times a_8$)。

其中基础购置成本的计算公式如下：

$$\text{基础购置成本} = \left(\text{基础工作单位成本} + \text{探矿权使用费}\right) \times \text{待评估探矿权面积}$$

地学排序法主要适用于预查及普查工作阶段的探矿权评估业务，它与成本法适用对象的异同在于：二者均适用于预查及普查工作阶段的探矿权评估；倘若勘察区内投入了一定的勘察工作，除了面积工作外，还投入了少量的轻型或重型山地工作，如槽探、钻探工作，但是待评估探矿权的找矿前景不明朗或很不明朗时，使用成本法评估较为合理；然而在有的勘察区内勘察工作即使投入不多其找矿前景却较为明朗甚至前景很好时，使用地学排序法评估就更为合适。

三、折现现金流量法

折现现金流量法的基本思路是，根据矿山企业现有的或设计的矿山设备、生产条件和方案等，预测矿山企业在预测收益期内各年开发利用矿产资源所取得的预期收益额，扣除生产经营成本和税费等后折算成现值，即为采矿权的价值。

$$P=\sum_{t=1}^{n}\left[(W_{at}-W_{bt})\times\frac{1}{(1+r)^{t}}\right]$$

式中：P——采矿权价值；

W_{at}——年剩余利润额；

W_{bt}——社会平均收益额；

r——折现率。

$$W_{at}=年销售收入-年经营成本-年资源补偿费-资源税金-其他税金$$

$$W_{bt}=年销售收入\times社会销售收入平均利润率$$

值得注意的是，矿业权交易活动包括从地质预查开始，经普查、详查、勘探评价到矿山设计，再到矿山建设、生产，直至闭坑结束的全过程。折现现金流量法，既可用于采矿权各个时期，也适用于达到详查以上的探矿权评估。因此，矿业权随所处矿业活动阶段的变化，其现金流量的内容会有一定变化。

四、市场法

市场法的主要思路是：首先通过市场调查，选择两个以上与评估对象类似的矿业权作为参照物，然后分析参照的矿业权与被评估的矿业权在内在条件、地质特征、油藏地质条件、地质工作程度、开发利用技术条件、外部建设条件、市场条件、地区差别等方面的差异，然后对差异要素进行灵敏度分析，确定需调整的参数和调整幅度，最后调整计算，得出待评估矿业权的价值。

采用市场法评估矿业权价值，其计算公式如下：

$$P_s=\frac{\sum_{i=1}^{n}(P_x\cdot\mu\cdot\omega\cdot\varphi\cdot\theta)_i}{n}$$

或

$$P_s=\frac{\sum_{i=1}^{n}(P_x\cdot\mu\cdot\omega\cdot\varphi\cdot\tau)_i}{n}$$

式中：P_s——待评估矿业权价值；

P_x——参照的矿业权成交价格或评估值；

μ——可采储量调整系数；

ω——品位调整系数；

φ——价格调整系数；

θ——成本调整系数，或用τ——差异调整系数替代；

i——年度；

n——参照矿业权项数。

在利用市场法进行矿业权评估时，需要调整的因素很多，如果诸因素都调整，则会使评估过程复杂化，因而需要选择主要的影响因素进行调整。在影响矿业权价值的诸因素中，我们选择最主要的可采储量、品位、价格、成本或差异要素作为该方法的基本调整参数。在实际应用中还应根据矿种的不同作具体分析从而选取调整参数。

$$可采储量调整系数=\frac{待评估矿业权探明并控制的可采储量}{参照的矿业权探明并控制的可采储量}$$

$$品位调整系数=\frac{待评估矿业权入选品位}{参照的矿业权入选品位}$$

$$价格调整系数=\frac{待评估矿业权现时的矿产品价格}{参照的矿业权当时的矿产品价格}$$

$$成本调整系数=\frac{待评估矿业权的总成本费用}{参照的矿业权的总成本费用}$$

$$差异调整系数=\frac{待评估矿业权差异要素评判总值}{参照的矿业权差异要素评判总值}$$

采矿权差异调整要素主要包括交通条件、自然条件、经济环境和地质采选条件等。具体的差异要素参见表12-1。

表12-1 采矿权差异要素参考表

交通条件	公路类型
	与国道距离
	距火车站距离
	距市中心距离
	距公共设施距离
自然条件	地形环境
	水源状况
	气候环境
	土地状况
经济环境	劳动力状况
	供电供气状况
	农业状况
	所在地国民收入
	地方经济政策
地质采选条件	埋藏深度
	矿床工业类型
	矿石选冶性能
	水文、工程地质条件
	开采方式
	采选规模

应用市场法进行矿业权评估，必须有一个自由、公平竞争的矿业权市场，在这个市场中，能够比较容易地找到一个近期的、相邻的、可比性较强的参照物，而且待评估矿业权与类似的参照矿业权的可比参数既存在、又能够收集到，这是市场法成功运用的关键。

第四节　森林资源资产评估

一、森林资源(Forest Resources Assets)及其价值

(一)森林资源

森林资源是以多年生木本植物为主体并包括以森林环境为生存条件的林内动物、植物、微生物等的生物群落，它具有一定的生物结构和地段类型并形成特有的生态环境。森林资源具有以下特点：

1. 森林资源的系统性

森林资源的各个组成部分，在太阳辐射、热量、水分和土壤等环境条件下，共同组成一个复杂的、既相互联系又相互制约的森林生态系统或森林资源系统，该系统不仅包括各种乔木、灌木、草本植物、地表各种微生物，还包括各种飞禽走兽，甚至包括土地、水和空气等，不仅有各种食物链结构、共生结构和立体结构，而且在空间分布上与其外部相交融，在这个系统中任何一个成分的改变都会影响系统的结构和功能，并引起其他成分在系统中的地位和作用的变化。

2. 森林资源功能的多样性

森林资源不仅具有多种多样的经济功能、生态功能，而且具有极大的社会功能。例如，森林中的木材、干果、鲜果、树皮、香料、药材、饲料、薪材等都可为工农业生产和生活所用，森林能净化大气、防风固沙、保持水土、涵养水源等，为人类创造良好的生存环境。由于森林资源的系统性，森林的一种功能的实现可能引起其他功能的损失，因此，在利用森林资源时，一定要综合考虑，使森林资源系统的功能在整体上实现最佳。

3. 森林资源生产力的可更新性和高效性

一方面，森林资源具有不断更新和增值的能力，只要不受外力的破坏和超负荷开发利用，森林资源就可供人类持续使用；另一方面，森林资源由于具有复杂的立体结构，拥有50倍于土地面积的叶面，因而可以充分利用阳光、空气、水分和养分，它具有其他生物群落无可比拟的高效生产能力，森林同期内生产的物质比一年生植物高10倍，消耗的养分却只有一年生植物的1/10。

4. 森林资源的可再生性

森林资源的可再生性表现为：当林木被采伐之后，可以通过人类劳动培育其再生，也可以在没有人为干预的情况下自然再生，只是后者需要更长的时间；由于森林资源的可再生性，可以通过人类劳动作用于自然，促进其生产和再生产，因此，森林资源又不完全是纯粹的自然资源。

(二)森林资源的价值

森林资源的价值是森林生物群体的物质生产、能量储备及其对周围环境的影响所表现

的价值。其价值主要表现在以下三个方面：

(1)经济效益。即提供木材、能源、食物、药材、物种基因及其他原料所带来的价值。

(2)生态效益。即由于森林环境(包括生物与非生物)的调节作用而产生的有利于人类和生物种群生息、繁衍的效益。一般包括调节气候、保持水土、预防灾害和改良土壤等方面。

(3)社会效益。即森林对人类生存、生育、居住、活动以及在人的心理、情绪、感觉、教育等方面所产生的作用。

上述三种效益从本质上来说，最终都会物化为经济利益，不过有的是直接的经济利益，有的是通过若干中间的过渡环节转化为经济效益，因此，森林资源预期给人类带来的经济利益实际上是上述三种效益带来的总的经济利益。

森林资源资产按其形态可划分为林木资产、林地资产和森林景观资产等。下面分别介绍林木资产、林地资产和森林景观资产的评估。

二、林木资产的评估

在进行林木资产评估时，要根据不同的林种，选择适用的评估方法和林分质量调整系数进行评定估算。目前主要的评估方法有市场法、剩余法、收益法和成本法等。林木资产评估中林分质量调整系数需综合考虑林分的生长状况、立地质量和经济质量等来确定。

(一)市场法

该方法是以相同或类似林木资产的现行市价作为比较基础，评估待估林木资产价值的方法。其计算公式如下：

$$P = K \times K_b \times G \times Q$$

式中：P——林木资产评估值；

K——林分质量调整系数；

K_b——物价指数调整系数；

G——参照物单位蓄积量的交易价格；

Q——被估林木资产的蓄积量。

这里的林分指的是，内部特征大体一致而与邻近地段又有明显区别的一片林子。一个林区的森林，可以根据树种组成、森林起源、林相、林龄、疏密度、地位级、林型及其他因素的不同，划分成不同的林分。不同的林分，常要求采取不同的森林经营措施。

(二)剩余法

剩余法又称市场价倒算法，是用被评估林木采伐后所得的木材销售总收入，扣除木材经营所消耗的成本(含有关税费)及合理利润后，将剩余部分作为林木资产评估价值。其计算公式如下：

$$P = W - C - F + S$$

式中：P——林木资产评估值；

W——销售总收入；

C——木材经营成本；

F——木材经营合理利润；

S——林木资源的再生价值。

其中木材经营成本包括采运成本、销售费用、管理费用、财务费用及有关税费等。

（三）收益法

收益法又称收益净现值法，是将被评估林木资产在未来经营期内各年的净收益按一定的折现率折现为现值，然后累计求和得出林木资产评估价值的方法。其计算公式如下：

$$P = \sum_{t=1}^{N} \frac{(A_t - C_t)}{(1+r)^t}$$

式中：P——林木资产评估值；

A_t——第 t 年的收入；

C_t——第 t 年的营林生产成本；

N——经营期；

r——折现率。

（四）成本法

成本法是按现时工价及生产水平，重新营造一块与被评估林木资产相类似的林分所需的成本费用，作为被评估林木资产评估价值的方法。其计算公式如下：

$$P = K \sum_{t=1}^{n} C_t \times (1+r)^{n-t}$$

式中：P——林木资产评估值；

K——林分质量调整系数；

C_t——过去第 t 年以现时工价及生产水平为标准计算的生产成本，主要包括各年投入的工资、物理消耗、地租等；

r——折现率；

n——林分年龄。

从理论上讲，市场法适合各种有交易的森林资源资产的评估，采用该方法时，至少应选取三个以上的参照物进行测算。但是由于市场条件的限制，在有些情况下，如防护林的评估，市场法就并不适用。剩余法特别适合于成熟龄林木资产评估。收益法适合于有经营性收益的林木资产，如经济林资产、竹林资产、实验林资产、母树林资产等的评估。幼龄林常用成本法评估。

三、林地资产评估

林地资产评估既有土地评估的特点，又有自身的特征。在林地资产评估中使用的主要方法有市场法、林地期望价法、年金资本化法和林地费用价法四种。

（一）市场法

市场法，是以具有相同或类似条件林地在活跃市场的现行交易价格为参照，经过调整后得到林地资产价值的方法。其计算公式如下：

$$B_u = K_1 \times K_2 \times K_3 \times K_4 \times G \times S$$

式中：B_u——林地价；

K_1——立地质量调整系数；

K_2——地利等级调整系数；

K_3——物价指数调整系数；

K_4——其他各因素的综合系数；

G——参照林地的单位面积林地交易价值；

S——被评估林地面积。

市场法要求取三个以上的评估案例进行比较调整后，依据参照物的相对权重综合确定评估值。

(二)林地期望价法

林地期望价法以实行永续皆伐为前提，并假定每个轮伐期林地上的收益相同，支出也相同，从无林地造林开始进行计算，将无穷多个轮伐期的纯收入全部折为现值，其累加求和值即为被评估森林资源资产的评估值。其计算公式如下：

$$B_u = \frac{A_u + D_a(1+P)^{u-a} + D_b(1+P)^{u-b} + \cdots - \sum_{i=1}^{n} C_i \cdot (1+P)^{u-i+1}}{(1+P)^u - 1} - \frac{V}{P}$$

式中：B_u——林地价；

A_u——现实林分 u 年主伐的纯收入；

D_a、D_b——分别为第 a 年、第 b 年间伐的纯收入；

C_i——各年度营林直接投资；

V——平均营林生产间接费用(包括森林保护费、营林设施费、良种实验、调查设计费以及生产单位管理费、场部管理和财务费用)；

P——利率(不含通货膨胀的利率)；

n——轮伐期的年数。

公式中主伐的纯收入是指木材销售收入扣除采运成本、销售费用、管理费用、财务费用、有关税费以及木材经营的合理利润后的剩余部分。间伐的纯收入计算方式与主伐的纯收入相同，但其产量小、规格小、价格低，在进行第一次间伐时常常出现负收入(即成本、税费和投资应有的合理利润部分超过了木材销售收入)；间伐的时间、次数和间伐强度一般按森林经营类型设计表确定。营林生产成本包括清杂整地、挖穴造林、幼林抚育、劈杂除草、施肥等直接生产成本和护林防火、病虫害防治等按面积分摊的间接成本(注意在本公式的使用中地租不作为生产成本)。管理费用摊入各类成本中。直接生产成本根据森林经营类型设计表中的措施和技术标准，按照基准日的工价和物价水平确定它们的重置值；按面积分摊的间接成本必须根据近年来营林生产中实际发生的分摊数，并按物价变动指数进行调整确定。

林地期望价法是评估用材林林地资产的主要方法。该法是按复利计算将无穷多个轮伐期的纯收入全部折为现值后累加求和得到被评估森林资源资产的评估值。

(三)年金资本化法

林地资产评估中的年金资本化法是以林地每年的稳定收益(地租)作为投资资本的收益，再以适当的投资收益率作为折现率求出林地资产的价值的方法。其计算公式如下：

$$E = \frac{A}{P}$$

式中：E——评估值；

A——年平均地租；

P——投资收益率。

年金资本化法计算简单，仅涉及年平均地租和投资收益率，但在确定年平均地租和投资收益率时必须十分注意。在确定平均地租时应用近年的平均值，并尽可能将通货膨胀因素从平均地租中扣除；在确定投资收益率时也最好将通货膨胀率扣除。如果在地租中无法将通货膨胀因素扣除，则采用的投资收益率应包含通货膨胀率，但如果通货膨胀率的变化较大，这种计算可能产生较大的偏差。

(四) 林地费用价法

林地费用价法是用取得林地所需要的费用和把林地维持到现在状态所需的费用来确定林地价格的方法，其计算公式如下：

$$B_u = A \times (1 + P)^n + \sum_{i=1}^{n} M_i (1 + P)^{n-i+1}$$

式中：A——林地购置费；

M_i——林地购置后，第 i 年的林地改良费；

n——林地购置年限；

其他符号的含义同前。

林地费用价法主要用于评估林地的购入费用较为明确，而且购入后仅采取了一些改良措施，使之适合于林业用途，但又尚未经营的林地。该法在一般的土地资产评估中较常使用，而在林地资产中，由于林地购入后仅维持、改良而不进行经营的情况极少，因而该法在林地资产评估中用得较少。在该法的应用中，由于林地的购置年限一般较短，各项成本费用大多比较清晰，其利率 p 一般采用商业利率，各年度的改良费一般也采用历史的账面成本，而不用重置成本。如果林地购置费和各年的林地改良费均采用基准日的重置成本，则其利率用不含通货膨胀的利率。

四、森林景观资产评估

(一) 森林景观资产的内涵

森林景观是指具有游览、观光、休闲等价值的森林资源。森林景观资产是指通过经营能带来经济收益的森林景观资源，主要包括风景林区、森林休憩地、包含名胜古迹的林地与包含古树名木的林地等。森林旅游是以森林生态系统为主要游览对象的旅游活动，森林所形成的特定小环境和林相上的季节变化等因素，形成了独特的风光景象。森林景观资产不仅可以作为人们游览、观光和休闲的理想胜地，而且森林还具有防风固沙、涵养水源、净化空气和作为科学研究基地等功能，因而，考察森林景观资源的价值可从多角度进行分析。

(二) 森林景观资产评估的主要方法

森林景观资产评估的主要方法有市场法、收益法（包括年金资本化法和条件价值法）、成本法等方法，同时应结合景区评价等级和相关设施等进行综合评定估算。

1. 市场法

市场法是以相同或类似森林景观资产的市场价格作为比较基础，评估森林景观价值的方法。运用市场法评估森林景观资产价值，是一种简单、有效的方法，但也许是一种很难被采用的方法。正如世界上没有两片相同的树叶一样，森林景观很难有相同的，即使是树种组成相同、林分结构相似的森林所形成的森林景观也是不相同的。在同一气候带下，同一种树种因其生物学习性与生态习性相同，构成了森林群落，往往呈现较为稳定的结构状态。例如，福建地处亚热带，其区域的典型植被即是常绿阔叶林群落，树种组成多以樟科、壳斗科为主，但是，这些森林群落由于处于不同的地形条件、小气候条件、地理位置或社会经济条件下，从而形成了不同的森林景观。由于森林景观之间的差异、地理位置上的特殊性，因此，在市场上不可能找到完全一样的森林景观资产。在对森林景观进行分析比较时，只能考虑森林景观的某个方面的相同或相似，或者森林景观上大的类别的相同或相似，如同样是热带、亚热带森林植被，相同的树种结构，树种组成相同的亚热带天然阔叶林植被等，但作为森林景观资产的考虑因素，则必须根据有关的因素进行调整，才能够进行评估。其计算公式如下：

$$E = K \times K_b \times G \times S$$

其中：E——森林景观资产评估值；

K——景观质量调整系数；

K_b——物价指数调整系数；

G——参照物单位面积的市场价格；

S——被评估森林景观资产的面积。

2. 收益法

收益法是以生产要素分配理论为其理论基础的，各要素组合产生的收益，依生产函数分解开来，就是各要素对总收益的贡献。森林景观资产的贡献即森林景观资产的收益就是在总收益中扣除劳动工资、资本利息以及管理报酬之后的剩余收益。

还原利率是将资产纯收益还原为资产价格的利率。对任何资产的投资都有风险，且风险越大投资的意愿就越低，所以在选择还原利率时，风险安全因素必须加以充分考虑。

采用收益法对资产进行评估所确定的资产价值，是指为获得该项资产未来预期收益的权利所支付的货币总额。因此，资产的评估价值与资产的效用或有用程度密切相关。资产的效用越大，获利能力越大，它的价格也就越高。应用收益法评估资产必须具备以下两个前提条件：第一，被评估资产必须是能用货币衡量其未来期望收益的单项或整体资产；第二，资产所有者所承担的风险也必须是能用货币衡量的。

森林景观资产的收益法评估，具体包括年金资本化法和条件价值法。

(1)年金资本化法

年金资本化法主要适用于有相对稳定收入的森林景观资产的价值评估。其计算公式如下：

$$E = A/P$$

式中：E——森林景观资产评估值；

A——年均纯收益；

P——投资收益率。

(2)条件价值法

条件价值法是通过对游客进行调查，从而获得森林景观资产评估值的评估方法。评估操作过程中需考虑以下两种情形：

①评估对象为整个森林风景区。运用条件价值法评估整个森林风景区的价值时，主要步骤如下：

第一步，进行游客调查，得出游客对该景区门票的平均愿意支付值；

第二步，以该平均愿意支付值作为合理的门票价格，计算出景区的年门票收入，加上其他经营项目的年预计收入，得出该景区的年总收入；

第三步，年总收入扣除各种成本费用即得景区的年纯收益；

第四步，以年均纯收益除以适宜的投资收益率得出该森林风景区的评估值。

②旅游风景区中某一森林景观资产的评估。森林景观资产仅为风景区的一部分时，运用条件价值法评估森林景观资产的主要步骤如下：

第一步，计算出该风景区总的评估值；

第二步，进行游客调查，计算在没有某一森林景观的情况下，游客对门票的平均愿意支付值；

第三步，以该愿意支付值作为合理门票价格，计算出风景区的评估值；

第四步，风景区总资产评估值减去在没有该森林景观情况下的风景区评估值，即为该森林景观资产的评估值。

3. 成本法

成本法是用现有条件下重新取得与被评估对象相类似的森林景观资产所需的成本费用，作为被评估森林景观资产价值的评估方法。该方法主要考虑林木、林地和旅游设施的重置价值。其计算公式如下：

$$E = K \times \sum_{i=1}^{n} C_i\ (1 + P)^{n-i+1} + Q$$

其中：E——森林景观资产评估值；

K——景观质量调整系数；

C_i——第 i 年的营林投入，主要包括工资、物资消耗、管护费用和地租等；

P——利率；

Q——旅游设施重置价。

第五节　旅游资源资产评估

一、旅游资源资产(Travel Resources Assets)评估的特殊性

一般来说，旅游景点包括山、草、石或道路、房屋、交通工具等设备设施。若将其孤立地看待，虽然每一局部都有其经济价值，但只有构成一个整体，才称得上旅游资源，具有旅游价值，即单纯的经济价值不等同于旅游资源价值。所以，旅游资源的评估需是整体

性的价值评估。可以说，旅游资源的价值评估是一项极为复杂的工作，它涉及自然、历史、地理、气候、经济、科学、技术、文学、艺术等各个方面。尽管如此，在评估过程中，只要我们掌握其特殊性并结合资产评估的一般原理，就可较准确地评估其价值。旅游资源评估的特殊性具体体现在以下几个方面：

(一)旅游资源资产的合一性

一般来说，资产评估分为有形资产和无形资产的评估，但旅游资源的评估却要看到其有形与无形合一的性质。这就是说，作为旅游资源，当然都是实实在在的，但又都具有诸如知名度、自然、人文历史等无形资产的蕴涵。而且，无形资产特别是知名度在很大程度上决定了旅游景点的经济效益和社会效益。知名度越高，吸引的游客就越多，效益也就越好，其价值也就越高。因此，我们对旅游资源的价值评估必须将无形与有形的评估合为一体，只有这样，才能够对其价值做出全面而准确的评估。

(二)旅游资源区位的条件性

用收益法评估旅游资源时应评估出最优收益。旅游的收益取决于旅游资源的区位、游客接待能力等因素，而旅游景点的这种"可进入性"在很大程度上又受本地运输条件和住宿条件的限制。大量事实表明，旅游景点的旅游资源价值往往很大程度上取决于他们与旅游消费市场——经济发达地区及大城市的距离。因而，如果一个旅游景点位置偏僻，交通不便，可进入性差，游客接待能力有限，那么这就大大降低了其旅游资源的评估价值。众所周知，旅游业是一种服务性产业，旅游景点受条件的限制决定其收益是客观的。因而，在进行旅游资源评估时，也就不能不重视这种客观条件所带来的影响。

(三)宏观的相对性

旅游业以其高创收性、强经济拉动性而成为现代文明社会的支柱产业之一，但其提供的旅游服务产品毕竟是社会非必需消费品。换句话说，社会经济需求、社会开放程度、经济发展程度和总体水平都直接决定与影响着旅游景点的收益。因此，在时效性很强的前提下，对旅游资源的评估需要结合当时的宏观经济状况进行。试想与宏观经济不景气相比，在经济景气时，居民收入高，外出旅游欲望强，显然此时旅游景点的收益会普遍上升。所以，对旅游资源的评估不仅是一定区位条件的收益最优评估，而且也是反映一定宏观经济时点的资产状况的评估。

二、旅游资源资产评估的方法

国际上较为流行的旅游资源资产评估方法主要有旅行费用法、条件价值法、费用支付法、生产力转变法、效益损失法、生命价值法、替代成本法、影子价格法等。在所有的评价方法中，旅行费用法和条件价值法是国际上普遍公认的旅游资源价值评价方法，也是我国学者主要采用的方法。

(一)旅行费用法

旅行费用法是西方国家最流行的森林游憩价值评估方法，它以"游憩商品"的消费者剩余作为游憩区的经济价值。旅行费用法最初于1959年由美国学者Clawson创立，1964年J. I. Kentsch对其进行了修改和完善，到20世纪80年代后才得到广泛的应用。旅行费用法是一种显示性偏好模型，用旅游者实际的旅行支出来估计需求曲线，并以此估计旅游资源的价值，也就是以消费者剩余来估计旅游资源价值。

旅行费用法适用于客源市场较大、游客旅行费用差别较大，开发成熟的旅游资源经济价值的评估。其优点是在评估时考虑了潜在旅游经济价值，缺点是无法对未开发的旅游资源进行经济价值测算。旅行费用法的步骤基本等同于条件评价法，有一点不同的是：其得出的支付意愿期望模型是根据马歇尔需求函数构造的，而不是条件评价法所用的希克斯需求函数，即它所用的原理是支出最小化，而不是效用最小化。

(二)条件评价法

条件评价法又称支付意愿法、模拟市场法，是20世纪60年代大卫(David)提出的用来直接估计休闲地价值的一种评估方法。条件价值法是应用市场技术，从消费者的角度出发，先向公众提出一个假设的交易市场，通过直接调查人们的支付意愿WTP或补偿意愿WTA，从而获得人们对该旅游资源的平均支付意愿或补偿意愿，再结合调查区人口总量得出人们总的支付意愿，以此来推算旅游资源的经济价值。条件评价法是目前西方国家对不具备市场价格的物品，如风景资源等经济价值进行评估的一种标准方法。

条件评价法可运用于已开发和未开发旅游资源经济价值的评估，并考虑了旅游资源潜在的经济价值，但是如果使用不当，则容易导致评估结果偏差较大。

(三)费用支付法

费用支付法(Expenditure Method，EM)形成于20世纪初，自20世纪50年代后广泛应用于森林旅游资源的评估。它是以效用价值论为基础，从消费者角度出发，以游客为旅游而实际支出的有关费用总和作为风景资源的旅游经济价值。费用支付法适用于开发较成熟的旅游资源经济价值的评估。其缺点是它的评估结果是旅游资源的现实经济价值，而消费者剩余(潜在的旅游经济价值)未能体现出来，同时对未开发的旅游资源经济价值无法测定和评估。

三、旅游资源经营权的评估

纵观各国旅游资源的开发史，不难发现许多旅游资源常常被各国政府部门或机构以经营权的方式予以“出让”或“拍卖”，其主要目的在于使经营者更好地开发利用旅游资源，使旅游资源能更好地发挥其对经济、社会和环境的综合效益。

旅游资源经营权是指在一定时期内对旅游资源的占有、使用和收益的权利，是一种以合约形式规定的法律上的财产权利，其有两种表现形式：一是对已进行一定程度开发或投入的旅游景区、景点的占有、使用和收益权，可称为旅游景区经营权；另一种是对尚未进行开发或投入的旅游资源的占有、使用和收益权。在我国，旅游资源(以实物形式存在的自然旅游资源和人文旅游资源)的所有权归国家，旅游资源经营权“出让”或“拍卖”时，其价值评估在交易过程中起着重要的作用，旅游资源经营权的评估应根据旅游资源属性和特性，运用科学的方法对旅游资源在某一时点的使用权价值进行评定和估算。

旅游资源作为一种特殊的资源，既不同于土地资源、森林资源等单一形式的自然资源，也不同于一般的国有资产，因此不能简单采用一般资产的评估方法，也不可将一般国有资产出让经营权的方式套用到旅游资源上。在评估旅游资源经营权时，不仅要对其市场的有形价值和无形价值进行评估，同时由于旅游资源的“公益性”，还应对其社会价值、生态价值进行评估。

关于旅游资源经营权价值的评估和确定，目前国家没有颁布相应的法律法规，唯一可以参考的是国务院1985年发布的《风景名胜区管理暂行条例》，但在旅游资源的出让方面基本上处于“真空”状态。近年来，我国评估界的专家学者对旅游资源经营权价值的评估作了一些初步的探讨，现介绍如下：

(一)旅游资源经营权的评估

我国旅游资源绝大部分属于国家所有，各级地方政府作为国有资产的“代理人”，应该成为旅游资源经营权出让的主体，同时也应是委托估价的主体。旅游资源经营权的价值是受让者在一定年限内必须向旅游资源的所有者缴纳的一定数额的出让金。因此，出让旅游资源的经营权的价值应包括三部分，即旅游资源资产的地租本金化价值、投资成本以及旅游资源投资应得利润。

旅游资源资产的地租本金化价值是旅游资源的绝对收益和级差收益按社会平均利润率(一般取银行利息率)还原成本金的价值。投资应得利润是指本行业的平均利润。

(二)旅游资源经营权价值的估价方法

1. 收益法

收益法是在估算旅游资源未来每年预期纯收益的基础上，以一定的折现率将其折算为评估日收益现值总和的一种方法。这里需注意的是，由于旅游资源的开发程度不同，收益的确定也应不一样。

对于尚未开发的旅游资源的收益确定，我们可以采用假设开发法，在结合旅游资源自身价值评估的基础上，考虑旅游资源的开发条件和市场的需求状况来估计旅游资源开发后的收益状况。其计算公式如下：

$$P = F_t(\lambda_1\alpha + \lambda_2\beta + \lambda_3\gamma)k_1$$

P——旅游资源经营权价值；

F_t——在对旅游资源进行假设开发的条件下能带来的预期年收益水平；

λ_i——各种影响因素的权重；

α——旅游资源开发条件系数；

β——对旅游资源经营权的市场需求系数；

γ——其他影响因数的系数；

k_1——经营权年限内的年金现值系数。

这里需说明一点，F_t的准确性取决于对旅游资源自身价值的正确评估和对旅游者需求的正确把握。

对于已有一定程度开发的旅游资源的收益主要通过评估当年旅游景区现有收入(考虑其收益的年增长情况)，再加上未开发旅游资源的收益来加以确定。其计算公式如下：

$$P = l \times G \times k_2 + F_t(\lambda_1\alpha + \lambda_2\beta + \lambda_3\gamma)k_1$$

l——评估当年旅游景区现有收入；

G——景区的年均收入增长率；

k_2——在经营权年限内的等差年金现值系数。

$F_t(\lambda_1\alpha + \lambda_2\beta + \lambda_3\gamma)k_1$——旅游资源的未开发部分的经营权价值。

2. 成本法

在用成本法计算出让旅游资源经营权价值时，其价格为旅游资源的投入成本价值与旅游资源带来的增值收益之和。其中，增值收益源于“增值地租”，应归旅游资源所有者即国家所有，相当于出让金部分。投入成本价值为旅游资源使用者在取得旅游资源使用权时支付的平均成本。

其计算公式如下：

$$P = \sum G_1 + (R_1 + R_2)/L$$

G_1——各种投入要素的评估值；

R_1——绝对收益(绝对地租)；

R_2——级差收益(级差地租)；

L——本金化率。

R_1+R_2是旅游资源的增值收益(增值地租)，它等于旅游业平均销售利润率与社会平均利润率之差乘以旅游产品的销售收入。

总之，我国旅游资源经营权的转让在许多方面还有待进一步完善和规范，对其价值的评估还处于探索阶段，其理论和方法需进一步深入研究，特别是应加强理论界和实业界的交流与合作，在实践中完善其评估方法。

思考题

1. 资源资产与一般资产相比，其特殊性体现在哪里？
2. 四个经济价值理论是怎样影响资源资产价值的？
3. 资源资产评估的实质是什么？不可再生资源资产产权出让的实质又是什么？
4. 矿产资源资产、森林资源资产的评估方法各有哪些？各种方法的要点分别是什么？
5. 旅游资源资产评估的特殊性体现在哪几个方面？

练习题

一、选择题

1. 自然资源包括(　　)。

A. 自然物资　B. 自然条件　C. 生态环境资源　D. 人工环境资源

2. 资源资产的自然属性有(　　)。

A. 天然性　B. 稀缺性　C. 获益性　D. 生态性

3. 适用于预查及普查工作阶段的探矿权评估的方法有(　　)。

A. 地学排序法　B. 折现现金流量法　C. 成本法　D. 市场法

4. 下列资源中，属于可再生资源的有(　　)。

A. 森林资源资产　B. 矿产资源资产　C. 旅游资源资产　D. 水资源资产

5. 采用可比销售法评估采矿权时，需要对已知采矿权转让中的市场交易价进行若干系数调整，这些系数包括(　　)。

A. 品位调整系数 B. 规模调整系数 C. 价格调整系数 D. 差异要素调整系数

二、计算题

1. 新疆维吾尔自治区地质矿产开发局拟出让某铜矿普查探矿权。据有关资料分析可知，该探矿权的重置直接成本为248.62万元，其他四项费用分摊系数为30%，加权平均效用系数为1.78，探矿权使用费为6 000元，试评估该探矿权的价值。

2. 某林班面积为10公顷，林分年龄为4年，平均高2.2米，每公顷株数为2 500株。据调查，该地区在评估基准日的第一年造林投资（含林地清理、挖穴造林、幼林抚育）为2000元/公顷，第二年和第三年投资为500元/公顷，第四年为400元/公顷，年利率为10%，当地平均水平的林分平均高2.5米，每公顷造林株数为2500株，成活率要求为85%。试用成本法评估其价值。

案例分析

伊春林区天然林林木价值评估方法的选择①

一、伊春林区林木资产的主要特点

伊春林区位于黑龙江省东北部，属亚寒带大陆性季风气候，年平均气温1度，无霜期110~125天。伊春林区的林木有以下特点：

1. 天然阔叶混交林为森林的主体

伊春林区主要为天然的阔叶混交林。它虽在20世纪90年代之前遭到了近40年的大面积和超强度的采伐，但由于森林自身更新能力很强，特别是在1998年国家实施了天然林保护工程之后，现有森林已得到了休养生息和恢复。目前，其天然林蓄积量占总蓄积量的比重高达80%以上。

2. 幼龄林、中龄林比重大

伊春林区有林地面积284万公顷，其中幼龄林和中龄林面积为256万公顷，比重高达90%。森林总蓄积量191 000 000立方米，其中幼龄林和中龄林蓄积量为156 000 000立方米，比重高达82%。从面积与蓄积量来看，龄组结构都处于失衡状态，储备资源虽然较丰富，但可采资源较少。

3. 单一小班树种结构多样

根据森林调查部门提供的森林调查资料，在此次产权流转中的林木资产，小班规划面积平均为5~10公顷，每一小班内的树种比较繁杂，即使不计算亚乔木树种的数量，每个小班也都达到了10多个树种，多的达20多个树种。

4. 林木生长缓慢，森林经营周期长

伊春林区地处高纬度，冬季漫长，夏季无霜期短，林木生长缓慢。一般的针叶树种从幼苗到成熟需要一百四五十年的时间，普通的阔叶树种也需要七八十年。因此，森林经营周期较长。

5. 林龄结构不规则

① 张克玉，马守让．伊春林区天然林林木价值评估方法的探讨．中国资产评估，2007(3).

伊春林区的天然林为多树种混交复层异龄林。各年龄林木小班的林木树林与树径排列都不规则。同龄林或林龄结构相近的林分非常少见。

二、天然林价值评估方法的分析

北方林区林木价值评估方法常用的有五种，现对其逐一进行分析：

1. 市场法

在拥有公开、活跃与发育较完善的林木资源交易市场的条件下，市场法是一个简单而有效的评估方法。它适用于各龄组林木的价值评估。但由于伊春是重点国有林区，林地使用权、林木所有权的交易一直没有放开，缺少公开市场成功交易的案例，因此很难运用市场法对林木进行评估。

2. 收益净现值法

收益净现值法适用于在未来经营期内每年有一定收益的经济林林木的评估。但天然林大多为异龄林，采伐作业采用择伐方式，采伐间隔期也无一定规律，每次采伐强度也不相等(一般在20%~30%)。天然林的这种经营方式，决定了收益净现值法这一方法对其并不适宜。

3. 成本法

成本法是按现时工价及生产水平，将重新营造一块与被评估林木相类似林分所需的成本费用，作为被评估林木价值的方法。人工林的幼树和小径林木的评估都适宜采用成本法。天然林的幼树和小径林木的价值评估，可参考营造人工林时的成本费用，经适当调整后作为其评估价值。

4. 收获现值法

收获现值法是将经收获表预测的被评估林木采伐时的纯收益进行折现。此纯收益中扣除了至主伐期间所支出的抚育成本和管护费用。在对天然林林木的价值评估中，中龄林和近熟林适宜于采用收获现值法。

5. 市场价倒算法

市场价倒算法是将被评估林木采伐后取得的木材销售总收入，扣除木材交易的经营成本、税费和应得的交易中的经营利润，得出林木的评估价值。在天然林林木的价值评估中，成熟林和过熟林适宜于采用市场价倒算法。鉴于伊春林区中幼龄林比重大、单一小班树种繁杂、经营周期长的特点和活立木交易市场还发育不够的状况，我们根据每个小班不同树种林木胸径的大小，划分为幼龄林、中龄林、成熟林三个龄组，分别采用成本法、收获现值法和市场价倒算法进行评估，在此基础上，确定整个小班林木的评估价值，然后再确定整个评估项目中林木的评估价值。

三、小班评估法的适用条件

在林木价值评估中，先确定小班林木资产的评估价值，然后再确定整个评估项目中林木价值的方法称为小班评估法。应用小班评估法需具备以下条件：

1. 比较翔实的森林调查资料

产权单位提供的林木资产清单，必须包括具有相应级别的调查部门当年调查的数据。这些数据一般应是当年进行调查的第三类资源资料，或者是对十年进行一次的资源调查的第二类资源资料进行逐年修正后得出的当年资源资料。在应用第二类资源的调查资料时，应当对资料中的树种、林龄、胸径、株数、蓄积量等数据进行复核。

2. 依据齐全

应用小班评估法时要求具备相应的依据，包括：营林技术系列标准、生产定额及有关成本费用标准，木材生产定额及有关成本费用和销售费用标准，木材售价及税费征收标准，林地租金及林业投资收益率，各树种分龄级的生长率表、立木材积表、材种出材率表、原木材积表、立地指数表等有关数据资料。

3. 根据林木胸径大小，将所评估林木划分为适当的龄组

在一般情况下，天然林无林木龄级和龄组的档案资料。评估中一般是根据林木胸径大小，将所评估林木划分为幼龄组、中龄组和成熟龄组。这一划分方法和通常的林木龄级、龄组划分方法不同。按通常的划分方法，天然的红松、云杉，林龄60年以下的都划为幼龄林，天然的水曲柳、胡桃楸、黄菠萝、椴树、柞树，林龄40年以下的也都划为幼龄林。但这样的划分方法不适用于林木的价值评估。对天然林价值评估中的龄组划分，适于采用林木胸径进行分组。其划分方式是：胸径12公分及以下的林木划为幼龄组，胸径14~22公分的林木划为中龄组，胸径22公分及以上的林木划为成熟龄组。依据我们掌握的资料，第一，胸径22公分及以上成熟龄组的活立木生长速度已趋缓。以云杉为例，胸径22公分的年生长率为3.9%，胸径24公分的年生长率为3.2%。第二，这一龄组立木出材率已达到高峰。以冷杉为例，胸径22公分的出材率为76.4%，胸径24公分的出材率为76.2%。第三，这一龄组原条经造材以后，原木小头直径大多在18公分以上，木材质地也最优良。

四、评估过程和方法

在评估中，对龄组单一的小班，可采用一种适当的评估方法进行评估。对龄组类别较多的异龄林，幼龄组林木宜采用成本法，中龄组林木宜采用收获现值法，成熟龄组宜采用市场价倒算法，最后综合确定小班林木的评估价值。计算公式如下：

1. 成本法

计算公式为：
$$E_n = K \times \sum_{i=1}^{n} C_i\ (1+P)^{n-i+1}$$

其中，E_n——林木评估值；

K——林木质量调整系数；

C_i——第 i 年以现时工价及生产水平为标准计算的生产成本；

n——林分年龄；

P——利率。

2. 收获现值法

计算公式为：
$$E_n = K \times \frac{A_u + D_a\ (1+P)^{u-a} + D_b\ (1+P)^{u-b} + \cdots}{(1+P)^{i-n+1}} - \sum_{i=n}^{u} \frac{C_i}{(1+P)^{i-n+1}}$$

其中，E_n——林木评估值；

K——林木质量调整系数；

A_u——标准林分 u 年主伐时的纯收入；

D_a、D_b——标准林分第 a、b 年的间伐纯收入；

C_i——第 i 年营林生产成本；

u——经营期；

n——林分年龄；

P——利率(折现率)。

3. 市场价倒算法

计算公式为： $E_n = W - C - F$

其中，E_n——林木评估值；

W——销售总收入；

C——经营成本；

F——经营利润。

第十三章　资产评估报告

第一节　资产评估报告概述

一、资产评估报告的含义

资产评估报告，是指注册资产评估师根据资产评估准则的要求，在履行必要评估程序后，对评估对象在评估基准日特定目的下的价值发表的、由其所在评估机构出具的书面专业意见。它是按照一定格式和内容来反映评估目的、程序、标准、依据、方法、结果及适用条件等基本情况的报告书。资产评估报告有广义和狭义之分。广义的资产评估报告不仅是一种书面文件，而且还是一种工作制度。它规定评估机构在完成评估工作之后必须按照一定的程序和要求，用书面形式向委托方报告评估过程和结果。我国目前实行的就是这种资产评估报告制度。狭义的资产评估报告即资产评估结果报告书，既是资产评估机构完成对资产作价意见，提交给委托方的咨询性报告，也是评估机构履行评估合同情况的总结，还是评估机构为资产评估项目承担相应法律责任的证明文件。

二、资产评估报告的类型

根据资产评估的具体对象、目的和详略程度，资产评估报告有以下不同的分类：

(1)按资产评估的范围划分，资产评估报告可分为整体资产评估报告和单项资产评估报告

凡是对整体资产进行评估所出具的资产评估报告称为整体资产评估报告。凡是仅对某一部分或某一项资产进行评估所出具的资产评估报告称为单项资产评估报告。尽管资产评估报告的基本格式是一样的，但因整体资产评估与单项资产的评估在具体业务上存在一些差别，两者在报告的内容上也必然会存在一些差别。一般情况下，整体资产评估报告的内容不仅要包括资产，而且要包括负债和权益方面，甚至有些还要考虑由整体资产综合产生的无形资产。而单项资产除在建工程外，一般不考虑负债和综合产生的无形资产等。

(2)按评估对象不同划分，资产评估报告可划分为资产评估报告、房地产估价报告、土地估价报告等

资产评估报告是以资产为评估对象所出具的评估报告书。这里的资产可以包括负债和所有者权益，也可以包括房屋建筑物和土地等。房地产估价报告则只是以房地产为评估对象所出具的估价报告。土地估价报告是以土地为评估对象所出具的估价报告。鉴于以上评估标的物之间存在差别，加上资产评估、房地产估价和土地估价的管理还没有统一，这三

种报告不仅具体格式不相同，而且在内容上也存在较大的差别。

(3)按用途不同划分，资产评估报告可划分为两大类

一类是以产权变动为内容的资产评估报告。它们是为资产出售、转让、拍卖、重组等产权变动服务所出具的报告。这类评估用途涉及产权的变动，因此该类评估报告在资产的权属方面必须清楚，其时间界限(包括基准日、报告有效期等)也要交代得特别明了。另一类是产权不发生变动的资产评估报告，包括抵押、保险、征纳税等产权不发生变动所出具的报告。因这类评估用途不涉及产权变动，在评估报告的内容上会有别于前一种评估报告。一般情况下，这类评估报告的内容可以相对简单。

(4)按资产评估报告披露内容的详尽程度分，资产评估报告可分为完整型(详细型)资产评估报告和简明型资产评估报告

完整型(详细型)资产评估报告是指向委托方或客户提供最详尽的信息资料的评估报告。简明型资产评估报告是指评估机构在保证不误导评估报告使用者的前提下，向委托方或客户提供简明扼要的信息资料的评估报告。完整型(详细型)和简明型资产评估报告只在内容及其披露的详尽程度上有一定的差别，但两者的法律地位和作用是一致的，对评估报告的质量要求也是一样的。注册资产评估师执行资产评估业务，可以根据评估对象的复杂程度、委托方要求，合理确定评估报告的详略程度。

第二节　资产评估报告的作用

资产评估报告在资产评估业务活动中具有以下几个方面的作用：

一、资产评估报告是资产评估机构为被委托评估资产提供的作价意见

资产评估报告是经具有资产评估资格的机构根据被委托评估资产的特点和要求，组织评估师及相应行业的专业人员组成的评估队伍，遵循评估原则和标准，按照法定的程序，运用科学的方法对被评估资产价值进行评定和估算后，通过报告书的形式提出的作价意见。该作价意见不代表任何当事人一方的利益，而是一种专家估价的意见，具有较强的公正性和科学性，因而成为被委托评估资产作价的参考依据。

二、资产评估报告是反映和体现资产评估工作情况，明确委托方、受托方及有关方面责任的根据

它用文字的形式，对受托进行资产评估的目的、背景、范围、依据、程序、方法等过程和评定的结果进行阐述、说明和总结，体现了评估机构的工作成果。同时，资产评估报告也反映和体现了受托的资产评估机构与执业人员的权利与义务，并以此来明确委托方、受托方有关方面的法律责任。在资产评估现场工作完成后，评估机构和评估人员就要根据现场工作取得的有关资料和估算数据，撰写评估结果报告并提交给委托方。负责评估项目的评估师要在报告上行使签字的权利，并提出报告使用的范围和评估结果实现的前提等具体条款。当然，资产评估报告也是评估机构履行评估协议和向委托方或有关方面收取评估费用的依据。

三、资产评估报告是管理部门进行审核、完善资产评估管理的重要对象和手段

资产评估报告是反映评估机构和评估人员职业道德、执业能力水平以及评估质量高低和机构内部管理机制完善程度的重要依据。有关管理部门通过审核资产评估报告，可以有效地对评估机构的业务开展情况进行监督和管理，对评估工作中出现的不足加以完善。

四、资产评估报告是建立评估档案，归集评估档案资料的重要信息来源

评估机构和评估人员在完成资产评估任务之后，必须按照档案管理的有关规定，将评估过程收集的资料、工作记录以及资产评估过程的有关工作底稿进行归档，以便进行评估档案的管理和使用。由于资产评估报告是对整个评估过程的工作总结，其内容包括评估过程的各个具体环节和有关资料的收集和记录，因此，不仅资产评估报告的底稿是评估档案归集的主要内容，而且撰写资产评估报告过程中使用到的各种数据、各个依据、工作底稿和资产评估报告制度中形成的有关的文字记载(主管部门审核同意意见和报告确认通知书等)都是资产评估档案的重要信息来源。

第三节　资产评估报告的基本制度

资产评估报告制度是我国对国有资产评估实施的基本制度，即资产评估机构在完成国有资产评估工作后由相关国有资产管理部门或代表单位对评估报告进行核准或备案。

我国最早的资产评估报告制度是 1991 年国务院以 91 号令颁布的《国有资产评估管理办法》，该办法规定资产评估机构对委托单位(国有资产占有单位)被评估资产的价值进行评定和估算，要向委托单位提出资产评估报告，委托单位收到资产评估机构的资产评估报告后，应当报其主管部门审查，主管部门同意后，报同级国有资产管理行政主管部门确认资产评估结果。经国有资产管理行政主管部门授权或委托，国有资产占有单位的主管部门也可以确认资产评估结果。而且，国有资产管理行政主管部门应当自收到占有单位报送的资产评估报告之日起 45 日内组织审核、验证协商、确认资产评估结果，并下达报告确认通知书。之后，1993 年原国家国有资产管理局制定和发布的国资办发[1993]55 号文件，提出了《关于资产评估报告书的规范意见》，1995 年原国家国有资产管理局又制定和颁布了《关于资产评估立项、确认工作的若干规范意见》，1996 年 5 月 7 日，国资办发[1996]23 号文件转发了中国资产评估协会制定的《资产评估操作规范意见(试行)》，规定了资产评估报告及送审专用材料的具体要求以及资产评估工作底稿的管理要求，进一步完善了资产评估报告制度。1999 年《财政部关于印发〈资产评估报告基本内容与格式的暂行规定〉的通知》，对原有的资产评估报告有关制度作了进一步修改和完善，使资产评估报告制度不仅适用于国有资产的评估，也同样适用于非国有资产的评估。2000 年财政部财企[2000]256 号文件发布了《关于调整涉及股份有限公司资产评估项目管理权的通知》，其中将涉及股份有限公司资产评估项目的受理审核权在财政部和省级财政部门之间进行了分工。2001 年 12 月 31 日，国务院办公厅国办发[2001]102 号文件《国务院办公厅转发财政部〈关于改革国有资产评估行政管理方式　加强资产评估监督管理工作意见〉的通知》对资产评估项

目管理方式进行了重大改革，取消了对国有资产评估项目的立项确认审批制度，实行核准制和备案制，并加强了对资产评估活动的监管。

近几年来，由于国有资产管理方式和要求的变化、新会计准则的发布执行以及评估准则的陆续出台，原国有资产评估报告的内容与格式已不能适应相关法规准则的变化。为了规范注册资产评估师编制和出具企业国有资产评估报告的行为，维护社会公共利益和资产评估各方当事人的合法权益，2008 年 11 月，中国资产评估协会发布了《企业国有资产评估报告指南》，要求除金融企业以外的企业国有资产评估报告应当执行《企业国有资产评估报告指南》。金融企业、行政事业单位及其他的国有资产评估报告指南另行制定。在相关指南实施前，金融企业和行政事业单位国有资产评估报告暂参照执行《企业国有资产评估报告指南》的相关要求。《财政部关于印发〈资产评估报告基本内容与格式的暂行规定〉的通知》(财评字[1999]91 号)即予废止。

第四节　资产评估报告的编写

一、资产评估报告的基本内容

(一)资产评估报告的组成

依照 2007 年 11 月 28 日中国资产评估协会颁布的《资产评估准则——评估报告》的规定，资产评估报告由评估报告标题及文号、声明、摘要、正文和附件组成。

评估报告的声明包括：①注册资产评估师恪守独立、客观和公正的原则，遵循有关法律、法规和资产评估准则的规定，并承担相应的责任；②提醒评估报告使用人关注评估报告特别事项说明和使用限制；③其他需要声明的内容。

评估报告摘要应当提供评估业务的主要信息及评估结论。

评估报告正文一般包括：①委托方、产权持有者和委托方以外的评估报告使用者；②评估目的；③评估对象和评估范围；④价值类型及其定义；⑤评估基准日；⑥评估依据；⑦评估方法；⑧评估程序实施过程和情况；⑨评估假设；⑩评估结论；⑪特别事项说明；⑫评估报告使用限制说明；⑬评估报告日；⑭注册资产评估师签字盖章、评估机构盖章和法定代表人或者合伙人签字。

评估报告附件通常包括：①评估对象所涉及的主要权属证明资料；②委托方和相关当事方的承诺函；③评估机构及签字注册资产评估师资质、资格证明文件；④评估对象涉及的资产清单或资产汇总表。

(二)资产评估报告的基本内容

1. 资产评估报告封面的基本内容

资产评估报告封面需载明下列内容：资产评估项目名称、资产评估机构出具评估报告的编号、资产评估机构全称和评估报告提交日期等。有服务商标的，评估机构可以在报告封面载明其图形标志。

2. 资产评估报告摘要的基本内容

每份资产评估报告的正文之前应有表达该报告书关键内容的摘要，用来让各有关方面了解该评估报告的主要信息。该摘要还必须与评估报告揭示的结果相一致，不得有误导性内容，并应当采用提醒文字提醒使用者阅读全文。

3. 资产评估报告正文的基本内容

(1)首部。评估报告正文的首部应包括标题和报告书序号，标题应含有“×××(评估)项目资产评估报告”字样。

(2)序言。评估报告正文的序言应写明该评估报告委托方全称、受托评估事项、评估范围及评估目的等内容。

(3)委托方、产权持有人及评估报告使用者简介。评估报告正文的委托方、产权持有人及评估报告使用者简介应明确地说明委托方、产权持有人及报告使用者的情况。当产权持有人不唯一时，需要逐一介绍产权持有人。

(4)评估目的。评估报告正文的评估目的应写明本次资产评估是为了满足委托方的何种需要以及所对应的经济行为类型，并简要、准确地说明该经济行为是否经过批准，若已获批准，应将批准文件的名称、批准单位、批准日期及文号写出。

(5)评估对象和范围。这部分应写明评估对象和评估的具体范围。当评估对象与评估范围一致时，应当予以说明；当评估对象与评估范围不一致时，需要将评估对象和评估范围表达清楚。

(6)评估基准日。这部分应写明评估基准日的具体日期，确定评估基准日的理由或成立条件，揭示确定评估基准日对评估结果的影响程度。另外，还应对采用非评估基准日的价格标准作出说明。评估基准日应根据经济行为的性质由委托方确定，并尽可能与评估目的实现日接近。

(7)价值类型及其定义。这部分应写明评估结果的价值类型及其定义。如果评估结果的价值类型是市场价值，可以直接对其进行定义；如果评估结果的价值类型是市场价值以外的价值，评估人员则需要明确本次评估结果的具体价值类型和价值定义，不允许直接使用市场价值以外的价值或非市场价值。

(8)评估依据。这部分应列示评估依据。包括行为依据，法律、法规依据，产权依据和取价依据等。对评估中采用的特殊依据应作相应披露。

(9)评估方法。这部分应说明评估过程所选择、使用的评估方法和选择评估方法的依据或原因。对某项资产评估采用一种以上评估方法的还应说明原因并说明该资产价值的确定方法。对选择特殊评估方法的，也应介绍其原理与适用范围。

(10)评估程序实施过程和情况。这部分应反映评估机构自接受评估项目委托至提交评估报告的全过程，包括接受委托过程中确定评估目的、对象及范围，确定评估基准日和拟定评估方案的过程，资产清查中的指导资产占有方清查、收集准备资料、检查与验证过程；评估估算中的现场检测与鉴定、评估方法选择、市场调查与分析过程；评估汇总中的结果汇总、评估结论分析、撰写报告与说明、内部复核过程以及提交评估报告等过程。

(11)评估假设。这部分应说明在评估过程中使用了哪些假设条件、前提假设、基本假设或其他假设。

(12)评估结论。这部分是报告正文的重要部分。应使用表述性文字完整地叙述评估机构对评估结果发表的结论，并对资产、负债、净资产的账面价值，调整后账面价值，评估价值及其增减幅度进行表述，还应单独列示不纳入评估汇总表的评估结果。

(13)特别事项说明。这部分应说明在评估过程中已发现可能影响评估结论，但非评估人员执业水平和能力所能评定估算的有关事项，也应提示评估报告使用者注意特别事项对评估结论的影响，还应揭示评估人员认为需要说明的其他事项。

(14)评估报告使用限制说明。这部分应写明评估报告只能用于评估报告载明的评估目的和用途，评估报告只能由评估报告载明的评估报告使用者使用，除法律、法规规定以及相关当事方另有约定外，未征得出具评估报告的评估机构同意，评估报告的内容不得被摘抄、引用或披露于公开媒体。评估报告的使用有效期以及评估程序受限造成的评估报告的使用限制等一定要进行说明。

(15)评估报告日。这部分应写明评估报告日，它通常为注册资产评估师形成最终专业意见的日期。

(16)注册资产评估师签字盖章、评估机构盖章和法定代表人或者合伙人签字。这部分应写明出具评估报告的机构名称并加盖公章，还要由评估机构法定代表人和至少两名负责评估的注册资产评估师签名盖章。

4. 资产评估报告附件的基本内容

资产评估报告的附件应包括以下基本内容：①有关经济行为文件；②评估对象涉及的资产清单或资产汇总表；③委托方与资产占有方营业执照复印件；④委托方和相关当事方的承诺函；⑤产权证明文件复印件；⑥评估机构资格证书复印件；⑦评估机构营业执照复印件；⑧评估机构及签字注册资产评估师资质、资格证明文件；⑨资产评估业务约定合同；⑩重要合同和其他文件。

二、资产评估报告的编写步骤

资产评估报告的编写是评估机构完成评估工作的最后一道工序，也是资产评估工作中的一个重要环节。编写资产评估报告主要有以下几个步骤：

(一)整理工作底稿和归集有关资料

资产评估工作中编写的工作底稿和有关资料是编制资产评估报告的基础。资产评估现场工作结束后，有关评估人员应着手对现场工作底稿进行整理和分类，同时对有关询证函、被评估资产背景材料、技术鉴定情况和价格取证等有关资料进行归集和登记。对现场未予确定的事项，还需进一步落实和查核。

(二)评估数据和评估明细表的数字汇总

在完成现场工作底稿和有关资料的归集任务后，评估人员应着手进行评估数据的汇总，如果是整体资产评估，评估人员还应着手评估明细表的数字汇总。明细表的数字汇总应根据明细表的不同级次首先进行明细表汇总，其次进行分类汇总，最后进行资产负债表的汇总。不能采用电脑软件汇总的评估机构，在数字汇总过程中应反复核对各有关表格的数字的关联性和各表格栏目之间数字的钩稽关系，以防出错。

(三)评估初步数据的分析和讨论

在完成评估数据和评估明细表的数字汇总后，应召集参与评估工作的有关人员，对评估报告的初步数据的结论进行分析和讨论，比较各有关评估数据，复核记录估算结果的工作底稿，对存在作价不合理的部分评估数据进行调整。

（四）编写评估报告

首先，在完成资产评估初步数据和数字的分析和讨论并对有关部分的数据进行调整后，由具体参加评估的各组负责人员草拟出各自负责评估部分资产的评估说明，同时提交给全面负责、熟悉本项目评估具体情况的人员，由其草拟出资产评估报告。其次，将评估基本情况和评估报告初稿的初步结论与委托方交换意见，听取委托方的反馈意见后，在坚持独立、客观、公正的前提下，认真分析委托方提出的问题和建议，考虑是否应该修改评估报告，对评估报告中存在的疏忽、遗漏和错误之处进行修正，待修正完毕即可撰写出资产评估正式报告。

（五）资产评估报告的签发与送交

评估机构撰写出资产评估正式报告，并经审核无误后，按以下程序进行签名盖章：先由负责该项目的注册资产评估师签章（两名或两名以上），再送复核人审核签章，最后送评估机构负责人审定签章并加盖机构公章。

三、资产评估报告的编写要求

资产评估报告的编写要求是指在编制资产评估报告过程中的各主要环节和方面的技术要求，它具体包括文字表达、格式与内容以及评估报告的复核与反馈等方面的技术要求。

（一）文字表达方面

资产评估报告既是一份对被评估资产价值有咨询性和公正性作用的文件，又是一份用来明确资产评估机构和评估人员工作责任的文字依据，所以它的文字表达既要清晰、准确，又要提供充分的依据，还要全面地叙述整个评估的具体过程。其文字表达必须准确，不得使用模棱两可的措辞；既要简明扼要，又要把有关问题说明清楚，不得使用带有任何感情色彩的语句，以便评估报告使用者能够合理理解评估结论。当然，在文字表达上也不能带有大包大揽的语句，尤其是涉及承担责任条款的部分。

（二）格式和内容方面

对资产评估报告格式和内容方面的要求，目前必须以《资产评估准则——评估报告》以及《企业国有资产评估报告指南》中要求的格式和内容为标准。

（三）评估报告的复核及反馈方面

资产评估报告的复核与反馈是指在正式出具资产评估报告之前，通过对工作底稿、评估说明、评估明细表和报告书正文的文字、格式及内容的复核和反馈，以检查评估报告中是否存在有关错误和遗漏等问题，并在出具正式报告之前加以改正。由于一项资产评估工作是由多位评估人员同时作业，共同完成的，每个评估人员都有可能因职业能力、专业水平、评估经验、阅历限制而产生工作盲点和工作疏忽，所以，对资产评估报告初稿进行复核是保证资产评估报告质量的必要手段。同时，由于大多数资产委托方或占有方对委托评估资产的分布、结构、成新率等具体情况可能比评估机构和评估人员更了解和熟悉，因而在出具正式报告之前征求委托方意见，收集反馈意见有时也很有必要。

对资产评估报告的复核，必须建立起多级复核和交叉复核的制度，明确复核人的职责，防止复核流于形式。对从委托方或占有方收集的意见和反馈信息，应恪守独立、客观、公正的原则，本着谨慎的态度进行思考和判断。

(四)其他注意事项

(1)注册资产评估师执行资产评估业务，评估程序受到限制且无法排除，经与委托方协商后仍需出具评估报告的，应当在评估报告中说明评估程序受限情况及其对评估结论的影响，并明确评估报告的使用限制。

(2)评估报告应当由两名以上注册资产评估师签字盖章，并由评估机构盖章。有限责任公司制评估机构的法定代表人或者合伙制评估机构负责该评估业务的合伙人应当在评估报告上签字。

(3)评估报告应当使用中文撰写。需要同时出具外文评估报告的，以中文评估报告为准。评估报告一般以人民币为计量币种，使用其他币种计量的，应当注明该币种与人民币的汇率。

(4)评估报告应当明确评估报告的使用有效期。通常，只有当评估基准日与经济行为实现日相距不超过一年时，才可以使用评估报告。

四、企业国有资产评估报告指南

为了维护社会公共利益和资产评估各方当事人的合法权益，规范注册资产评估师编制和出具企业国有资产评估报告行为，中国资产评估协会根据国有资产评估管理有关规定和《资产评估准则——评估报告》，制定了《企业国有资产评估报告指南》(以下简称《指南》)。《指南》是依据《资产评估准则——评估报告》制定的，在理解和使用《资产评估准则——评估报告》和《指南》时，应注重理解以下几点：

(一)从准则体系层面上看，《资产评估准则——评估报告》与《指南》是母子关系

根据我国资产评估准则体系的规划，《指南》包括对特定评估目的、特定资产类别(细化)评估业务以及评估中某些重要事项的规范。

2007年11月28日中国资产评估协会发布、并于2008年7月1日执行的《资产评估准则——评估报告》，是根据市场变化和执业实践不断完善的评估报告的技术规范，是评估报告的基本要求。监管部门根据不同要求，从其监管角度对评估报告提出了更细的要求，作为《资产评估准则——评估报告》的“子准则”的《指南》的制定是更好地服务于国有资产评估领域的重要举措，也是资产评估准则体系不断完善的必要步骤。国有资产评估关系到国有资产权益，对国有资产评估项目的管理不可能脱离对资产评估报告的管理。《资产评估准则——评估报告》是资产评估报告的最低要求，它由评估报告的基本要求和一般内容构成。《指南》在资产评估报告最低要求的基础上，为满足企业国有资产评估管理的需要，根据企业国有资产评估管理的相关规定，有针对性地对五部分内容做出了更为详尽的规定，充分反映了企业国有资产评估监管的要求。

(二)《指南》与各“实体性”准则的关系

已经颁布的各个实体性准则、其他程序性准则属于规范评估的操作性准则，它们不仅是常规性资产评估工作的具体准则，而且也是《指南》的依据。如：《资产评估准则——机器设备》、《资产评估准则——不动产》、《资产评估准则——评估程序》、《资产评估准则——业务约定书》。值得注意的是，《指南》反映如何编写、如何出具评估报告的规范性

问题，不反映也不讨论具体的评估操作技术问题。

第五节 资产评估报告实例①

“中国计算机报”商标权转让价值
资产评估报告书正文

中商评报字[2007]第1032号

中商资产评估有限责任公司接受赛迪信息产业(集团)有限公司和北京赛迪传媒投资股份有限公司的委托，根据国家关于资产评估的有关规定，本着独立、客观、公正、科学的原则，按照公认的资产评估方法，就赛迪信息产业(集团)有限公司拟与北京赛迪传媒投资股份有限公司进行资产置换的事宜，对赛迪信息产业(集团)有限公司拥有的“中国计算机报”商标权转让价值进行了评定估算，对其在评估基准日2006年11月30日所表现的市场价值作出公允反映，并形成了资产评估报告书。现将资产评估情况及评估结果报告如下：

一、委托方、资产占有方和资产使用方简介

本次评估委托方为赛迪信息产业(集团)有限公司和北京赛迪传媒投资股份有限公司，由双方共同委托评估。资产占有方为赛迪信息产业(集团)有限公司。

(一)委托方、资产占有方简介

1. 赛迪信息产业(集团)有限公司

住所：北京市昌平区火炬街甲12号211室　　法定代表人：×××

注册资本：人民币10 000万元　　实收资本：人民币10 000万元

公司类型：有限责任公司

赛迪信息产业(集团)有限公司于1995年9月13日成立，股东为中国电子信息产业发展研究院和中国软件评测中心。主要从事媒体出版、顾问咨询、评测认证、互联网接入等业务。

2. 北京赛迪传媒投资股份有限公司

住所：北京市昌平区科技园区火炬街甲12号206室 法定代表人：×××

注册资本：31 157万元　　企业类型：股份有限公司(上市)

企业法人营业执照注册号：1100001073326(1-1)

经营范围：高新技术企业资讯、媒体、文化传播项目投资管理；技术开发、技术咨询、技术转让、技术服务；提供信息源服务；网络技术服务；承接计算机网络工程、计算机系统集成；销售计算机软硬件及外部设备、通信产品(无线电发射设备除外)；房地产开发经营；酒店管理经营；自有房产的物业管理。北京赛迪传媒投资股份有限公司的前身是海南港澳实业股份有限公司，于1992年12月8日在深圳证券交易所挂牌上市。2000年

① http://vip.stock.finance.sina.com.cn/corp/view/vcb_AllBulletinD-etail.php? gather = 18Lid = 205450.

经批准，中国电子信息产业发展研究院通过信息产业部计算机与微电子发展研究中心重组海南港澳实业股份有限公司，将《中国计算机报》经营性资产置入，同年更名为北京赛迪传媒投资股份有限公司。

(二)资产使用方简介

名称：北京赛迪经纬文化传播有限公司

住所：北京市昌平区科技园区火炬街甲12号218室

法定代表人：×××　　注册资本：1 000万元　　企业类型：有限责任公司

经营范围：组织文化艺术交流，《中国计算机报》投资管理；知识产权咨询服务、培训；信息咨询服务(不含中介服务)；企业管理咨询；企业形象策划；技术开发、技术转让、技术培训等。

该公司成立于1999年5月20日，经北京市工商行政管理局昌平分局核准登记，并颁发1102211041022(1-1)号企业法人营业执照，营业期限自1999年5月20日至2029年5月19日。

(三)委托方、资产占有方和资产使用方的关系

赛迪信息产业(集团)有限公司与北京赛迪传媒投资股份有限公司属关联公司，北京赛迪经纬文化传播有限公司为北京赛迪传媒投资股份有限公司的全资子公司，为本次资产置换中“中国计算机报”商标的受让主体。

二、评估目的

赛迪信息产业(集团)有限公司和北京赛迪传媒投资股份有限公司共同委托中商资产评估有限责任公司，对赛迪信息产业(集团)有限公司拥有的拟用于资产置换的“中国计算机报”商标权进行评估，为资产置换提供价值参考依据。

三、评估范围

(一)评估范围

本次评估范围是赛迪信息产业(集团)有限公司拥有的“中国计算机报”商标权，商标注册证号第1924967号和第1924969号，核定使用商品第16类，注册有效期自公元2002年11月21日至2012年11月20日。商标标志为文字图形，第1924967号商标为“中国计算机报/China Infomedia World”，第1924969号商标为“中国计算机报/China Information World”。“中国计算机报”商标权人原为中国电子信息产业发展研究院，2006年11月20日中国电子信息产业发展研究院将“中国计算机报”商标权无偿转让给赛迪信息产业(集团)有限公司，原权利及义务一并转让，赛迪信息产业(集团)有限公司从而拥有该注册商标权。“中国计算机报”商标于2002年11月21日由中国电子信息产业发展研究院所属的中国计算机报社注册，2004年5月28日经国家工商行政管理总局商标局核准，中国计算机报社将其转让给中国电子信息产业发展研究院。2003年5月30日中国电子信息产业发展研究院与北京赛迪经纬文化传播有限公司、北京赛迪传媒投资股份有限公司签署《商标使用许可协议》，中国电子信息产业发展研究院许可北京赛迪经纬文化传播有限公司和北京赛迪传媒投资股份有限公司使用其所属的中国计算机报社拥有的“中国计算机报”商标，该许可为独家许可，协议有效期为五年。根据相关协议，本次评估范围确定为：已获得正式刊号且使用“中国计算机报”商标的五种专刊《数字时代》、《中小企业商务周刊》、《电

子政务参考》、《中国信息安全》和《存储世界》于2008年5月31日以后所带来的超额收益作为“中国计算机报”商标权转让的价值依据。《数字时代》的刊号为CN11-5405/TN，另四本专刊拟用一个周刊刊号，刊号为CN11-4724/TP，四本专刊按月出版。

(二)《中国计算机报》相关荣誉

《中国计算机报》成立20多年来，一直是IT领域的领军权威媒体，在信息产业传媒市场占有着最大的市场份额。2005年8月6日《中国计算机报》被世界品牌实验室及其独立的评测委员会评估为“2005年中国500最具价值品牌”；2006年8月新闻出版总署报纸期刊出版管理司和中国报业竞争力年会组委会据2006年中国报纸年度核验数据(2005年各项业绩指标)和相关公共数据，评选《中国计算机报》为“2006年最具竞争力的行业报”之一；2006年9月《中国计算机报》被中国国际电子商务大会组委会授予“媒体奖”；2006年11月中国计算机报社被新闻出版总署报纸期刊出版管理司和中国数字报业实验室推选为中国数字报业实验室首届理事单位。在2006年，《中国计算机报》又获得由新闻出版署评出的“最具竞争力的行业媒体”第一名。这一品牌的影响力对于“IT细分市场专刊群”项目有着非常重要的作用，对“中国计算机报”商标产品的衍生和发展带来了更大的市场机遇。

四、评估基准日

本次资产评估确定的评估基准日为2006年11月30日，评估中所采用的计价标准为评估基准日时的有效价格标准。

五、评估原则

1. 本次评估遵循独立、客观、公正、科学的工作原则。

2. 本次评估遵循产权利益主体变动原则。

3. 本次评估遵循资产替代性原则和公开市场原则等操作性原则。

六、评估依据

(一)评估法律法规依据

1. 1991年国务院令第91号《国有资产评估管理办法》和国办发[2001]102号文件《国务院办公厅转发财政部〈关于改革国有资产评估行政管理方式 加强资产评估监督管理工作意见〉的通知》。

2. 国家国有资产管理局国资办发[1992]36号文件《国有资产评估管理办法施行细则》。

3. 国家国有资产管理局国资办发[1996]23号文件《资产评估操作规范意见》。

4. 财政部财评字[1999]91号文件《财政部关于印发〈资产评估报告基本内容与格式的暂行规定〉的通知》。

5. 财政部财企[2001]801、802、803号文件《财政部关于印发〈国有资产评估项目核准管理办法〉的通知》、《财政部关于印发〈国有资产评估项目备案管理办法〉的通知》、《财政部关于印发〈国有资产评估项目抽查管理办法〉的通知》。

6.《企业国有资产监督管理暂行条例》(国务院令第378号)。

7.《企业国有产权转让管理暂行办法》(国务院国有资产监督管理委员会、财政部令第3号)。

8. 中国注册会计师协会《关于印发〈注册资产评估师关注评估对象法律权属指导意

见〉的通知》(会协[2003]18号)。

9.《中华人民共和国商标法》。

10.《资产评估准则——基本准则》。

11.《资产评估准则——无形资产》。

(二)评估工作经济行为依据

中国电子信息产业发展研究院关于赛迪信息产业(集团)有限公司与北京赛迪传媒投资股份有限公司进行资产置换的批复。

(三)评估工作产权依据

1. 中华人民共和国国家工商行政管理总局商标局核发的第1924967号“中国计算机报”商标注册证及注册商标转让证明。

2. 中华人民共和国国家工商行政管理总局商标局核发的第1924969号“中国计算机报”商标注册证及注册商标转让证明。

3.《商标使用许可协议》。

(四)评估工作取价依据

1. 现行金融机构存贷款利率及国债利率。

2.《中国统计年鉴2004》和《中国统计年鉴2005》。

3. 国资委统评局制定的2005年、2006年企业绩效评价标准值。

4. 2006年主要同类企业的财务指标。

(五)评估工作参考资料

1. 资产评估常用数据与参数手册。

2. 评估人员现场勘察记录和市场调查资料。

3. 委托方、资产占有方和资产使用方提供的有关财务和行业资料。

4. 公开媒体上发布的有关行业信息。

七、评估方法

本次对委托评估的“中国计算机报”商标权采用收益现值法进行评估。

1. 评估方法的选择

根据本次评估目的，对“中国计算机报”商标权的评估采用收益现值法比较适宜。从商标权作为无形资产的这一特性来分析，“中国计算机报”商标是IT传媒行业的知名商标，已经为使用它的企业带来超过社会平均收益的超额收益，并将在未来企业运营中继续产生超额收益，因此该商标权的价格是按其获利能力带来的超额收益确定的，而非其本身的“物化”价值决定的。依照这一特点，我们通过测算商标权带给企业未来的超额收益，并通过计算其现值来评估“中国计算机报”商标权的价值，是比较适宜的。采用成本法评估是考虑构成无形资产的重置成本，主要是考虑创造该商标所支出的宣传、广告等费用，此方法比较适用于以无形资产摊销为目的的评估。由于未将无形资产作为获利能力考虑，成本法往往会低估无形资产形成的市场价值，故不宜采用成本法评估。另外，由于在公开市场范围内，难以找到同类商标交易的案例，也不宜采用市场法。

综上所述，本次评估采用收益现值法作为唯一的评估方法。

2. 收益现值法介绍

(1)基本原理

收益现值法的基本原理是现值原理，即任何资产的价值等于其未来全部经济收益的现值总和。基本公式为：

$$P=\sum_{i=1}^{n}\frac{R_i}{(1+r)^i}$$

式中：P 为资产的价值；

R_i 为资产第 i 年带来的经济收益；

r 为预期经济收益风险的折现率；

n 为资产寿命。

(2)本次收益现值法参数的选取

①收益类型。根据本次评估范围，本次商标权评估采用的收益类型为企业经营的除《中国计算机报》以外的衍生刊物因使用“中国计算机报”商标于2008年5月31日以后所带来的预期超额收益。

②关于收益期。法律规定，商标注册期限为10年，可以无限续展。在企业持续经营假设条件下，并鉴于商标权生命周期相对较长，续展非常容易且费用很低，故本次评估采用永续年期作为收益期。

③行业平均利润率和折现率的选取。评估人员选取同行业中与“中国计算机报”商标使用者具有同等或相近的管理水平及经营能力的企业作为参照企业，通过比较分析，评估人员选取传媒行业6家上市公司近4年的平均利润率和净资产收益率作为行业平均利润率和折现率。

(3)具体步骤

①先计算2008年5月31日的超额收益现值。将持续经营企业的超额收益分为前后两个阶段，第一个阶段预测期为5年，自2008年5月31日至2013年5月30日，第一年自2008年5月31日至2009年5月30日，第二年至第五年以此类推，对第一阶段的预期超额收益采取逐年预测折现累加的方法；第二个阶段为2013年5月31日至永续年期，假设其超额收益趋于稳定，保持第五年的收益水平，对该段永续超额收益进行还原并折现，将前后两个阶段的超额收益现值相加，求得2008年5月31日的超额收益现值。

2008年5月31日的超额收益现值=(企业前5年预期超额收益折现值之和+企业5年之后衍生刊物带来的预期超额收益折现值之和)

②将2008年5月31日的超额收益现值折现至评估基准日下的商标权完整价值。2008年5月31日至评估基准日2006年11月30日共计1.5年，评估基准日商标权完整价值为：

商标权完整价值=2008年5月31日的超额收益现值/$(1+\text{折现率})^{1.5}$

③根据商标权价值分摊比例确定评估值。根据双方确定的商标价值分摊比例，赛迪信息产业(集团)有限公司享有“中国计算机报”商标权70%的权益，故赛迪信息产业(集团)有限公司拥有“中国计算机报”商标权70%的权益的评估值为：

评估值=商标权完整价值 × 70%

(4)计算公式

$$P=\frac{\sum_{i=1}^{n}\frac{R_i}{(1+r)^i}+\frac{R_{n+1}}{r(1+r)^n}}{(1+r)^{1.5}}$$

式中：P 为商标权完整价值的评估值；

R_i 为衍生刊物第 i 年带来的预期超额收益；

R_{n+1} 为衍生刊物第 $n+1$ 年带来的预期超额收益；

r 为折现率；

n 为预测期取5年。

$$R_i=(B_i-V_i\times i_0)\times(1-t)$$

式中：B_i 为衍生刊物第 i 年带来的总利润；

V_i 为衍生刊物第 i 年带来的营业收入；

i_0 为行业平均利润率；

t 为企业所得税税率。

(5)收益现值法的假设条件

本次评估收益预测建立在以下假设条件的前提下：

①假设国家和地方现行的法律、法规、社会政治和经济政策无重大变化；

②假设企业将保持持续性经营，并在经营范围、方式上无重大变化；

③假设国家现行的有关贷款利率、汇率、税赋基准及税率以及政策性收费等不发生重大变化；

④假设无其他人力不可抗拒及不可预见因素对企业造成重大影响；

⑤假设本次评估的商标权在评估基准日后按现有用途持续使用；

⑥由于"中国计算机报"商标的价值主要是通过企业的经营业绩体现出来的，故企业对未来经营的预测是本次评估的基础，评估假设企业提供和披露的信息是充分和客观的；

⑦衍生刊物刊期变更能够获得国家行政主管部门的批准，且可以正常经营；

⑧假设北京赛迪经纬文化传播有限公司的会计政策与进行收益预测所采用的会计政策在重要方面基本一致；

⑨假设企业现在和未来的经营者是负责任的，且企业管理能稳步推进公司的发展计划，保持良好的经营态势。

八、评估过程

1. 接受委托，以2006年11月30日为评估基准日，对委托评估的"中国计算机报"商标权价值进行评估，拟定评估计划。

2. 听取委托方关于北京赛迪经纬文化传播有限公司基本情况及财务状况的介绍，收集有关无形资产的资料。

3. 对行业现状及市场竞争状况进行分析。

4. 对北京赛迪经纬文化传播有限公司的经营情况、财务状况、无形资产的获利能力及企业发展经营风险进行分析。

5. 建立收益现值法评估定价模型。

6. 对公司未来期间的收益、收益期限、折现率等进行测算。

7. 撰写评估报告、评估说明。

8. 进行内部三级审核。

9. 与委托方交换意见，修改评估报告和说明。

10. 向委托方正式提交评估报告。

九、价值分摊比例的确定

“中国计算机报”商标于2002年注册，在传媒行业和读者中具有良好的品牌形象和较大影响力，而《中国计算机报》将近21年的运营对于“中国计算机报”商标价值的形成和积累发挥了极为重要的作用；鉴于传媒行业自身的特点以及《中国计算机报》较长的历史，难以收集和量化历年的广告投入和相关财务数据。鉴于上述考虑，按照经营年限的长短计算双方对“中国计算机报”商标价值的贡献更为合理。《中国计算机报》于1985年7月创刊，办刊主体为中国电子信息产业发展研究院，2000年12月改由北京赛迪经纬文化传播有限公司经营。至评估基准日，中国电子信息产业发展研究院共经营《中国计算机报》15年，北京赛迪经纬文化传播有限公司共经营6年，按经营时间测算商标权价值的分摊比例是商标权人赛迪信息产业(集团)有限公司为71%，北京赛迪经纬文化传播有限公司为29%。综合考虑确定最终分摊比例是赛迪信息产业(集团)有限公司为70%，北京赛迪经纬文化传播有限公司为30%。

十、评估结论

根据国家有关资产评估的法律和国家有关部门的法规与规定，本着独立、客观、公正、科学的原则及必要的工作程序，评估人员对委托方提供的“中国计算机报”商标权进行了评估，在评估基准日2006年11月30日评估结果如下：赛迪信息产业(集团)有限公司拥有“中国计算机报”商标权70%的权益的评估值为人民币10 250万元。

十一、特别事项说明

1.“中国计算机报”商标权人原为中国电子信息产业发展研究院，2006年11月20日中国电子信息产业发展研究院将“中国计算机报”商标权无偿转让给赛迪信息产业(集团)有限公司，原权利及义务一并转让，赛迪信息产业(集团)有限公司从而拥有该注册商标权。

2. 本次评估是在《商标使用许可协议》的特定条件下，以《中国计算机报》产品本身以外的衍生产品所带来的超额收益作为“中国计算机报”商标权转让的价值依据。

3. 本次评估是为赛迪信息产业(集团)有限公司拟与北京赛迪传媒投资股份有限公司进行资产置换提供价值依据，考虑“中国计算机报”商标使用方为北京赛迪经纬文化传播有限公司，本次预测的数据是以北京赛迪经纬文化传播有限公司为基础进行的。

4.“中国计算机报”商标于2002年11月21日由中国电子信息产业发展研究院所属的中国计算机报社注册，2004年5月28日经国家工商行政管理总局商标局核准，中国计算机报社将其转让给中国电子信息产业发展研究院。2003年5月30日中国电子信息产业发展研究院与北京赛迪经纬文化传播有限公司、北京赛迪传媒投资股份有限公司签署《商标使用许可协议》，中国电子信息产业发展研究院许可北京赛迪经纬文化传播有限公司和北京赛迪传媒投资股份有限公司使用其所属的中国计算机报社拥有的“中国计算机报”商标，该许可为独家许可，协议有效期为五年。

5. 本次评估是在“中国计算机报”商标注册人享有的商标权在国家工商行政管理总局商标局授予的商品种类和评估范围内进行评估。

6. 本次评估没有考虑关联交易和特殊交易方式对评估结论产生的影响。

7. 本次评估未考虑国家宏观经济政策发生重大变化以及自然力和其他不可抗力的影响。

十二、评估基准日期后重大事项(略)

十三、评估报告法律效力(略)

十四、评估报告提出日期

本评估报告的提出日期为 2007 年 4 月 10 日。

评估机构法定代表人：×××
中国注册资产评估师：×××
中国注册资产评估公司：
中商资产评估有限责任公司
2007 年 4 月 10 日

第六节 资产评估报告的使用

资产评估报告由评估机构出具后，资产评估委托方、资产评估管理机构和有关部门对资产评估报告及有关资料要根据需要进行应用。

一、委托方对资产评估报告的使用

委托方在收到受托评估机构送交的正式评估报告及有关资料后，可以依据资产评估报告所揭示的评估目的和评估结论，合理使用资产评估结果。根据有关规定，委托方依据资产评估报告所揭示的评估目的及评估结论，可以在以下几种具体的用途中使用：

(1)根据评估目的，作为资产业务的作价基础。包括企业改制、上市、对外投资、中外合资合作、转让、出售、拍卖等产权变动的经济活动以及保险、纳税、抵押、担保等非产权变动的经济活动和法律方面需要的其他目的的活动的作价基础。

(2)作为企业进行会计记录或调整账项的依据。委托方在根据资产评估报告所揭示的资产评估目的使用资产评估报告资料的同时，还可依照有关规定，根据资产评估报告进行会计记录或调整有关财务账项。

(3)作为履行委托协议和支付评估费用的主要依据。当委托方收到评估机构的正式评估报告及有关资料后，在不存在异议的情况下，应根据委托协议，将评估结果作为计算支付评估费用的主要依据，履行支付评估费用的承诺及其他有关承诺。

此外，资产评估报告书有关资料也是有关当事人因资产评估纠纷向纠纷调处部门申请调处的申诉资料之一。

当然，委托方在使用资产评估报告及有关资料时也必须注意以下几个内容：

(1)只能按报告所揭示的评估目的使用报告，一份资产评估报告只允许按一个用途使用。

(2)只能在报告有效期内使用报告，超过报告的有效期，原资产评估结果无效；若要使用报告，必须由评估机构重新调整相关数据，并得到有关部门重新认可后方能使用。

(3)在报告有效期内，资产评估数量发生较大变化时，应由原评估机构或资产占有单位按原评估方法做相应调整后才能使用。

(4)涉及国有资产产权变动的评估报告及有关资料必须经国有资产行政主管部门确认或授权确认后方可使用。

(5)作为企业进行会计记录和调整企业账项使用的资产评估报告及有关资料，必须由有权机关批准或认可后方能生效。

二、资产评估管理机构对资产评估报告的运用

资产评估管理机构主要是指对资产评估进行行政管理的主要机关和对资产评估行业进行自律管理的行业协会。对资产评估报告的运用，是资产评估管理机构实现对评估机构的行政管理和行业自律管理的重要过程。资产评估管理机构通过对评估机构出具的资产评估报告及有关资料的运用，一方面能大体了解评估机构从事评估工作的业务能力和组织管理水平。由于资产评估报告是反映资产评估工作过程的工作报告，通过对资产评估报告的检查与分析，评估管理机构就能大致判断该机构的业务能力和组织管理水平。另一方面，也能对资产评估结果的质量进行评价。资产评估管理机构通过对按规定需要验证和确认的资产评估报告进行验证与确认，就能够对评估机构的评估结果的质量作出客观的评价，从而能够有效实现对评估机构和评估人员的管理。此外，它还能为国有资产管理提供重要的数据资料。通过对资产评估报告的统计与分析，可以及时了解国有资产占有和使用状况以及增减值变动情况，进一步为加强国有资产管理服务。

三、有关部门对资产评估报告的运用

除了资产评估管理机构可运用资产评估报告外，有些政府管理部门也需要运用资产评估报告书，它们主要包括证券监督管理部门、保险监督管理部门、工商行政管理部门、税务部门、金融部门和法院等有关部门。

证券监督管理部门对资产评估报告的运用，主要表现在对申请上市公司的有关申报材料招股说明书的审核过程以及对上市公司的股东配售发行股票时的申报材料配股说明书的审核过程。根据有关规定，公开发行股票公司信息披露至少要列示以下各项资产评估情况：

①按资产负债表大类划分的公司各类资产评估前账面价值及固定资产净值；

②公司各类资产评估净值；

③各类资产增减值幅度；

④各类资产增减值的主要原因。

此外，还应简单介绍资产评估时采用的主要评估方法。

对公开发行股票的公司采用非现金方式的配股，其配股说明书的备查文件必须附上资

产评估报告。

当然，证券监督管理部门还可运用资产评估报告和有关资料加强对取得证券业务评估资格的评估机构及有关人员的业务管理。

保险监督管理部门、工商行政管理部门、税务部门、金融部门和法院等有关部门也都能通过对资产评估报告的运用来达到实现其管理职能的目的。

思考题

1. 资产评估报告有哪几个方面的作用?
2. 资产评估报告一般由哪几个部分组成，其中正文部分具体包括哪些内容?
3. 资产评估报告的编写有哪几步? 具体到每一步有哪些问题值得注意?
4. 资产评估报告在使用的过程中应注意哪些问题?

第十四章　以财务报告为目的的评估

第一节　以财务报告为目的的评估概述

一、以财务报告为目的的评估的含义

随着《国际财务报告准则》在世界范围内的应用，公允价值计量及其他非历史成本的会计计量模式被越来越多地使用。我国2006年年初发布的《企业会计准则》也引入了公允价值的概念和计量模式，这标志着公允价值在我国已经从研究阶段进入了实际应用时期。利用估值手段判断公允价值正在或即将成为公允价值计量的重要途径之一。因此，我国评估服务领域中新增了一项业务内容，即以财务报告为目的的评估。

以财务报告为目的的评估活动在世界范围内开展得非常广泛，虽然各国对以财务报告为目的的评估的表述有所不同，但其内涵大同小异。2007年11月，中国资产评估协会颁布的《以财务报告为目的的评估指南(试行)》(以下简称《指南》)对以财务报告为目的的评估作了如下表述：本《指南》所称以财务报告为目的的评估，是指注册资产评估师基于企业会计准则或相关会计核算、披露要求，运用评估技术，对财务报告中各类资产和负债的公允价值或特定价值进行分析、估算，并发表专业意见的行为和过程。

由此可见，以财务报告为目的的评估是专门为企业会计计量、核算和财务信息披露服务的一类专项评估活动。在遵循评估准则的基础上，还要参照相关会计准则的规定，以满足财务报告披露的要求。评估对象是财务报告中的各类资产和负债，如资产减值、投资性房地产、金融工具等涉及会计核算事项的资产以及非同一控制下的企业合并取得的被购买方的可辨认资产、负债及或有负债等。价值类型是公允价值或特定价值，它对评估技术(评估方法)具有一定的约束作用。评估技术(评估方法)是确定资产评估的具体手段和途径，它既受估价标准的制约，又要根据实际可用资料和评估对象的具体情况来选择。

二、以财务报告为目的的评估的特点

以财务报告为目的的评估服务于企业财务报告的编制和披露，是资产评估在企业财务报告方面的具体运用。以财务报告为目的的评估涉及资产评估、财务会计和审计等专业的知识和要求。所以，以财务报告为目的的评估除了要满足资产评估专业的要求以外，还需要满足相关专业的要求。因此，以财务报告为目的的评估具有一些自身的特点。

(一)以财务报告为目的的评估需要满足会计准则对资产计价的要求

会计准则对资产计价的要求，首先表现在会计资产计价的计量属性方面，我国会计计

量属性包括历史成本、重置成本、可变现净值、现值和公允价值。以财务报告为目的的评估需要衔接资产评估价值类型与会计计量属性的规定，通过对特定评估业务价值类型的定义，避免与会计准则中的计量属性产生冲突，只有通过这种衔接，才能更好地服务于会计的需要，且有利于评估业务的开展。如何进行这种衔接，我们将在第二节中具体说明。

（二）以财务报告为目的的评估应该参照会计准则有关计量方法的规定

以财务报告为目的的评估在评估方法的选择和使用方面应该参照会计准则中有关计量方法特殊性规定的要求，分析市场法、收益法和成本法三种资产评估基本方法的具体应用范围。同时需要考虑会计准则认可的其他技术方法的适用性以及资产评估的借鉴意义，考虑以财务报告为目的的评估方法的多样性。

（三）以财务报告为目的的评估业务具有多样性、复杂性

以财务报告为目的的评估涉及企业合并、资产减值、投资性房地产、金融工具、股份支付等多项会计核算业务，每项会计核算业务不同，其所对应的评估对象、价值类型和评估方法也不同。比如，对固定资产减值事项提供评估服务时，所涉及的会计计量模式是可收回金额，对应的价值类型是公允价值减去处置费用的净额和资产预计未来现金流量的现值；为企业合并事项提供评估服务时，所涉及的会计计量模式是公允价值，对应的价值类型是市场价值。

（四）以财务报告为目的的评估需要与审计准则相衔接

以财务报告为目的的评估结果不仅应当满足会计准则的要求，同时应当与审计准则的要求相衔接。以财务报告为目的的评估在很大程度上是为了会计信息的披露，会计信息披露之前通常是要经过审计的，尽管审计准则中的很多要求和规定是源于会计准则，然而审计准则仍然有其独特的要求。保证以财务报告为目的的评估及其结果与审计准则衔接，是以财务报告为目的的评估的重要特征之一。

三、以财务报告为目的的评估的发展现状

以财务报告为目的的评估起源于20世纪70年代，欧共体、英国和美国对以财务报告为目的的评估的发展产生了很大的影响。21世纪初，国际评估准则委员会相继出版了《国际评估准则》第七版和第八版，同时还发布了多项应用指南，对以财务报告为目的的评估作出了修订，使《国际评估准则》与《国际财务报告准则》相适应。

1978年7月，欧共体第4号法令（the Fourth Council Directive 78/660/EEC of 25 July 1978），即公司法，第7章（SECTION 7：Valuation rules）第32、35条规定了为财务报告目的对固定资产进行估价的规则。1996年，欧盟发布了保险企业年度会计和合并会计法令。随后，欧洲评估师协会联合会出版了《保险公司资产会计目的的评估指南》。2003年《欧洲评估准则》（*European Valuation Standards*，EVS）中增加了以财务报告为目的的评估准则。2005年1月欧盟采用《国际会计准则》，从实务上大大推动了以财务报告为目的的评估的发展。

英国的会计准则对以财务报告为目的的评估有深刻的影响。在20世纪70年代，面对改革压力，伦敦交易所首先提出了企业可以选择在财务报告中披露一些资产的现行价值（Current Valuc），而不是历史成本，将现行价值列入财务报告要求，还提出无形资产可以

不摊销，这对评估行业产生了极大影响，从此以财务报告为目的的评估在英国得到了很大发展。

2001年美国财务会计准则委员会发布141、142号公告后，以财务报告为目的的评估业务得到了快速发展，美国的会计行业和评估行业开始合作。2006年9月，美国财务会计准则委员会发布了157号公告《公允价值计量》，统一了现有会计准则涉及公允价值的计量和披露工作，这在一定程度上具有规范公允价值计量的性质。2007年初，美国财务会计准则委员会就制定以财务报告为目的的评估指南发出征求意见函，询问公众的内容包括是否需要专门的公允价值评估规范，评估指南的具体程度如何以及谁来参与制定评估指南等。此外，美国次贷危机引发金融危机后，美国财务会计准则委员会于2008年10月发布了《非活跃市场下对金融资产公允价值的确定》的文件(FSP-FAS 157-3)，该文件阐述了在非活跃市场下对金融资产公允价值计量的基本原则并举例说明了在非活跃市场下确定金融资产公允价值时需要考虑的关键因素。同时，资本市场环境发生巨变，引起了众多关于以市场价格为计量标准(Mark-to-market)的讨论和非议。美国证监会(SEC)在国会法律文件的要求下，经研究并于2008年底发表了研究报告，该报告明确指出公允价值(包括以市场价格为计量标准)无需取消或者停用，但是对公允价值计量的具体应用问题仍要进一步加以补充和完善。

2005年2月，国际评估准则委员会出版了《国际评估准则》(第七版)。与上一版本相比第七版《国际评估准则》的一项重要变动就是为了适应2004年《国际财务报告准则》的修订，对相关国际评估准则，主要是《国际评估应用指南1》(以财务报告为目的的评估)和《国际评估指导意见8》(以财务报告为目的的评估业务中的成本法)，作出了修订。2007年7月，国际评估准则委员会出版了《国际评估准则》(第八版)，前述相关部分与第七版内容基本相近；同时，发布了《以财务报告为目的的无形资产评估指南》的讨论文件。此外国际评估准则委员会还发布了投资性房地产中在建工程评估问题的初步意见书。2006年11月，国际会计准则理事会发布了《公允价值计量准则》的讨论稿，该讨论稿全面引用了美国财务会计准则委员会第157号准则的相关内容。与美国财务会计准则委员会一样，为应对金融危机引起的资本市场的变化，国际会计准则理事会于2008年10月发布了《非活跃市场下公允价值计量应用的非强制性指南》。该文件与美国财务会计准则委员会发布的FSP-FAS 157-3相比，除了在会计准则体系的地位上略有差异外，在其他各个重要方面基本一致。

以财务报告为目的的评估成为评估师开展业务的新领域，并快速增长。根据美国评值有限公司2006年的非正式统计，香港业务部全年以财务报告为目的的评估业务收入占全部收入的比例达到50%以上。国际四大会计师事务所也将这一评估业务作为重要的咨询业务内容，并取得了较大成绩。

国际范围内以财务报告为目的的评估正在快速发展。为促进我国《会计准则》与《国际财务报告准则》接轨，2006年2月财政部发布的《会计准则》引入了公允价值的概念和计量模式。几年来，在财政部等有关部门的大力支持下，评估行业与会计行业在评估服务于会计方面进行了沟通，形成了许多共识。2007年11月，中国资产评估协会发布了《指南》，以规范注册资产评估师以财务报告为目的的评估业务行为，维护社会公共利益和资产评估各方当事人的合法权益。该《指南》自 2007 年 12 月 31 日起实施。

四、以财务报告为目的的评估的意义

（一）适应财务报告目标发展的需要

传统会计计量主要以历史成本为主，注重可靠性，主要关注损益表、交易及其对收益的影响，配比原则和谨慎原则很重要，集中于对收入的确认，资产负债表更多地体现剩余数，主要反映受托人责任履行情况。

随着资本市场的发展，企业所有权与经营权的分离，所有权的高度分散，投资者更关心的不是受托责任，因为他们可以随时通过资本市场实现所有权的转移，他们关心的是管理当局是否提供了对他们决策有用的信息。这样，会计的目标就由报告受托责任发展为提供决策有用的信息。这种情况下，对会计信息相关性的要求超过可靠性的要求，会计方法的关注点由收益转向资产和负债的初始确认、初始计量、后续计量和终止确认，历史成本报表的相关性受到质疑。

为了提供对决策更为有用的信息，会计计量一直在不断改革，在以财务报告为目的的评估中，采用公允价值对会计项目所涉及的资产和负债进行评估，使会计的计量属性由单一的历史成本发展到以历史成本为主的多重计量属性并存。

（二）提高会计信息相关性的需要

会计核算的相关性原则要求企业提供的会计信息应当能够反映企业的财务状况、经营成果和现金流量，以满足会计信息使用者的需求。而历史成本是经济资源取得时的原始交易价格，其实质是业务发生时的公允价值。从会计的角度来看，当公允价值被记录下来时，它就成为账面上资产或负债的历史成本。公允价值与历史成本相比，能较好地披露企业获得的现金流量，从而更确切地反映企业的经营能力、偿债能力及所承担的财务风险。公允价值计量能有效地增强会计信息的相关性，为投资者、债权人等众多利益相关者提供更加有助于其决策的信息。

（三）满足与《国际财务报告准则》接轨的需要

20 世纪 80 年代以来，一些国家和地区的准则制定机构逐渐将公允价值引入金融工具的计量实务，并且逐步扩展到其他资产和负债的后续计量。FASB 和 IASC 的做法也给了我们很大的启示：据统计（谢诗芬，2003）75%的现行国际会计准则运用了现值和公允价值，越是新近的准则，采用的比例越大。国际会计计量普遍采用公允价值，为了适应 2004 年《国际财务报告准则》的修订，国际评估准则委员会出版了《国际评估准则》（第七版）和《国际评估准则》（第八版），将以财务报告为目的的评估纳入了评估准则体系。如果我们的评估准则和会计准则仍然采用过去的账面价值的方法，则既不利于我国资产评估业和会计业与国际接轨，也不利于我国资产评估业和会计业的发展。

第二节　评估范围、对象和价值类型

一、以财务报告为目的的评估范围

以财务报告为目的的评估范围实际上是以财务报告为目的的评估涉及的基本业务，也

就是指引起以财务报告为目的的评估的会计事项。概括地讲，包括与资产的后续计量有关的会计事项涉及的资产、负债和或有负债。具体来说，包括企业合并对价分摊涉及的资产及负债、资产减值测试涉及的资产及负债、投资性房地产涉及的资产及负债与金融资产、持有至到期投资、贷款和应收账款、可供出售金融资产和股权等涉及的资产及负债等。

合并对价分摊事项是指(《企业会计准则第 20 号——企业合并》(以下简称《企业合并准则》)第 13 条规定的非同一控制下的企业合并成本在取得的可辨认资产、负债和或有负债之间的分配。购买方对合并成本大于合并中取得的被购买方可辨认净资产公允价值份额的差额，应当确认为商誉。合并对价分摊事项涉及的评估业务对应的评估对象应当是合并中取得的被购买方各项可辨认资产、负债及或有负债。根据《企业合并准则》第 6 条的规定，对于同一控制下的企业合并，合并方在企业合并中取得的资产和负债，应当按照合并日在被合并方的账面价值计量。因此，同一控制下的企业合并不涉及合并对价分摊问题。

资产减值，是指资产的可收回金额低于其账面价值，企业所有的资产在发生减值时，应当及时加以确认和计量。在执行会计准则规定的包括商誉在内的各类资产减值测试涉及的业务时，对应的评估对象可能是单项资产，也可能是资产组或资产组组合。其中，固定资产减值测试一般以资产组的形式出现；商誉减值测试一般以资产组或资产组组合的形式出现。

投资性房地产是指为赚取租金或资本增值，或两者兼有而持有的房地产。在执行会计增值规定的投资性房地产评估业务时，对应的评估对象包括：①已出租的土地使用权和已出租的建筑物，是指以经营租赁方式出租的土地使用权和建筑物。②持有并准备增值后转让的土地使用权，是指企业取得的、准备增值后转让的土地使用权。按照国家有关规定认定的闲置土地，不属于持有并准备增值后转让的土地使用权。③某项房地产，部分用于赚取租金或资本增值、部分用于生产商品、提供劳务或经营管理，能够单独计量和出售的、用于赚取租金或资本增值的部分，应当确认为投资性房地产；不能单独计量和出售的、用于赚取租金或资本增值的部分，不确认为投资性房地产。④企业将建筑物出租，按租赁协议向承租人提供的相关辅助服务在整个协议中不重大的，如企业将办公楼出租并向承租人提供保安、维修等辅助服务，应当将该建筑物确认为投资性房地产。根据《企业会计准则第 3 号——投资性房地产》的规定，自用房地产和作为存货的房地产不属于投资性房地产。

金融工具是指形成一个企业的金融资产，并形成其他单位的金融负债或权益工具的合同。金融工具可以分为基础金融工具和衍生金融工具。基础金融工具包括企业持有的现金、存放于金融机构的款项、普通股以及代表在未来收取或支付金融资产的合同权利或义务等，如应收账款、应付账款、应收票据、贷款、债权投资等。衍生金融工具包括远期合同、期货合同、互换和期权以及具有远期合同、期货合同、互换和期权中一种或一种以上特征的工具。

二、以财务报告为目的的评估对象

根据项目具体情况、会计准则和委托方的要求，以财务报告为目的的评估对象可以是各类单项资产、负债，也可以是资产组或资产组组合。

与传统资产评估业务相比，以财务报告为目的的评估对象不仅有各类单项资产、负债，也有资产组或资产组组合(对资产组或资产组组合的分析应当符合会计准则的要求)。同时，以财务报告为目的的评估对象不是因产权变动涉及的各类单项资产、负债、资产组或资产组组合，而是因会计准则中特定会计事项(合并对价分摊、资产减值、投资性房地产和金融工具)所对应的对象涉及初始计量、后续计量、减值测试和对价分摊等引起的估值需要。注册资产评估师需要通过关注会计准则中特定会计事项所对应的对象，关注相关资产、负债在企业营运中的作用等来确定所评估对象是单项资产、负债还是资产组或资产组组合。

评估对象的多元化和复杂性具体反映在不同的会计准则要求中，以合并对价分摊为例，在执行会计准则规定的合并对价分摊事项涉及的评估业务时，对应的评估对象应当是合并中取得的被购买方可辨认资产(包括各类可辨认无形资产)、负债及或有负债，并应该知晓该评估对象与被购买方企业价值评估所对应的对象不同。合并对价分摊(PPA)的评估是通过识别所收购企业的各项资产和负债(包括未在被收购企业资产负债表上反映的资产和负债)，评估各项资产和负债的公允价值，将收购企业的收购价格根据所评估的各项资产和负债的公允价值进行分配，其分配差额为商誉。《指南》还规定了资产减值测试、投资性房地产和金融资产负债等领域评估对象应考虑的因素。正确认识以财务报告为目的的评估中的评估对象以及以财务报告为目的的评估中评估对象与企业价值评估中评估对象的区别，将有助于评估人员做好以财务报告为目的的评估。

(一)以财务报告为目的的评估中的负债评估对象

当企业中的负债成为会计准则中特定会计事项所对应的对象，同时要求取得这些负债的公允价值时，这些负债就可能成为以财务报告为目的的评估中的评估对象。在执行会计准则规定的合并对价分摊事项涉及的评估业务时，对应的评估对象就涉及企业中的负债(包括未在被收购企业的资产负债表上反映的负债)。企业资产负债表上负债的界定相对简单，未在被收购企业的资产负债表上反映的负债的界定存在一定难度。以财务报告为目的的评估中的负债评估对象可以是企业的某项实际债务，也可以是企业的某项或有负债，还可以是企业的全部负债。

(二)以财务报告为目的的评估中的资产组和资产组组合评估对象

在企业中的要素资产不存在活跃的交易市场并且成为会计准则中特定会计事项所对应的对象，而且这些单项要素资产难以单独形成或难以单独计量现金流量的情况下，需要借助资产组或资产组组合及可计量的现金流量判断其公允价值。此时的资产组和资产组组合就可能成为以财务报告为目的的评估中的评估对象。

资产组是企业可以认定的最小资产组合，其产生的现金流入应基本独立于其他资产或资产组。资产组应当由与创造现金流入相关的资产组成。

资产组组合是指由若干个资产组组成的最小资产组组合，包括资产组和资产组组合以及按合理方法分摊的总部资产部分。

以财务报告为目的的评估中的资产组或资产组组合的具体确认应当按照会计准则的要求进行。会计准则下资产组的认定应当考虑以下因素：

第一，资产组的认定，应当以资产组产生的主要现金流入是否独立于其他资产或资产组的现金流入为依据。因此，资产组能否独立产生现金流入是认定资产组的最为关键的因素。

第二，资产组的认定，应当考虑企业管理层对生产经营活动的管理或者监控方式(如按照生产线、业务种类还是按照地区或者地域等)和对资产的持续使用或者处置的决策方式等。

在执行会计准则规定的资产减值事项涉及的评估业务时，对应的评估对象就有可能涉及企业中的资产组或资产组组合等。

三、以财务报告为目的的评估的价值类型

资产评估中的价值类型涉及评估结论的价值定义及其合理性指向，是资产评估中最为核心的问题。

《指南》第 23 条规定，注册资产评估师执行以财务报告为目的的评估业务，应当根据会计准则或相关会计核算与披露的具体要求、评估对象等相关条件明确价值类型，并对具体价值类型进行定义。

以财务报告为目的的评估属于特定评估业务，应当遵循会计准则等相关规范和制度对会计核算的基本要求，应当符合会计准则等相关规范涉及的主要计量属性和价值定义的要求。与此同时，在保证以财务报告为目的的评估业务遵循会计准则等相关规范涉及的主要计量属性及价值定义的前提下，应当充分考虑以财务报告为目的的评估结论与资产评估价值类型之间的匹配。

会计准则等相关规范涉及的主要计量属性和价值定义包括公允价值、现值、可变现净值、重置成本、可收回金额等。熟悉和理解会计准则等相关规范涉及的主要计量属性及价值定义，是恰当选择和使用以财务报告为目的的评估中的价值类型的基础。

会计准则下的公允价值是指在公平交易中，熟悉情况的交易双方自愿进行资产交换或者债务清偿的金额。

会计准则下的现值是指资产按照预计从其持续使用和最终处置中所产生的未来净现金流入量折现的金额，负债按照预计期限内需要偿还的未来净现金流出量折现的金额。

会计准则下的可变现净值是指资产正常对外销售所能收到的现金或者现金等价物的金额扣除该资产至完工时估计将要发生的成本、销售费用以及相关税费后的金额。

会计准则下的重置成本是指现在购买相同或相类似资产所需支付的现金或者现金等价物的金额，或者现在偿付债务所需支付的现金或者现金等价物的计量金额。

会计准则下的可收回金额是指资产的公允价值减去处置费用后的净额与资产预计未来现金流量的现值两者之间的较高者。在已确认资产预计未来现金流量的现值或公允价值减去处置费用的净额其中任何一项数值已超过所对应的账面价值，并通过减值测试的前提下，可以不必计算另一项数值。

以财务报告为目的的评估中的价值类型选择，很大程度上取决于会计准则对资产计价的要求，即评估的具体目标是属于哪种会计计量属性。

在符合会计准则计量属性规定的条件时，会计准则下的公允价值一般等同于资产评估准则下的市场价值。在这里必须强调只有在符合会计准则计量属性规定的条件时，会计准

则下的公允价值才等同于资产评估中的市场价值。

会计准则涉及的重置成本、可变现净值或公允价值减去处置费用的净额、现值或资产预计未来现金流量的现值等计量属性，可以理解为相对应的评估价值类型。会计准则中的重置成本，在符合会计准则计量属性规定的条件下，等同于资产评估中的净重置成本或者重置成本净值，即资产评估中的重置成本扣除贬值后的净值。当以财务报告为目的的评估所要评估的是评估对象的会计重置成本时，评估人员可以使用净重置成本或重置成本净值来定义评估结论。会计准则中的可变现净值，在符合会计准则计量属性的规定以及存在变现资产活跃市场的条件下，接近于资产评估中的市场价值减去处置费用后的余额。会计准则中的预计未来现金流量的现值，在符合会计准则计量属性规定的条件下，等同于资产评估中的在用价值。会计准则中的预计未来现金流量的现值通常被当做企业中的要素资产的计量属性，即针对企业的单项资产、资产组或资产组组合的计量属性。评估人员可以通过对企业的单项资产、资产组或资产组组合对企业的贡献来把握其在用价值，并可以使用在用价值来定义评估结论。

在以财务报告为目的的评估中，会计准则中的主要计量属性在符合会计准则计量属性规定的条件下通常有相应的资产评估价值定义与之相匹配。当然，也不排除在某些情况下会计计量属性所对应的资产评估价值定义和价值类型需要评估人员根据评估过程中使用的经济技术参数和数据来判断。会计准则中的计量属性与资产评估价值定义之间的匹配关系并不是一一对应的。

第三节　以财务报告为目的的评估方法

注册资产评估师执行以财务报告为目的的评估业务，应当根据评估对象、价值类型、资料收集情况和数据来源等相关条件，参照会计准则有关计量方法的规定，分析市场法、收益法和成本法三种资产评估基本方法及其他评估方法的适用性，恰当选择一种或多种资产评估方法。同时还要考虑其他评估方法使用的可能性和适用性，以满足以财务报告为目的的评估对评估技术方法多样性的要求。

《指南》第 28 条规定，注册资产评估师应当参照会计准则的规定，关注所采用的评估数据，并知晓公允价值获取层级受评估方法的选择及评估数据来源的影响。可见，除了传统资产评估选择评估方法所依据的评估对象、价值类型、资料收集情况等相关条件外，以财务报告为目的的评估在评估方法的选择条件方面，增加了“数据来源”，以反映以财务报告为目的的评估结论可靠性的要求。

注册资产评估师选择评估方法时应当与前期采用的评估方法保持一致。如果前期采用的评估方法所依据的市场数据已发生重大变化而不再适用，或通过采用与前期不同的评估方法可使得评估结果更具代表性、更能反映评估对象的公允价值或特定价值，则注册资产评估师可以变更评估方法。

一、市场法

评估公允价值，三种评估途径及其方法不存在“天然”的先后顺序。公允价值评估方法选用的顺序完全取决于评估时点各种评估途径及其方法所依据的数据来源的可靠性。按照会计准则对以财务报告为目的的评估结论可靠性的要求，特别是数据来源的可靠性要求，由于市场途径及其方法的运用依赖于活跃的市场，所以在活跃市场的前提下，市场途径及其方法应当是服务于以财务报告为目的的评估的首选方法。

市场法假定公允价值可以通过观察类似资产、负债的市场交易价格，并通过对类似资产、负债与被评估的资产、负债的差异进行的必要调整来确定。

《指南》第31条规定，注册资产评估师运用市场法进行以财务报告为目的的评估，应当对参照物的比较因素进行比较，做出恰当、合理的调整，还应重点关注作为参照物的交易案例的交易背景、交易地点、交易市场、交易时间、交易条件、付款方式等因素。

(一)市场途径及其方法的使用范围

对于以财务报告为目的的评估而言，市场途径及其方法通常适用于单项资产的评估。如果企业中的资产组或资产组组合确实具有活跃市场且有公开市场交易价格的，也不排除采用市场途径及其方法。一般情况下，无形资产较少单独出售或者转让，市场上缺乏相同或相类似的可比交易案例，或者交易量太小导致观察到的价格无法代表可靠的市价，因此市场途径及其方法往往较难作为无形资产评估的首选方法。

(二)运用市场途径及其方法应当考虑的因素

《指南》第30条指出，注册资产评估师运用市场法进行以财务报告为目的的评估，应当关注相关市场的活跃程度，从相关市场获得足够的交易案例或其他比较对象，判断其可比性、适用性和合理性，并尽可能选择最接近的、比较因素调整较少的交易案例或其他比较对象作为参照物。

可见运用市场法服务于以财务报告为目的的评估时，应当考虑以下两个因素：

第一，应当有公开和活跃的市场。公开和活跃的市场是运用市场法的重要前提，是信息客观性、可核实性以及真实性的重要保障。

第二，应当获取足够的参考样本(包括交易案例或其他比较对象)，判断其可比性、适用性和合理性。一定数量的参考样本有助于减少市场法的评估误差，排除差异性和倾向性。同时对于参考样本还有质量上的要求，尽可能选择最接近的、比较因素调整较少的交易案例或其他比较对象作为参照物。按照一般要求，至少需要选择三个以上与评估对象最为接近、比较因素调整较少的参照物。

(三)市场途径中的直接比较法

直接比较法是市场法中使用频率最高的一类方法。直接比较法直接利用参照物的交易价格作为评估对象的评估价值，或者利用参照物的交易价格，以评估对象的基本特征与参照物的基本特征直接进行比较得到两者的基本特征修正系数或基本特征差额，在参照物交易价格的基础上进行修正从而得到评估对象价值的一类方法。

当市场上与评估对象完全相同的资产具有市场交易价格且交易市场活跃时，注册资产评估师可以直接利用与评估对象完全相同的资产或参照物在评估基准日的现行市场交易价格作为评估对象的评估价值。例如，属于批量生产的设备、汽车等成为评估对象时，可将相同厂家、相同品牌、相同型号、相同规格、相同批量的设备或汽车等的现行市场价格作为评估价值。

如果市场上没有与评估对象完全相同的资产及其市场交易价格，但是有与评估对象基本相同的参照物及其市场交易价格且交易市场活跃，注册资产评估师可以考虑采用功能价值类比法、成新率价格调整法以及市场售价类比法等评估方法进行评估。

在市场途径及其方法的运用方面，以财务报告为目的的评估与传统的资产评估并没有大的区别。只是以财务报告为目的的评估更加强调信息的客观性、可核实性以及真实性，强调评估方法所依据的信息要直接来源于市场。在存在活跃的交易市场的情况下，可以直接采用同一资产或负债的报价或实际成交价格作为评估结果。

二、收益法

（一）收益途径及其方法的适用范围

在评估对象不具有公开、活跃的市场或者没有足够的参考样本的情况下，注册资产评估师可以考虑采用收益途径及其方法进行评估。对于以财务报告为目的的评估而言，收益途径及其方法通常适用于资产组或资产组组合的评估。对于无形资产的评估一般采用收益途径及其方法。

（二）运用收益途径及其方法应当考虑的因素

收益法是根据资产未来预期收益折现或资本化处理来估测资产价值的，它涉及三个基本要素：一是评估对象的预期收益；二是折现率或资本化率；三是评估对象取得预期收益的时间。因此，能否清晰把握上述三个要素就成为能否恰当运用收益法的基本前提。可见运用收益法进行资产评估应当考虑以下因素：①评估对象的预期收益可以较为客观合理地估测，进而要求评估对象与其经营收益之间存在较为明确和稳定的关系。②评估对象取得预期收益可能面临的风险是可以比较和测算的，包括市场风险、技术风险和经营风险等，这是确定折现率或资本化率的基本依据。③评估对象获利期限的长短，即评估对象的经济寿命，也是影响其价值和评估值的重要因素之一。

采用收益法服务于以财务报告为目的的评估时，对资产未来现金流量的预测是基于特定实体现有管理模式下可能实现的收益。预测一般只考虑单项资产或资产组内主要资产项目在简单维护下的剩余经济年限，即不考虑单项资产或资产组内主要资产项目的改良或重组；资产组内资产项目在预测期末的变现净值应当纳入资产预计未来现金流量现值的计算。

（三）收益法中的具体方法和技术

《指南》第 32 条指出，注册资产评估师运用收益法进行以财务报告为目的的评估，根据评估对象的特点和应用条件，可以采用现金流量折现法、增量收益折现法、节省许可费折现法、多期超额收益折现法等具体评估方法。

1. 现金流量折现法

目前，较为成熟、使用较多的评估技术主要是现金流量现值技术，或称为现金流量折现法。

在应用公允价值时，当相关资产或者负债不存在活跃市场的报价或者不存在同类或者类似资产的活跃市场报价时，需要采用估值技术来确定相关资产或者负债的公允价值，而在采用估值技术估计相关资产或者负债的公允价值时，现值往往是比较普遍的一种估值方法，在这种情况下，公允价值以现值为基础确定。

资产减值会计准则中，涉及传统法(单一现金流法)和期望现金流法。

单一现金流法和期望现金流法，都使用未来每期预计现金流量和单一折现率计算资产未来现金流量的现值。它们之间的区别在于未来每期预计现金流量的估计方法不同，单一现金流法采用资产未来每期最有可能产生的现金流量，而期望现金流法则采用资产未来每期现金流量的期望值，每期现金流量的期望值按照各种可能情况下的现金流量与其发生概率加权计算。在以财务报告为目的的评估中，资产减值测试主要使用单一现金流法及期望现金流法。

【例 14-1】某项资产未来第 3 年预计可能带来 30 万元、40 万元和 50 万元的预期收益，其出现的概率分别为 0.2、0.3 和 0.5，假定折现率为 10%，请分别采用单一现金流法和期望现金流法计算第 3 年该项资产预计现金流量的现值(见表 14-1)。

表 14-1

预期收益	概率	第 3 年的现金流量		现值	
		传统法	期望现金流法	单一现金流法	期望现金流法
30	0.2	50	43=30×0.2 +40×0.3 +50×0.5	37.57=50×0.7513	32.31=43×0.7513
40	0.3				
50	0.5				

在预计资产未来现金流量的现值时，如果资产未来现金流量的发生时间不确定，则应当根据资产在每一种可能情况下的现值及其发生概率直接加权计算资产未来现金流量的现值。

【例 14-2】某项资产可以在未来的某一年产生 40 万元的收益，但是具体在哪一年发生不能确定，发生在第 1 年年末的概率为 0.2，发生在第 2 年年末的概率为 0.3，发生在第 3 年年末的概率为 0.5，假定折现率为 10%，请计算该项资产预计现金流量的现值(见表 14-2)。

表 14-2

预期收益	发生时间	折现系数(10%)	每年的现值	概率	资产的现值
40	第一年	0.9090	36.360=40×0.9090	0.2	32.215=36.360×0.2 +33.056×0.3 +30.052×0.5
40	第二年	0.8264	33.056=40×0.8264	0.3	
40	第三年	0.7513	30.052=40×0.7513	0.5	

2. 增量收益折现法

增量收益折现法是将包括无形资产实体的未来预测现金流与不含无形资产的可比实体产生的相应现金流进行比较，判断有无无形资产在价格方面所产生的差额。增量现金流体现在两个方面：一个是价格的溢价，即一个产品采用某一个商标或者品牌，相比不采用这个商标或品牌之间的差额；另一个是成本的节省，就是采用这项无形资产节省的成本所导致的差额。增量收益折现法要求可比实体未使用无形资产所产生的现金流能够可靠地估算。

3. 节省许可费折现法

节省许可费折现法是指当财务报告的编制者不是相关无形资产的所有者，需要花钱从别人的手上获得一个许可权，这部分就是必要的资金流出，如果拥有了该许可权，就可以节省这方面的许可权使用费。把财务报告主体在以后各年节约的无形资产许可权使用费折现得出的现值，就是财务报告主体拥有的无形资产的评估价值。

使用节省许可费折现法进行评估的无形资产一般包括：品牌、专利和技术。要使用该方法，必须存在可比资产且这些资产常在熟悉情况、自愿和独立的双方进行专利许可经营。

4. 多期超额收益折现法

多期超额收益折现法是指将收益进行拆分，把其中作为评估对象的无形资产得到的收益拆分出来，也即扣除该无形资产以外的其他有形及无形资产所应该产生的平均收益，而以超额收益进行折现。通常情况下，多期超额收益法只适用于对现金流产生最大影响的无形资产或类似的无形资产组合，只有这类资产的使用费用被扣除后才确实是有贡献的。如果这种方法多次使用，就必须注意同一现金流是否被多次归到不同的资产上。

三、成本法

(一)成本途径及其方法的适用范围

《指南》第37条规定，注册资产评估师应当知晓对于非以资产减值测试为目的且不存在相同或相类似资产活跃市场的，或不能可靠地以收益法进行评估的资产项目，可以采用成本法进行评估。但注册资产评估师应当获取企业的承诺，并在评估报告中披露，其评估结论仅在相关资产的评估值可以通过资产的未来运营得以全额回收的前提下成立。可见，成本途径及其方法通常是在市场途径及其方法和收益途径及其方法都不适用时才采用的。

成本法采用建立在替代原则上的重置概念作为公允价值的计量基础，其主要假设是市场参与者不愿意支付超过重置该资产的必要支出。所以，会计准则规定的资产减值测试不适用成本法。同时，运用成本法进行无形资产公允价值评估，往往无法反映该项资产给企业带来的未来经济利益。例如，建立客户关系成本往往小于客户关系给企业带来的未来经济利益，而且该成本往往难以从企业经营的其他成本中区别出来。因此成本法较少运用于企业无形资产的评估。

(二)运用成本途径及其方法应当考虑的因素

成本途径及其方法是根据资产的再取得成本或现时取得成本扣除各种贬值来获取资产评估价值的各种技术方法的总称。因此，运用成本法需要考虑的因素主要有评估对象的重置成本、实体性贬值、功能性贬值和经济性贬值。

采用成本法评估资产时，必须同时考虑该资产未来能否给企业带来足够的经济利益流入(是否有重置的必要)。如果该资产未来的经济利益流入不能支持成本法评估的结果，则需要考虑可能出现的贬值(功能性或经济性贬值)。

四、多种方法的综合运用

以财务报告为目的的评估领域，按照会计信息计量的要求，评估途径及其方法的选择最好按照以下顺序进行，即市场法、收益法和成本法。当然，在具体执行以财务报告为目的的评估业务时，应当根据评估对象、价值类型、资料收集情况和数据来源等相关条件，参照会计准则有关计量方法的规定，分析市场法、收益法、成本法及其他评估方法的适用性，恰当选择一种或多种方法进行评估。注册资产评估师对同一评估对象采用多种评估方法时，应当对形成的各种初步价值结论进行分析，在综合考虑不同评估方法和初步价值结论的合理性及所使用数据的质量和数量的基础上，适当地评价、权衡各结果所在范围的合理性，并以价值范围内最具代表性的结果作为评估结论。

第四节　以财务报告为目的的评估实务应用

一、企业合并对价分摊

(一)企业合并对价分摊评估中的评估对象

执行会计准则规定的合并对价分摊事项涉及的评估业务时，对应的评估对象应当是合并中取得的被购买方可辨认资产(包括各类可辨认无形资产)、负债及或有负债。此时的评估对象与被购买方企业价值评估所对应的对象是不同的，即并不是被购买方企业的整体价值、股东全部权益价值或者股东部分权益价值。

1. 可辨认无形资产的确认原则与识别

根据《企业合并准则》的规定，合并取得的无形资产，其公允价值能够可靠计量的，应当单独确认为无形资产，并按公允价值计量。

评估师在执行以财务报告为目的的评估业务时，应通过执行相关的识别程序，识别出所有在购买日存在的重大可辨认的无形资产。评估师在识别无形资产的过程中应当以《企业会计准则第6号——无形资产》以及《企业合并准则》中对无形资产的相关规定为依据。在实务中，评估师识别无形资产的关键在于判断该项资产是否可辨认。因此，评估师应当从以下两个方面进行分析。第一，向管理层了解被收购公司是否存在源自合同权利或基于法律的法定权利的无形资产；第二，考虑该无形资产是否能够从被收购公司中分离出来，并能单独或者与其他相关合同、资产或负债一起，用于出售、转让、授予许可、租赁或者交换。满足上述任何一个条件，即可确认为无形资产，并在无形资产合并日或购买日以公允价值计量。需要注意的是，关于满足合同权利或基于法律的法定权利，即使从法律角度看并非合同或没有合同约束力，例如订单，甚至是可以取消的订单，亦满足合同权利的确认条件。

在判断无形资产是否满足合同权利或基于法律的法定权利的条件时，即使合同或协议含有限制特定资产从被收购方分离的条款，即需要与其他相关的合同、资产、负债一起出售或转移，此类限制也不影响满足合同权利的无形资产。

在进行可分离的判断时，评估师可以参考市场上相同或者相类似的无形资产的交易情况。不论收购方是否参与该无形资产的买卖或交易，或相同或相类似无形资产的交易。即使某项无形资产无法单独出售、转让、授予许可、租赁或者交换，但可以与其他相关合同、资产、负债一起，用于出售、转让、授予许可、租赁或者交换，这项无形资产也仍然满足可分离的确认条件。需要关注的是，满足可分离条件的无形资产的出售、转让、授予许可、租赁或者交换不能受到任何限制，否则该资产不满足可分离的确认条件。例如，客户信息受到保密协议的限制，不可以被出售，因此其无法满足可分离的条件。

下列无形资产因无法满足上述可辨认的判断条件，在实务操作中，一般不作为可辨认的无形资产。如：消费者基础、客户服务能力、地域优势、经过特别训练的员工等。无形资产可辨认并单独计量的条件判断如图 14-1 所示。

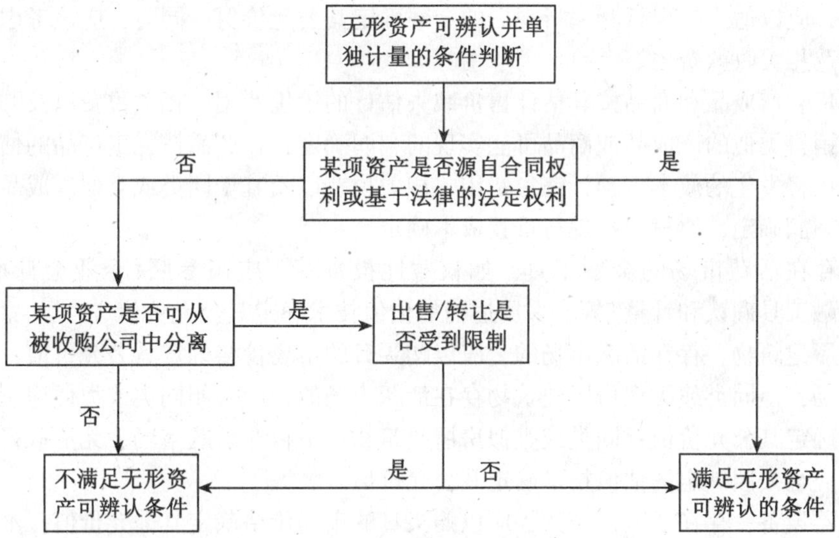

图 14-1

2. 或有负债的确认原则与识别

对于或有负债的识别，评估师应当根据《企业会计准则第 13 号——或有事项》中的相关规定，识别并确认被收购公司在收购日是否存在需要确认的或有负债。评估师在识别或有负债的过程中需要关注以下几个方面：在收购日是否存在未决诉讼；在收购日是否存在待执行的亏损合同；在收购日是否存在已对外公布的详细重组计划；被收购公司是否为其他公司或者个人进行了债务担保；被收购公司对售出产品所作的质量保证；了解对被收购公司进行的相关尽职调查的结果。

根据相关企业会计准则，与或有事项相关的义务同时满足下列条件，应当确认为预计负债：该义务是企业承担的现时义务，履行该义务很可能导致经济利益流出企业；该义务的金额可以可靠地计量。

可确认的或有负债项目一般包括产品质量保证、不可撤销的亏损合同、未决诉讼、重组义务等。

(二)企业合并对价分摊的评估

1. 有形资产或负债的评估

企业合并中取得的资产、负债在满足确认条件后，应当以其公允价值计量。确认企业合并中取得的有关可辨认资产、负债的公允价值时，应当遵循《〈企业合并准则〉应用指南》中的规定。《〈企业合并准则〉应用指南》中规定的确定有形资产和负债的公允价值的方法如下：

①货币资金，按照购买日被购买方的账面余额确定。

②有活跃市场的股票、债券、基金等金融工具，按照购买日活跃市场中的市场价值确定。

③应收款项，对其中的短期应收账项，一般应按收取的金额作为公允价值；对于长期应收账项，应以适当的现行利率折现后的金额确定其公允价值。同时，应该考虑发生坏账的可能性及相关收款费用。

④存货、产成品和商品按其估计售价减去估计的销售费用、相关税费以及购买方通过自身努力销售类似的产成品或商品可能实现的利润确定；在产品按完工产品的估计售价减去至完工仍将发生的成本、预计销售费用、相关税费以及基于同类或类似产成品的估计可能实现的利润确定；原材料按现行重置成本确定。

⑤不存在活跃市场的金融工具，如权益性投资等，应当参照《企业会计准则第22号——金融工具确认和计量》等，采用适当的估值技术确定其公允价值。

⑥房屋建筑物，存在活跃市场的，应以购买日的市场价格确定其公允价值；本身不存在活跃市场，但同类或类似房屋建筑物存在活跃市场的，应参照同类或类似房屋建筑物的市场价格确定其公允价值；同类或类似房屋建筑物也不存在活跃市场、无法取得有关市场信息的，应当按照一定的估值技术确定其公允价值。

⑦机器设备，存在活跃市场的，应以购买日的市场价格确定其公允价值；本身不存在活跃市场，但同类或类似机器设备存在活跃市场的，应参照同类或类似机器设备的市场价格确定其公允价值；同类或类似机器设备也不存在活跃市场，或因有关的机器设备具有专用性，在市场上很少出售、无法取得有关市场信息的，可以使用收益法或考虑该机器设备各类贬值后的重置成本合理估计其公允价值。

⑧应付账款、应付票据、应付职工薪酬、应付债券和长期应付款，对其中的短期债务，一般按照应支付的金额作为其公允价值；长期债务，应以适当的现行利率折现后的现值确定其公允价值。

⑨取得的被购买方的或有负债，其公允价值在购买日能够可靠计量的，应单独确认为预计负债。此项负债应当按照假定第三方愿意代购买方承担该义务，就其所承担义务需要购买方支付的金额计量。

2. 无形资产的评估

无形资产，存在活跃市场的，应按购买日的市场价格确定其公允价值；不存在活跃市场的，无法取得有关市场信息的，应按一定的估值技术确定其公允价值，此时，评估师需要根据各种无形资产的特点，选用适当的方法进行评估。

无形资产的评估方法包括市场法、收益法和成本法。评估师应当根据无形资产的性质以及市场信息的可获得性，考虑上述方法的适用性。在不同方法都适用于某一特定无形资产公允价值的评估时，应当分析运用不同方法的评估结果，不应该简单地进行加权平均。

无形资产的评估，一般较少采用市场法和成本法，最常用的评估方法是收益法。收益法下常用的具体方法包括现金流量折现法、增量收益折现法、节省许可费折现法、多期超额收益折现法等。以上方法在第三节中已经进行了详细的介绍，这里不再赘述。

3. 递延所得税的计算

企业合并中取得的被购买方各项可辨认资产、负债及或有负债的公允价值与其原计税基础之间存在差额的，应当按照《企业会计准则第 18 号——所得税》的规定确认相应的递延所得税资产或递延所得税负债，所确认的递延所得税资产或递延所得税负债的金额不应折现。

应当特别指出的是，对于被购买方在企业合并之前已经确认的商誉和递延所得税项目，购买方在分配企业合并成本，汇总可辨认资产和负债时不应予以考虑。

4. 商誉的计算

在汇总计算各项可辨认资产、负债的公允价值后，即可得到被购买方可辨认净资产的公允价值。根据《企业合并准则》的规定，购买方对合并成本大于合并中取得的被购买方可辨认净资产公允价值份额的差额，应确认为商誉。

对于商誉，评估师应当对其合理性进行分析，解释商誉所代表的含义及其组成成分。一般情况下，商誉由以下几类因素构成：

①企业现有的管理团队和员工团队；

②并购后的协同效应，如销售额的增加、成本开支的压缩等；

③购买方对购买对价的判断失误导致购买对价过高；

④企业持续经营的能力，包括各类不符合无形资产确认条件的其他资产。如市场占有率、通过资本市场直接融资的能力、良好的政府关系等。

此外，在商誉的评估结果较高的情况下，评估师应当提请公司管理层关注其减值风险，并考虑及时执行商誉的减值测试程序。

（三）企业合并对价分摊评估案例分析

【例 14-3】2009 年，A 公司以现金方式购买了另一家处于非同一控制下的 B 公司 100% 的股权，支付购买对价为人民币 2 000 万元。所得税税率为 25%，购买日 B 公司的资产负债表如表 14-3 所示。假设 A 公司聘请你为此次购买进行公允价值评估，请运用以上关于企业合并对价分摊的评估方法，来确定本次购买形成的商誉和购买完成后 B 公司以公允价值计量的资产负债表。注：资产负债表中省略的项目公允价值与账面价值相等。

表 14-3 **购买日 B 公司的资产负债表** 单位：万元

流动资产		短期负债合计	600
货币资金	100		
应收账款	100		
存货	100	长期负债合计	300
		负债合计	900
流动资产合计	400		
非流动资产			
长期股权投资	200		
投资性房地产	200		
固定资产	400		
无形资产	300		
非流动资产合计	1 600	账面净资产	1 100
资产总计	2 000	负债和股东权益合计	2 000

分析：第一步，对资产负债表中的各项资产和负债进行公允价值评估。

①货币资金：按照购买日被购买方的账面余额确定，为 100 万元。

②应收账款：分析发现，B 公司的应收账款基本上是短期的，按购买日的账面余额确定，为 100 万元。

③对存货的评估采用上述方法，评估增值 100 万元，公允价值为 200 万元。

④对长期股权投资和投资性房地产进行了评估，它们分别增值 100 万元，公允价值各为 300 万元。

⑤B 公司的固定资产主要是厂房和机器设备，由于不存在活跃的交易市场，评估师采用了重置成本法，评估增值 200 万元。

⑥B 公司的无形资产有两项，即注册商标和专利技术。评估师分别采用增量收益折现法和节省许可费折现法对注册商标和专利技术进行了评估，确定注册商标的公允价值为 400 万元，专利技术的公允价值为 200 万元。

⑦对负债的评估发现，负债的公允价值与账面余额相等。

第二步，在得出各项可辨认资产和负债的公允价值之后，对其计税基础与账面价值不同所形成的暂时性差异，应根据《企业会计准则第 18 号——所得税》的相关规定确认相应的递延所得税资产或递延所得税负债。

根据第一步的评估结果，各项资产合计增值 800 万元，负债没有差异，公允价值合计调增 800 万元，形成暂时性差异 800 万元，确认递延所得税负债 800×25%＝200 万元。

第三步，计算商誉，A 公司支付的购买成本大于 B 公司可辨认净资产公允价值份额的差额，应确认为商誉。

B 公司可辨认净资产的公允价值为 1 100+800−200＝1 700 万元，A 公司的购买成本为 2 000 万元，商誉为 2 000−1 700＝300 万元。

第四步，编制 B 公司合并对价分摊之后以公允价值列示的资产负债表如表 14-4 所示。

表 14-4　**B 公司合并对价分摊之后以公允价值列示的资产负债表**　单位：万元

流动资产		短期负债合计	600
货币资金	100		
应收账款	100		
存货	200	长期负债合计	300
		负债合计	900
流动资产合计	500	递延所得税	200
非流动资产			
长期股权投资	300		
投资性房地产	300		
固定资产	600		
无形资产	600		
非流动资产合计	2 300	经公允价值调整后的账面净资产	1 700
资产总计	2 800	负债和股东权益合计	2 800

二、资产减值

资产的主要特征之一是必须能够为企业带来经济利益的流入，如果资产不能够为企业带来经济利益或者带来的经济利益低于其账面价值，则该资产就不能再予确认，或者不能再以原账面价值确认；否则就不符合资产的定义，也无法反映资产的实际价值，其结果会导致企业资产的虚增和利润的虚增。根据《企业会计准则第 8 号——资产减值》(以下简称《减值测试准则》)第 2 条的规定，资产减值是指资产的可收回金额低于其账面价值。

资产减值测试的一般流程如图 14-2 所示。

(一)资产减值测试评估中的价值类型

根据《减值测试准则》第 6 条的规定，资产存在减值迹象的，应当估计其可收回金额。

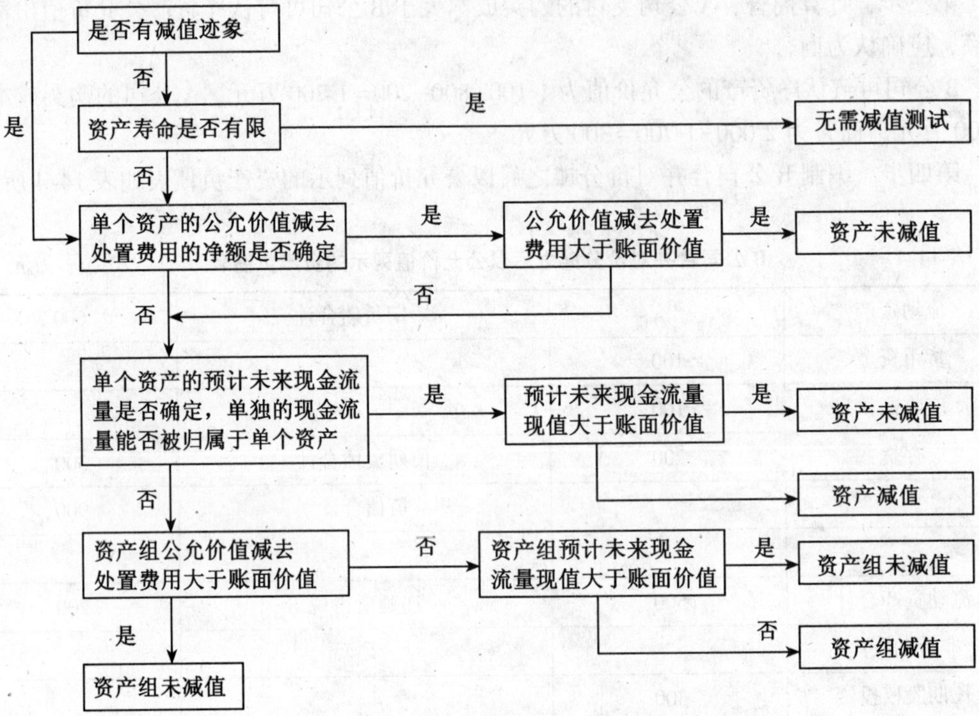

图 14-2

可收回金额应当根据资产的公允价值减去处置费用后的净额与资产预计未来现金流量的现值两者之间较高者确定。减值测试中资产账面价值的确定流程如图 14-3 所示。

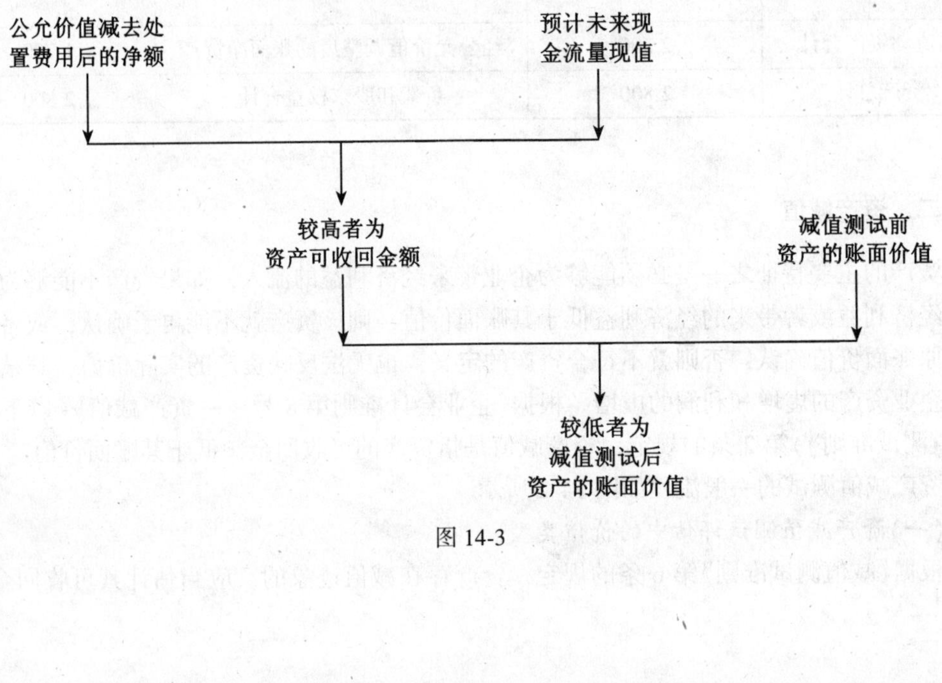

图 14-3

(二)资产减值测试评估中的评估对象

《减值测试准则》规定，如果有迹象表明一项资产可能发生减值，企业应当以单项资产为基础估计其可收回金额。但是在企业难以对单项资产的可收回金额进行估计的情况下，应当以该资产所属的资产组为基础确定资产组的可收回金额。资产组是企业可以认定的最小资产组合，其产生的现金流入应当基本上独立于其他资产或资产组产生的现金流入。

资产减值测试评估对象应当与资产、资产组或资产组组合账面价值的成分保持一致。对于资产组或资产组组合而言，其账面价值应当包括可直接归属于该资产组或资产组组合以及可以合理和一致地分摊至该资产组或资产组组合的商誉与总部资产的账面价值。除非不考虑负债的金额就无法确定资产组的可收回金额，资产组的账面价值一般不应包括已确认的计息负债的账面价值。

(三)资产减值测试的评估方法

一般来说，评估方法有市场法、收益法和成本法。在进行以减值测试为目的的评估时，应该结合评估对象的特点、价值类型、资料收集情况和数据来源等各个方面，选择适当的评估方法。

根据《指南》第36条的规定，会计准则规定的资产减值测试不适用成本法。该规定主要是考虑了以下三个因素：

第一，成本法的出发点是重置价值，其实质是在现时条件下，重新购置、建造或形成与评估对象完全相同或基本类似的全新状态下的资产所需要花费的全部费用。然而，在进行资产减值测试时，无论是预计未来现金流量的现值，还是公允价值减去处置费用后的净额，其实质都是从评估对象未来可能为企业带来的经济利益的角度来衡量其公允价值的。例如，一项企业花费巨额资金研发的专有技术如果不能给企业带来经济利益，则它很可能已经发生了减值，需要进行减值测试。如果单纯从成本法的角度来考虑，则无法判断该资产是否发生了减值，也就无法满足会计准则的要求。

第二，成本法成立的前提受限于资产、资产组的评估值可以通过资产的未来运营得以全额收回。即使允许采用成本法，也必须同时采取收益法测算其未来的运营收益，判断其是否能够全额收回。

第三，《减值测试准则》定义的用于减值测试的资产、资产组或资产组组合是一个最小的现金产生单位，不可以继续分割为更小的单元。通常情况下，被评估的资产、资产组或资产组组合都是为了切合企业实际生产的需要配置的，具有一定的个体性。从实际可操作性的角度出发，评估师可以采用成本法评估该资产、资产组或资产组组合中所包含的各项资产，但是资产、资产组或资产组组合的个体性决定了无法以成本法将其作为一个整体来进行评估。

下面依据不同的价值类型来阐述评估方法的选择和应用。

1. 资产的公允价值减去处置费用的净额

公允价值的可靠性受制于数据获取来源，其估计首先考虑市场法，以公平交易中的协议销售价格，或与评估对象相同或类似资产在其活跃市场上反映的价格为计算依据。

当不存在相关活跃市场或缺乏相关的市场信息时，资产或资产组的公允价值可以根据企业以市场参与者的身份，在对单项资产或资产组的运营作出合理性决策，并适当地考虑相关资产或资产组内资产的有效配置、改良或重置的前提下提交的预测资料，参照企业价值评估的基本思路和方法(收益法)进行分析和计算。通常来说，采用这种方法时，评估师应该采用市场乘数等其他方法验证结果，从而保证评估结论的取得充分考虑了恰当的市场参与者可获取的信息。

处置费用的估计包括与资产处置有关的法律费用、相关税费、搬运费以及使资产达到可销售状态所发生的直接费用等。

2. 资产预计未来现金流量的现值

估计资产预计未来现金流量的现值时通常采用收益法，即按照资产在持续使用过程中和最终处置时所产生的预计未来现金流量，选择恰当的折现率对其进行折现后的金额予以确认。预计未来现金流量的预测是基于特定实体现有管理模式下可能实现的收益。预测一般只考虑单项资产、资产组或资产组组合内主要资产项目在简单维护下的剩余经济年限，即不考虑单项资产、资产组或资产组组合内主要资产项目的改良或重置；资产组内其他资产项目在预测期末的变现净值应当纳入资产预计未来现金流量现值的计算。

【例 14-4】C 公司拥有一台大型的机器设备，账面价值为 1 000 万元。2009 年末需要对该机器设备进行减值测试，确定设备是否贬值。如果发生贬值，则在编制 2009 年的资产负债表时需要对其价值进行调整。已知：该机器设备存在活跃的市场，在市场上销售的价格为 1 200 万元。要使该设备达到可销售状态，需要对其进行简单的修理和维护，发生维修费用 200 万元，运输费用 5 万元，企业所得税税率为 25%(税收方面只考虑企业所得税)。如果 C 公司继续使用该机器设备，每年能带来 200 万元的现金流入，同时发生成本 40 万元。机器设备的折旧年限为 10 年，净残值为 0，折现率为 10%。请问 2009 年末该机器设备的价值是多少?

分析：如果将该机器设备在市场上销售，则取得销售收入 1 200 万元，发生维修费用 200 万元，搬运费 5 万元。

应缴纳的企业所得税=(1 200-1 000-200-5)×25%=-1.25 万元，即不需缴纳企业所得税。

公允价值减去处置费用的净额=1 200-(200+5)=995(万元)

如果 C 公司继续使用该设备，预计未来现金流量的现值=(200-40)×6.144 6(10 年期年金现值系数)=983.136 万元。

可收回金额为 995 万元，机器设备减值=1 000-995=5 万元，减值后的价值为 995 万元。

三、投资性房地产

投资性房地产是指为赚取租金或资本增值，或两者兼有而持有的房地产。投资性房地产应该能够单独计量和出售，它主要包括已出租的土地使用权、持有并准备增值后转让的土地使用权和已出租的建筑物。

根据《企业会计准则第 3 号——投资性房地产》的规定，企业应当在资产负债日采用成本模式对投资性房地产进行后续计量；但是，在有确凿证据表明投资性房地产的公允价值能够可靠取得的情况下，可以对投资性房地产采用公允价值模式进行后续计量。采用公允价值计量的，应当同时满足下列条件：投资性房地产所在地有活跃的房地产交易市场；企业能够从房地产交易市场上取得同类或类似房地产的市场价格及其他相关信息，从而对投资性房地产的公允价值做出合理的估计。

（一）投资性房地产评估中的评估对象

①已出租的土地使用权和已出租的建筑物，是指以经营租赁方式出租的土地使用权和建筑物。

②持有并准备增值后转让的土地使用权，是指企业取得的，准备增值后转让的土地使用权。按照国家有关规定认定的闲置土地使用权，不属于持有并准备增值后转让的土地使用权。

③某项房地产，部分用于赚取租金或资本增值、部分用于生产商品、提供劳务或经营管理，能够单独计量和出售的、用于赚取租金或资本增值的部分，应当确认为投资性房地产，不能单独计量和出售的、用于赚取租金或资本增值的部分，不确认为投资性房地产。

④企业将建筑物出租，按租赁协议向承租人提供的相关辅助服务在整个协议中不重大的，如企业将办公楼出租并向承租人提供保安、维修等辅助服务，应当将该建筑物确认为投资性房地产。

根据《企业会计准则第 3 号——投资性房地产》的规定，自用房地产和作为存货的房地产不属于投资性房地产。

自用房地产是指为生产商品、提供劳务或者经营管理而持有的房地产。自用房地产的特征在于服务于企业自身的生产经营活动，其价值将随着房地产的使用而逐渐转移到企业的产品或服务中去，通过销售商品或者提供服务为企业带来经济利益，在产生现金流量的过程中与企业持有的其他资产密切相关。作为存货的房地产通常是指房地产开发企业在正常经营过程中销售或者为销售而正在开发的商品房和土地。其生产、销售构成企业的主营业务活动，产生的现金流也与企业的其他资产密切相关。

在评估实务中，存在某项房地产部分自用或者作为存货出售、部分用于赚取租金或资本增值的情形。如果某项投资性房地产不同用途的部分能够单独计量和出售，应当分别确认为固定资产、无形资产、存货和投资性房地产。

需要注意的是，投资性房地产通常附带有租约，业主在拥有房地产的同时也拥有该租约的未来收益，因而在进行评估的时候，评估对象应为带租约的房地产。

（二）投资性房地产的评估方法

在实务中，投资性房地产的评估可以采用市场比较法、直接资本化法、收益乘数法、现金流量折现法和租金及回收金额折现法。

①市场比较法，是指在评估一宗待估投资性房地产的价值时，依据替代原理，将被估房地产与类似房地产的近期交易价格进行对照比较，通过对交易情况、交易日期、房地产状况等因素的修正，得出被估投资性房地产在评估基准日的价值的一种评估方法。在应用市场法时，对于投资性房地产尤其要注意所附租约带来的影响，在选择可比交易案例时也需要考虑相关租约的因素。

②直接资本化法，是将待估房地产未来一年的某种预期收益除以适当的资本化率后得

到的金额作为评估价值的一种评估方法。收益的种类有毛租金、净租金、潜在毛收益、有效毛收入、净收益等。

其一般公式如下：

$$P = A/R$$

其中：P—— 待估房地产价值；

A—— 房地产的未来收益；

R—— 资本化率。

在实务中，对于暂时空置的投资性房地产，通常采用的方法是直接资本化法。

③收益乘数法。收益乘数是房地产的价格除以某种年收益所得的倍数，即：

收益乘数＝价格/年收益

房地产价值＝年收益×收益乘数

④现金流折现法可用于任何有规律或无规律的收益模式，在评估实务中，评估师根据整个假设持有期内各期的收益、费用和现金流量，用要求的折现率折现。

⑤租金及回收金额折现法属于现金流量折现法的一种简化形式。投资性房地产通常附带有租约，由于在评估时，租约合同已经签订，所以可能会使房地产的租金水平偏离市场实际情况，从而影响到房地产的公允价值。因此，在评估时，需要对被估房地产租期内的收益情况加以单独考虑，在评估中体现为对租约期内的收益分别进行资本化以得到最终价值。

四、金融工具

金融工具是指形成一个企业的金融资产，并形成其他单位的金融负债或权益工具的合同。金融工具包括金融资产、金融负债和权益工具。其中金融资产通常是指企业的现金、银行存款、应收账款、应收票据、贷款、股权投资和债权投资等；金融负债通常是指企业的应付账款、应付票据、应付债券等。从发行方式上看，权益工具通常是指企业发行的普通股、认股权证等。

根据《企业会计准则第22号——金融工具的确认和计量》的相关规定，企业初始确认金融资产或金融负债，应当按照公允价值计量；除持有至到期投资以及贷款和应收款项、在活跃市场上没有报价且其公允价值不能可靠计量的权益工具投资以及与该权益工具挂钩并需通过交付该权益工具结算的衍生金融资产外，企业应当按照公允价值对金融资产进行后续计量，且不扣除将来处置金融资产可能发生的交易费用。

(一)金融工具评估中的评估对象

金融工具可以分为基础金融工具和衍生金融工具。

(1)基础金融工具包括企业持有的现金、存放于金融机构的款项、普通股以及代表在未来期间收取或支付金融资产的合同权利或义务等，如应收账款、应付账款、其他应收款、其他应付款、存出保证金、存入保证金、客户贷款、客户存款、债券投资和应付债券等。

(2)衍生金融工具是指金融工具确认和计量准则涉及的、具有以下特征的金融工具或其他合同：

①其价值随着特定利率、金融价格、商品价格、汇率、价格指数、费率指数、信用等级、信用指数或其他类似变量的变动而变动，变量为非金融变量的，该变量与合同的任意一方不存在特定关系。

②不要求初始净投资，或与对市场情况变动有类似反应的其他类型合同相比，要求很少的初始净投资。企业从事衍生工具交易不要求初始净投资，通常是指签订某项衍生工具合同时不需要支付现金或现金等价物。

③在未来某一日期结算。衍生工具在未来某一日期结算，表明衍生工具结算需要经历一段特定时期。但是不能理解为只能在未来某一日期进行一次结算。另外，有些期权可能由于是价外期权而到期不行权，这也是在未来某一日期结算的一种方式。

衍生工具包括远期合同、期权合同、互换和期权以及具有远期合同、期权合同、互换和期权中一种或一种以上特征的工具。

(二)金融工具的评估方法

金融工具的种类繁多，并且根据所涉及的合同条款的复杂程度，金融工具的评估方法也具有较大的差异和复杂性。存在活跃交易市场的金融工具，活跃市场中的报价应当用于确定其公允价值；金融工具不存在活跃市场的，应当采用合适的评估方法确定其公允价值。

1. 权益工具的评估方法

权益工具，是指能够证明拥有某个企业在扣除所有负债后的资产中的剩余权益的合同。从发行方式来看，权益工具通常指企业发行的普通股、在资本公积下核算的认股权证等。评估师可以根据实际情况分别采用收益法、市场法和成本法对权益工具的公允价值进行评估。

2. 不含衍生工具的金融负债的评估方法

金融负债的公允价值，应当根据取得日的市场情况和当前市场情况，或者类似债务工具的当前市场利率确定。

(1)固定利率金融负债的评估方法

固定利率金融负债的公允价值通常采用未来现金流量折现法确定，即通过一个合适的折现率计算该金融负债预期的未来现金流的现值。

在确定未来现金流量时，可参考待估金融工具的合同条款。一般来说，固定利率金融负债的合同内都会有明确规定利息率、计息时间以及本金偿还计划等的条款。通过这些条款，可以明确金融工具未来的现金流量。

在确定折现率时，可根据待估金融工具的合同条款和实质特征，采用市场上其他金融工具的市场收益率作为折现率。该折现率是通过分析市场上可类比的其他金融工具的特征来确定的。这些特征包括该金融工具自身的信用等级、剩余期间以及金融工具的计价货币等。

(2)浮动利率金融负债的评估方法

浮动利率金融负债的公允价值的评估原理与固定利率金融负债相同，也是采用未来现金流量折现法，但是在未来现金流的确认上有所差异。

在确定未来现金流时，由于浮动利率金融负债的合同条款往往只规定合同期内的利率随着某些基础金融变量的变化而变化，因此未来现金流无法准确估计。此时，评估师在评估时应当首先对基础金融变量的变化做出适当的、合理的估计。

3. 金融衍生工具的评估方法

金融衍生工具，其价值依附于其他更基本的标的变量，例如特定利率、基本金融工具的价格、商品价格、汇率和价格指数等，其主要类型包括远期和期货合约、期权合同、互换合同和混合衍生工具等。

(1)远期和期货合约

远期合约是指在将来某个时刻按确定的价格购买或出售某项资产的协议。它不在规范的交易所内进行交易。在签署远期合约时，所选择的交易价格应该使远期合约的价值对双方都为零。

假定在合约签署时，远期交割价格为 F_o，资产现价为 S_o，合约公允价值 B_o 为 0。远期合约处于时刻 t 时，远期交割价格为 F_t，资产现价为 S_t，合约公允价值为 V_t。

如果投资者在 0 时刻购入远期合约，期限为 T；同时在 t 时刻卖出同一资产的远期合约，期限为 $T-t$。那么在时刻 T，投资者可以价格 F_o 购入资产，同时以价格 F_t 卖出资产，投资者的净现金流量为 F_t-F_o。由于购入或卖出的远期合约不需要发生现金流，因此在 t 时刻，远期合约的价值为净现金流量的现值：

$$V_t = (F_t - F_o) \times e^{-r(T-t)}$$

其中 r 为 t 时刻无风险收益率。

期货合约也是买卖双方签订的在确定的将来时间按确定的价格购买或出售资产的协议。与远期合约不同，期货交易一般以标准合约为标的，在交易所内进行交易。期货合约品种往往按交割月份划分，此外，期货合约一般允许进行保证金交易。

(2)期权合同

期权合同主要包括看涨期权和看跌期权。看涨期权的持有者有权在某一确定的时间以某一确定的价格购买标的资产。看跌期权的持有者有权在某一确定的时间以某一确定的价格出售标的资产。期权合同中的价格被称为执行价格。合同中的日期为到期日、执行日或期满日。

期权可以分为美式期权和欧式期权，其中美式期权可以在期权有效期内的任何时候执行，而欧式期权只能在期权到期日执行。当然，期权持有者也可以选择不执行该期权，为此，期权持有者要为这种权利支付一定的费用，即期权费。目前，广泛采用的期权评估方法有 Black-Scholes 模型和 Lattice 模型。

(3)互换合同

互换是两个公司之间达成的协议，以事先约定的公式在将来交换彼此的现金流。互换合同的公允价值实际上可以看做一系列债券的组合。

假设公司 A 和公司 B 达成了互换合同，公司 B 同意向公司 A 支付由年利率 6%和本金 100 万美元所计算的利息；同时公司 A 同意向公司 B 支付由 6 个月 LIBOR 和本金 100 万美元所计算的浮动利息。此互换合同相当于公司 B 向公司 A 发行了本金 100 万美元，年利率为 6%的公司债券；同时公司 A 向公司 B 发行了 100 万美元以 LIBOR 为利率的浮动利率公司债券。因此，互换合同的公允价值实际上是上述固定利率债券和浮动利率债券公允价值的差额。

(4)嵌入衍生工具

嵌入衍生工具是包括该衍生工具和非衍生主合同在内的混合金融工具中的一个组成部分。根据会计准则，如果嵌入衍生工具与主合同分开核算，则通常采取整个混合合同的公允价值减去主合同的公允价值这种方法来计算嵌入衍生工具的公允价值。但如果不能可靠地单独计量这项嵌入衍生工具，则应将整个组合合同认定为按公允价值通过损益计量的金融资产或金融负债。

4. 员工持股计划的评估方法

随着资本市场的发展，一些企业开始以授予股票期权作为激励和奖励员工的方式，特别是对于那些高级管理人员。与普通的期权相比，员工持股计划具有以下特点：一是企业与员工之间发生的交易；二是以获取员工服务为目的的交易；三是交易对价或其定价与企业自身未来价值密切相关。

员工持股计划的评估主要是参考期权的评估方法，一般可以采用Black-Scholes模型和Lattice模型计算员工持股计划的公允价值。

思考题

1. 什么是以财务报告为目的的评估？它有哪些特点？
2. 以财务报告为目的的评估的意义何在？
3. 以财务报告为目的的评估的评估范围、评估对象和价值类型分别是什么？
4. 以财务报告为目的的评估有哪些评估方法？分别适用于什么情况？
5. 注册资产评估师在考虑是否使用收益法时应当考虑哪些因素？
6. 请简要说明企业合并对价分摊评估的一般流程。
7. 为什么资产减值测试的评估不能采用成本法？
8. 请简要说明资产减值测试评估的一般流程。

附录 复利系数公式和复利系数表

1. 复利系数公式

上述的各种复利系数公式总结如下：

复利系数名称	符号	公式
(1) 整付复本利系数	$(F/P, i, N)$	$(1+i)^n$
(2) 整付现值系数	$(P/F, i, N)$	$(1+i)^{-n}$或$\frac{1}{(1+i)^n}$
(3) 年金复本利系数	$(F/A, i, N)$	$\frac{(1+i)^n-1}{i}$
(4) 基金年存系数	$(A/F, i, N)$	$\frac{i}{(1+i)^n-1}$
(5) 年金现值系数	$(P/A, i, N)$	$\frac{(1+i)^n-1}{i(1+i)^n}$
(6) 投资回收系数	$(A/P, i, N)$	$\frac{i(1+i)^n}{(1+i)^n-1}$

从上述公式中，可以清楚地看出各种系数之间的关系。在整付复本利系数和整付现值系数之间、年金复本利系数和基金年存系数之间、年金现值系数和投资回收系数之间，都存在着一种倒数关系。

2. 复利系数表

为了便于时间价值的换算，根据上述公式计算的六种复利系数表附后。

6 种复利系数表

1%复利系数表

年	整付复本利系数	整付现值系数	年金复本利系数	基金年存系数	年金现值系数	投资回收系数
限	已知现值求将来值	已知将来值求现值	已知年金求将来值	已知将来值求年金	已知年金求现值	已知现值求年金
1	1.0100	0.9901	1.0000	1.0000	0.9901	1.0100
2	1.0201	0.9803	2.0100	0.4975	1.9704	0.5075
3	1.0303	0.9706	3.0301	0.3300	2.9410	0.3400
4	1.0406	0.9610	4.0604	0.2463	3.9020	0.2563
5	1.0510	0.9515	5.1010	0.1960	4.8534	0.2060
6	1.0615	0.9420	6.1520	0.1625	5.7955	0.1725
7	1.0721	0.9327	7.2135	0.1386	6.7282	0.1486
8	1.0829	0.9235	8.2857	0.1207	7.6517	0.1307
9	1.0937	0.9143	9.3685	0.1067	8.5660	0.1167
10	1.1046	0.9053	10.4622	0.0956	9.4713	0.1056
11	1.1157	0.8963	11.5668	0.0865	10.3676	0.0965
12	1.1268	0.8874	12.6825	0.0788	11.2551	0.0888
13	1.1381	0.8787	13.8093	0.0724	12.1337	0.0824
14	1.1495	0.8700	14.9474	0.0669	13.0037	0.0769
15	1.1610	0.8613	16.0969	0.0621	13.8650	0.0721
16	1.1726	0.8528	17.2579	0.0579	14.7179	0.0679
17	1.1843	0.8444	18.4304	0.0543	15.5622	0.0643
18	1.1961	0.8360	19.6147	0.0510	16.3983	0.0610
19	1.2081	0.8277	20.8109	0.0481	17.2260	0.0581
20	1.2202	0.8195	22.0190	0.0454	18.0456	0.0554
21	1.2324	0.8114	23.2392	0.0430	18.8570	0.0530
22	1.2447	0.8034	24.4716	0.0409	19.6604	0.0509
23	1.2572	0.7954	25.7163	0.0389	20.4558	0.0489

续表

年限	整付复本利系数 已知现值求将来值	整付现值系数 已知将来值求现值	年金复本利系数 已知年金求将来值	基金年存系数 已知将来值求年金	年金现值系数 已知年金求现值	投资回收系数 已知现值求年金
24	1.2697	0.7876	26.9735	0.0371	21.2434	0.0471
25	1.2824	0.7798	28.2432	0.0354	22.0231	0.0454
26	1.2953	0.7720	29.5256	0.0339	22.7952	0.0439
27	1.3082	0.7644	30.8209	0.0324	23.5596	0.0424
28	1.3213	0.7568	32.1291	0.0311	24.3164	0.0411
29	1.3345	0.7493	33.4504	0.0299	25.0658	0.0399
30	1.3478	0.7419	34.7849	0.0287	25.8077	0.0387
31	1.3613	0.7346	36.1327	0.0277	26.5423	0.0377
32	1.3749	0.7273	37.4941	0.0267	27.2696	0.0367
33	1.3887	0.7201	38.8690	0.0257	27.9897	0.0357
34	1.4026	0.7130	40.2577	0.0248	28.7027	0.0348
35	1.4166	0.7059	41.6603	0.0240	29.4086	0.0340
40	1.4889	0.6717	48.8864	0.0205	32.8347	0.0305
45	1.5648	0.6391	56.4811	0.0177	36.0945	0.0277
50	1.6446	0.6080	64.4632	0.0155	39.1961	0.0255
55	1.7285	0.5785	72.8524	0.0137	42.1472	0.0237
60	1.8167	0.5504	81.6696	0.0122	44.9550	0.0222
65	1.9094	0.5237	90.9366	0.0110	47.6266	0.0210
70	2.0068	0.4983	100.6763	0.0099	50.1685	0.0199
75	2.1091	0.4741	110.9128	0.0090	52.5870	0.0190
80	2.2167	0.4511	121.6715	0.0082	54.8882	0.0182
85	2.3298	0.4292	132.9789	0.0075	57.0777	0.0175
90	2.4486	0.4084	144.8632	0.0069	59.1609	0.0169
95	2.5735	0.3886	157.3537	0.0064	61.1430	0.0164
100	2.7048	0.3697	170.4813	0.0059	63.0289	0.0159

2%复利系数表

年	整付复本利系数	整付现值系数	年金复本利系数	基金年存系数	年金现值系数	投资回收系数
限	已知现值求将来值	已知将来值求现值	已知年金求将来值	已知将来值求年金	已知年金求现值	已知现值求年金
1	1.0200	0.9804	1.0000	1.0000	0.9804	1.0200
2	1.0404	0.9612	2.0200	0.4951	1.9416	0.5151
3	1.0612	0.9423	3.0604	0.3268	2.8839	0.3468
4	1.0824	0.9238	4.1216	0.2426	3.8077	0.2626
5	1.1041	0.9057	5.2040	0.1922	4.7135	0.2122
6	1.1262	0.8880	6.3081	0.1585	5.6014	0.1785
7	1.1487	0.8706	7.4343	0.1345	6.4720	0.1545
8	1.1717	0.8535	8.5829	0.1165	7.3255	0.1365
9	1.1951	0.8368	9.7546	0.1025	8.1622	0.1225
10	1.2190	0.8203	10.9497	0.0913	8.9826	0.1113
11	1.2434	0.8043	12.1687	0.0822	9.7868	0.1022
12	1.2682	0.7885	13.4120	0.0746	10.5753	0.0946
13	1.2936	0.7730	14.6803	0.0681	11.3484	0.0881
14	1.3195	0.7579	15.9739	0.0626	12.1062	0.0826
15	1.3459	0.7430	17.2934	0.0578	12.8492	0.0778
16	1.3728	0.7284	18.6392	0.0537	13.5777	0.0737
17	1.4002	0.7142	20.0120	0.0500	14.2918	0.0700
18	1.4282	0.7002	21.4122	0.0467	14.9920	0.0667
19	1.4568	0.6864	22.8405	0.0438	15.6784	0.0638
20	1.4859	0.6730	24.2973	0.0412	16.3514	0.0612
21	1.5157	0.6598	25.7832	0.0388	17.0112	0.0588
22	1.5460	0.6468	27.2989	0.0366	17.6580	0.0566
23	1.5769	0.6342	28.8449	0.0347	18.2922	0.0547
24	1.6084	0.6217	30.4218	0.0329	18.9139	0.0529

续表

年限	整付复本利系数 已知现值求将来值	整付现值系数 已知将来值求现值	年金复本利系数 已知年金求将来值	基金年存系数 已知将来值求年金	年金现值系数 已知年金求现值	投资回收系数 已知现值求年金
25	1.6406	0.6095	32.0302	0.0312	19.5234	0.0512
26	1.6734	0.5976	33.6708	0.0297	20.1210	0.0497
27	1.7069	0.5859	35.3442	0.0283	20.7069	0.0483
28	1.7410	0.5744	37.0511	0.0270	21.2812	0.0470
29	1.7758	0.5631	38.7921	0.0258	21.8443	0.0458
30	1.8114	0.5521	40.5679	0.0247	22.3964	0.0447
31	1.8476	0.5413	42.3793	0.0236	22.9377	0.0436
32	1.8845	0.5306	44.2269	0.0226	23.4683	0.0426
33	1.9222	0.5202	46.1114	0.0217	23.9885	0.0417
34	1.9607	0.5100	48.0336	0.0208	24.4985	0.0408
35	1.9999	0.5000	49.9943	0.0200	24.9986	0.0400
40	2.2080	0.4529	60.4017	0.0166	27.3554	0.0366
45	2.4378	0.4102	71.8924	0.0139	29.4910	0.0339
50	2.6916	0.3715	84.5790	0.0118	31.4236	0.0318
55	2.9717	0.3365	98.5861	0.0101	33.1747	0.0301
60	3.2810	0.3048	114.0510	0.0088	34.7608	0.0288
65	3.6225	0.2761	131.1255	0.0076	36.1974	0.0276
70	3.9995	0.2500	149.9771	0.0067	37.4986	0.0267
75	4.4158	0.2265	170.7909	0.0059	38.6771	0.0259
80	4.8754	0.2051	193.7709	0.0052	39.7445	0.0252
85	5.3829	0.1858	219.1427	0.0046	40.7112	0.0246
90	5.9431	0.1683	247.1552	0.0040	41.5869	0.0240
95	6.5617	0.1524	278.0832	0.0036	42.3800	0.0236
100	7.2446	0.1380	312.2303	0.0032	43.0983	0.0232

3%复利系数表

年	整付复本利系数	整付现值系数	年金复本利系数	基金年存系数	年金现值系数	投资回收系数
限	已知现值求将来值	已知将来值求现值	已知年金求将来值	已知将来值求年金	已知年金求现值	已知现值求年金
1	1.0300	0.9709	1.0000	1.0000	0.9709	1.0300
2	1.0609	0.9426	2.0300	0.4926	1.9135	0.5226
3	1.0927	0.9151	3.0909	0.3235	2.8286	0.3535
4	1.1255	0.8885	4.1836	0.2390	3.7171	0.2690
5	1.1593	0.8626	5.3091	0.1884	4.5797	0.2184
6	1.1941	0.8375	6.4684	0.1546	5.4172	0.1846
7	1.2299	0.8131	7.6625	0.1305	6.2303	0.1605
8	1.2668	0.7894	8.8923	0.1125	7.0197	0.1425
9	1.3048	0.7664	10.1591	0.0984	7.7861	0.1284
10	1.3439	0.7441	11.4639	0.0872	8.5302	0.1172
11	1.3842	0.7224	12.8078	0.0781	9.2526	0.1081
12	1.4258	0.7014	14.1920	0.0705	9.9540	0.1005
13	1.4685	0.6810	15.6178	0.0640	10.6350	0.0940
14	1.5126	0.6611	17.0863	0.0585	11.2961	0.0885
15	1.5580	0.6419	18.5989	0.0538	11.9379	0.0838
16	1.6047	0.6232	20.1569	0.0496	12.5611	0.0796
17	1.6528	0.6050	21.7616	0.0460	13.1661	0.0760
18	1.7024	0.5874	23.4144	0.0427	13.7535	0.0727
19	1.7535	0.5703	25.1169	0.0398	14.3238	0.0698
20	1.8061	0.5537	26.8704	0.0372	14.8775	0.0672
21	1.8603	0.5375	28.6765	0.0349	15.4150	0.0649
22	1.9161	0.5219	30.5368	0.0327	15.9369	0.0627
23	1.9736	0.5067	32.4529	0.0308	16.4436	0.0608
24	2.0328	0.4919	34.4265	0.0290	16.9355	0.0590

续表

年限	整付复本利系数 已知现值求将来值	整付现值系数 已知将来值求现值	年金复本利系数 已知年金求将来值	基金年存系数 已知将来值求年金	年金现值系数 已知年金求现值	投资回收系数 已知现值求年金
25	2.0938	0.4776	36.4593	0.0274	17.4131	0.0574
26	2.1566	0.4637	38.5530	0.0259	17.8768	0.0559
27	2.2213	0.4502	40.7096	0.0246	18.3270	0.0546
28	2.2879	0.4371	42.9309	0.0233	18.7641	0.0533
29	2.3566	0.4243	45.2188	0.0221	19.1885	0.0521
30	2.4273	0.4120	47.5754	0.0210	19.6004	0.0510
31	2.5001	0.4000	50.0027	0.0200	20.0004	0.0500
32	2.5751	0.3883	52.5027	0.0190	20.3888	0.0490
33	2.6523	0.3770	55.0778	0.0182	20.7658	0.0482
34	2.7319	0.3660	57.7302	0.0173	21.1318	0.0473
35	2.8139	0.3554	60.4621	0.0165	21.4872	0.0465
40	3.2620	0.3066	75.4012	0.0133	23.1148	0.0433
45	3.7816	0.2644	92.7198	0.0108	24.5187	0.0408
50	4.3839	0.2281	112.7968	0.0089	25.7298	0.0389
55	5.0821	0.1968	136.0716	0.0073	26.7744	0.0373
60	5.8916	0.1697	163.0534	0.0061	27.6756	0.0361
65	6.8300	0.1464	194.3327	0.0051	28.4529	0.0351
70	7.9178	0.1263	230.5940	0.0043	29.1234	0.0343
75	9.1789	0.1089	272.6307	0.0037	29.7018	0.0337
80	10.6409	0.0940	321.3629	0.0031	30.2008	0.0331
85	12.3357	0.0811	377.8567	0.0026	30.6312	0.0326
90	14.3005	0.0699	443.3487	0.0023	31.0024	0.0323
95	16.5782	0.0603	519.2717	0.0019	31.3227	0.0319
100	19.2186	0.0520	607.2874	0.0016	31.5989	0.0316

4%复利系数表

年	整付复本利系数	整付现值系数	年金复本利系数	基金年存系数	年金现值系数	投资回收系数
限	已知现值求将来值	已知将来值求现值	已知年金求将来值	已知将来值求年金	已知年金求现值	已知现值求年金
1	1.0400	0.9615	1.0000	1.0000	0.9615	1.0400
2	1.0816	0.9246	2.0400	0.4902	1.8861	0.5302
3	1.1249	0.8890	3.1216	0.3203	2.7751	0.3603
4	1.1699	0.8548	4.2465	0.2355	3.6299	0.2755
5	1.2167	0.8219	5.4163	0.1846	4.4518	0.2246
6	1.2653	0.7903	6.6330	0.1508	5.2421	0.1908
7	1.3159	0.7599	7.8983	0.1266	6.0021	0.1666
8	1.3686	0.7307	9.2142	0.1085	6.7327	0.1485
9	1.4233	0.7026	10.5828	0.0945	7.4353	0.1345
10	1.4802	0.6756	12.0061	0.0833	8.1109	0.1233
11	1.5395	0.6496	13.4863	0.0741	8.7605	0.1141
12	1.6010	0.6246	15.0258	0.0666	9.3851	0.1066
13	1.6651	0.6006	16.6268	0.0601	9.9856	0.1001
14	1.7317	0.5775	18.2919	0.0547	10.5631	0.0947
15	1.8009	0.5553	20.0236	0.0499	11.1184	0.0899
16	1.8730	0.5339	21.8245	0.0458	11.6523	0.0858
17	1.9479	0.5134	23.6975	0.0422	12.1657	0.0822
18	2.0258	0.4936	25.6454	0.0390	12.6593	0.0790
19	2.1068	0.4746	27.6712	0.0361	13.1339	0.0761
20	2.1911	0.4564	29.7781	0.0336	13.5903	0.0736
21	2.2788	0.4388	31.9692	0.0313	14.0292	0.0713
22	2.3699	0.4220	34.2479	0.0292	14.4511	0.0692
23	2.4647	0.4057	36.6179	0.0273	14.8568	0.0673
24	2.5633	0.3901	39.0826	0.0256	15.2470	0.0656

续表

年	整付复本利系数	整付现值系数	年金复本利系数	基金年存系数	年金现值系数	投资回收系数
限	已知现值求将来值	已知将来值求现值	已知年金求将来值	已知将来值求年金	已知年金求现值	已知现值求年金
25	2.6658	0.3751	41.6459	0.0240	15.6221	0.0640
26	2.7725	0.3607	44.3117	0.0226	15.9828	0.0626
27	2.8834	0.3468	47.0842	0.0212	16.3296	0.0612
28	2.9987	0.3335	49.9675	0.0200	16.6631	0.0600
29	3.1186	0.3207	52.9662	0.0189	16.9837	0.0589
30	3.2434	0.3083	56.0849	0.0178	17.2920	0.0578
31	3.3731	0.2965	59.3283	0.0169	17.5885	0.0569
32	3.5081	0.2851	62.7014	0.0159	17.8735	0.0559
33	3.6484	0.2741	66.2095	0.0151	18.1476	0.0551
34	3.7943	0.2636	69.8578	0.0143	18.4112	0.0543
35	3.9461	0.2534	73.6521	0.0136	18.6646	0.0536
40	4.8010	0.2083	95.0254	0.0105	19.7928	0.0505
45	5.8412	0.1712	121.0292	0.0083	20.7200	0.0483
50	7.1067	0.1407	152.6669	0.0066	21.4822	0.0466
55	8.6464	0.1157	191.1589	0.0052	22.1086	0.0452
60	10.5219	0.0951	237.9903	0.0042	22.6235	0.0442
65	12.7987	0.0781	294.9679	0.0034	23.0467	0.0434
70	15.5716	0.0642	364.2898	0.0027	23.3945	0.0427
75	18.9452	0.0528	448.6305	0.0022	23.6804	0.0422
80	23.0498	0.0434	551.2438	0.0018	23.9154	0.0418
85	28.0435	0.0357	676.0886	0.0015	24.1085	0.0415
90	34.1193	0.0293	827.9814	0.0012	24.2673	0.0412
95	41.5113	0.0241	1 012.7820	0.0010	24.3978	0.0410
100	50.5048	0.0198	1 237.6210	0.0008	24.5050	0.0408

5%复利系数表

年	整付复本利系数	整付现值系数	年金复本利系数	基金年存系数	年金现值系数	投资回收系数
限	已知现值求将来值	已知将来值求现值	已知年金求将来值	已知将来值求年金	已知年金求现值	已知现值求年金
1	1.0500	0.9524	1.0000	1.0000	0.9524	1.0500
2	1.1025	0.9070	2.0500	0.4878	1.8594	0.5378
3	1.1576	0.8638	3.1525	0.3172	2.7232	0.3672
4	1.2155	0.8227	4.3101	0.2320	3.5459	0.2820
5	1.2763	0.7835	5.5256	0.1810	4.3295	0.2310
6	1.3401	0.7462	6.8019	0.1470	5.0757	0.1970
7	1.4071	0.7107	8.1420	0.1228	5.7864	0.1728
8	1.4775	0.6768	9.5491	0.1047	6.4632	0.1547
9	1.5513	0.6446	11.0265	0.0907	7.1078	0.1407
10	1.6289	0.6139	12.5779	0.0795	7.7217	0.1295
11	1.7103	0.5847	14.2068	0.0704	8.3064	0.1204
12	1.7959	0.5568	15.9171	0.0628	8.8632	0.1128
13	1.8856	0.5303	17.7129	0.0565	9.3936	0.1065
14	1.9799	0.5051	19.5986	0.0510	9.8986	0.1010
15	2.0789	0.4810	21.5785	0.0463	10.3796	0.0963
16	2.1829	0.4581	23.6574	0.0423	10.8378	0.0923
17	2.2920	0.4363	25.8403	0.0387	11.2741	0.0887
18	2.4066	0.4155	28.1323	0.0355	11.6896	0.0855
19	2.5269	0.3957	30.5389	0.0327	12.0853	0.0827
20	2.6533	0.3769	33.0659	0.0302	12.4622	0.0802
21	2.7860	0.3589	35.7192	0.0280	12.8211	0.0780
22	2.9253	0.3419	38.5051	0.0260	13.1630	0.0760
23	3.0715	0.3256	41.4304	0.0241	13.4886	0.0741
24	3.2251	0.3101	44.5019	0.0225	13.7986	0.0725

续表

年限	整付复本利系数	整付现值系数	年金复本利系数	基金年存系数	年金现值系数	投资回收系数
	已知现值求将来值	已知将来值求现值	已知年金求将来值	已知将来值求年金	已知年金求现值	已知现值求年金
25	3.3863	0.2953	47.7270	0.0210	14.0939	0.0710
26	3.5557	0.2812	51.1133	0.0196	14.3752	0.0696
27	3.7334	0.2678	54.6690	0.0183	14.6430	0.0683
28	3.9201	0.2551	58.4024	0.0171	14.8981	0.0671
29	4.1161	0.2429	62.3225	0.0160	15.1411	0.0660
30	4.3219	0.2314	66.4386	0.0151	15.3724	0.0651
31	4.5380	0.2204	70.7606	0.0141	15.5928	0.0641
32	4.7649	0.2099	75.2986	0.0133	15.8027	0.0633
33	5.0032	0.1999	80.0635	0.0125	16.0025	0.0625
34	5.2533	0.1904	85.0667	0.0118	16.1929	0.0618
35	5.5160	0.1813	90.3200	0.0111	16.3742	0.0611
40	7.0400	0.1420	120.7993	0.0083	17.1591	0.0583
45	8.9850	0.1113	159.6995	0.0063	17.7741	0.0563
50	11.4674	0.0872	209.3470	0.0048	18.2559	0.0548
55	14.6356	0.0683	272.7113	0.0037	18.6335	0.0537
60	18.6791	0.0535	353.5818	0.0028	18.9293	0.0528
65	23.8398	0.0419	456.7954	0.0022	19.1611	0.0522
70	30.4262	0.0329	588.5249	0.0017	19.3427	0.0517
75	38.8324	0.0258	756.6487	0.0013	19.4850	0.0513
80	49.5611	0.0202	971.2220	0.0010	19.5965	0.0510
85	63.2539	0.0158	1 245.0780	0.0008	19.6838	0.0508
90	80.7297	0.0124	1 594.5950	0.0006	19.7523	0.0506
95	103.0338	0.0097	2 040.6770	0.0005	19.8059	0.0505
100	131.5001	0.0076	2 610.0030	0.0004	19.8479	0.0504

6%复利系数表

年	整付复本利系数	整付现值系数	年金复本利系数	基金年存系数	年金现值系数	投资回收系数
限	已知现值求将来值	已知将来值求现值	已知年金求将来值	已知将来值求年金	已知年金求现值	已知现值求年金
1	1.0600	0.9434	1.0000	1.0000	0.9434	1.0600
2	1.1236	0.8900	2.0600	0.4854	1.8334	0.5454
3	1.1910	0.8396	3.1836	0.3141	2.6730	0.3741
4	1.2625	0.7921	4.3746	0.2286	3.4651	0.2886
5	1.3382	0.7473	5.6371	0.1774	4.2124	0.2374
6	1.4185	0.7050	6.9753	0.1434	4.9173	0.2034
7	1.5036	0.6651	8.3938	0.1191	5.5824	0.1791
8	1.5938	0.6274	9.8975	0.1010	6.2098	0.1610
9	1.6895	0.5912	11.4913	0.0870	6.8017	0.1470
10	1.7908	0.5584	13.1808	0.0759	7.3601	0.1359
11	1.8983	0.5268	14.9716	0.0668	7.8869	0.1268
12	2.0122	0.4970	16.8699	0.0593	8.3838	0.1193
13	2.1329	0.4688	18.8821	0.0530	8.8527	0.1130
14	2.2609	0.4423	21.0150	0.0476	9.2950	0.1076
15	2.3966	0.4173	23.2759	0.0430	9.7122	0.1030
16	2.5403	0.3936	25.6725	0.0390	10.1059	0.0990
17	2.6928	0.3714	26.2128	0.0354	10.4773	0.0954
18	2.8543	0.3503	30.9056	0.0324	10.8276	0.0924
19	3.0256	0.3305	33.7589	0.0296	11.1581	0.0896
20	3.2071	0.3118	36.7855	0.0272	11.4699	0.0872
21	3.3996	0.2942	39.9927	0.0250	11.7641	0.0850
22	3.6035	0.2775	43.3922	0.0230	12.0416	0.0830
23	3.8197	0.2618	46.9957	0.0213	12.3034	0.0813
24	4.0489	0.2470	50.8155	0.0197	12.5504	0.0797

续表

年	整付复本利系数	整付现值系数	年金复本利系数	基金年存系数	年金现值系数	投资回收系数
限	已知现值求将来值	已知将来值求现值	已知年金求将来值	已知将来值求年金	已知年金求现值	已知现值求年金
25	4.2919	0.2330	54.8644	0.0182	12.7834	0.0782
26	4.5494	0.2198	59.1563	0.0169	13.0032	0.0769
27	4.8223	0.2074	63.7057	0.0157	13.2105	0.0757
28	5.1117	0.1956	68.5280	0.0146	13.4062	0.0746
29	5.4184	0.1846	73.6397	0.0136	13.5907	0.0736
30	5.7435	0.1741	79.0580	0.0126	13.7648	0.0726
31	6.0881	0.1643	84.8015	0.0118	13.9291	0.0718
32	6.4534	0.1550	90.8896	0.0110	14.0840	0.0710
33	6.8406	0.1462	97.3430	0.0103	14.2302	0.0703
34	7.2510	0.1379	104.1835	0.0096	14.3681	0.0696
35	7.6861	0.1301	111.4345	0.0090	14.4982	0.0690
40	10.2857	0.0972	154.7616	0.0065	15.0463	0.0665
45	13.7645	0.0727	212.7430	0.0047	15.4558	0.0647
50	18.4210	0.0543	290.3351	0.0034	15.7619	0.0634
55	24.6502	0.0406	394.1708	0.0025	15.9905	0.0625
60	32.9876	0.0303	533.1263	0.0019	16.1614	0.0619
65	44.1448	0.0227	719.0803	0.0014	16.2891	0.0614
70	59.0757	0.0169	967.9284	0.0010	16.3845	0.0610
75	79.0566	0.0126	1 300.9430	0.0008	16.4558	0.0608
80	105.7955	0.0095	1 746.5920	0.0006	16.5091	0.0606
85	141.5783	0.0071	2 342.9710	0.0004	16.5489	0.0604
90	189.4636	0.0053	3 141.0600	0.0003	16.5787	0.0603
95	253.5449	0.0039	4 209.0802	0.0002	16.6009	0.0602
100	339.3002	0.0029	5 638.3680	0.0002	16.6175	0.0602

7%复利系数表

年	整付复本利系数	整付现值系数	年金复本利系数	基金年存系数	年金现值系数	投资回收系数
限	已知现值求将来值	已知将来值求现值	已知年金求将来值	已知将来值求年金	已知年金求现值	已知现值求年金
1	1.0700	0.9346	1.0000	1.0000	0.9346	1.0700
2	1.1449	0.8734	2.0700	0.4831	1.8080	0.5531
3	1.2250	0.8163	3.2149	0.3111	2.6243	0.3811
4	1.3108	0.7629	4.4399	0.2252	3.3872	0.2952
5	1.4026	0.7130	5.7507	0.1739	4.1002	0.2439
6	1.5007	0.6663	7.1533	0.1398	4.7665	0.2098
7	1.6058	0.6227	8.6540	0.1156	5.3893	0.1856
8	1.7182	0.5820	10.2598	0.0975	5.9713	0.1675
9	1.8385	0.5439	11.9780	0.0835	6.5152	0.1535
10	1.9672	0.5083	13.8165	0.0724	7.0236	0.1424
11	2.1049	0.4751	15.7836	0.0634	7.4987	0.1334
12	2.2522	0.4440	17.8885	0.0559	7.9427	0.1259
13	2.4098	0.4150	20.1407	0.0497	8.3577	0.1197
14	2.5785	0.3878	22.5505	0.0443	8.7455	0.1143
15	2.7590	0.3624	25.1291	0.0398	9.1079	0.1098
16	2.9522	0.3387	27.8881	0.0359	9.4467	0.1059
17	3.1588	0.3166	30.8403	0.0324	9.7632	0.1024
18	3.3799	0.2959	33.9991	0.0294	10.0591	0.0994
19	3.6165	0.2765	37.3790	0.0268	10.3356	0.0968
20	3.8697	0.2584	40.9955	0.0244	10.5940	0.0944
21	4.1406	0.2415	44.8652	0.0223	10.8355	0.0923
22	4.4304	0.2257	49.0058	0.0204	11.0612	0.0904
23	4.7405	0.2109	53.4362	0.0187	11.2722	0.0887
24	5.0724	0.1971	58.1768	0.0172	11.4693	0.0872

续表

年 限	整付复本利系数 已知现值求将来值	整付现值系数 已知将来值求现值	年金复本利系数 已知年金求将来值	基金年存系数 已知将来值求年金	年金现值系数 已知年金求现值	投资回收系数 已知现值求年金
25	5.4274	0.1842	63.2491	0.0158	11.6536	0.0858
26	5.8074	0.1722	68.6766	0.0146	11.8258	0.0846
27	6.2139	0.1609	74.4840	0.0134	11.9867	0.0834
28	6.6488	0.1504	80.6978	0.0124	12.1371	0.0824
29	7.1143	0.1406	87.3467	0.0114	12.2777	0.0814
30	7.6123	0.1314	94.4609	0.0106	12.4090	0.0806
31	8.1451	0.1228	102.0732	0.0098	12.5318	0.0798
32	8.7153	0.1147	110.2184	0.0091	12.6466	0.0791
33	9.3254	0.1072	118.9336	0.0084	12.7538	0.0784
34	9.9781	0.1002	128.2590	0.0078	12.8540	0.0778
35	10.6766	0.0937	138.2371	0.0072	12.9477	0.0772
40	14.9745	0.0668	199.6355	0.0050	13.3317	0.0750
45	21.0025	0.0476	285.7500	0.0035	13.6055	0.0735
50	29.4571	0.0339	406.5300	0.0025	13.8007	0.0725
55	41.3151	0.0242	575.9302	0.0017	13.9399	0.0717
60	57.9466	0.0173	813.5228	0.0012	14.0392	0.0712
65	81.2731	0.0123	1 146.759	0.0009	14.1099	0.0709
70	113.9898	0.0088	1 614.140	0.0006	14.1604	0.0706
75	159.8766	0.0063	2 269.666	0.0004	14.1964	0.0704
80	224.2353	0.0045	3 189.075	0.0003	14.2220	0.0703
85	314.5016	0.0032	4 478.594	0.0002	14.2403	0.0702
90	441.1049	0.0023	6 287.213	0.0002	14.2533	0.0702
95	618.6726	0.0016	8 823.894	0.0001	14.2626	0.0701
100	867.7204	0.0012	12 381.720	0.0001	14.2693	0.0701

8%复利系数表

年	整付复本利系数	整付现值系数	年金复本利系数	基金年存系数	年金现值系数	投资回收系数
限	已知现值求将来值	已知将来值求现值	已知年金求将来值	已知将来值求年金	已知年金求现值	已知现值求年金
1	1.0800	0.9259	1.0000	1.0000	0.9259	1.0800
2	1.1664	0.8573	2.0800	0.4808	1.7833	0.5608
3	1.2597	0.7938	3.2464	0.3080	2.5771	0.3880
4	1.3605	0.7350	4.5061	0.2219	3.3121	0.3019
5	1.4693	0.6806	5.8666	0.1705	3.9927	0.2505
6	1.5869	0.6302	7.3359	0.1363	4.6229	0.2163
7	1.7138	0.5835	8.9228	0.1121	5.2064	0.1921
8	1.8509	0.5403	10.6366	0.0940	5.7466	0.1740
9	1.9990	0.5002	12.4876	0.0801	6.2469	0.1601
10	2.1589	0.4632	14.4866	0.0690	6.7101	0.1490
11	2.3316	0.4289	16.6455	0.0601	7.1390	0.1401
12	2.5182	0.3971	18.9771	0.0527	7.5361	0.1327
13	2.7196	0.3677	21.4953	0.0465	7.9038	0.1265
14	2.9372	0.3405	24.2149	0.0413	8.2442	0.1213
15	3.1722	0.3152	27.1521	0.0368	8.5595	0.1168
16	3.4259	0.2919	30.3243	0.0330	8.8514	0.1130
17	3.7000	0.2703	33.7503	0.0296	9.1216	0.1096
18	3.9960	0.2502	37.4503	0.0267	9.3719	0.1067
19	4.3157	0.2317	41.4463	0.0241	9.6036	0.1041
20	4.6610	0.2145	45.7620	0.0219	9.8181	0.1019
21	5.0338	0.1987	50.4230	0.0198	10.0168	0.0998
22	5.4365	0.1839	55.4568	0.0180	10.2007	0.0980
23	5.8715	0.1703	60.8933	0.0164	10.3711	0.0964
24	6.3412	0.1577	66.7648	0.0150	10.5288	0.0950

续表

年	整付复本利系数	整付现值系数	年金复本利系数	基金年存系数	年金现值系数	投资回收系数
限	已知现值求将来值	已知将来值求现值	已知年金求将来值	已知将来值求年金	已知年金求现值	已知现值求年金
25	6.8485	0.1460	73.1060	0.0137	10.6748	0.0937
26	7.3964	0.1352	79.9545	0.0125	10.8100	0.0925
27	7.9881	0.1252	87.3509	0.0114	10.9352	0.0914
28	8.6271	0.1159	95.3389	0.0105	11.0511	0.0905
29	9.3173	0.1073	103.9660	0.0096	11.1584	0.0896
30	10.0627	0.0994	113.2833	0.0088	11.2578	0.0888
31	10.8677	0.0920	123.3460	0.0081	11.3498	0.0881
32	11.7371	0.0852	134.2137	0.0075	11.4350	0.0875
33	12.6761	0.0789	145.9508	0.0069	11.5139	0.0869
34	13.6901	0.0730	158.6269	0.0063	11.5869	0.0863
35	14.7854	0.0676	172.3170	0.0058	11.6546	0.0858
40	21.7245	0.0460	259.0569	0.0039	11.9246	0.0839
45	31.9205	0.0313	386.5062	0.0026	12.1084	0.0826
50	46.9017	0.0213	573.7711	0.0017	12.2335	0.0817
55	68.9140	0.0145	848.9247	0.0012	12.3186	0.0812
60	101.2573	0.0099	1 253.2160	0.0008	12.3766	0.0808
65	148.7802	0.0067	1 847.252	0.0005	12.4160	0.0805
70	218.6069	0.0046	2 720.086	0.0004	12.4428	0.0804
75	321.2053	0.0031	4 002.566	0.0002	12.4611	0.0802
80	471.9560	0.0021	5 886.950	0.0002	12.4735	0.0802
85	693.4583	0.0014	8 655.729	0.0001	12.4820	0.0801
90	1 018.9180	0.0010	12 723.980	0.0001	12.4877	0.0801
95	1 497.1250	0.0007	18 701.560	0.0001	12.4917	0.0801
100	2 199.7680	0.0005	27 484.610	0.0001	12.4943	0.0800

9%复利系数表

年	整付复本利系数	整付现值系数	年金复本利系数	基金年存系数	年金现值系数	投资回收系数
限	已知现值求将来值	已知将来值求现值	已知年金求将来值	已知将来值求年金	已知年金求现值	已知现值求年金
1	1.0900	0.9174	1.0000	1.0000	0.9174	1.0900
2	1.1881	0.8417	2.0900	0.4785	1.7591	0.5685
3	1.2950	0.7722	3.2781	0.3051	2.5313	0.3951
4	1.4116	0.7084	4.5731	0.2187	3.2397	0.3087
5	1.5386	0.6499	5.9847	0.1671	3.8897	0.2571
6	1.6771	0.5963	7.5233	0.1329	4.4859	0.2229
7	1.8280	0.5470	9.2004	0.1087	5.0330	0.1987
8	1.9926	0.5019	11.0285	0.0907	5.5348	0.1807
9	2.1719	0.4604	13.0210	0.0768	5.9952	0.1668
10	2.3674	0.4224	15.1929	0.0658	6.4177	0.1558
11	2.5804	0.3875	17.5603	0.0569	6.8052	0.1469
12	2.8127	0.3555	20.1407	0.0497	7.1607	0.1397
13	3.0658	0.3262	22.9534	0.0436	7.4869	0.1336
14	3.3417	0.2992	26.0192	0.0384	7.7862	0.1284
15	3.6425	0.2745	29.3609	0.0341	8.0607	0.1241
16	3.9703	0.2519	33.0034	0.0303	8.3126	0.1203
17	4.3276	0.2311	36.9737	0.0270	8.5436	0.1170
18	4.7171	0.2120	41.3014	0.0242	8.7556	0.1142
19	5.1417	0.1945	46.0185	0.0217	8.9501	0.1117
20	5.6044	0.1784	51.1602	0.0195	9.1285	0.1095
21	6.1088	0.1637	56.7646	0.0176	9.2922	0.1076
22	6.6586	0.1502	62.8734	0.0159	9.4424	0.1059
23	7.2579	0.1378	69.5320	0.0144	9.5802	0.1044
24	7.9111	0.1264	76.7899	0.0130	9.7066	0.1030

续表

年限	整付复本利系数 已知现值求将来值	整付现值系数 已知将来值求现值	年金复本利系数 已知年金求将来值	基金年存系数 已知将来值求年金	年金现值系数 已知年金求现值	投资回收系数 已知现值求年金
25	8.6231	0.1160	84.7010	0.0118	9.8226	0.1018
26	9.3992	0.1064	93.3241	0.0107	9.9290	0.1007
27	10.2451	0.0976	102.7233	0.0097	10.0266	0.0997
28	11.1672	0.0895	112.9684	0.0089	10.1161	0.0989
29	12.1722	0.0822	124.1355	0.0081	10.1983	0.0981
30	13.2677	0.0754	136.3077	0.0073	10.2737	0.0973
31	14.4618	0.0691	149.5754	0.0067	10.3428	0.0967
32	15.7634	0.0634	164.0372	0.0061	10.4062	0.0961
33	17.1821	0.0582	179.8006	0.0056	10.4644	0.0956
34	18.7284	0.0534	196.9827	0.0051	10.5178	0.0951
35	20.4140	0.0490	215.7111	0.0046	10.5668	0.0946
40	31.4095	0.0318	337.8831	0.0030	10.7574	0.0930
45	48.3274	0.0207	525.8598	0.0019	10.8812	0.0919
50	74.3577	0.0134	815.0853	0.0012	10.9617	0.0912
55	114.4085	0.0087	1 260.0950	0.0008	11.0140	0.0908
60	176.0318	0.0057	1 944.7970	0.0005	11.0480	0.0905
65	270.8468	0.0037	2 998.297	0.0003	11.0701	0.0903
70	416.7314	0.0024	4 619.238	0.0002	11.0844	0.0902
75	641.1931	0.0016	7 113.256	0.0001	11.0938	0.0901
80	986.5552	0.0010	10 950.610	0.0001	11.0998	0.0901
85	1 517.9380	0.0007	16 854.860	0.0001	11.1038	0.0901
90	2 335.5360	0.0004	25 939.290	0.0000	11.1064	0.0900
95	3 593.5130	0.0003	39 916.810	0.0000	11.1080	0.0900
100	5 529.0660	0.0002	61 422.950	0.0000	11.1091	0.0900

10%复利系数表

年 限	整付复本利系数 已知现值求将来值	整付现值系数 已知将来值求现值	年金复本利系数 已知年金求将来值	基金年存系数 已知将来值求年金	年金现值系数 已知年金求现值	投资回收系数 已知现值求年金
1	1.1000	0.9091	1.0000	1.0000	0.9091	1.1000
2	1.2100	0.8264	2.1000	0.4762	1.7355	0.5762
3	1.3310	0.7513	3.3100	0.3021	2.4869	0.4021
4	1.4641	0.6830	4.6410	0.2155	3.1699	0.3155
5	1.6105	0.6209	6.1051	0.1638	3.7908	0.2638
6	1.7716	0.5645	7.7156	0.1296	4.3553	0.2296
7	1.9487	0.5132	9.4872	0.1054	4.8684	0.2054
8	2.1436	0.4665	11.4359	0.0874	5.3349	0.1874
9	2.3579	0.4241	13.5795	0.0736	5.7590	0.1736
10	2.5937	0.3855	15.9374	0.0627	6.1446	0.1627
11	2.8531	0.3505	18.5312	0.0540	6.4951	0.1540
12	3.1384	0.3186	21.3843	0.0468	6.8137	0.1468
13	3.4523	0.2897	24.5227	0.0408	7.1034	0.1408
14	3.7975	0.2633	27.9750	0.0357	7.3667	0.1357
15	4.1772	0.2394	31.7725	0.0315	7.6061	0.1315
16	4.5950	0.2176	35.9497	0.0278	7.8237	0.1278
17	5.0545	0.1978	40.5447	0.0247	8.0216	0.1247
18	5.5599	0.1799	45.5992	0.0219	8.2014	0.1219
19	6.1159	0.1635	51.1591	0.0195	8.3649	0.1195
20	6.7275	0.1486	57.2750	0.0175	8.5136	0.1175
21	7.4003	0.1351	64.0025	0.0156	8.6487	0.1156
22	8.1403	0.1228	71.4028	0.0140	8.7715	0.1140
23	8.9543	0.1117	79.5431	0.0126	8.8832	0.1126
24	9.8497	0.1015	88.4974	0.0113	8.8947	0.1113

续表

年 限	整付复本利系数 已知现值求将来值	整付现值系数 已知将来值求现值	年金复本利系数 已知年金求将来值	基金年存系数 已知将来值求年金	年金现值系数 已知年金求现值	投资回收系数 已知现值求年金
25	10.8347	0.0923	98.3471	0.0102	9.0770	0.1102
26	11.9182	0.0839	109.1818	0.0092	9.1609	0.1092
27	13.1100	0.0763	121.1000	0.0083	9.2372	0.1083
28	14.4210	0.0693	134.2100	0.0075	9.3066	0.1075
29	15.8631	0.0630	148.6310	0.0067	9.3696	0.1067
30	17.4494	0.0573	164.4941	0.0061	9.4269	0.1061
31	19.1944	0.0521	181.9435	0.0055	9.4790	0.1055
32	21.1138	0.0474	201.1379	0.0050	9.5264	0.1050
33	23.2252	0.0431	222.2517	0.0045	9.5694	0.1045
34	25.5477	0.0391	245.4768	0.0041	9.6086	0.1041
35	28.1025	0.0356	271.0245	0.0037	9.6442	0.1037
40	45.2593	0.0221	442.5928	0.0023	9.7791	0.1023
45	72.8905	0.0137	718.9053	0.0014	9.8628	0.1014
50	117.3909	0.0085	1 163.909	0.0009	9.9148	0.1009
55	189.0593	0.0053	1 880.593	0.0005	9.9471	0.1005
60	304.4819	0.0033	3 034.819	0.0003	9.9672	0.1003
65	490.3712	0.0020	4 893.712	0.0002	9.9796	0.1002
70	789.7478	0.0013	7 887.478	0.0001	9.9873	0.1001
75	1 271.8970	0.0008	12 708.970	0.0001	9.9921	0.1001
80	2 048.4030	0.0005	20 474.030	0.0000	9.9951	0.1000
85	3 298.9730	0.0003	32 979.730	0.0000	9.9970	0.1000
90	5 313.0300	0.0002	53 120.300	0.0000	9.9981	0.1000
95	8 556.6880	0.0001	85 556.880	0.0000	9.9988	0.1000
100	13 780.6300	0.0001	137 796.300	0.0000	9.9993	0.1000

11%复利系数表

年	整付复本利系数	整付现值系数	年金复本利系数	基金年存系数	年金现值系数	投资回收系数
限	已知现值求将来值	已知将来值求现值	已知年金求将来值	已知将来值求年金	已知年金求现值	已知现值求年金
1	1.1100	0.9009	1.0000	1.0000	0.9009	1.1100
2	1.2321	0.8116	2.1100	0.4739	1.7125	0.5839
3	1.3676	0.7312	3.3421	0.2992	2.4437	0.4092
4	1.5181	0.6587	4.7097	0.2123	3.1024	0.3223
5	1.6851	0.5935	6.2278	0.1606	3.6959	0.2706
6	1.8704	0.5346	7.9129	0.1264	4.2305	0.2364
7	2.0762	0.4817	9.7833	0.1022	4.7122	0.2122
8	2.3045	0.4339	11.8594	0.0843	5.1461	0.1943
9	2.5580	0.3909	14.1640	0.0706	5.5370	0.1806
10	2.8394	0.3522	16.7220	0.0598	5.8892	0.1698
11	3.1518	0.3173	19.5614	0.0511	6.2065	0.1611
12	3.4985	0.2858	22.7132	0.0440	6.4924	0.1504
13	3.8833	0.2575	26.2116	0.0382	6.7499	0.1482
14	4.3104	0.2320	30.0949	0.0332	6.9819	0.1432
15	4.7846	0.2090	34.4054	0.0291	7.1909	0.1391
16	5.3109	0.1883	39.1900	0.0255	7.3792	0.1355
17	5.8951	0.1696	44.5008	0.0225	7.5488	0.1325
18	6.5436	0.1528	50.3959	0.0198	7.7016	0.1298
19	7.2633	0.1377	56.9395	0.0176	7.8393	0.1276
20	8.0623	0.1240	64.2028	0.0156	7.9633	0.1256
21	8.9492	0.1117	72.2652	0.0138	8.0751	0.1238
22	9.9336	0.1007	81.2143	0.0123	8.1757	0.1223
23	11.0263	0.0907	91.1479	0.0110	8.2664	0.1210
24	12.2392	0.0817	102.1742	0.0098	8.3481	0.1198

续表

年 限	整付复本利系数 已知现值求将来值	整付现值系数 已知将来值求现值	年金复本利系数 已知年金求将来值	基金年存系数 已知将来值求年金	年金现值系数 已知年金求现值	投资回收系数 已知现值求年金
25	13.5855	0.0736	114.4133	0.0087	8.4217	0.1187
26	15.0799	0.0663	127.9988	0.0078	8.4881	0.1178
27	16.7386	0.0597	143.0786	0.0070	8.5478	0.1170
28	18.5799	0.0538	159.8173	0.0063	8.6016	0.1163
29	20.6237	0.0485	178.3927	0.0056	8.6501	0.1156
30	22.8923	0.0437	199.0209	0.0050	8.6938	0.1150
31	25.4105	0.0394	221.9132	0.0045	8.7331	0.1145
32	28.2056	0.0355	247.3237	0.0040	8.7686	0.1140
33	31.3082	0.0319	275.5292	0.0036	8.8005	0.1136
34	34.7521	0.0288	306.8375	0.0033	8.8293	0.1133
35	38.5749	0.0259	341.5896	0.0029	8.8552	0.1129
40	65.0009	0.0154	581.8261	0.0017	8.9511	0.1117
45	109.5303	0.0091	986.6387	0.0010	9.0079	0.1110
50	184.5649	0.0054	1 668.7710	0.0006	9.0417	0.1106
55	311.0025	0.0032	2 818.2050	0.0004	9.0617	0.1104
60	524.0573	0.0019	4 755.0670	0.0002	9.0736	0.1102
65	883.0671	0.0011	8 018.792	0.0001	9.0806	0.1101
70	1 488.0190	0.0007	13 518.360	0.0001	9.0848	0.1101
75	2 507.3990	0.0004	22 785.450	0.0000	9.0873	0.1100
80	4 225.1140	0.0002	38 401.030	0.0000	9.0888	0.1100
85	7 119.5620	0.0001	64 714.200	0.0000	9.0896	0.1100
90	11 996.8800	0.0001	109 053.400	0.0000	9.0902	0.1100
95	20 215.4400	0.0000	183 767.600	0.0000	9.0905	0.1100
100	34 064.1800	0.0000	309 665.300	0.0000	9.0906	0.1100

12%复利系数表

年	整付复本利系数	整付现值系数	年金复本利系数	基金年存系数	年金现值系数	投资回收系数
限	已知现值求将来值	已知将来值求现值	已知年金求将来值	已知将来值求年金	已知年金求现值	已知现值求年金
1	1.1200	0.8929	1.0000	1.0000	0.8929	1.1200
2	1.2544	0.7972	2.1200	0.4717	1.6901	0.5917
3	1.4049	0.7118	3.3744	0.2963	2.4018	0.4163
4	1.5735	0.6355	4.7793	0.2092	3.0373	0.3292
5	1.7623	0.5674	6.3528	0.1574	3.6048	0.2774
6	1.9738	0.5066	8.1152	0.1232	4.1114	0.2432
7	2.2107	0.4523	10.0890	0.0991	4.5638	0.2191
8	2.4760	0.4039	12.2997	0.0813	4.9676	0.2013
9	2.7731	0.3606	14.7757	0.0677	5.3283	0.1877
10	3.1058	0.3220	17.5487	0.0570	5.6502	0.1770
11	3.4785	0.2875	20.6546	0.0484	5.9377	0.1684
12	3.8960	0.2567	24.1331	0.0414	6.1944	0.1614
13	4.3635	0.2292	28.0291	0.0357	6.4235	0.1557
14	4.8871	0.2046	32.3926	0.0309	6.6282	0.1509
15	5.4736	0.1827	37.2797	0.0268	6.8109	0.1468
16	6.1304	0.1631	42.7533	0.0234	6.9740	0.1434
17	6.8660	0.1456	48.8837	0.0205	7.1196	0.1405
18	7.6900	0.1300	55.7497	0.0179	7.2497	0.1379
19	8.6128	0.1161	63.4397	0.0158	7.3658	0.1358
20	9.6463	0.1037	72.0524	0.0139	7.4694	0.1339
21	10.8038	0.0926	81.6987	0.0122	7.5620	0.1322
22	12.1003	0.0826	92.5026	0.0108	7.6446	0.1308
23	13.5523	0.0738	104.6029	0.0096	7.7184	0.1296
24	15.1786	0.0659	118.1552	0.0085	7.7843	0.1285

续表

年 限	整付复本利系数 已知现值求将来值	整付现值系数 已知将来值求现值	年金复本利系数 已知年金求将来值	基金年存系数 已知将来值求年金	年金现值系数 已知年金求现值	投资回收系数 已知现值求年金
25	17.0001	0.0588	133.3339	0.0075	7.8431	0.1275
26	19.0401	0.0525	150.3339	0.0067	7.8957	0.1267
27	21.3249	0.0469	169.3740	0.0059	7.9426	0.1259
28	23.8839	0.0419	190.6989	0.0052	7.9844	0.1252
29	26.7499	0.0374	214.5828	0.0047	8.0218	0.1247
30	29.9599	0.0334	241.3327	0.0041	8.0552	0.1241
31	33.5551	0.0298	271.2926	0.0037	8.0850	0.1237
32	37.5817	0.0266	304.8477	0.0033	8.1116	0.1233
33	42.0915	0.0238	342.4295	0.0029	8.1354	0.1229
34	47.1425	0.0212	384.5210	0.0026	8.1566	0.1226
35	52.7996	0.0189	431.6635	0.0023	8.1755	0.1223
40	93.0510	0.0107	767.0914	0.0013	8.2438	0.1213
45	163.9876	0.0061	1 358.2300	0.0007	8.2825	0.1207
50	289.0022	0.0035	2 400.0180	0.0004	8.3045	0.1204
55	509.3206	0.0020	4 236.0050	0.0002	8.3170	0.1202
60	897.5969	0.0011	7 471.6410	0.0001	8.3240	0.1201
65	1 581.8720	0.0006	13 173.940	0.0001	8.3281	0.1201
70	2 787.8000	0.0004	23 223.330	0.0000	8.3303	0.1200
75	4 913.0550	0.0002	40 933.790	0.0000	8.3316	0.1200
80	8 658.4820	0.0001	72 145.690	0.0000	8.3324	0.1200
85	15 259.2100	0.0001	127 151.700	0.0000	8.3328	0.1200
90	26 891.9300	0.0000	224 091.100	0.0000	8.3330	0.1200
95	47 392.7800	0.0000	394 931.500	0.0000	8.3332	0.1200
100	83 522.2700	0.0000	696 010.600	0.0000	8.3332	0.1200

13%复利系数表

年	整付复本利系数	整付现值系数	年金复本利系数	基金年存系数	年金现值系数	投资回收系数
限	已知现值求将来值	已知将来值求现值	已知年金求将来值	已知将来值求年金	已知年金求现值	已知现值求年金
1	1.1300	0.8850	1.0000	1.0000	0.8850	1.1300
2	1.2769	0.7831	2.1300	0.4695	1.6681	0.5995
3	1.4429	0.6931	3.4069	0.2935	2.3612	0.4235
4	1.6305	0.6133	4.8498	0.2062	2.9745	0.3362
5	1.8424	0.5428	6.4803	0.1543	3.5172	0.2843
6	2.0820	0.4803	8.3227	0.1202	3.9975	0.2502
7	2.3526	0.4251	10.4047	0.0961	4.4226	0.2261
8	2.6583	0.3762	12.7573	0.0784	4.7988	0.2084
9	3.0040	0.3329	15.4157	0.0649	5.1317	0.1949
10	3.3946	0.2946	18.4197	0.0543	5.4264	0.1843
11	3.8359	0.2607	21.8143	0.0458	5.6869	0.1758
12	4.3345	0.2307	25.6502	0.0390	5.9176	0.1690
13	4.8980	0.2042	29.9847	0.0334	6.1218	0.1634
14	5.5348	0.1807	34.8827	0.0287	6.3025	0.1587
15	6.2543	0.1599	40.4174	0.0247	6.4624	0.1547
16	7.0673	0.1415	46.6717	0.0214	6.6039	0.1514
17	7.9861	0.1252	53.7390	0.0186	6.7291	0.1486
18	9.0243	0.1108	61.7251	0.0162	6.8399	0.1462
19	10.1974	0.0981	70.7494	0.0141	6.9380	0.1441
20	11.5231	0.0868	80.9468	0.0124	7.0248	0.1424
21	13.0211	0.0768	92.4699	0.0108	7.1015	0.1408
22	14.7138	0.0680	105.4909	0.0095	7.1695	0.1395
23	16.6266	0.0601	120.2048	0.0083	7.2297	0.1383
24	18.7881	0.0532	136.8314	0.0073	7.2829	0.1373

续表

年	整付复本利系数	整付现值系数	年金复本利系数	基金年存系数	年金现值系数	投资回收系数
限	已知现值求将来值	已知将来值求现值	已知年金求将来值	已知将来值求年金	已知年金求现值	已知现值求年金
25	21.2305	0.0471	155.6194	0.0064	7.3300	0.1364
26	23.9905	0.0417	176.8500	0.0057	7.3717	0.1357
27	27.1093	0.0369	200.8404	0.0050	7.4086	0.1350
28	30.6335	0.0326	227.9497	0.0044	7.4412	0.1344
29	34.6158	0.0289	258.5831	0.0039	7.4701	0.1339
30	39.1159	0.0256	293.1990	0.0034	7.4957	0.1334
31	44.2009	0.0226	332.3148	0.0030	7.5183	0.1330
32	49.9470	0.0200	376.5157	0.0027	7.5383	0.1327
33	56.4402	0.0177	426.4627	0.0023	7.5560	0.1323
34	63.7774	0.0157	482.9029	0.0021	7.5717	0.1321
35	72.0684	0.0139	546.6803	0.0018	7.5856	0.1318
40	132.7814	0.0075	1 013.7030	0.0010	7.6344	0.1310
45	244.6410	0.0041	1 874.1620	0.0005	7.6609	0.1305
50	450.7352	0.0022	3 459.5020	0.0003	7.6752	0.1303
55	830.4503	0.0012	6 380.3870	0.0002	7.6830	0.1302
60	1 530.0500	0.0007	11 761.9300	0.0001	7.6873	0.1301
65	2 819.018	0.0004	21 677.070	0.0000	7.6896	0.1300
70	5 193.858	0.0002	39 945.060	0.0000	7.6908	0.1300
75	9 569.345	0.0001	73 602.660	0.0000	7.6915	0.1300
80	17 630.900	0.0001	135 614.600	0.0000	7.6919	0.1300
85	32 483.770	0.0000	249 867.500	0.0000	7.6921	0.1300
90	59 849.240	0.0000	460 371.100	0.0000	7.6922	0.1300
95	110 268.300	0.0000	848 210.200	0.0000	7.6922	0.1300
100	203 162.200	0.0000	1 562 779.000	0.0000	7.6923	0.1300

14%复利系数表

年限	整付复本利系数 已知现值求将来值	整付现值系数 已知将来值求现值	年金复本利系数 已知年金求将来值	基金年存系数 已知将来值求年金	年金现值系数 已知年金求现值	投资回收系数 已知现值求年金
1	1.1400	0.8772	1.0000	1.0000	0.8772	1.1400
2	1.2996	0.7695	2.1400	0.4673	1.6467	0.6073
3	1.4815	0.6750	3.4369	0.2907	2.3216	0.4307
4	1.6890	0.5921	4.9211	0.2032	2.9137	0.3432
5	1.9254	0.5194	6.6101	0.1513	3.4331	0.2913
6	2.1950	0.4556	8.5355	0.1172	3.8887	0.2572
7	2.5023	0.3996	10.7305	0.0932	4.2883	0.2332
8	2.8526	0.3506	13.2328	0.0756	4.6389	0.2156
9	3.2519	0.3075	16.0853	0.0622	4.9464	0.2022
10	3.7072	0.2697	19.3373	0.0517	5.2161	0.1917
11	4.2262	0.2366	23.0445	0.0434	5.4527	0.1834
12	4.8179	0.2076	27.2708	0.0367	5.6603	0.1767
13	5.4924	0.1821	32.0887	0.0312	5.8424	0.1712
14	6.2613	0.1597	37.5811	0.0266	6.0021	0.1666
15	7.1379	0.1401	43.8424	0.0228	6.1422	0.1628
16	8.1373	0.1229	50.9804	0.0196	6.2651	0.1596
17	9.2765	0.1078	59.1176	0.0169	6.3729	0.1569
18	10.5752	0.0946	68.3941	0.0146	6.4674	0.1546
19	12.0557	0.0829	78.9692	0.0127	6.5504	0.1527
20	13.7435	0.0728	91.0249	0.0110	6.6231	0.1510
21	15.6676	0.0638	104.7684	0.0095	6.6870	0.1495
22	17.8610	0.0560	120.4360	0.0083	6.7429	0.1483
23	20.3616	0.0491	138.2971	0.0072	6.7921	0.1472
24	23.2122	0.0431	158.6587	0.0063	6.8351	0.1463

续表

年限	整付复本利系数 已知现值求将来值	整付现值系数 已知将来值求现值	年金复本利系数 已知年金求将来值	基金年存系数 已知将来值求年金	年金现值系数 已知年金求现值	投资回收系数 已知现值求年金
25	26.4619	0.0378	181.8708	0.0055	6.8729	0.1455
26	30.1666	0.0331	208.3328	0.0048	6.9061	0.1448
27	34.3899	0.0291	238.4994	0.0042	6.9352	0.1442
28	39.2045	0.0255	272.8893	0.0037	6.9607	0.1437
29	44.6931	0.0224	312.0938	0.0032	6.9830	0.1432
30	50.9502	0.0196	356.7869	0.0028	7.0027	0.1428
31	58.0832	0.0172	407.7371	0.0025	7.0199	0.1425
32	66.2148	0.0151	465.8203	0.0021	7.0350	0.1421
33	75.4849	0.0132	532.0351	0.0019	7.0482	0.1419
34	86.0528	0.0116	607.5200	0.0016	7.0599	0.1416
35	98.1002	0.0102	693.5728	0.0014	7.0700	0.1414
40	188.8836	0.0053	1 342.0250	0.0007	7.1050	0.1407
45	363.6792	0.0027	2 590.5650	0.0004	7.1232	0.1404
50	700.2331	0.0014	4 994.5230	0.0002	7.1327	0.1402
55	1 348.2390	0.0007	9 623.1370	0.0001	7.1376	0.1401
60	2 595.9200	0.0004	18 535.1400	0.0001	7.1401	0.1401
65	4 998.221	0.0002	35 694.430	0.0000	7.1414	0.1400
70	9 623.649	0.0001	68 733.210	0.0000	7.1421	0.1400
75	18 529.510	0.0001	132 346.500	0.0000	7.1425	0.1400
80	35 676.990	0.0000	254 828.500	0.0000	7.1428	0.1400
85	68 693.000	0.0000	490 657.200	0.0000	7.1428	0.1400
90	132 262.500	0.0000	944 725.100	0.0000	7.1428	0.1400
95	254 660.200	0.0000	1 818 994.000	0.0000	7.1428	0.1400
100	490 326.500	0.0000	3 502 325.000	0.0000	7.1428	0.1400

15%复利系数表

年	整付复本利系数	整付现值系数	年金复本利系数	基金年存系数	年金现值系数	投资回收系数
限	已知现值求将来值	已知将来值求现值	已知年金求将来值	已知将来值求年金	已知年金求现值	已知现值求年金
1	1.1500	0.8696	1.0000	1.0000	0.8696	1.1500
2	1.3225	0.7561	2.1500	0.4651	1.6257	0.6151
3	1.5209	0.6575	3.4725	0.2880	2.2832	0.4380
4	1.7490	0.5718	4.9934	0.2003	2.8550	0.3503
5	2.0114	0.4972	6.7424	0.1483	3.3522	0.2983
6	2.3131	0.4323	8.7535	0.1142	3.7845	0.2642
7	2.6600	0.3759	11.0668	0.0904	4.1604	0.2404
8	3.0590	0.3269	13.7268	0.0729	4.4873	0.2229
9	3.5179	0.2843	16.7858	0.0596	4.7716	0.2096
10	4.0456	0.2472	20.3037	0.0493	5.0188	0.1993
11	4.6524	0.2149	24.3493	0.0411	5.2337	0.1911
12	5.3503	0.1869	29.0017	0.0345	5.4206	0.1845
13	6.1528	0.1625	34.3519	0.0291	5.5831	0.1791
14	7.0757	0.1413	40.5047	0.0247	5.7245	0.1747
15	8.1371	0.1229	47.5804	0.0210	5.8474	0.1710
16	9.3576	0.1069	55.7175	0.0179	5.9542	0.1679
17	10.7613	0.0929	65.0751	0.0154	6.0472	0.1654
18	12.3755	0.0808	75.8364	0.0132	6.1280	0.1632
19	14.2318	0.0703	88.2118	0.0113	6.1982	0.1613
20	16.3665	0.0611	102.4436	0.0098	6.2593	0.1598
21	18.8215	0.0531	118.8101	0.0084	6.3125	0.1584
22	21.6447	0.0462	137.6316	0.0073	6.3587	0.1573
23	24.8915	0.0402	159.2764	0.0063	6.3988	0.1563
24	28.6252	0.0349	184.1679	0.0054	6.4338	0.1554

续表

年 限	整付复本利系数 已知现值求将来值	整付现值系数 已知将来值求现值	年金复本利系数 已知年金求将来值	基金年存系数 已知将来值求年金	年金现值系数 已知年金求现值	投资回收系数 已知现值求年金
25	32.9190	0.0304	212.7930	0.0047	6.4641	0.1547
26	37.8568	0.0264	245.7120	0.0041	6.4906	0.1541
27	43.5353	0.0230	283.5688	0.0035	6.5135	0.1535
28	50.0656	0.0200	327.1041	0.0031	6.5335	0.1531
29	57.5755	0.0174	377.1697	0.0027	6.5509	0.1527
30	66.2118	0.0151	434.7452	0.0023	6.5660	0.1523
31	76.1436	0.0131	500.9570	0.0020	6.5791	0.1520
32	87.5651	0.0114	577.1005	0.0017	6.5905	0.1517
33	100.6998	0.0099	664.6655	0.0015	6.6005	0.1515
34	115.8048	0.0086	765.3653	0.0013	6.6091	0.1513
35	133.1755	0.0075	881.1701	0.0011	6.6166	0.1511
40	267.8636	0.0037	1 779.0900	0.0006	6.6418	0.1506
45	538.7693	0.0019	3 585.1280	0.0003	6.6543	0.1503
50	1 083.6580	0.0009	7 217.7170	0.0001	6.6605	0.1501
55	2 179.6220	0.0005	14 524.1500	0.0001	6.6636	0.1501
60	4 383.9990	0.0002	29 219.9900	0.0000	6.6651	0.1500
65	8 817.787	0.0001	58 778.580	0.0000	6.6659	0.1500
70	17 735.720	0.0001	118 231.500	0.0000	6.6663	0.1500
75	35 627.870	0.0000	237 812.500	0.0000	6.6665	0.1500
80	71 750.880	0.0000	478 332.600	0.0000	6.6666	0.1500
85	144 316.700	0.0000	962 104.300	0.0000	6.6666	0.1500
90	290 272.400	0.0000	1 935 142.000	0.0000	6.6666	0.1500
95	583 814.500	0.0000	3 892 270.000	0.0000	6.6667	0.1500
100	1 174 314.000	0.0000	7 828 750.000	0.0000	6.6667	0.1500

20%复利系数表

年限	整付复本利系数 已知现值求将来值	整付现值系数 已知将来值求现值	年金复本利系数 已知年金求将来值	基金年存系数 已知将来值求年金	年金现值系数 已知年金求现值	投资回收系数 已知现值求年金
1	1.2000	0.8333	1.0000	1.0000	0.8333	1.2000
2	1.4400	0.6944	2.2000	0.4545	1.5278	0.6545
3	1.7280	0.5787	3.6400	0.2747	2.1065	0.4747
4	2.0736	0.4823	5.3680	0.1863	2.5887	0.3863
5	2.4883	0.4019	7.4416	0.1344	2.9906	0.3344
6	2.9860	0.3349	9.9299	0.1007	3.3255	0.3007
7	3.5882	0.2791	12.9159	0.0774	3.6046	0.2774
8	4.2998	0.2326	16.4991	0.0606	3.8372	0.2606
9	5.1598	0.1938	20.7989	0.0481	4.0310	0.2481
10	6.1917	0.1615	25.9587	0.0385	4.1925	0.2385
11	7.4301	0.1346	32.1504	0.0311	4.3271	0.2311
12	8.9161	0.1122	39.5805	0.0253	4.4392	0.2253
13	10.6993	0.0935	48.4966	0.0206	4.5327	0.2206
14	12.8392	0.0779	59.1959	0.0169	4.6106	0.2169
15	15.4070	0.0649	72.0351	0.0139	4.6755	0.2139
16	18.4884	0.0541	87.4421	0.0114	4.7296	0.2114
17	22.1861	0.0451	105.9306	0.0094	4.7746	0.2094
18	26.6233	0.0376	128.1167	0.0078	4.8122	0.2078
19	31.9480	0.0313	154.7400	0.0065	4.8435	0.2065
20	38.3376	0.0261	186.6880	0.0054	4.8696	0.2054
21	46.0051	0.0217	225.0256	0.0044	4.8913	0.2044
22	55.2061	0.0181	271.0307	0.0037	4.9094	0.2037
23	66.2474	0.0151	326.2369	0.0031	4.9245	0.2031
24	79.4969	0.0126	392.4843	0.0025	4.9371	0.2025

续表

年限	整付复本利系数 已知现值求将来值	整付现值系数 已知将来值求现值	年金复本利系数 已知年金求将来值	基金年存系数 已知将来值求年金	年金现值系数 已知年金求现值	投资回收系数 已知现值求年金
25	95.3962	0.0105	471.9811	0.0021	4.9476	0.2021
26	114.4755	0.0087	567.3773	0.0018	4.9536	0.2018
27	137.3706	0.0073	681.8529	0.0015	4.9636	0.2015
28	164.8447	0.0061	819.2233	0.0012	4.9697	0.2012
29	197.8136	0.0051	984.0681	0.0010	4.9747	0.2010
30	237.3764	0.0042	1 181.8820	0.0008	4.9789	0.2008
31	284.8516	0.0035	1 419.2580	0.0007	4.9824	0.2007
32	341.8219	0.0029	1 704.1100	0.0006	4.9854	0.2006
33	410.1863	0.0024	2 045.9310	0.0005	4.9878	0.2005
34	492.2236	0.0020	2 456.1180	0.0004	4.9898	0.2004
35	590.6683	0.0017	2 948.3410	0.0003	4.9915	0.2003
40	1 469.7720	0.0007	7 343.8580	0.0001	4.9966	0.2001
45	3 657.2630	0.0003	18 281.3100	0.0001	4.9986	0.2001
50	9 100.4390	0.0001	45 497.1900	0.0000	4.9995	0.2000

25%复利系数表

年限	整付复本利系数 已知现值求将来值	整付现值系数 已知将来值求现值	年金复本利系数 已知年金求将来值	基金年存系数 已知将来值求年金	年金现值系数 已知年金求现值	投资回收系数 已知现值求年金
1	1.2500	0.8000	1.0000	1.0000	0.8000	1.2500
2	1.5625	0.6400	2.2500	0.4444	1.4400	0.6944
3	1.9531	0.5120	3.8125	0.2623	1.9520	0.5123
4	2.4414	0.4096	5.7656	0.1734	2.3616	0.4234
5	3.0518	0.3277	8.2070	0.1218	2.6893	0.3718

续表

年限	整付复本利系数 已知现值求将来值	整付现值系数 已知将来值求现值	年金复本利系数 已知年金求将来值	基金年存系数 已知将来值求年金	年金现值系数 已知年金求现值	投资回收系数 已知现值求年金
6	3.8147	0.2621	11.2588	0.0888	2.9514	0.3388
7	4.7684	0.2097	15.0735	0.0663	3.1611	0.3163
8	5.9605	0.1678	19.8419	0.0504	3.3289	0.3004
9	7.4506	0.1342	25.8023	0.0388	3.4631	0.2888
10	9.3132	0.1074	33.2529	0.0301	3.5705	0.2801
11	11.6415	0.0859	42.5661	0.0235	3.6564	0.2735
12	14.5519	0.0687	54.2077	0.0184	3.7251	0.2684
13	18.1899	0.0550	68.7596	0.0145	3.7801	0.2645
14	22.7374	0.0440	86.9495	0.0115	3.8241	0.2615
15	28.4217	0.0352	109.6868	0.0091	3.8593	0.2591
16	35.5271	0.0281	168.1086	0.0072	3.8874	0.2572
17	44.4089	0.0225	173.6357	0.0058	3.9099	0.2558
18	55.5112	0.0180	218.0446	0.0046	3.9279	0.2546
19	69.3889	0.0144	273.5558	0.0037	3.9424	0.2537
20	86.7362	0.0115	342.9447	0.0029	3.9539	0.2529
21	108.4202	0.0092	429.6809	0.0023	3.9631	0.2523
22	135.5253	0.0074	538.1011	0.0019	3.9705	0.2519
23	169.4066	0.0059	673.6263	0.0015	3.9764	0.2515
24	211.7583	0.0047	843.0329	0.0012	3.9811	0.2512
25	264.6978	0.0038	1 054.7910	0.0009	3.9849	0.2509
26	330.8723	0.0030	1 319.489	0.0008	3.9879	0.2508
27	413.5903	0.0024	1 650.361	0.0006	3.9903	0.2506
28	516.9879	0.0019	2 063.952	0.0005	3.9923	0.2505
29	646.2349	0.0015	2 580.940	0.0004	3.9938	0.2504

续表

年	整付复本利系数	整付现值系数	年金复本利系数	基金年存系数	年金现值系数	投资回收系数
限	已知现值求将来值	已知将来值求现值	已知年金求将来值	已知将来值求年金	已知年金求现值	已知现值求年金
30	807.7936	0.0012	3 227.174	0.0003	3.9950	0.2503
31	1 009.742	0.0010	4 034.963	0.0002	3.9960	0.2502
32	1 262.178	0.0008	5 044.710	0.0002	3.9968	0.2502
33	1 577.722	0.0006	6 306.888	0.0002	3.9975	0.2502
34	1 972.152	0.0005	7 884.610	0.0001	3.9980	0.2501
35	2 465.191	0.0004	9 856.762	0.0001	3.9984	0.2501
40	7 523.164	0.0001	30 088.660	0.0000	3.9995	0.2500
45	22 958.880	0.0000	91 831.500	0.0000	3.9998	0.2500
50	70 064.930	0.0000	280 255.700	0.0000	3.9999	0.2500

30%复利系数表

年	整付复本利系数	整付现值系数	年金复本利系数	基金年存系数	年金现值系数	投资回收系数
限	已知现值求将来值	已知将来值求现值	已知年金求将来值	已知将来值求年金	已知年金求现值	已知现值求年金
1	1.3000	0.7692	1.0000	1.0000	0.7692	1.3000
2	1.6900	0.5917	2.3000	0.4348	1.3609	0.7348
3	2.1970	0.4552	3.9900	0.2506	1.8161	0.5506
4	2.8561	0.3501	6.1870	0.1616	2.1662	0.4616
5	3.7129	0.2693	9.0431	0.1106	2.4356	0.4106
6	4.8268	0.2072	12.7560	0.0784	2.6427	0.3784
7	6.2748	0.1594	17.5828	0.0569	2.8021	0.3569
8	8.1573	0.1226	23.8577	0.0419	2.9247	0.3419
9	10.6045	0.0943	32.0150	0.0312	3.0190	0.3312
10	13.7858	0.0725	42.6195	0.0235	3.0915	0.3235

续表

年限	整付复本利系数 已知现值求将来值	整付现值系数 已知将来值求现值	年金复本利系数 已知年金求将来值	基金年存系数 已知将来值求年金	年金现值系数 已知年金求现值	投资回收系数 已知现值求年金
11	17.9216	0.0558	56.4053	0.0177	3.1473	0.3177
12	23.2981	0.0429	74.3269	0.0135	3.1903	0.3135
13	30.2875	0.0330	97.6250	0.0102	3.2233	0.3102
14	39.3737	0.0254	127.9124	0.0078	3.2487	0.3078
15	51.1859	0.0195	167.2862	0.0060	3.2682	0.3060
16	66.5416	0.0150	218.4720	0.0046	3.2832	0.3046
17	86.5041	0.0116	285.0136	0.0035	3.2948	0.3035
18	112.4553	0.0089	371.5177	0.0027	3.3037	0.3027
19	146.1919	0.0068	483.9729	0.0021	3.3105	0.3021
20	190.0494	0.0053	630.1648	0.0016	3.3158	0.3016
21	247.0643	0.0040	820.214	0.0012	3.3198	0.3012
22	321.1835	0.0031	1 067.278	0.0009	3.3230	0.3009
23	417.5385	0.0024	1 388.462	0.0007	3.3253	0.3007
24	542.8001	0.0018	1 806.000	0.0006	3.3272	0.3006
25	705.6400	0.0014	2 348.800	0.0004	3.3286	0.3004
26	917.332	0.0011	3 054.440	0.0003	3.3297	0.3003
27	1 192.532	0.0008	3 971.772	0.0003	3.3305	0.3003
28	1 550.291	0.0006	5 164.303	0.0002	3.3312	0.3002
29	2 015.378	0.0005	6 714.594	0.0001	3.3317	0.3001
30	2 619.991	0.0004	8 729.971	0.0001	3.3321	0.3001

35%复利系数表

年 限	整付复本利系数 已知现值求将来值	整付现值系数 已知将来值求现值	年金复本利系数 已知年金求将来值	基金年存系数 已知将来值求年金	年金现值系数 已知年金求现值	投资回收系数 已知现值求年金
1	1.3500	0.7407	1.0000	1.0000	0.7407	1.3500
2	1.8225	0.5487	2.3500	0.4255	1.2894	0.7755
3	2.4604	0.4064	4.1725	0.2397	1.6959	0.5897
4	3.3215	0.3011	6.6329	0.1508	1.9969	0.5008
5	4.4840	0.2230	9.9544	0.1005	2.2200	0.4505
6	6.0534	0.1652	14.4384	0.0693	2.3852	0.4193
7	8.1722	0.1224	20.4919	0.0488	2.5075	0.3988
8	11.0324	0.0906	28.6640	0.0349	2.5982	0.3849
9	14.8937	0.0671	39.6964	0.0252	2.6653	0.3752
10	20.1066	0.0497	54.5902	0.0183	2.7150	0.3683
11	27.1439	0.0368	74.6967	0.0134	2.7519	0.3634
12	36.6442	0.0273	101.8406	0.0098	2.7792	0.3598
13	49.4697	0.0202	138.4848	0.0072	2.7994	0.3572
14	66.7841	0.0150	187.9544	0.0053	2.8144	0.3553
15	90.1585	0.0111	245.7385	0.0039	2.8255	0.3539
16	121.7139	0.0082	344.8970	0.0029	2.8337	0.3529
17	164.3138	0.0061	466.6109	0.0021	2.8398	0.3521
18	221.8237	0.0045	630.9247	0.0016	2.8443	0.3516
19	299.4620	0.0033	852.7484	0.0012	2.8476	0.3512
20	404.2736	0.0025	1 152.2100	0.0009	2.8501	0.3509
21	545.7694	0.0018	1 556.484	0.0006	2.8519	0.3506
22	736.7886	0.0014	2 102.253	0.0005	2.8533	0.3505
23	994.6648	0.0010	2 839.042	0.0004	2.8543	0.3504
24	1 342.797	0.0007	3 833.707	0.0003	2.8550	0.3503

续表

年限	整付复本利系数 已知现值求将来值	整付现值系数 已知将来值求现值	年金复本利系数 已知年金求将来值	基金年存系数 已知将来值求年金	年金现值系数 已知年金求现值	投资回收系数 已知现值求年金
25	1 812.776	0.0006	5 176.504	0.0002	2.8556	0.3502
26	2 447.248	0.0004	6 989.281	0.0001	2.8560	0.3501
27	3 303.785	0.0003	9 436.529	0.0001	2.8563	0.3501
28	4 460.110	0.0002	12 740.320	0.0001	2.8565	0.3501
29	6 021.148	0.0002	17 200.420	0.0001	2.8567	0.3501
30	8 128.550	0.0001	23 221.570	0.0000	2.8568	0.3500

40%复利系数表

年限	整付复本利系数 已知现值求将来值	整付现值系数 已知将来值求现值	年金复本利系数 已知年金求将来值	基金年存系数 已知将来值求年金	年金现值系数 已知年金求现值	投资回收系数 已知现值求年金
1	1.4000	0.7143	1.0000	1.0000	0.7143	1.4000
2	1.9600	0.5102	2.4000	0.4167	1.2245	0.8167
3	2.7440	0.3644	4.3600	0.2294	1.5889	0.6294
4	3.8416	0.2603	7.1040	0.1408	1.8492	0.5408
5	5.3782	0.1859	10.9456	0.0914	2.0352	0.4914
6	7.5295	0.1328	16.3238	0.0613	2.1680	0.4613
7	10.5414	0.0949	23.8534	0.0419	2.2628	0.4419
8	14.7579	0.0678	34.3947	0.0291	2.3306	0.4291
9	20.6610	0.0484	49.1526	0.0203	2.3790	0.4203
10	28.9255	0.0346	69.8136	0.0143	2.4136	0.4143
11	40.4956	0.0247	98.7391	0.0101	2.4383	0.4101
12	56.6939	0.0176	139.2347	0.0072	2.4559	0.4072
13	79.3715	0.0126	195.9287	0.0051	2.4685	0.4051

续表

年限	整付复本利系数 已知现值求将来值	整付现值系数 已知将来值求现值	年金复本利系数 已知年金求将来值	基金年存系数 已知将来值求年金	年金现值系数 已知年金求现值	投资回收系数 已知现值求年金
14	111.1200	0.0090	275.3001	0.0036	2.4775	0.4036
15	155.5681	0.0064	386.4201	0.0026	2.4839	0.4026
16	217.7953	0.0046	541.9882	0.0018	2.4885	0.4018
17	304.9134	0.0033	759.7834	0.0013	2.4918	0.4013
18	426.8787	0.0023	1 064.6970	0.0009	2.4941	0.4009
19	597.6302	0.0017	1 491.5760	0.0007	2.4958	0.4007
20	836.6822	0.0012	2 089.2050	0.0005	2.4970	0.4005
21	1 171.355	0.0009	2 925.888	0.0003	2.4979	0.4003
22	1 639.897	0.0006	4 097.243	0.0002	2.4985	0.4002
23	2 295.856	0.0004	5 737.140	0.0002	2.4989	0.4002
24	3 214.198	0.0003	8 032.995	0.0001	2.4992	0.4001
25	4 499.877	0.0002	11 247.190	0.0001	2.4994	0.4001
26	6 299.828	0.0002	15 747.070	0.0001	2.4996	0.4001
27	8 819.759	0.0001	22 046.900	0.0000	2.4997	0.4000
28	12 347.660	0.0001	30 866.660	0.0000	2.4998	0.4000
29	17 286.730	0.0001	43 214.320	0.0000	2.4999	0.4000
30	24 210.420	0.0000	60 501.050	0.0000	2.4999	0.4000

45%复利系数表

年限	整付复本利系数 已知现值求将来值	整付现值系数 已知将来值求现值	年金复本利系数 已知年金求将来值	基金年存系数 已知将来值求年金	年金现值系数 已知年金求现值	投资回收系数 已知现值求年金
1	1.4500	0.6897	1.0000	1.0000	0.6897	1.4500
2	2.1025	0.4756	2.4500	0.4082	1.1653	0.8582

续表

年限	整付复本利系数 已知现值求将来值	整付现值系数 已知将来值求现值	年金复本利系数 已知年金求将来值	基金年存系数 已知将来值求年金	年金现值系数 已知年金求现值	投资回收系数 已知现值求年金
3	3.0486	0.3280	4.5525	0.2197	1.4933	0.6697
4	4.4205	0.2262	7.6011	0.1316	1.7195	0.5816
5	6.4097	0.1560	12.0216	0.0832	1.8755	0.5332
6	9.2941	0.1076	18.4314	0.0543	1.9831	0.5043
7	13.4765	0.0742	27.7255	0.0361	2.0573	0.4861
8	19.5409	0.0512	41.2020	0.0243	2.1085	0.4743
9	28.3343	0.0353	60.7428	0.0165	2.1438	0.4665
10	41.0847	0.0243	89.0771	0.0112	2.1681	0.4612
11	59.5728	0.0168	130.1619	0.0077	2.1849	0.4577
12	86.3806	0.0116	189.7347	0.0053	2.1965	0.4553
13	125.2519	0.0080	276.1153	0.0036	2.2045	0.4536
14	181.6153	0.0055	401.3672	0.0025	2.2100	0.4525
15	263.3421	0.0038	582.9825	0.0017	2.2138	0.4517
16	381.8461	0.0026	846.3246	0.0012	2.2164	0.4512
17	553.6768	0.0018	1 228.1710	0.0008	2.2182	0.4508
18	802.8315	0.0012	1 781.8480	0.0006	2.2195	0.4506
19	1 164.1060	0.0009	2 584.6800	0.0004	2.2203	0.4504
20	1 687.9530	0.0006	3 748.7850	0.0003	2.2209	0.4503
21	2 447.532	0.0004	5 436.739	0.0002	2.2213	0.4502
22	3 548.922	0.0003	7 884.272	0.0001	2.2216	0.4501
23	5 145.937	0.0002	11 433.190	0.0001	2.2218	0.4501
24	7 461.609	0.0001	16 579.130	0.0001	2.2219	0.4501
25	10 819.330	0.0001	24 040.740	0.0000	2.2220	0.4500

续表

年限	整付复本利系数	整付现值系数	年金复本利系数	基金年存系数	年金现值系数	投资回收系数
	已知现值求将来值	已知将来值求现值	已知年金求将来值	已知将来值求年金	已知年金求现值	已知现值求年金
26	15 688.040	0.0001	34 860.080	0.0000	2.2221	0.4500
27	22 747.650	0.0000	50 548.120	0.0000	2.2221	0.4500
28	32 984.100	0.0000	73 295.770	0.0000	2.2222	0.4500
29	47 826.940	0.0000	106 279.900	0.0000	2.2222	0.4500
30	69 349.070	0.0000	154 106.800	0.0000	2.2222	0.4500

50%复利系数表

年限	整付复本利系数	整付现值系数	年金复本利系数	基金年存系数	年金现值系数	投资回收系数
	已知现值求将来值	已知将来值求现值	已知年金求将来值	已知将来值求年金	已知年金求现值	已知现值求年金
1	1.5000	0.6667	1.0000	1.0000	0.6667	1.5000
2	2.2500	0.4444	2.5000	0.4000	1.1111	0.9000
3	3.3750	0.2963	4.7500	0.2105	1.4074	0.7105
4	5.0625	0.1975	8.1250	0.1231	1.6049	0.6231
5	7.5938	0.1317	13.1875	0.0758	1.7366	0.5758
6	11.3906	0.0878	20.7813	0.0481	1.8244	0.5481
7	17.0859	0.0585	32.1719	0.0311	1.8829	0.5311
8	25.6289	0.0390	49.2578	0.0203	1.9220	0.5203
9	38.4434	0.0260	74.8867	0.0134	1.9480	0.5134
10	57.6650	0.0173	113.3301	0.0088	1.9653	0.5088
11	86.4976	0.0116	170.9951	0.0058	1.9769	0.5058
12	129.7463	0.0077	257.4927	0.0039	1.9846	0.5039
13	194.6195	0.0051	387.2390	0.0026	1.9897	0.5026
14	291.9293	0.0034	581.8585	0.0017	1.9931	0.5017

续表

年限	整付复本利系数	整付现值系数	年金复本利系数	基金年存系数	年金现值系数	投资回收系数
	已知现值求将来值	已知将来值求现值	已知年金求将来值	已知将来值求年金	已知年金求现值	已知现值求年金
15	437.8939	0.0023	873.7878	0.0011	1.9954	0.5011
16	656.8408	0.0015	1 311.682	0.0008	1.9970	0.5008
17	985.2612	0.0010	1 968.523	0.0005	1.9980	0.5005
18	1 477.8920	0.0007	2 953.784	0.0003	1.9986	0.5003
19	2 216.8380	0.0005	4 431.676	0.0002	1.9991	0.5002
20	3 325.2570	0.0003	6 648.513	0.0002	1.9994	0.5002
21	4 987.885	0.0002	9 973.769	0.0001	1.9996	0.5001
22	7 481.828	0.0001	14 961.660	0.0001	1.9997	0.5001
23	11 222.740	0.0001	22 443.480	0.0000	1.9998	0.5000
24	16 834.110	0.0001	33 666.220	0.0000	1.9999	0.5000
25	25 251.170	0.0000	50 500.340	0.0000	1.9999	0.5000
26	37 876.750	0.0000	75 751.500	0.0000	1.9999	0.5000
27	56 815.130	0.0000	113 628.300	0.0000	2.0000	0.5000
28	85 222.690	0.0000	170 443.100	0.0000	2.0000	0.5000
29	127 834.000	0.0000	255 666.100	0.0000	2.0000	0.5000
30	191 751.100	0.0000	383 500.100	0.0000	2.0000	0.5000

参考文献

[1] 唐建新，周娟．资产评估教程．北京：科学出版社，2009.
[2] 唐建新，周娟．资产评估教程．北京：清华大学出版社，2005.
[3] 王国付等．资产评估学．北京：经济科学出版社，2009.
[4] 姜楠．资产评估学．大连：东北财经大学出版社，2009.
[5] 朱萍．资产评估学教程．第三版．上海：上海财经大学出版社，2008.
[6] 全国注册资产评估师考试用书编写组．资产评估．北京：经济科学出版社，2009.
[7] 严星，林增杰．城市地产评估．修订本．北京：中国人民大学出版社，1999.
[8] 李铃．中国地产价格与评估．北京：中国人民大学出版社，1999.
[9] 柴强．房地产估价．北京：北京经济学院出版社，1994.
[10] 李玉英．地产价格评估的实证与创新．北京：中国财政经济出版社，1999.
[11] 刘京城．无形资产的价格形成及评估方法．北京：中国审计出版社，1998.
[12] 汪海粟．无形资产评估．北京：中国人民大学出版社，2002.
[13] 阎全山，唐晓微．计算机软件价值评估．北京：经济科学出版社，2000.
[14] 刘国仁．资源性资产评估．北京：中国人民大学出版社，2003.
[15] [美] Alfred M. King. 以财务报告为目的的公允价值评估．李晓红，等，译．北京：企业管理出版社，2008.
[16] ALFRED A. RING. Real Estate—Principles and Practices. 7th Edition. Prentice Hall，1972.
[17] GORDON V. SMITH，RUSSELL L P PAVV. Valuation of Intellectual Property and Intangible assets. New York ：John Wibly & Sons Inc.，1989.
[18] JOHO ALICO. Appraising Machinery and Equipment. McGraw-Hill，1998.
[19] MICHAEL RAYNER. Asset Valuation. Macmillan Education Ltd，1998.